BULLAIRE

Conserve de la Couronne

L'ABBAYE DE SAINT-GILLES

PUBLIÉ ET ANNOTÉ

SOUS LES AUSPICES DU COMITÉ DE L'ART CHRÉTIEN

PAR

M. l'Abbé GOIFFON

CHANOINE HONORAIRE
SECRÉTAIRE-ARCHIVISTE DU COMITÉ

NIMES
IMPRIMERIE P. JOUVE, RUE DORÉE, 24, PRÈS LE LYCÉE
1893

BULLAIRE

DE

L'ABBAYE DE SAINT-GILLES

BULLAIRE

DE

L'ABBAYE DE SAINT-GILLES

~~~~~~~~~~

PUBLIÉ ET ANNOTÉ

SOUS LES AUSPICES DU COMITÉ DE L'ART CHRÉTIEN

PAR

M. l'Abbé GOIFFON

CHANOINE HONORAIRE

SECRÉTAIRE-ARCHIVISTE DU COMITÉ

———

NIMES

IMPRIMERIE P. JOUVE, RUE DORÉE, 24, PRÈS LE LYCÉE.

1882.

BULLAIRE

DE SAINT-GILLES

L'abbaye de Saint-Gilles est, sans contredit, l'une des plus anciennes et des plus glorieuses de France. Fondée vers la fin du VIIe siècle, par un humble anachorète que l'Église a rangé parmi ses protecteurs, elle devint le centre d'une ville qui naquit à l'ombre du monastère et dont le nom ne fut pas sans notoriété au Moyen-Age. Placé par son fondateur sous la juridiction et la protection immédiate du Saint-Siége, le monastère de Saint-Gilles ne fut jamais oublié par les Souverains-Pontifes qui l'enrichirent successivement et à l'envi des faveurs les plus précieuses et le défendirent contre toutes les usurpations dont il fut menacé. Plusieurs papes vinrent s'agenouiller sur la pierre qui recouvrait les précieux restes de saint Gilles et donner à son abbaye les marques les plus sensibles de leur bienveillance.

Les comtes de Toulouse, seigneurs territoriaux de la contrée et, après eux, les rois de France, firent à Saint-Gilles et à son monastère des donations considérables ; Louis VIII et Louis IX visitèrent l'abbaye et la comblèrent de présents. Les rois de Pologne y envoyaient des ambassadeurs pour demander, par l'intercession du Saint, un rejeton de leur race ; ceux de Hongrie fondaient à Semichen une florissante abbaye qu'ils plaçaient sous la dépendance de celle de Saint-Gilles. Les peuples accouraient en foules pressées de toutes les parties du monde vers le tombeau qui renfermait les reliques d'un saint vénéré dans l'univers entier. Ce nombre immense de pèlerins, que tout le Moyen-Age vit défiler à Saint-Gilles, accrut considérablement de siècle en siècle la fortune du monastère et de son église, qu'un pape nommait « l'un des grands et beaux édifices de la chrétienté. »

La splendeur de l'abbaye fut profondément atteinte par la commende où le monastère tomba en 1472, par la sécularisation qui l'atteignit en 1538, mais surtout par l'hérésie qui s'en empara dès 1562 et la démolit en grande partie en 1622. Dès lors la décadence de l'antique monastère fut complète, jusqu'au moment où le titre lui-même d'abbaye lui fut enlevé en 1774 par la réunion de la mense abbatiale à l'archevêché d'Aix.

De toutes les richesses de l'abbaye de Saint-Gilles, il en est une qui subsiste encore, grâce aux soins de M. Hector Mazer ; ce savant s'était donné l'honorable mission de recueillir tous les documents qui pouvaient intéresser sa ville natale et c'est à lui que la paroisse de Saint-Gilles doit la possession d'un *Bullaire* que l'on y conserve précieusement.

Il résulte d'une délibération inscrite dans les registres du conseil de Fabrique de l'église paroissiale de Saint-Gilles que, le 22 août 1839, M. Hector Mazer offrit à cette Fabrique un recueil composé de 144 bulles de trente-sept papes différents, relatives à l'ancienne abbaye. Toutes ces bulles sont des originaux, à l'exception de dix qui ne sont que des copies en forme, collationnées par l'Intendant de la province ou par le Sénéchal de Nimes. Les dix originaux avaient été envoyés à Colbert, sur sa demande expresse. Cette donation fut acceptée et le recueil fut déposé dans les archives paroissiales.

A cette collection déjà si nombreuse, il nous a été donné de joindre une cinquantaine d'autres bulles tirées pour la plupart d'un manuscrit de la bibliothèque nationale (lat. n° 11018), intitulé *Bullaire de Saint-Gilles*, qui contient des copies sur parchemin de plusieurs actes pontificaux très-précieux. Ces copies datent du XII° et du XIII° siècle. Les autres, publiées en divers ouvrages, avaient aussi leur place marquée dans un recueil que nous avons tenu à rendre le plus complet possible.

I⁽¹⁾.

BULLE (2) DU PAPE S. BENOIT II (3)

prenant sous la protection du Saint-Siége le monastère de Saint-Gilles, récemment offert par saint Gilles à l'Église Romaine. L'abbé sera élu par les moines et béni par le Pape. Défense, à qui que ce soit, d'excommunier les moines ou d'en exiger aucun service (4).

Ménard, Hist. de la ville de Nimes, t. VII, pr. des additions, p. 719, c. 1. — Biblioth. nat. lat. 11018, f. 2, b.

26 Avril 685

Gratia Dei summus Pontifex Benedictus omnibus fidelibus beato Petro, apostolo, obedientibus, salutem a Domino et apostolicam benedictionem. CUM OMNIS ECCLESIA eidem a Domino sit commissa, sunt tamen quedam monasteria sic in nostra manu posita, ut nemo illis dominetur, nisi nos et successores nostri ; cum quibus monasterium venerabilis viri Egydii noviter ab ipso nobis est traditum. Auctoritate ergo beatorum apostolorum Petri et Pauli omnibus hominibus contradicimus, sive regibus, sive ducibus, necnon et comitibus, cunctisque eorum sociis et parentibus, dominacionem aliquam in

---

(1) Les chiffres romains indiquent l'ordre chronologique de ce recueil ; les chiffres arabes qui les accompagnent ordinairement, indiquent l'ordre des bulles dans le *Bullaire* conservé à Saint-Gilles. Celles qui ne portent en tête que le chiffre romain ne font pas partie de la collection de M. H. Mazer.

(2) Dans tout le cours de ce recueil nous donnons le nom générique de *bulle* à tous les actes pontificaux, quoique quelques-unes ne soient pas des bulles dans le sens strict du mot.

(3) S. Benoît II, élu pape le 26 juin 684, mourut le 7 mai 685 et n'occupa le siége pontifical que dix mois et douze jours.

(4) Comme le prouve le contexte de la bulle, saint Gilles, voulant assurer l'existence de son monastère, était allé à Rome pour en faire donation à l'Église romaine. C'est la raison qui nous fait attribuer cet acte pontifical à S. Benoît II, comme l'avait fait Ménard, et non à Benoît VIII, comme le font les nouveaux historiens de Languedoc, t. V, c. 1706.

eodem monasterio aliquando assumere, vel in monachis, vel in rebus illis subjectis. Qui vero hoc transgressus quoquomodo fuerit, anathematizatum se pro certo sciat, et a cetu fidelium segregatum, nisi congrua satisfactione publice peniteat. Electionem autem abbatis ipsius loci fratribus committimus ; benedictionem vero a nullo agi volumus nisi a successoribus nostris. Nec permittimus episcopum aliquem predictum monasterium, vel monachos aliquo modo excommunicare, aut quodlibet servicium sibi ab illis aliquando impendi, sed maneat semper locus ipse liber et quietus, cum omnibus sibi pertinentibus , sub protectione beatorum apostolorum Petri et Pauli et hujus Sedis apostolice. Datum Rome, in Lateranensi palatio, per manus Lini, archidiaconi, VI. Kal. Maii.

II.

BULLE D'ADRIEN II (1)

à Sigebode, archevêque de Narbonne , lui ordonnant de défendre à Girbert, évêque de Nimes, de vexer le monastère de Saint-Gilles qui est de la dépendance directe du Saint-Siège, sous l'autorité d'Amélius.

Ménard, Hist. de la ville de Nimes, t. I, pr., p. 15. — Biblioth. nat. lat. 11018, f. 15.

867-872 (2)

Adrianus episcopus servus servorum Dei , reverentissimo et sanctissimo Sigibodo, Narbonensi archiepiscopo. SANCTITATI TUE notum esse volumus quia monasterium sancti Egydii, cum omnibus suis pertinentiis, sub nostra apostolica potestate consistit, unacum Leone (3) religioso abbate, et monachis ipsius monasterii. Ideo

---

(1) Adrien II fut élu pape au mois de novembre 867, il mourut en septembre 872, après avoir siégé quatre ans, dix mois et dix-sept jours.

(2) L'historien Ménard, Ph. Jaffé et D. Bouquet, attribuent cette bulle au pape Adrien III et en reculent par conséquent la date à 884-885. Les nouveaux historiens de Languedoc, t. V, c. 1705, l'attribuent comme nous à Adrien II.

(3) Léon fut abbé de Saint-Gilles de 878 à 925.

monemus fraternitatem vestram ut Girbertum (1) episcopum moneatis ut nullam fortiam, nullamque contrarietatem et nullam obpressionem facere presumat in ipso monasterio, aut in monachis, vel in familiis ejus, neque suis sequacibus obpressionis eorum matheriam relinquere ; quia certissime ipsum monasterium, cum omnibus suis rebus, sub ditione et potestate Petri apostoli et nostra consistit. Et volumus ut eidem episcopo dicas ut omnia reddere studeat que ab ipso monasterio per vim abstulit. Et sciatis quia ipsum monasterium in potestate Amelii (2), presbiteri, jam concessimus ad protegendum et ad defendendum. Et si ipse Girbertus, episcopus, adquiescere noluerit nostris et vestris monitis, sciatis illum esse excomunicatum et dampnatum inrecuperabiliter. Vos ita agite sicuti nos per vos bene confidimus. Bene Valete.

III.

BULLE DE JEAN VIII (3)

datée de Rome, rappelant la fondation du monastère par saint Gilles et le roi Flavius, les tentatives de l'évêque de Nimes pour le soumettre à son autorité, les refus du pape saint Nicolas Ier et la décision du concile d'Arles qui a remis les choses en leur ancien état.

Hist. des Gaules, t. IX, p. 165. — Ménard, Hist. de la ville de Nimes, t. I, pr., p. 11. — Biblioth. nat. lat. 11.018, f. 3.

21 juillet 878.

Johannes, episcopus, servus servorum Dei, reverentissimis sacerdotibus Amelio, presbytero, et Leoni, abbati. Quod postulastis a

---

(1) Girbert ou Gilbert fut pourvu de l'évêché de Nimes vers 870 et le posséda jusqu'en 890 au moins.

(2) Amélius, prêtre et archidiacre d'Uzès, fut plus tard évêque de ce diocèse. Il fut longtemps délégué du Saint-Siége pour le gouvernement de l'abbaye de Saint-Gilles.

(3) Jean VIII, élu pape le 14 décembre 872, mourut le 15 décembre 882, il tint le siége pontifical dix ans et un jour.

nobis concedimus religiositati vestre monasterium S. Petri (1), cum omnibus cellis et rebus sibi pertinentibus, in quo quiescit corpus beati Egidii, in Valle Flaviana (2), in pago Nemausensi, in finibus Gothie : quam vallem Flavius (3), quondam rex, prefato beato Egidio donavit. Qui S. Egidius exinde donationem integriter Romane Ecclesie fecit, et ibi in veneratione principum apostolorum Petri et Pauli monasterium hedificavit. Porro dum spatium terre illud cenobium a Romana separaret Ecclesia, quia pro aliis curis illuc legatum mittere nequiverat, Nemausensis antistes ipsum quadam temeritate invadens sustulerat : deinde preceptum ex rege Francorum exceperat ; in quo nec firmitatem credens, Romanum pontificem adiit ; super hoc etiam auctoritatem furtim, quasi de suis, apostolicam exquisivit. Sed sancte recordationis domnus Nicholaus (4), licet hujus frandis esset ignarus, divino tamen spiritu plenus, omnes de hoc legem querentes excusare sategit. Sed nos cum in nostro archivo monimenta chartarum requireremus, ibi illud preceptum beato Egidio traditum repperimus. Dehinc cum Arelatem maritimali itinere, pro universarum ecclesiarum Dei negotio, veniremus, hoc recordantes, ipsum monasterium per Deusde, ducem Ravennates, advocatum nostrum, contra Girbertum, Nemausensem episcopum, quesivimus. Immo ambarum partium advocatis per fidejussorem legatis, executore dumtaxat Georgio, scriniario, et Deusde agente, voluit idem Girbertus, episcopus, per preceptum Domini Nicholai, pie memorie, ibi relectum se defendere. Sed Rostagnus, Arelatensis (5) archiepis-

---

(1) Saint Gilles avait dédié son monastère au prince des Apôtres.

(2) La vallée Flavienne était situé sur les bords du Petit-Rhône, et faisait partie du *pagus* de Nimes, sur les frontières de la Gothie, plus tard le Languedoc.

(3) Flavius Vamba, roi des Visigoths, avait découvert la retraite du saint anachorète et lui avait donné le territoire de la vallée Flavienne.

(4) Nicolas I, pape de 858 à 867.

(5) Les évêques nommés en ce lieu occupaient les siéges d'Arles, de Narbonne, d'Embrun, de Porto, d'Amelia, de Valence, de Marseille et de Viviers.

copus et Sigebodus, Narbonensis archiepiscopus, et Aribertus, Ebredunensis archiepiscopus, Walbertus, Portuensis episcopus, Paschalis, Amerinus episcopus, Ratbertus, Valentie, episcopus, Litidumus, Massiliensis episcopus, Hictarius, Vivariensis episcopus, et alii episcopi provincie ; et judices, Iohannes, dux et princeps Ravenne, Ardus, Adbertus, Giselfredus, Alderadus, Godulfus, et alii nonnulli provinciales judices ; ut preceptum lectum audierunt, mox cognoverunt apostolicam domni Nicholai censuram excusare de hoc legem querentes, et dixerunt per illud preceptum hoc monasterium nou posse defendi ; judicantes statim ut prefatum monasterium Amelio, presbitero et Leoni, abbati, Girbertus, episcopus, redderet, et penam invasionis nobis componeret. Nos penam, pro ejus paupertate, illi, si amplius non peccaverit, reliquimus ; et monasterium sub omni integritate recipimus : ipsum advocatum nostrum Deusde, ducem, illuc transmittentes, qui super hoc corporalem traditionem de omnibus rebus predicti monasterii a prefato Girberto accepit episcopo ; villam Agarnellam (1) cum ecclesia sancti Jacobi, vel cum omnibus suis appenditiis, similiter ecclesiam sancti Andree (2) cum suis pertinentiis, et ecclesiam sancte Cecilie (3), atque ecclesiam sancti Saturnini (4) cum omnibus suis appenditiis ; seu ecclesiam sancti Stephani (5)

---

(1) L'*Agarnelle ;* nous n'avons pu retrouver ce lieu, dont le souvenir est complètement perdu. Il y avait à Saint-Gilles une église de *Saint-Jacques* qui fut paroissiale au Moyen-Age. L'*Agarnelle* était peut-être le nom du quartier où se trouvait cette église.

(2) *Saint-André-de-Camarignan*, aujourd'hui simple ferme du terroir de Saint-Gilles était autrefois le centre d'un prieuré rural annexé à l'infirmerie de l'abbaye de Saint-Gilles.

(3) *Sainte-Cécile-d'Estagel*, aujourd'hui simple ferme du terroir de Saint-Gilles, fut autrefois un village d'une dizaine de feux, centre d'un prieuré rural uni à la conrazerie de l'abbaye ; son église reconstruite au commencement du XII° siècle, fut dédiée en 1118, par le pape Gélase II.

(4) L'église de *Saint-Saturnin* était située à *Sieure*, voir ci-dessous ; elle était le centre d'un prieuré rural uni à la camérerie de l'abbaye.

(5) *Saint-Étienne* est probablement l'église du *Cailar*, village et paroisse du doyenné d'Aimargues, canton civil de Vauvert, que des documents subséquents rangent parmi les dépendances du monastère.

cum omnibus suis appenditiis ; vel ipsos alodes qui ad ipsum monasterium debent esse pertinentes ; Seuram villam (1) cum appenditiis suis, vel servis ibidem pertinentibus ; Brascam (2) cum appenditiis suis; Bionum (3) cum appenditiis suis; Bruciano (4) ortos et campos ; Luvam (5) cum appenditiis suis ; ripam Gothicam (6) ; Aspiranum (7), cum omnibus appenditiis suis ; in Generaco (8) campos et vineas, cum terminis suis ; in Costaballenis (9) vineas cum terminis suis ; in Gurgis (10) campos et vineas cum terminis suis ; in Tovana (11) campos

---

(1) *Sieure*, aujourd'hui simple ferme au nord du territoire de Saint-Gilles, était un vaste domaine dépendant de l'abbaye; ce domaine fut inféodé à divers particuliers, pendant le XVIe siècle.

(2) *Brasque*, lieu du territoire de Saint-Gilles dont il est impossible aujourd'hui de déterminer l'emplacement.

(3) *Bions*, était un domaine du territoire de Bellegarde, commune du canton de Beaucaire.

(4) *Broussan*, autre domaine du même territoire : l'église de Broussan était une dépendance de la mense capitulaire de la cathédrale de Nimes.

(5) *Loube* est une ferme située à l'est du territoire de Saint-Gilles.

(6) On nommait *Rive-Gothique* la plaine qui s'étend du bois de la Ribasso jusqu'au Rhône, à l'ouest de Saint-Gilles.

(7) *Espeiran* autrefois petit village au milieu des bois, aujourd'hui beau domaine situé à l'ouest de Saint-Gilles ; son église, du titre de Saint-Félix, était le centre d'un prieuré rural uni à la mense abbatiale de Saint-Gilles. Les abbés s'étaient donné près de cette église une résidence d'été.

(8) *Générac*, commune du canton de Saint-Gilles, arrondissement de Nimes (Gard).

(9) *Costebalen* était le nom d'une paroisse rurale, située dans le territoire de Nimes, près du Vistre. Son église dépendait de la mense capitulaire de la cathédrale de Nimes.

(10) *Gourg*, probablement le *Gourgonnier*, quartier du territoire de Caissargues (commune de Bouillargues), près de Nimes, où se trouvait une église qui a toujours été de la dépendance de l'abbaye de Saint-Gilles et qui se nommait *Notre-Dame-de-Bethléem*.

(11) *Tovane*, ancien nom de *Beauvoisin*, commune du canton de Vauvert.

et vineas ; in Aquaviva (1) campos et vineas ; in Alburno (2) campos et vineas cum omnibus suis pertinentiis ; in loco qui dicitur Stacionensis (3) campos et vineas cum omnibus suis pertinentiis ; Coconem (4) cum omnibus suis consuetudinariis. Quapropter volumus et precipimus ut cuncta hec prefata, vel que offerri contigerit subsequenti tempore, illibata et sine inquietudine in usum cenobii, et in salario beati Petri apostoli possideantur. Verumptamen ut sibi pro quorumlibet sustentatione et gubernatione concessa sunt, fiant modis omnibus profutura ; ea conditione ut nullus successorum nostrorum in hac sancta Sede, cui, auctore Domino, deservimus, unquam vel usquam aliquid de hisdem rebus benefitiare, commutare, ac sub censu concedere, per futura tempora patiatur, nisi Amelium presbiterum qui noster omnino dinoscitur. Hujus rei gratia comendamus vobis hanc noticiam, ad regendum et tuendum, et bene hedificandum cenobium, ita sane ut a vobis, singulis quibuscumque annis, pensionis nomine, in racionibus ecclesiasticis X^{ma} argenti solidiana, denarios XII accipientes (5), pie paternitatis suffragium eidem monasterio contra omnes infestantes impendere studeant. Itemque statuimus ut, obeunte abbate predicti monasterii, non alius ibi quocumque obreptionis studio ordinetur, nisi quem consensus monachorum, secundum timorem Domini et institutionem regule S. Benedicti, elegerit, et hujus apostolice Sedis pontifex providerit ordinandum, aut suggestio monachorum consenserit ordinatum Romam adducat. Hoc quoque capitulo presenti adjungimus, ut locum avaritie recludamus, nullum de regibus, nullum de sacerdotibus, vel quemcunque fidelium, per subpositam vel per suffectam personam, de ordinatione ejusdem

---

(1) *Aiguesvive*, domaine situé entre Générac et Saint-Gilles.

(2) *Aubord*, commune du canton de Vauvert.

(3) *Stacions*, lieu inconnu, peut-être *Estagel* ci-dessus.

(4) *Cocon*, grand tumulus celtique dans le territoire de Générac. Les Templiers y possédèrent plus tard un château, aujourd'hui entièrement détruit.

(5) Ajoutez : *successores nostri*, Ph. Jaffé.

abbatis, vel clericorum, vel presbiterorum, vel de largitione crismatis, aut consecratione basilice, aut de quacumque commoditate spiritualis vel temporalis obsequii, sive de quibuscumque causis ad idem monasterium pertinentibus, in ere, in auro, vel alia qualibet specie commodi vel exenii loco, quicquam accipere; neque eundem abbatem, ordinationis sue causa, dare presumere; ne hac occasione ea que a fidelibus pro loco offerentur, aut jam oblata sunt, consummantur. Neque episcopus civitatis, ipsius parocchie, nisi ab abbate ipsius monasterii invitatus, ibidem publicas missas agat, neque staciones in cenobio eodem inducat, ne servorum Dei quies quoquomodo populari conventu valeat perturbari; neque paraticas aut mansionaticas exinde presumat exigere. Suberipcionem autem fidelium, et religiosorum, ac beneficiorum, quam jubet apostolus cunctis exhibendam, pro possibilitate loci facultate, non modo ibidem gratis fieri denegamus, verum etiam ut fiat suademus; sed et modus in numero congregationis adeo conservetur ut nec pluritas ad penuriam, vel paucitas inhabitantium ad destitutionem loci accedere valeat. Hec igitur omnia que hujus precepti decretique nostri pagina continet, cunctis post nos succedentibus, qui monasterium a nobis acquisitum sub usufructuario retinetis, vel eis quorum interesse potuerit in perpetuum servando decernimus. Si quis vero sacerdotum, judicum atque secularium personarum, hanc nostre constitutionis paginam agnoscens, contra eam venire temptaverit, potestatis honorisque sui dignitate, perculsus apostolico anathemate, careat, reumque se divino judicio existere de perpetrato agnoscat, et nisi vel que ab illo sunt male abbata restituerit, vel presumpta correxerit, vel digna penitentia inlicite acta defleverit, a sacratissimo corpore Domini nostri Jhesu Christi alienus fiat, et cum dyabolo et atrocissimis pompis ejus in extremo examine districte ultioni subjaceat. Cunctis autem eidem loco hec nostre preceptionis jura servantibus, sit pax Domini nostri Jhesu Christi, quatenus illi fautum bone actionis recipiant et apud districtum judicem premia eterne pacis inveniant. Bene valete. Scriptum per manus Georgii, scrinarii Sancte Romane Ecclesie, in mense Augusto. Datum XII kal. Augustas, per manus Walberti, humillimi episcopi sancte Portuensis ecclesie, anno, Domino propitio, pontificatus domini nostri Johannis, summi pontificis et universalis pape, in sacratissima Sede beati Petri apostoli, VI, indictione XI.

IV.

BULLE DE JEAN VIII (1)

datée de Troyes, en concile, rappelant et confirmant la sentence qu'il a rendue à Arles touchant l'autorité immédiate du Saint-Siége sur le monastère de Saint-Gilles et frappant les opposants d'anathème et de malédiction.

Ménard, Hist. de la ville de Nimes, t. I, pr., p. 13. — Hist. des Gaules, t. IX, p. 167. — Biblioth. nat. lat. 11018, f. 7.

18 août 878.

Johannes, episcopus, servus servorum Dei, omnibus episcopis per universas Gallie provincias consistentibus, abbatibus, presbiteris, cunctisque simul ordinibus divino ministerio mancipatis, necnon comitibus, vicecomitibus, vicariis, centenariis, judicibus et omnibus in potestatibus constitutis, et omni populo, et cuncte simul generali Ecclesie, auctore omnipotente Deo, mediante, anno Incarnationis Domini nostri Jhesu Christi DCCCLXXVIII, XV Kal. septembris, indictione XI. Domino feliciter, in presentia domni Ludoici (2), serenissimi regis, in presenti concilio residentis ; INTER CETERA QUERELARUM principia, apud Trecassinam urbem (3) pro statu sancte Dei Ecclesie sinodale concilium celebrantes ; (4) Hincmari Remensis archiepiscopi ; Ansigisi Senonensis archiepiscopi ; Aureliani

---

(1) Jean VIII était alors fugitif et avait trouvé un asile en France.

(2) C'était le roi Louis-le-Bègue.

(3) Troyes en Champagne.

(4) Les prélats ici nommés occupaient les siéges de Reims, Sens, Lyon, Arles, Narbonne, Besançon, Vienne, Bourges, Tours, Rouen, Limonensis ? Troyes, Paris, Senlis, Châlons, Laon, Cavaillon, Nantes ? Beauvais, Orléans, Lodève, Béziers, Girone, Barcelonne, Cambrai, Grenoble, Turin, Meaux, Mende, Limoges, Vallensis ? Chartres ? Soissons ? Poitiers, Terravenensis ? Clermont, Autun, Macon, Nevers, Viviers, Avignon, Uzès, Nimes, Maguelonne, Valence, Amiens, Toulon, Carcassonne, Elne ou Perpignan, Urgel, Reomensis ? et Rennes, en tout 52 archevêques ou évêques.

Lugdunensis archiepiscopi ; Rostagni Arelatensis archiepiscopi ; Sigebodi Narbonensis archiepiscopi ; Teuderici Besancionensis archiepiscopi ; Auteranni Viennensis archiepiscopi ; Frotarii Biturensis archiepiscopi ; Adalaldi Turonensis archiepiscopi ; Johannis Rodamacensis archiepiscopi ; Isaac Limonensis archiepiscopi ; Otulfi Trecassine episcopi ; Ingilvini Parisi episcopi ; Aldeberti Silvanectis episcopi ; Berno Catalaunensis episcopi; Ingomari Laudunensis episcopi ; Garbaldi Cavalonensis episcopi ; Rainelmi Namnensis episcopi ; Oddonis Belvacensis episcopi ; Galtarii Aurelianensis episcopi ; Macharii Lutovensis episcopi ; Alarici Bitterensis episcopi ; Teutarii Gerundensis episcopi ; Frodoini Barcinonensis episcopi ; Johannis Camaracensis episcopi ; Barnarii Gracianobilis episcopi ; Arnulfi, Taurinensis episcopi ; Rainelmi Meldensis episcopi ; Aginalfi Gavaldanensis episcopi ; Guillelmi Limovicensis episcopi ; Radberti Vallensis episcopi ; Gislaberti Caratenis episcopi ; Eldebardi Suasionis episcopi ; Aigrofredi Pictavensis episcopi ; Adalberti Terravenensis episcopi ; Ademari Claromontis episcopi ; Adalgarii Austudunensis episcopi ; Lanberti Madasconensis episcopi ; Aboni Nivernensis episcopi ; Ictarii Vivariensis episcopi ; Rotfredi Avinionensis episcopi ; Galafredi Uceticensis episcopi ; Girberti Nemausensis episcopi; Abonis Magalonensis episcopi ; Rotberti Valentinensis episcopi ; Geraldi Ambianensis episcopi ; Gandalmari Tholonensis episcopi ; Leotgarii Carcasensis episcopi ; Andesindi Elenensis episcopi; Walderici Urgelensis episcopi; Waldeberti Reomensis episcopi ; Leonis Reddensis episcopi ; Notum sit omnibus prefatis quod retroactis temporibus cum Arelatem maritimali itinere, pro omnium ecclesiarum negocio, veniremus, recordantes monasterium sancti Petri, in quo quiescit corpus beati Egydii, in Valle Flaviana, in comitatu Nemausense, in finibus Septimanie, quam vallem Flavius, quondam Gothorum rex, prelibato beato Egydio dedit, et iterum sanctus Egydius apostolice Sedi Romane integriter donationem fecit. Dum autem longinquitas terre illud cenobium a nostra separaret Ecclesia, quia pro aliis curis legatum illuc mittere nequiveramus, Nemausensis antistes ipsum monasterium magna temeritate usurpare presumpserat. Sed nos cum in nostro archivo munimina cartarum inquireremus, ibi et illud preceptum a beato Egydio traditum invenimus. Tunc illud per nostrum advocatum Deusde, ducem Ravennates contra Girbertum Nemausensem episcopum, qui in presenti concilio residet, quesivimus. Voluit idem Girbertus per preceptum domini Nicholai quod furtim, quasi de suis, ex apostolica Sede fraudaverat, et per preceptum quod ex quodam rege Francorum, in quo nulla firmitas subsistebat, falsum exceperat, vindicare. Sed ego omnes episcopos et judices Rome vel provinciales, sub excomunicationis anathemate, admonui de hoc rectam legem dicturos et facturos. Tunc Rostagnus Arelatensis archiepiscopus, et Sigebodus Narbonensis archiepiscopus, et Aribertus Ebredunensis archiepiscopus, Walbertus Portuensis episcopus, Paschalis Amerinus episcopus, Radbertus Valentie episcopus, Litidunus Massiliensis episcopus, Ictarius Vivariensis episcopus et alii episcopi provincie, et judices, Johannes dux et dativus Ravenne, Ardus, Adbertus, Gisalfredus, Alderadus, Godulfus et alii nonnulli provinciales judices, ut preceptum lectum audierunt, mox cognoverunt apostolicam domni Nicholai censuram excusare legem querentes, dixerunt per illud preceptum hoc monasterium non posse defendi; judicantes statim ut prefatum monasterium Girbertus episcopus redderet nobis, et penam invasionis michi componeret. Nos penam, pro ejus paupertate, illi, si amplius non peccaverit, reliquimus, et monasterium sub omni integritate recepimus, ipsumque nostrum advocatum Deusde ducem illuc transmittentes, qui super hoc corporalem tradicionem de omnibus rebus predicti monasterii a prefato Girberto accepit episcopo; ob id etiam divino fretus juvamine, ego et omnes episcopi hujus concilii, ex auctoritate Domini nostri Jhesu Christi, per quem et per ipsum et in quo constant omnia, sub omni anathemate, detestamus, et interdicimus, et excommunicamus, ut nullus successorum nostorum in hac sancta apostolica Sede cui, auctore Domino, deservimus, unquam vel usquam, presentibus vel futuris temporibus, quicquam de hisdem rebus, nec imperator, nec rex, nec ulla mundialis potestas beneficiare, commutare, ac sub censu committere, per futura tempora possit; nec pontifex ejusdem diocesis ad cujus parrochiam pertinet locus ipse, nec comes ejusdem potestatis, quicquam ex monitate ipsius monasterii accipere audeat. Et insuper nulli omnino liceat quoquomodo in his omnibus aliquam minoracionem vel forciam ingerere. Potius autem a presenti concilio omnia hec ad jam dictum monasterium cum omnibus

apenditiis et cathedra, alia loca mobilia inmobiliaque que per
Deum timentium largitatem inibi collocata esse noscuntur, huic
Amelio presbitero et archidiacono Uceticensis ecclesie confirmamus.
Hujus rei gratia comendamus vobis hanc noticiam ad regendum,
et tuendum, et bene hedificandum ; ita sane ut a vobis, singulis
quibuscumque annis, pensionis nomine rationibus ecclesiasticis X
argenti solidiana, denarios XII accipientes, pie paternitati suffragium
eidem monasterio contra omnes infestantes inpendere studeant.
Nulli vero dubium est, fratres, quod apostolica Ecclesia mater sit
omnium ecclesiarum, a cujus nos regulis nullatenus convenit
deviare ; et sicut Filius Dei venit facere voluntatem Patris, sic et
vos voluntatem vestre impleatis matris, que est Ecclesia, cujus
capud, ut predictum est, Romana existit Ecclesia. Pater ergo noster
sine dubio Deus qui nos creavit, et mater nostra Ecclesia qui nos
in baptismo spiritualiter regeneravit ; et ideo qui Christi pecunias
et Ecclesie aufert, fraudatur et rapit, homicida in conspectu justi
Judicis esse deputabitur. Unde scriptum est : qui rapit pecuniam
proximi sui iniquitatem facit ; qui autem pecunias aut res
Ecclesie tulerit sacrilegium facit ; unde et Judas qui pecuniam
fraudavit que usibus Ecclesie, id est pauperibus quos Ecclesia
pascere debet, distribuebatur jussu Salvatoris, cujus vicem
episcopi tenent, nec solum fur, set et latro, et sacrilegus effectus
est. De talibus enim, id est qui facultates Ecclesie rapiunt, fraudant,
vel auferunt, Dominus comminans, omnes per prophetam alloquitur
dicens : Deus ne taceas tibi, ne sileas et ne quiescas Deus, etc. In
epistola pape Simachi (1), nulli apostolice Sedis presuli a presenti
die donec, disponente Domino, doctrina catholice fidei manserit
Salvatoris, predium ecclesiasticum, quantecumque sit magnitudinis
vel exiguitatis, sub perpetua alienatione vel commutatione ad cujuslibet jura transferre liceat. Et ex epistola pape Simplicii (2), ut non
liceat episcopum titulorum suorum predia, seu quicquid juris eorum
fuerit, quolibet modo alienare, vel commutare ; qui vero hoc agere
temptaverit, ordinis sui detrimento plectatur. Item in eodem, qui

---

(1) Symmaque, pape de 498 à 514.

(2) S. Simplice, pape de 468 à 483.

pecierit predium Ecclesie et acceperit in proprio jure ; aut si quis presbiterorum, aut diachonorum, necnon defensorum, danti subscripserit, anathemate feriatur. Item in canonibus ; si episcopus condito testamento aliquid de ecclesiastice juris proprietate legaverit, aliter non valebit, nisi tantum de juris proprii facultate suppleverit. Igitur (1) tam ego quam omnes episcopi hujus concilii, insidiatores ex hoc monasterio apostolice Sedis et huic presbitero si aliquis adversatus fuerit, tale scelus perpetrantes omnes a comunione Christi corporis ac fraternitatis consortio, sive omnium christianorum collegio sequestramus, dampnamus et sub omni anathemate excomunicamus. Sint illi maledicti in civitate, maledicti in agro ; maledictus fructus terre eorum. Sint maledicta interiora eorum et exteriora. Celum quod super illos est sit ereum, et terra quam calcant sit ferrea. Oratio eorum ante Deum veniat in peccatum. Sicut Datan et Abiron eant viventes in infernum. Omnes qui cum illis participaverint, aut cum eis cybum sumpserint, aut cantica eorum maledicta audire decreverint scientes, hanc maledictionem cum Juda Scarioth, traditoris Christi, participes fiant. Aqua eorum putrefiat, vinum eorum scaturiat, panem eorum rubigo consumat, vestimenta eorum tinea commedat. Et quid plura ? Omnes maledictiones novi et veteris testamenti veniant super illos, usque dum ad dignam satisfactionem et condignam penitentiam matris Ecclesie veniant. Johannes apostolice Sedis Petri apostoli, omnibus Christi ecclesiis, bene valete dicit ista servantibus. Hincmarus, Remensis archiepiscopus, firmat ; Angisisus, Senonensis archiepiscopus, firmat ; Aurelianus, Lugdunensis archiepiscopus, firmat ; Rostagnus, Arelatensis archiepiscopus, firmat ; Sigebodus, Narbonensis archiepiscopus, firmat ; Teudericus, Besantionensis archiepiscopus, firmat ; Auterannus, Viennensis archiepiscopus, firmat ; Frotarius, Bituricensis archiepiscopus, firmat ; Adalaldus, Turonensis archiepiscopus, firmat ; Berno (2),

---

(1) Nous trouverons dans cet ouvrage plusieurs autres formules d'anathème et de malédiction ; celle-ci fort solennelle, à cause du nombre des prélats qui y souscrivirent, n'est pas la plus forte par les expressions dont on se servait à cette époque.

(2) Bernon n'était qu'évêque, une faute de copiste probablement lui donne ici le titre d'archevêque.

Catalaunensis archiepiscopus, firmat; Johannes Rodamacensis archiepiscopus, firmat; Adebertus, Silvanectis episcopus, firmat; Isaac, Limonensis archiepiscopus, firmat; Ingelvinus, Parisi episcopus, firmat; Otulfus, Trecassine episcopus, firmat; Ingomarus, Laudunensis episcopus, firmat; Eldebodus, Suasionis episcopus, firmat; Wilelmus, Limovicensis episcopus, firmat; Gislabertus, Carathenis episcopus, firmat; Rotbertus, Valentinensis episcopus, firmat; Garbaldus, Cavalonensis episcopus, firmat; Rainelmus, Namnensis episcopus, firmat; Abo, Magalonensis episcopus, firmat; Oddo, Belvacensis episcopus, firmat; Girbertus, Nemausensis episcopus, firmat; Walterius, Aurelianensis episcopus, firmat; Walafredus, Uceticensis episcopus, firmat; Macharius, Lutovensis episcopus, firmat; Rotfredus, Avenionensis episcopus, firmat; Alaricus, Biterrensis episcopus, firmat; Ictarius, Vivariensis episcopus, firmat; Teutarius, Gerundensis episcopus, firmat; Abo, Nivernensis episcopus, firmat; Frodoinus, Barchinonensis episcopus, firmat; Lanbertus, Madasconensis episcopus, firmat; Johannes, Camaracensis episcopus, firmat; Adalgarius, Austudunensis episcopus, firmat; Barnarius, Gratianobilis episcopus, firmat; Ademarius, Claromontis episcopus, firmat; Arnulfus, Taurinensis episcopus, firmat; Aldebertus, Silvanectis episcopus, firmat; Rainelmus, Meldensis episcopus, firmat; Aigofredus, Pictavensis episcopus, firmat; Ainulfus, Gavaldonensis episcopus, firmat; Georgius, scriniarius sancte Romane Ecclesie, qui superscripta hujus judicati, post testium subscriptionem, et traditionem factam, complevit et absolvit. Raimundus, comes, firmat; Berengarius, vicecomes, firmat; Aimericus firmat; Olonbellus firmat; Teutrannus firmat; Gaucelmus firmat; Emenus, vicecomes, firmat; Oddo, vicecomes, firmat; Ugo, comes, firmat (1).

---

(1) Quelques historiens parlent d'une troisième bulle de Jean VIII que nous n'avons trouvée nulle part. Cet acte pontifical serait du mois de juin 880 et aurait été adressé à Rostaing, archevêque d'Arles; à Robert, archevêque d'Aix et à Sigebode, archevêque de Narbonne, pour leur ordonner de convoquer un concile, d'y citer l'évêque de Nimes infidèle à ses engagements, et de lui intimer l'ordre de ne plus inquiéter les moines de Saint-Gilles, sous menace de déposition et d'excommunication.

V.

BULLE DE MARIN Ier (1)

ordonnant aux moines de Saint-Gilles d'obéir à Amélius, auquel il a confié l'administration de leur monastère, et de l'honorer religieusement comme leur supérieur légitime.

Ménard, Hist. de la ville de Nimes, t. I, pr., p. 15. — Hist. des Gaules, t. IX, p. 198. — Biblioth. nat., lat. 11018, f. 12, b.

882-884

Marinus, episcopus, servus servorum Dei, omnibus fidelibus nostris monachis de monasterio quod vocatur Vallis Flaviana, salutem et apostolicam benedictionem. COGNITUM FACIMUS omnibus vobis quia presens Amelius, religiosus presbiter noster, comendatus (2) factus est. Unde et nos pro sua fidelitate concedimus ei ipsum vestrum monasterium, cum omnibus suis pertinentiis, ad tenendum, et vos regendum atque gubernandum, salva pensione nobis annue persolvenda. Unde vobis precipimus ut eum honorifice suscipiatis, et eum ut prelatum cum omni religione habeatis, quia eum ad salvandum et regendum super vos ordinavimus. Bene Valete.

---

(1) Marin Ier, élu au mois de décembre 882, mourut au mois de mai 884, après un règne d'un an et cinq mois.

(2) Cet acte pontifical, qui est une prorogation de l'autorité d'Amélius sur le monastère de Saint-Gilles, n'institue pas une *commende*, dans le sens qui fut plus tard donné à ce mot ; Amélius n'avait pas le titre d'abbé qui était possédé par un religieux, ainsi que le prouve la bulle n° III, ci-dessus ; il semble n'avoir été qu'un délégué apostolique pour le haut gouvernement de l'abbaye. Cette délégation de l'autorité pontificale à un prêtre séculier était fort nécessaire en un temps où les moines n'auraient pas osé seuls se faire rendre justice. Le contexte de la bulle prouve cependant qu'Amélius était chargé même de la surveillance du temporel du monastère, puisque c'est de lui que les souverains pontifes exigent la pension annuelle qui leur est due par l'abbaye, en vertu de la donation faite par son fondateur. (Voir la bulle suivante).

VI.

BULLE D'ÉTIENNE VI (1)

à Amélius, devenu évêque d'Uzès, lui annonçant que Girbert, évêque de Nimes, sera excommunié, s'il ne répare les torts qu'il a faits au monastère de Saint-Gilles et le priant d'envoyer le cens annuel dû au Saint-Siége par le monastère (2).

Ménard, Hist. de la ville de Nimes, t. I, pr., p. 15. — Hist. des Gaules, t. IX, p. 201. — Biblioth. nat., lat. 11018, f. 14, a.

885-891

Stephanus, episcopus, servus servorum Dei, reverentissimo et sanctissimo Amelio episcopo. SCIAS QUIA EA que mandasti audivimus, et statuimus prout suggessisti et petisti : et epistolas ecce scripsimus tam archiepiscopo Teudardo (3) quam et comiti Ricardo et vicecomiti illius Alberico, mandamus intimantes Girbertum episcopum fore excommunicatum, nisi respuerit et ab invasione abbatie nostre se subtraxerit ; et ut tibi eam liceat seculariter retinere sub nostra defensione ad regendum et salvandum et annue solitum censum beato Petro, apostolo, dirigendum. Tu vero esto semper sollicitus de nostra fidelitate, qua nos magis te fovere in cunctis volumus, et ut ipsum censum dirigere ne pretermittas (4): Optamus te in Christo valere.

---

(1) Étienne VI, élu pape en septembre 885, mourut en septembre 891, après un règne de six ans et quatorze jours.

(2) Les deux lettres du pape Étienne VI sont une preuve que l'évêque de Nimes avait recommencé ses entreprises et fait revivre ses anciennes prétentions sur le monastère de Saint-Gilles.

(3) Téodard était alors archevêque de Narbonne et métropolitain de l'évêque de Nimes.

(4) Il ne faut pas s'étonner de l'insistance que mettent les papes à exiger le cens annuel dû par l'abbaye de Saint-Gilles. Quoique cette redevance fut peu considérable, elle était la reconnaissance du droit de propriété du Saint-Siége sur le monastère.

VII.

BULLE D'ÉTIENNE VI

ordonnant à Girbert, évêque de Nimes, de cesser ses vexations sur le monastère de Saint-Gilles et le menaçant d'excommunication, s'il persiste dans ses entreprises.

Ménard, Hist. de la ville de Nimes, t. I, pr., p. 15. — Hist. des Gaules, t. IX, p. 200. — Biblioth. nat., lat. 11018, f. 13, b.

885-891

Stephanus, episcopus, servus servorum Dei, Girberto episcopo. APOSTOLATUI NOSTRO relatum est quod in rebus abbatie nostre que sancti Egidii est, que a nostris antecessoribus vel a nobis Amelio Uceticensi episcopo, ad regendum atque ad salvandum concessa est, facere minime differas nonnulla incommoda, pluraque adversa, apostolica precepta audire postponas, et epistolas eque apostolicas observare recusas. De quo satis te redargui oportuerat ; sed apostolice benignitatis in te huc usque expectata est moderatio. Quapropter te monemus et apostolica auctoritate precipimus ut ad mentem rediens nullam vim nullamque obpressionem in omnibus rebus ipsius abbatie quoquomodo facias aut facienti consentias ; quin liceat eidem Amelio, venerabili episcopo, quietem habere et censum beato Petro apostolo dirigere, securiterque ipsum locum regere. Quod si temerario ausu in eadem pertinantia permanseris, scias te esse excomunicatum, donec Romam veniens cum eodem Amelio episcopo, coram me noveris te satisfacturum, quoniam tantam temeritatem impunitam nullo modo dimittemus (1).

---

(1) Il est probable que de si vives remontrances vainquirent l'opiniâtreté de Girbert ; rien ne prouve, en effet, que ce démêlé ait été repris. Girbert ne vécut du reste que peu de temps après cette lettre de reproches et ses successeurs n'eurent pas l'occasion de renouveler le différend, puisque plusieurs d'entr'eux remplacèrent Amélius comme délégués apostoliques.

VIII.

BULLE DE SERGIUS III (1)

à Amélius, évéque d'Uzès, s'étonnant de lui voir donner à l'antipape Formose le titre de prêtre et lui enjoignant d'envoyer plus exactement le cens annuel que doit au Saint-Siége le monastère de Saint-Gilles.

Ménard, Hist. de la ville de Nimes, t. I, pr., p. 16. — Hist. des Gaules, t. IX, p. 213. — Biblioth. nat., lat. 11018, f. 14, b.

904-911

Sergius, episcopus, servus servorum Dei, reverentissimo et sanctissimo Amelio, sancte Uzeticensis Ecclesie episcopo. CUM UNIVERSUS ORBIS dampnatum Formosum (2) testetur, sancte Sedis apostolice invasorem, admirati in tuis fuimus scriptis que eum inter sacerdotes nominabant. Igitur, si te latet et nuntiatum tibi non est, his nostris apostolicis apicibus agnosce nominatum Formosum esse dampnatum. Verumptamen ad sacros, quos sanctitatem tuam credimus bene intelligere, recurre canones, et invenies non licere episcopum propriam relinquere sedem et invadere alienam ; quod egisse Formosum manifestum est ; unde perpetualiter est dampnatus. Preterea monasterium S. Petri in Gothia, si tibi ab antecessoribus nostris Pontificibus Marino, Adriano et Stephano (3), largitum est, debueras a tot temporibus nobis pensionem de eo mittere, ut jura sancte Sedis apostolice plus firma tibi manerent. Si a te ablatum

---

(1) Sergius III, élu pape en novembre 897, ne fut consacré que le 29 janvier 904 et mourut le 5 septembre 911 ; il avait siégé sept ans, huit mois et sept jours.

(2) Formose, pape de septembre 891 à mai 896 ; il avait été transféré du siége de Porto à celui de Rome, et quoiqu'il fût d'une piété remarquable et que son élection fût régulière, il fut, après sa mort, regardé comme ayant été irrégulièrement nommé ; Sergius III appartenait à une faction contraire à Formose.

(3) Ces trois papes tinrent successivement le siége de Rome de 882 à 891.

est, nichil inde peccavimus. Igitur si vis illud tenere monasterium, mitte nobis pensionem de eo, et qualiter illud ab apostolica accepisti Sede scriptis ostende ; et nos iterum confirmabimus tibi de eodem monasterio scriptum. Verumptamen, si absque scandalo ipsum potes recipere monasterium, salvo apostolico jure, recipe, et ora pro nobis (1).

IX. — 138.

BULLE DE BENOIT IX (2)

fulminant la malédiction contre ceux qui usurperaient les droits et les biens de l'église de Saint-Gilles.

Extrait en forme sur papier en mauvais état. — Ménard, Hist. de la ville de Nimes, t. I, pr., p. 20. — Biblioth. nat., lat. 11018, f. 15, a.

1033-1044 (3).

Duplum maledictionis Benedicti pape facte populo Sancti Egidii. Benedictus, episcopus, servus servorum Dei, Guilelmo Comiti, necnon matri sue Adelaiti Comitisse, perpetuam salutem et apostolicam benedictionem. JAMDUDUM (4) FACINUS nefandaque injuria vestris videtur in regionibus orta, eo quod monasteria patrum olim decretis fundata, modo conspiciuntur malorum pravitatibus

---

(1) Vers l'an 909, comme le dit Ménard, Amélius se démit du gouvernement de l'abbaye de Saint-Gilles ; Sergius III en confia l'administration à Ugbert qui venait de prendre possession du siége épiscopal de Nimes. A la mort d'Ugbert, le pape Jean XI donna cette charge à Rainard, successeur d'Ugbert. — Cette double nomination mit fin aux conflits qui avaient signalé l'épiscopat de Girbert.

(2) Benoît IX, élu le 9 décembre 1033, abdiqua le 1 mai 1044, après un pontificat de dix ans, cinq mois et vingt-deux jours.

(3) Ménard et Ph. Jaffé attribuent cet acte à Benoît VIII et en placent la date vers 1014.

(4) Ménard lit : *inauditum*.

hominum pene dissipata. Unde ego merore perculsus arcano, stigmate insignitus apostolico, cum hujus apostolice Sedis diversorum ordinum clero omni (1), ego, Deo dispensante, deservio, omnes homines, illos scilicet qui beati Egidii alodium revera (2) a vobis exquirunt accipere, sine abbatis loci illius voluntate, sineque consensu monachorum, contra sancti Egidii damnum, eique servientium, a sancte matris Ecclesie gremio absentes esse precipio et cum Dathan et Abyron, Core quoque, Baal et Beelzebuth et eorum similibus, maledictionem eis eternam inuro (3) et participationem illis perseverantem concedo ; necnon et illos simili dampnatione excommunico, sive condemno, qui male ipsam terram, sponsam (4) videlicet Egidii, invadentes, ipsam sibi scienter propriam vindicant et depredantur, quia a vobis potestatibus, retroactis temporibus, non exceperunt. Si vero propter hoc quod ipsi allodium supradicti alienum (5) Egidii maliciose voluerunt possidere, vel a vobis multiformiter cupierunt accipere, dampnum illic habitantibus monachis aliquid venerit, duplicatam accipiant penam excommunicationis, seu maledictionis, et nunquam a consortio Judæ Domini traditoris, Caiphique et Annæ, Herodis, necnon et Pontii Pilati collegio valeant dissociari ; Angelorum itaque maledictionibus pereant et communionem Satanæ in interitu carnis percipiant ; maledictiones accipiant de sursum, et adjacentis abyssi maledictiones deorsum accipiant ; maledictionem celestem et maledictionem terrestrem ; presentem maledictionem percipiant in corporibus et debilitationem in animabus et perditionem et contritionem (6) recipiant ; maledicantur cum maledictis, flagellentur cum ingratis, pereant cum superbis ; sint maledicti cum Judeis qui; Dominum in cruce (7) videntes, non crediderunt, sed magis eum cruci-

---

(1) Au lieu de *omni*, Ménard lit mieux : *cui*.

(2) Au lieu de *revera*, Ménard lit : *temere*.

(3) Ménard lit : *ingero*.

(4) Au lieu de *sponsam*, Ménard lit : *sanctissimi*.

(5) Ménard lit : *almi*.

(6) Ménard a lu : *cruciationem*.

(7) Ménard a lu : *in carne*.

fixum (1) tentaverunt ; maledicti sint cum hereticis qui Ecclesiam Dei cupierunt subvertere ; maledicti sint cum illis qui nomen Domini blasphemant ; sint maledicti cum illis qui de Dei misericordia desperant ; sint maledicti cum illis qui damnati sunt in infernum ; maledicti sint cum impiis et peccatoribus, si non emendaverint et culpabiles se adversus sanctum Egidium reddiderint ; maledicti sint per quatuor partes mundi ; in oriente sint maledicti, in occidente destituti, in septentrione sint interdicti et in meridie excommunicando excisi ; maledicti sint in die, sint excommunicati et in nocte ; intra domum suam sint maledicti et extra domum sint excommunicati ; cum steterint sint maledicti, et cum sederint sint excommunicati ; sint maledicti cum manducaverint, sint maledicti cum biberint, maledicti sint cum dormiunt et excommunicati cum vigilant ; maledicti sint cum aliquid operantur et excommunicati cum paululum requiescunt ; maledicti sint verno tempore et excommunicati estate ; maledicti sint in autumno, et excommunicati in hyeme ; maledicti sint in presenti tempore et in futuro seculo sint excommunicati. Possessiones eorum accipiant alteri et mulieres eorum eant in perditionem, et infantes eorum gladio cadant. Maledicti sint cibi illorum, et hoc quod ex eis remanserit sit maledictum, et qui ex eis gustaverint sint maledicti. Sacerdos itaque, qui eis corpus et sanguinem Domini tradiderit et eos in infirmitate positos visitaverit, sit maledictus et excommunicatus ; similiter qui illos portaverint ad sepulturam et presumpserint sepelire, sint maledicti et excommunicati omnibus maledictionibus, si non emendaverint et ad satisfactionem non venerint. Hoc profecto tenendum est (2) vobis quod post obitum nostrum nullus episcopus, nec ullus comes, nec ulla secularis potestas audeat presumptuose monasterium beati Egidii sibi in dominio usurpare ; quod si presumpserint facere, omnibus supra laxatis maledictionibus obligati, ad regnum nunquam valeant intrare celeste, quia ipsum et dominio et salario beati Petri apostoli cenobium cum omnibus rebus sibi pertinentibus, beatus

---

(1) Au lieu de *crucifixum*, il vaux mieux *crucifigere*, selon qu'a lu Ménard.

(2) Ménard a lu ici : *Hoc pro certo sciendum est.*

Egidius contradidit. Nullusque successorum meorum cuiquam audeat emendare (1), seu commutare, sive submissione (2) cujusquam potestatis subicere. Scriptum per manum Johannis, diaconi, sancte Romane Ecclesie scribarii (3).

X.

BULLE D'ALEXANDRE II (4)

reprochant à l'évêque de Nimes, Frotaire, d'avoir excommunié les moines et l'abbé de Saint-Gilles, nonobstant les ordres du Saint-Siége, et lui ordonnant de comparaitre devant la Cour apostolique, avec l'abbé Beraldus, pour terminer cette affaire.

Biblioth. nat., lat. 11.018, f. 17, b.

1062-1066

Alexander, episcopus, servus servorum Dei, Froterio (5) episcopo Nemausensi, salutem et apostolicam benedictionem. TEMERITATIS TUE percepta cognitio stupentibus nobis non mediocris facta est commotio. In qua audacia non nostra sed ipsorum apostolorum tanta visa est despectio, ut nec in re sua valeret eorum religio. Consecrationis namque gratia per te invide obstricta (6), auctori-

---

(1) Ménard a mieux lu : *venundari*.

(2) Avec Ménard il faut lire : *sub tuitione*.

(3) Ménard lit : *scrinarii*.

(4) Alexandre II fut élu pape le 1er octobre 1061 et mourut le 21 avril 1073, après un pontificat de onze ans, six mois et vingt-un jours.

(5) C'était Frotaire II, de la famille des vicomtes d'Alby et de Nimes ; il tint le siége de Nimes de 1027 à 1077.

(6) Ces paroles semblent indiquer que Frotaire n'avait excommunié l'abbé que parcequ'il s'était fait bénir à Rome, selon l'ancien usage, au lieu de lui demander la bénédiction à lui-même ; c'est ce que marque aussi le titre que porte la copie de la bibliothèque nationale : *Pro consecratione abbatis episcopo Nemausensi missum.* La copie de la bulle suivante qui se rapporte aussi au même différend porte pour titre : *de consecratione abbatis contra episcopum Nemausensem.*

tate postmodum apostolica abbati monasterii sancti Ægydii concessa, ipsum abbatem Beraldum (1) et monasterium excomunicationis dapnatione audivimus te ligasse, nec reverentia sancte Romane Ecclesie erubuisse, nec aliquam apostolice Sedis audientiam expectasse. Absoluto itaque ex nunc predicto sancti Ægydii monasterio et abbate, circa festivitatem sancti Martini ambos auctoritate apostolica ad nostram audientiam convocamus, ut, utrimque causa cognita, justicia litem compescamus.

XI.

BULLE DE S. GRÉGOIRE VII (2)

à Frotaire, évêque de Nimes, le priant et lui ordonnant de ne plus inquiéter le monastère de Saint-Gilles qui, de temps immémorial, est sous la protection du Saint-Siège.

Mansi, Concil. XX, 112. — Biblioth. nat., lat. 11018, f. 18, a.

22 mars 1074

Gregorius, episcopus, servus servorum Dei, Froterio, Nemausensi episcopo, salutem et apostolicam benedictionem. AUDIVIMUS OLIM nostri tempore predecessoris venerabilis memorie Alexandri pape, te contra justiciam monasterium sancti Ægydii, quod isdem gloriosus confessor juri beati Petri tradidit, usque adeo affecisse injuriis, ut ejusdem abbatem a romano pontifice consecratum capere presumeres, spreto rigore canonum contemptisque privilegiis ab apostolica Sede dirivatis. Unde tunc merito doluimus, nec adhuc omnino dolore caremus, non dubitantes abbatis contumelias romane majestati fuisse illatas. Nichilhominus quoque nobis displicet quod quasi de integro tibi licentiam usurpas pre-

---

(1) Béraldus fut élu abbé de Saint-Gilles vers 1057 et occupa le siége abbatial une vingtaine d'années.

(2) S. Grégoire VII, élu pape le 22 avril 1073, mourut le 25 mai 1085, après un pontificat de douze ans, un mois et trois jours.

fatum excomunicandi cenobium, cum hoc tibi non licere hujusmodi sancte Sedis auctoritas autenticorum testetur in datione privilegiorum. Quapropter precipiendo rogamus et rogando precipimus ut nullius, etiam sub ohtentu justicie sive excommunicando sive missas celebrando fratres antedicti cenobii presumas inquietare. Si autem illi in aliquo tibi esse injurii videbuntur, volentes ac potentes ad faciendam de ipsis justiciam non deerimus tibi. Sin vero, quod absit, hujusmodi nostre exortacionis, immo precepti neglector extiteris, te credas procul dubio Sedis apostolice rigidam non posse censuram evitare, illos autem a jugo servitutis tue, auctoritate que data est apostolo Petro, per nos ejusdem vicarium, ut Deo libere serviant, absolutos esse.

XII.

BULLE DE S. GRÉGOIRE VII

rassurant les moines de Saint-Gilles sur leur droit d'élire l'abbé du monastère; l'abbé de Cluny n'a pour mission que de rétablir la régularité et d'élire un abbé pour le présent. Les moines trouveront toujours dans le Pape un protecteur bien disposé.

Biblioth. nat., lat. 11018, f. 18, b.

Vers 1077

Gregorius, episcopus, servus servorum Dei, fratribus omnibus monasterio sancti Egydii commorantibus, salutem et apostolicam benedictionem. NOTUM ESSE VOLUMUS dilectioni vestre, fratres karissimi, quod nos abbati Cluniacensi (1) non dedimus locum sancti Egydii, qui juris sancti Petri est, nisi ad ponendum ordinem et religionem, et ad eligendum abbatem vice nostra. Vos autem nolite constritari, quia ego precepi illi ut dulciter tractet vos et honeste, sicut suos karissimos filios. Quod si ipse aliquam

---

(1) L'abbé de Cluny était alors saint Hugues. L'abbé qui fut élu par délégation du Saint-Siége se nommait Benedictus.

contra justiciam vobis intulerit oppressionem, recurrite ad nos quoniam nos emendabimus. Electum autem abbatem liberum et sine alicujus impedimento vel inquietudine vobis preesse volumus, et quandiu inreprehensibiliter et juxta regule sue honestatem vixerit, nullius preter sancte Romane Ecclesie subjacere dominio. Post hanc vero primam electionem, liberam deinceps habeatis abbatem eligendi licentiam.

XIII.

BULLE D'URBAIN II (1)

datée d'Alatri, confirmant à l'abbé Odilon les possessions de l'abbaye et déclarant que le monastère est placé sous la protection spéciale du Saint-Siége. Les moines demanderont à l'Évêque de Nimes ce qui dépend du pouvoir épiscopal, si cet évêque est en communion avec Rome ; sinon ils pourront s'adresser à tout autre évêque.

Biblioth. nat., lat. 11018, f. 24, a.

17 novembre 1091.

Urbanus, episcopus, servus servorum Dei, dilecto filio Odiloni (2) abbati venerabilis monasterii sancti Ægydii ejusque successoribus regulariter substituendis, in perpetuum. CONSTAT PROFECTO cenobium sancti Egydii, quod in valle Flaviana situm est, proprii juris beati Petri existere. Et nos itaque illud secundum predecessorum nostrorum auctoritatem in tutela Sedis apostolice conservare obtamus. Tibi igitur, karissime fili Odilo, tuisque successoribus regulariter substituendis, predictum sancti Ægydii monasterium possidendum, regendum ac disponendum ad honorem Sedis apostolice presentis privilegii pagina confirmamus. Preterea

---

(1) Urbain II, élu pape le 12 mars 1088, mourut le 29 juillet 1099, après un pontificat de onze ans, quatre mois, dix-huit jours.

(2) Odilon fut abbé de Saint-Gilles à partir de 1090, pendant près de dix ans.

apostolica auctoritate statuimus ut monasteriornm sive cellarum donatio, que temporibus tuis a venerabilibus confratribus nostris Rainaldo Remensi archiepiscopo et Caturiensi episcopo, vel a dilecto filio nostro Latisclavo (1), Ungarorum rege, et Ademaro vicecomite, monasterio prefato collata est, vel quecumque hodie idem cenobium possidet, sive in crastinum concessione pontificum, liberalitate principum, vel oblatione fidelium, juste et cannonice poterit adipisci, firma tibi tuisque successoribus et inlibata permaneant. Decernimus ergo ut nulli hominum liceat idem cenobium temere perturbare, aut ei subditas possessiones auferre vel ablatas retinere, minuere vel temerariis fatigare vexationibus, sed omnia integra conserventur eorum pro quorum sustentacione ac gubernatione concessa sunt, usibus omnimodis profutura. Si qua sane in abbatem gravior querela emerserit, nullo modo nisi secundum jussionem romani pontificis judicetur, nec episcopo cuiquam liceat, sine romani pontificis licentia, in monasterium ipsum aut ejus monachos excommunicationis intendere ultionem. Chrisma, oleum sanctum, consecrationem altarium sive basilicarum, ordinationem monachorum qui ad sacros sunt ordines promovendi, sicut soletis, a Nemausensi accipietis episcopo, si gratiam et communionem apostolice Sedis habuerit, et si ea inpendere gratis et sine pravitate voluerit. Si quid horum obstiterit, liceat vobis a quo volueritis catholico episcopo consecrationum predictarum gratiam obtinere, qui, auctoritate nostra fultus, quod postulatur exibeat. Sane si quis in crastinum archiepiscopus aut episcopus, abbas, imperator aut rex, princebs aut dux, comes aut vicecomes, aut judex, aut persona quelibet magna vel parva, potens aut inpotens, hujusmodi nostri privilegii paginam sciens, contra eam temere venire temptaverit, secundo terciove commonitus, si non satisfactione congrua emendaverit, eum honoris sui et officii periculo subjacere decernimus, et a Christi atque Ecclesie corpore, auctoritate potestatis apostolice, segregamus ; conservantibus autem pax a Deo et misericordia presentibus ac futuris seculis

---

(1) Le roi de Hongrie Ladislas avait fondé et donné à l'abbaye de Saint-Gilles, l'abbaye de Semichen (*Sirmich*) en 1091.

conservetur. Amen. Datum Alatri (1) per manus Johannis sancte Romane Ecclesie diachoni cardinalis, XV kal. decembris, Indictione XV, anno dominice Incarnationis M° XC° I°, Pontificatus vero domni Urbani pape II quarto.

XIV.

BULLE D'URBAIN II

permettant aux moines de Saint-Gilles de demander l'ordination de leurs prêtres à l'évêque qu'il leur plairait, pourvu qu'il fut catholique et de bonne vie, leur recommandant de réclamer ce service de l'évêque de Nîmes le plus souvent possible.

Biblioth. nat., lat. 11018, f. 25, b

1091.

Urbanus, episcopus, servus servorum Dei, dilectis filiis sancti Ægydii monachis, salutem et apostolicam benedictionem. NOVERITIS NOS vestre congaudere libertati, ac semper, ut poterimus, eam exaltari a nobis. Sed quia priscis temporibus beatus Ægydius vestrum tradidit locum juri beati Petri et antecessoris nostri venerabilis Benedicti, atque a potestate regum, ducum, comitum simulque episcoporum alienavit, in Romane Ecclesie scriptis id reperimus. Unde nos multum exhilarati haud minui, verum etiam augeri decrevimus, et in tantum vos volumus esse liberiores ceteris, quantum potestati nostre plus illis subditi estis. Ex auctoritate ergo apostolorum principum, Petri videlicet et Pauli, hanc vos concedimus libertatem, ut si quos ex vestris ordinari volueritis sacerdotali officio aut alicujus ecclesiastici ordinis, a quocunque placuerit episcopo accipite ; hoc solum modo providete quod catholice et sine crimine vivat. Ergo ne scandalum oriatur, obnixe rogamus ut, si pontifex Ecclesie Nemausensis propius a vobis quam unus ex aliis, aut in tuiciori loco hujuscemodi officium celebraverit,

---

(1) Alatri, ville épiscopale dans les États pontificaux.

hoc ab ipso suscipiatis. Idipsum in vestro agat monasterio quilibet episcopus, quotiens vobis placuerit, tantum canonice et secundum sui ordinis honestatem vivat. Datum indiccione XV, anno Incarnationis Domini M° XC° I°, Pontificatus vero domni Urbani pape secundi quarto.

XV. — 1.

BULLE D'URBAIN II

datée de Crémone, annonçant à tous les fidèles de Gothie, qu'au concile de Toulouse, le comte Raimond a abandonné tous ses droits sur les offrandes des autels de Saint-Gilles et a confirmé cet abandon à Saint-Gilles même, avec la confirmation des Pères du concile de Plaisance.

Copie en forme *sur papier* collationnée, le 28 juin 1679, sur l'original, par le secrétaire du président d'Aguesseau, intendant de Languedoc ; par ordre du roi, l'original fut alors envoyé à Colbert avec plusieurs autres titres du monastère. — Biblioth. nat. lat. 11018, f. 19, a. — Baluz. Miscell. — Gall. Christ, t. VI, instr., c. 182.

18 février 1095 (1).

Urbanus, episcopus, servus servorum Dei, universis per Goticam (2) provinciam fidelibus, salutem et apostolicam benedictionem. NOTUM OMNIBUS VOBIS volumus quia dilectus filius noster Raimundus (3) Tolosanus comes, tam nostris quam aliorum religiosorum virorum monitis excitatus, et omnipotentis Dei timore compunctus, partem imo rapinam quam ex parentum suorum invasione in altari sancti Egidii et reliquis ipsius ecclesiæ altaribus habere solitus erat, Deo ac sanctæ Dei Genitrici Mariæ, sanctisque apostolorum principibus Petro et Paulo et beato confessori Egidio reddidit : quæ redditio sive dimissio in Tolosana synodo facta est coram legato nostro

---

(1) Voir ci-après, bulle de Clément IV, n° CXXIII. — 74.

(2) *Gothicam*, même bulle de Clément IV.

(3) C'était Raymond IV, plus connu sous le nom de Raymond de Saint-Gilles.

Bernardo (1) Toletano archiepiscopo et pluribus tam episcopis quam abbatibus. Item in festivitate sancti Egidii, coram eodem legato nostro aliisque quamplurimis episcopis vel abbatibus, eandem remissionem (2) cum uxore sua Hervira et filio Bertranno super altare beati Egidii confirmavit, duobus illic nummis Egidiensis monetæ positis. Igitur non (3), secundum ipsius comitis postulationem, pro sua et parentum suorum salute factum hoc auctoritate apostolica confirmamus, et omnipotentis Domini (4) misericordiam deprecamur, quatenus quod de rerum ecclesiasticarum usurpatione hactenus admiserit (5) sua eis propitiatione indulgeat, et a suorum delictorum (6) vinculis per sanctorum apostolorum et sancti Egidii merita et preces absolvat. (7) Tam ipsum quam ejus posteros universos, si altarium oblationem ulterius invadere tentaverint, anathemati subjicimus et ab universo Ecclesiæ consortio segregamus. Quicunque etiam vel ab ipso comite, vel ab aliquo quolibet de oblationibus illis feudum tenet (8), hujus decreti tenore cognito, nisi omnino ecclesiæ reddiderit, eidem anathemati subjaceat. Ipsis etiam monachis sub anathemate interdicimus ne, ullo unquam tempore, laïcorum cuiquam in ipsis altarium oblationibus partem habere permittant. Alioquin et qui dederit et qui receperit, anathemati quod proposuimus subjacebit. Data per manum Johannis (9) diaconi cardinalis, Cremonæ, XII Cal. Martii, ind. III, anno ab Incarnatione Domini MXCV, pontificatus vero domini

---

(1) Bernard était un ancien moine de Cluny qui devint archevêque de Tolède, en Espagne.

(2) Alias *redditionem*.

(3) *Nos*, n° CXXIII. — 74.

(4) Alias *Dei*.

(5) *Admiserunt*, n° CXXIII. — 74.

(6) *Debitorum*. ibid.

(7) *Porro tam ipsum*, ibid.

(8) *et*, ibid.

(9) La bulle de Clément IV, n° CXXIII. — 74, et la copie du Gall. Christ. ajoutent : *Sanctæ Romanæ Ecclesiæ*.

Urbani papæ septimo. Relecta vero et confirmata in concilio quod idem papa Placentiæ celebravit (1). Ego Johannes Portuensis episcopus cardinalis subscripsi. Ego Albertus cardinalis subscripsi. Ego Ricardus presbyter cardinalis sanctæ Romanæ Ecclesiæ et Massiliensis abbas subscripsi. Ego Bonus Senior presbyter cardinalis subscripsi. Ego Teciro (2) presbyter cardinalis subscripsi. Ego Gregorius diaconus cardinalis subscripsi. Ego Barberius (3) Pisanus archiepiscopus subscripsi. Ego Rodulphus Turonensis (4) archiepiscopus subscripsi. Hugo cardinalis diaconus sanctæ Romanæ Ecclesiæ subscripsi. Herimannus cardinalis. Ego Philippus Lunensis episcopus subscripsi. Ego Aurasicensis episcopus Gilelmus suscripsi. Ego Rogerius sanctæ Romanæ Ecclesiæ diaconus subscripsi. Ego Johannes Portuensis cardinalis episcopus subscripsi. Ego Willelmus Ausciensis (5) archiepiscopus cum meis suffraganeis, scilicet Dodo Bigorritano episcopo, Sancio Lascurrensi episcopo, Ottone Olorensi episcopo, Willelmo Consorano episcopo subscripsi. (Ego Imolensis (6) episcopus Otto subscripsi). Ego Rodulphus Begin (7) archiepiscopus subscripsi. Petrus Venetiæ (8) patriarcha, Petrus archiepiscopus Mediolanensis, Gottofridus episcopus Magalonensis, Berengarius episcopus Forojoliensis, Amatus archiepiscopus Burdegalensis, Aldebertus archiepiscopus Bituricensis, Petrus archiepiscopus Aquensis, Fulco Belvatensis (9) episcopus interfuerunt. Tetbaldus

---

(1) Ici finit la bulle d'Urbain II dans le n° CXXIII. — 74.

(2) Alias *Teuso*.

(3) Alias *Daibertus*, archevêque de Pise.

(4) Les prélats ici nommés sont ceux de Tours, Luni-Sarzane (en Ligurie). Orange, Porto (États romains).

(5) Alias *Ausiensis*, Auch et ses suffragants, les évêques de Bazas? Lescar, Oloron et Conserans.

(6) Cette signature de l'évêque d'Immola (Italie) n'est pas dans notre *Bullaire*.

(7) Alias *Reginus*, probablement Reggio en Calabre.

(8) Les prélats qui suivent occupaient les siéges de Venise, Milan, Maguelonne, Fréjus, Bordeaux, Bourges, Aix-en-Provence.

(9) Alias *Belvacensis* (Beauvais).

Bercellensis abbas Iant....... (1). Pontius abbas Casæ-Dei, F. Rotardus (2) abbas sancti Pontii.

Ita (3) et omnes archiepiscopi, episcopi et abbates in Placentia, synodo residente (4) hanc dimissionis cartam præcepto Domini papæ laudaverunt et confirmaverunt, ac hujus dimissionis deinceps invasorem, vel subreptorem perpetuo anathemati subdiderunt, et monasterium omne, si aliquando invasio acciderit, ab omni divino officio interdicendo cessare jusserunt.

XVI. — 3.

BULLE D'URBAIN II

datée d'Avignon, confirmant les priviléges de l'abbaye et ordonnant que l'abbé et ses moines ne pourront être excommuniés ni interdits par aucun prélat, parcequ'ils dépendent immédiatement du Saint-Siége.

Original sur parchemin en bon état. — Biblioth. nat., lat. 11018, f. 22, b. — Gall. Christ., t. VI, instr., c. 184.

12 septembre 1095

Urbanus, episcopus, servus servorum Dei, Dilectis in Christo filiis Odiloni abbati monasterii sancti Egidii et universe congregationi, salutem et apostolicam benedictionem. GRATIE SUPERNE miserationi tam per nos quam et per vestram religionem agende sunt, quia nos ad vestrum cenobium pervenire et una vobiscum Beati Egidii sollemnitatem celebrare disposuit (5). Unde nos erga beatum Egidium ampliori devotione ferventes, tam vos quam vestra omnia ampliori Sedis apostolice munimine protegere et confirmare curamus. Omnem igitur libertatem seu immunitatem vobis ac vestro

---

(1) Alias *laudavit*.
(2) Alias *Frotardus*.
(3) Alias *Isti*.
(4) Alias, *in Placentina synodo residentes*, le concile de Plaisance.
(5) Urbain II était à Saint-Gilles le 1ᵉʳ septembre et y séjourna au moins jusqu'au 6, jour où il écrivit en faveur de la Chaise-Dieu. — Il y revint au mois de juillet 1096, le lendemain de la clôture du concile de Nîmes, y séjourna du 15 au 21 et consacra l'autel de la basilique inférieure.

cenobio per antecessorum nostrorum privilegia contributam, nós quoque presentis decreti pagina roboramus et quicquid super ea vel vobis hactenus concessisse cognoscimur. Unde etiam vestre quieti attentius providentes, Nemausensem (1) episcopum vobis infestum nostra studuimus auctoritate coercere. Cum enim vos super ecclesia sancti Andree de Bernice (2) et aliis quibusdam quas antecessorum suorum temporibus possederatis inquietaret, nos ei omnino ab hujusmodi molestiis cessare precepimus et sic vobis omnia quieta dimittere sicut antecessorum suorum tempore vos possedisse constiterat. Abbatiam preterea sancti Eusebii (3) et omnes possessiones quas hodie juste possidere videmini vobis vestrisque successoribus perpetuo possidendas apostolica auctoritate firmamus. Statuimus etiam in decreto nulli archiepiscopo vel episcopo liceat super vestrum cenobium vel abbatem manum excommunicationis vel interdictionis extendere, sed in beati Petri et ejus vicariorum manu quieti semper ac liberi per omnipotentis Dei gratiam maneatis. Penitentibus vero qui pro suorum scelerum venia cenobii vestri basilicam, in qua beati Egidii corpus quiescere dinoscitur, expetierunt eam intrare et illic Domino sua concedimus vota persolvere. A conjugiis etiam liberos ad monachatum admitti sine episcoporum contradictione concedimus. Vos enim pro ejusdem beati Egidii meritis et religionis vestre reverentia quietos omnino persistere et tanquam oculi nostri pupillam volumus custodiri. Hec omnia ut in perpetuum firma et intemerata permaneant Dei omnipotentis Patris et Filii ac sancti Spiritus judicio et potestate sancimus. Datum Avennione per manum Johannis sancte Romane Ecclesie, pridie idus septembris, indictione III[a], anno dominice Incarnationis MXCVI (4), Pontificatus autem Domini Urbani secundi pape anno octavo.

---

(1) *Neumasensem* dans l'original.

(2) *Bernis* est une commune du canton de Vauvert, arrondissement de Nimes (Gard).

(3) L'abbaye de Saint-Eusèbe de Provence, au diocèse d'Apt, appartenait à l'abbaye de Saint-Gilles depuis 1033, en vertu d'une donation faite par les seigneurs du lieu.

(4) Il faut lire 1095, puisque Urbain II monta sur le siège pontifical le 12 mars 1088. La date de 1096 se rapporte à l'année commençant à Pâques.

XVII.

BULLE D'URBAIN II

datée du monastère de Saint-André, près d'Avignon, déclarant que, à l'occasion de l'abandon fait par le comte Raymond de Saint-Gilles, et de la consécration qu'il a faite lui-même d'un autel dans l'église du monastère, cette église ne pourra jamais être interdite.

Biblioth. nat., lat. 11018, f. 21, a. — Hist. de Lang., nov. édit., t. V, c. 744. — Hist. des Gaules, t. XIV, p. 723.

22 juillet 1096.

Urbanus, episcopus, servus servorum Dei. SICUT INJUSTA poscentibus nullus est tribuendus effectus, sic legitima desiderantium non est differenda peticio. Comes nimirum Tholosanorum ac Ruthenensium et marchio Provintie Raimundus, potentatus sui partem a Romana Ecclesia optinens, honores omnes ad beatum Egydium pertinentes tam in valle Flaviana quam in extrinsecis, quicquid juste vel injuste videbatur tenere, omnes rectas sive pravas consuetudines quas ipsius antecessores aut ipse habuerant, ob honorem Dei et beati Egydii reverentiam dereliquid ; quam videlicet missionem apud Nemausense concilium jurans in manu nostra Odiloni abbati et ejus fratribus fecit, in Jherosolimitanam expeditionem iturus (1), seque et universos successores suos, si forte hoc donum irritum facere pertemptarent, quod ad se erat dampnatione ac maledictione mulctavit. Quod igitur, suggerente ipso et monachis exorantibus, in tocius concilii conspectu firmavimus, nunc etiam per auctoritatis nostre litteras stabilimus. Si qua ergo ecclesiastica secularisve persona hanc supradicti comitis missionem et nostram atque tocius concilii confirmationem evacuare aut pervertere presumpserit, usquequo satisfaciat, excommunicationi anathematique subdatur et honoris atque officii sui

---

(1) Raymond de Saint-Gilles avait été l'un des premiers croisés qui répondirent à l'appel du pape Urbain II, pour la délivrance de la Palestine.

evacuatione plectatur. Post hec divine voluntatis dispositione actum est, ut apud beati Egydii monasterium basilice nove aram omnipotenti Deo nostris manibus dicaremus. Sanximus igitur et sancimus et ad posterorum memoriam litteris designamus, ne quis ulterius archiepiscopus aut episcopus adversus eandem ecclesiam audeat excommunicationis aut interdictionis proferre sententiam, quatinus idem monasterium ex ipsius beati Egydii traditione sancte Romane Ecclesie juri proprio subditum, Romane semper libertatis gracia perfruatur. Si quis autem, decreti hujus tenore cognito, obviam venire temptaverit, honoris et offitii sui detrimentum patiatur, atque a sacratissimo corpore et sanguine Domini Redemptoris nostri Jhesu Christi alienus fiat, atque in extremo examine districte ultioni subjaceat. Cunctis autem eidem loco justa servantibus pax et misericordia a Deo Patre nostro et Domino Jhesu Christo presentibus ac futuris seculis conservetur. Amen, Amen, Amen. Datum per manum Johannis sancte Romane Ecclesie diachoni cardinalis ac bibliothecarii, apud Avennionem in monasterio Sancti Andree, (1) XI calendas Augusti, indictione IIII. Incarnationis dominice anno M° XC° VI° Pontificatus autem Domini Urbani secundi papa IX°

XVIII.

BULLE D'URBAIN II

annonçant aux moines de Saint-Gilles que l'archevêque de Lyon est chargé de ménager un accord entre eux et le monastère de Cluny; et leur confirmant la jouissance de tous leurs priviléges.

Biblioth. nat., lat. 11018, f. 30, a.

Vers 1098.

Urbanus, episcopus, servus servorum Dei, dilectis filiis Odiloni abbati, et universe congregationi sancti Ægydii, salutem et apos-

---

(1) C'est le monastère de Saint-André-de-Villeneuve, en face d'Avignon.

tolicam benedictionem. PETICIONES RELIGIONIS vestre clementer accepimus, et pro reconconciliatione (*sic*) vestra fratri nostro Cluniacensi abbati litteras direximus. Lugdunensi quoque archiepiscopo litteris nostris injunximus ut sua sollicitudine satagat quatinus predictus abbas vobis reconcilietur. Quicquid autem ille dixerit, quemcunque animum circa nos ostenderit, nos tamen quod scripsimus, scripsimus ; et quod privilegii nostri pagina vobis firmavimus, firmum et ratum esse perpetuo volumus, salva diligentiori et maturiori deliberatione. Vestra ergo dilectio memor semper dilectionis nostre existat, et divine pietatis aures pro Romana Ecclesia interpellet.

XIX.

BULLE D'URBAIN II

datée du palais de Latran, à Rome, reprochant à l'évêque de Nîmes d'avoir lancé l'interdit contre le monastère de Saint-Gilles et lui ordonnant de se présenter à Rome pour satisfaire et obtenir son pardon.

Biblioth. nat., lat. 11018, f. 26, b.

4 avril 1099.

Urbanus, episcopus, servus servorum Dei, dilecto fratri Raimundo Nemausensi episcopo (1) salutem et apostolicam benedictionem. BEATI ÆGYDII monasterium Romane Ecclesie salarium esse tua prudentia non ignorat. Multum igitur adversus matrem tuam Romanam Ecclesiam calcaneum erexisti, cum in cenobii ipsius monachos interdictionis tue frena laxasti. Constat siquidem tam ex beati Egidii traditione quam ex multorum romanorum pontificum sanctione id nostri juris, nostre proprietatis, nostre tuicionis existere. Cum ergo que nostri juris sunt usurpare ac temerare presumpseris, profecto que tui juris sunt merito amittere ac

---

(1) Le siège de Nîmes était alors occupé par Raymond I*er* Guillaume qui le tint de 1097 à 1112.

gravioribus coercionibus deberes subjacere. Ceterum fratres ipsi apud nos intercessores esse curarunt, ut adversus te inpresentiarum mitius ageremus. Ea propter tue nunc presumptioni parcimus, eo nimirum tenore ut oportuno tempore nostre te audientie presentare, et super eadem causa competenter Sedi apostolice satisfacere debeas. De cetero ita te ab ejusdem monasterii vel cellarum ejus, que in tua diocesi sunt, infestatione convenit abstinere, ut nulla ad nos ulterius querela perveniat. Si vero aliter presumpseris, morte nimirum episcopalis officii seu beneficii morieris. Ad hec precipimus ut fratrum ipsorum inpugnatoribus clipeum tue obpugnationis obponas, et pertinaciter resistentes sancti Spiritus mucrone confodias. Sic enim agens et ipsorum karitatem et nostre dulcedinis gratiam obtinebis. Data Laterani per manum Johannis diachoni, pridie nonas Aprilis.

XX.

BULLE DE PASCAL II (1)

à l'abbé et aux moines de Saint-Gilles, menaçant d'excommunication le comte Bertrand (2) et ses chevaliers qui, malgré les promesses faites, tentent de s'emparer des offrandes des autels de l'abbaye.

Biblioth. nat., lat. 11018, f. 30, a. — Ménard, Hist. de la ville de Nimes, t. I, pr., p. 26. — Hist. des Gaules, t. XV, p. 30.

15 avril 1105.

Paschalis, episcopus, servus servorum Dei, dilectis filiis Stephano (3) abbati et monachis sancti Egydii, salutem et

---

(1) Pascal II, élu pape le 13 août 1099, mourut le 21 janvier 1118, il avait siégé dix-huit ans, cinq mois et sept jours.

(2) Bertrand était le fils de Raymond IV et lui ressemblait peu dans sa piété et son dévouement à l'Église.

(3) L'abbé Étienne mourut en 1105 ou 1106, après avoir tenu le siége abbatial six ou sept ans.

apostolicam benedictionem. Bonum quod de oblationibus altaris beati Egydii Bertrannus comes fecerat, valde laudaveramus ; sed illud nos vehementius gravat, quia cum omnes fere beati Egydii possessiones pro quorumdam contumacia in vadimoniis positas dicuntur, idem comes Bertrannus et quidam milites ejus oblationes ipsas conantur invadere. Insuper vestro jam monasterio multas injurias irrogant ; quibus profecto per presentes litteras denuntiamus quia, nisi destiterint, nos eos tanquam sacrilegos excommunicationi subjiciemus. Datum XVII Kal. Maii.

XXI.

BULLE DE PASCAL II

engageant les moines et les fidèles de Saint-Gilles, à vivre en paix avec leur abbé et leur défendant de rien distraire, malgré l'abbé, des oblations de l'autel du monastère.

Biblioth. nat., lat. 11018, f. 32, a. — Ménard, Hist. de la ville de Nîmes, t. I, pr., p. 27. — Hist. des Gaules, nov. édit., t. XV, p. 32.

31 octobre 1105.

Pascalis, episcopus, servus servorum Dei, dilectis filiis monachis et ceteris fidelibus sancti Egidii, salutem et apostolicam benedictionem. Quia magne res discordia dilabuntur, parve res concordia coalescunt, monemus vos et rogantes precipimus ut uno animo, uno sensu, abbatem vestrum timentes diligatis, diligentes timeatis, et in ejus obedientia persistentes monasterii res diligentius custodire debeatis ; que nimirum partim factionibus vestris, partim violentia militari distracte multum et pessundate cognoscuntur. De altaris oblatione per sanctorum Apostolorum obedientiam interdicimus, ne quis eas rapere, aut invito abbate distrahere vel fraudare presumat ; sed in usus ad quos date vel dande sunt, cum timore Domini conserventur ; si quis vero aliter forte presumpserit, et facientes et consentientes, ab Ecclesie liminibus sequestramus. Datum II Kal. Novembris.

XXII.

BULLE DE PASCAL II

datée du palais de Latran, à Bertrand, comte de Toulouse, qui, oublieux de l'abandon consenti par son père et de l'excommunication portée par le concile de Nimes, a envahi le bourg de Saint-Gilles, fortifié l'église et mis aux enchères les offrandes de l'autel. Le pape avertit le comte de renoncer à ses entreprises criminelles, sinon le voyage en Terre-Sainte ne le préservera pas des effets de l'excommunication.

Biblioth. nat., lat. 11018, f. 32, b.—Ménard, Hist. de la ville de Nimes, t. I, pr., p. 26. — Hist. des Gaules, t. XV, p. 32.

14 novembre 1105.

Paschalis, episcopus, servus servorum Dei, dilecto filio Bertranno, comiti, salutem, si obedierit, et apostolicam benedictionem. Quid pater tuus (1) egregie strenuitatis comes de altari sancti Egidii, quid etiam de toto burgo fecerit, tu ipse non nescis. Scripturam quoque et excomunicationem in Nemausensi concilio (2), juxta patris tui peticionem, a sanctissime memorie Urbano papa factam, vel audisse te credimus vel vidisse. Unde miramur quod burgum invadere et juxta beati Egidii ecclesiam municiones novas erigere presumpsisti. Immo, quod gravius est, accepta peccunia, ejusdem oblationes altaris tanquam populares mercedes exposuisti. Unde nos te tanquam dilectum filium admonemus, ne tam gravi culpa te gravari diutius sinas. Et si enim, ut dicitur, Jherosolimitanum (3) iter inceperis, nichil anime tue proderit; quoniam excomunicationis et anathematis vinculo tenearis in eodem Nemausensi concilio promulgato. Alioquin iram et indignationem omnipotentis Dei sanctorumque Apostolorum Petri et Pauli gravius profecto persenties. Datum Laterani, XVIII Kal. Decembris.

---

(1) Raymond IV, dit Raymond de St-Gilles, qui mourut le 28 février 1105.

(2) Labb. Conc., t. X, c. 609.

(3) Le comte Bertrand ne fit le voyage de Palestine qu'en 1109.

XXIII. — 4.

BULLE DE PASCAL II

datée de Parme, soumettant à l'abbaye de Saint-Gilles l'abbaye de Saint-Gilles de Hongrie, fondée par le roi Ladislas.

Original sur parchemin en bon état. — Biblioth. nat., lat. 11018, f. 30, b. — Gall. Christ. t. VI, instr., c. 189. — Baluz. Miscell., III, 11.

2 novembre 1106.

Pascalis, episcopus, servus servorum Dei, dilecto in Christo filio Hugoni abbati monasterii sancti Egidii quod in valle Flaviana situm est ejusque successoribus regularibus renovendis in perpetuum. Religiosis desideriis dignum est facilem prebere consensum ut fidelis devotio celerem sortiatur effectum. Lasticlavus siquidem bone memorie Ungarorum rex ad honorem Dei et sanctorum apostolorum Petri et Pauli in memoriam sancti confessoris Egidii Semichensem (1) fundavit ecclesiam et eam per manum Odilonis felicis memorie predecessoris vestri monasterio beati Egidii cui, auctore Deo, presides, obtulit, ubi et ejus corpus venerabile requiescit; hanc munerum oblationem pro anime salute perpetratam, nos, largiente Deo, apostolice Sedis auctoritate firmamus, cui vestrum Flaviane vallis cenobium ab eodem sancto Egidio in salarium datum agnoscitur. Igitur supradicti regis deliberationem presenti decreto sancimus, ut quousque Seumichensis abbas fuerit, abbati monasterii vestri quod in valle Flaviana a Sancto Egidio constructum diximus, obedientiam profiteatur et perseveranter observet. Negotia que monasterio acciderint regis concilio terminentur, et nullus preter regem super res ecclesie judicare presumat. Porro monasterii ecclesia cum atrio suo ea semper libertate potiatur ut illic refugientes nullum personarum sive rerum prejudicium patiantur. Decernibus ergo ut nulli omnino hominum liceat idem monasterium perturbare aut ejus possessiones aufferre, minuere vel temeris vexationibus fatigare, sed omnia que ab

---

(1) Sirmich, en Hongrie.

eodem Latisclavo rege vel aliis fidelibus de jure proprio data sunt aut in futurum, Domino largiente, illic dari contigerit firma semper et integra conserventur, salva canonica reverentia diocesani episcopi, eorum pro quorum sustentatione et gubernatione concessa sunt usibus omnimodis profutura. Si quis igitur, decreti hujus tenore cognito, vel Seumichensem cellam a vestri monasterii subjectione substrahere, aut eandem cellam bonis suis temere privare temptaverit, secundo tertiove commonitus, si non satisfactione congrua presumptionem illicitam emendare curaverit, a sacratissimo corpore ac sanguine Dei et Domini Redemptoris nostri Jesu alienus existat, atque in extremo examine districte ultioni subjaceat. Cunctis autem hec statuta servantibus in pace Domini nostri Jesu Christi quatinus et hic fructus bone actionis percipiant et apud districtum judicem premia eterne pacis inveniant. Amen, amen, amen.

Ego Paschalis catholice ecclesie Episcopus:
Ego Bruno S. episcopus. Ego Landulfus cardinalis presbyter.
Datum Parme, per manum Johannis Sancte Romane Ecclesie diaconi cardinalis ac bibliothecarii, IV nonas novembris, indictione XV, anno dominice Incarnationis MCVI, pontificatus autem Domini Paschalis Sancti Pape VIII.

XXIV.

BULLE DE PASCAL II

reprochant à Guillem et Emenon de Sabran, Rainard de Meynes, Arbert de Montclar, etc., de s'être associés aux entreprises criminelles du comte Bertrand et les menaçant, s'ils ne cessent pas, de les frapper d'excommunication.

Biblioth. nat., lat. 11018, f. 33, a. — Ménard, Hist. de la ville de Nimes, t. I, pr., p. 26. — Hist. des Gaules, t. XV, p. 24.

4 février 1107.

Paschalis, episcopus, servus servorum Dei, militaribus viris Willelmo de Sabrano, Emenoni fratri ejus, Rainardo de Medenas, Arberto de Monteclaro, Ricardo de Clareto, Dalmatio de Rocca-

Maura et Raimundo Petro de Gorra. RAIMUNDI, EGREGIE memorie comitis, et consocios vos et consiliarios fuisse non ambigimus, cum villam beati Egydii per manum sancte memorie predecessoris nostri Urbani, pape, penitus abdicavit, seque ipsum et heredes suos (1) excommunicari fecit, si, ullo unquam tempore, in eadem villa quicquam, preter abbatis voluntatem, usurpare presumeret ; quotiens etiam idipsum Bertrannus, comes vester, juraverit, vobis notissimum scimus. Nuper autem non solum villam (2), sed etiam ipsum monasterium violenter invadens, quosdam capiens, quosdam vulnerans, sic monachos exturbavit, monasterii res et altaris oblationes arripuit, edificia dissipavit, et in servorum Dei habitacula meretrices induxit : ad hec super ipsam beati Egidii ecclesiam turres novas instruxit et instruit. Horum scelerum vos et conscios et actores fratres beati Egidii conqueruntur. Pro his igitur omnibus vos ad satisfactionem debitam litteris presentibus invitamus, ut usque ad proxime Quadragesime initium coram fratre nostro Narbonensi (3) archiepiscopo, ipsius et ceterorum fratrum judicio, justitiam faciatis. Alioquin ex tunc et terram vestram a divinis officiis, preter infantium baptisma et morientium penitentias, interdicimus; et vos excommunicationis illius, cui sponte admixti estis, vinculis adstrictos denunciamus; quoniam et sacrilegii rei estis, et Bertrannus, cui vos socios exhibuistis, non solum propter monasterii et supradicte ville invasionem, verum etiam propter uxoris repulsam et multiplicata adulteria, excommunicationis vinculo tenetur astrictus. Datum II nonas Febroarii.

---

(1) Labb. Conc., t. X, c. 609.

(2) On s'explique facilement la raison pour laquelle le comte de Toulouse tenait tant à la possession de Saint-Gilles ; cette ville était déjà un port très-fréquenté ; les richesses y affluaient et pour un prince plein d'ambition et plongé dans le désordre moral, les considérations religieuses étaient d'un faible poids pour l'arrêter dans ses usurpations.

(3) Richardo. Ce nom ne se trouve pas dans toutes les copies. Richard était auparavant cardinal, légat en Espagne et abbé de Saint-Victor de Marseille.

XXV.

BULLE DE PASCAL II

rappelant aux évêques de Narbonne, d'Uzès et de Nîmes les nouvelles tentatives du comte Bertrand sur l'abbaye de Saint-Gilles, l'expulsion des moines, la construction de nouvelles fortifications et leur ordonnant de déclarer excommuniés lui et ses complices, si, avant le Carême, ils n'ont pas donné au monastère toutes les satisfactions désirables.

Biblioth. nat., lat. 11018, f. 34, a. — Ménard, Hist. de la ville de Nîmes, t. I, pr., p. 27. — Hist. des Gaules, t. XV, nov. édit., p. 35.

4 février 1107.

Paschalis, episcopus, servus servorum Dei, venerabilibus fratribus et coepiscopis Ricardo Narbonensi, Raimundo Uceticensi, Raimundo Nemausensi, et ceteris comprovincialibus, salutem et apostolicam benedictionem. Non solum vobis qui prope estis set etiam his qui longe sunt, notissimum est qualiter Bertrannus, comes, propter uxorem (1) abjectam et multiplicata adulteria jamdiu excommunicationi subjectus est. Illius etiam anathematis vinculis compeditur, quo Raimundus, egregie memorie comes, in Nemausensi concilio, a sancte memorie Urbano papa, seipsum et heredes suos excommunicari fecit, si ullo unquam tempore in beati Egydii villa et ejus monasterio quicquam, preter abbatis voluntatem, usurpare presumeret. Quotiens etiam idipsum Bertrannus comes juraverit vos scire credimus. Nuper autem non solum villam, sed etiam ipsum monasterium violenter invadens, quosdam capiens, quosdam vulnerans, sic monachos exturbavit, monasterii res et oblationes arripuit, edificia dissipavit, et in servorum Dei habitacula meretrices induxit. Ah hec super ipsam beati Egydii ecclesiam turres novas instruxit et instruit. Cujus instructionis edificium Jhericontino anathemate condemnamus, ut et qui ulterius edificare, et qui

---

(1) Eleutha ou Hélène que Bertrand avait épousée en secondes noces, en 1095.

edificatum retinere temptaverint, perpetua maledictione multentur. Sane vestram prudentiam litteris presentibus, per apostolice Sedis obedientiam excitamus, ut ad corrigenda et cohibenda hec sollicitius insistatis. Nos si quidem pro his sceleribus Willelmum de Sabrano, Hemenonem fratrem ejus, Rainoardum de Medenas, Arbertum de Monte-Claro, Ricardum de Clareto, Dalmatium de Rocca maura, tanquam Bertranni consiliarios et sacrilegii hujus auctores, ad satisfaciendum coram fraternitate vestra nostris litteris evocavimus. Quod nisi usque ad proxime XL. initium peregerint, ex tunc et eorum terram a divinis officiis interdicimus, et tamquam sacrilegii reos, excommunicationis supradicte, cui sponte admixti sunt, vinculis adstrictos denuntiamus. Ceteros etiam ab ejusdem (1) Bertranni auxilio et communione compescite, nisi se a malis tantis et nove illius hedificationis vendicatione compescat. Interea dominatus ejus teram a divinis officiis, preter infantium baptisma et morientium penitentias, interdicimus : et quocunque in loco ipse manserit, nullatenus, quandiu illuc moratus fuerit, divina celebrentur officia. Datum II nonas Febroarii.

XXVI.

Deux jours après, le 6 février, Pascal II écrivait presque dans les mêmes termes à Gibelin, archevêque d'Arles, à Arbert, évêque d'Avignon et autres, leurs comprovinciaux, les priant d'excommunier le comte Bertrand et ses complices. Le 8 du même mois, Pascal II adressait des lettres apostoliques aux vicomtes de Narbonne et de Béziers, à Guillem de Montpellier, Bernard d'Anduze et Raimond Décan de Posquières, pour les prier de se liguer contre Bertrand pour le forcer à rendre satisfaction à l'abbaye. Ces deux pièces, qu'il est inutile de rapporter ici à cause de leur ressemblance avec les précédentes sont insérées dans le bullaire de la Bibliothèque nationale, lat. 11018, f. 35, b. et f. 36, b.

---

(1) Alias *ejusmodi*.

XXVII.

BULLE DE PASCAL II

aux moines et aux bourgeois de Saint-Gilles, leur défendant d'avoir aucun rapport avec le comte Bertrand qui a été excommunié pour s'être emparé des offrandes de l'autel du monastère.

Biblioth. nat., lat. 11018, f. 37, b. — Ménard, Hist. de la ville de Nimes, t. I, pr., p. 27. — Hist. des Gaules, t. XV, p. 37.

14 mars 1107.

Paschalis, episcopus, servus servorum Dei, dilectis filiis monachis et burgensibus S. Egydii, salutem et apostolicam benedictionem. ALTARIS BEATI EGYDII invasorem Bertrannum, nostris jussionibus pertinaciter resistentem, Sancti Spiritus judicio sciatis excommunicatum. Quicumque ergo ammodo in causa hujus invasionis adjutor ei et consiliator extiterit, ejusdem excommunicationis eum participem denuntiamus, donec satisfactionem debitam solvat. Proinde omnibus vobis mandamus, ut ab eodem Bertranno omnino abstineatis, quousque in hac pertinacia perseverare voluerit. Datum II idus Martii.

XXVIII.

BULLE DE PASCAL II

aux moines de Saint-Gilles, leur annonçant, qu'après être longtemps resté sous l'excommunication pour ses entreprises contre leur monastère, le comte Bertrand est venu à résipiscence et a promis de respecter les clauses de la charte de son père, le comte Raymond de Saint-Gilles.

Biblioth. nat., lat. 11018, f. 37, b. — Ménard, Hist. de la ville de Nimes, t. I, pr., p. 27. — Hist. des Gaules, nov. édit. t. XV, p. 38.

25 juillet 1107

Paschalis, episcopus, servus servorum Dei, dilectis filiis monachis S. Egydii, salutem et apostolicam benedictionem. PROPTER OBPRESSIONES monasterii seu ville vestre, Bertrannum comitem diu anathematis districtione coercuimus. Denique cum venisset ad nos, presente abbate vestro Ugone, et fratribus, sive burgensibus qui cum eo venerant, Raimundi comitis cartam in ejus audientia perlegi fecimus. In qua nimirum cartha, pater ejus Raimundus comes omnes honores S. Egydii tam in villa vestra, que dicitur Flaviana, quam in extrinsecis quicquid juste sive injuste videbatur obtinere, scilicet omnes rectas sive pravas consuetudines quas ipse vel antecessores ejus ibidem habuerant reliquisse, et plenariam guirpicionem Odiloni, bone memorie abbati, et fratribus qui cum eo aderant, fecisse asseritur per manum predecessoris nostri Urbani, pape, apud concilium Nemausense. Eodem igitur tenore et ipse in manu nostra omnes honores beati Egydii et burgi vestri consuetudines abdicavit, et quecumque dampna sive alia malefecta sibi contigerat in guerra quam vobiscum et cum vestris burgensibus habuit, et abbati vestro, et burgensibus, et omnibus eorum adjutoribus, per quos eadem dampna illata sunt omnino dimisit ; sic eum a vinculo excommunicationis absolvimus. Actum apud cellam S. Marcelli (1), VIII Kal. Augusti, indictione XV, presentibus episcopis Eustachio Valentino, Berengario Bitterensi, Leodgario Vivariensi ; cardinalibus Romane Ecclesie Landulfo presbitero, Johanne et Berardo diachonibus; et proceribus ipsius Bertranni Guilelmo Ugonis de Montilio, Guilelmo de Sabrano, Bermundo Peleto, Poncio de Medenas, Rostagno de Portu ; et burgensibus Pagano et Causito et Bertranno, milite de Poscheriis.

XXIX.

BULLE DE PASCAL II

datée du palais de Latran et adressée aux évêques des deux rives du Rhône. L'abbé et les religieux de Saint-Gilles se sont plaints des entreprises de ces prélats. C'est au souverain pontife, dont ce monastère dépend directement, qu'il appartient de décider de la justice de leurs prétentions.

Biblioth. nat., lat. 11018, f. 40, b.

15 décembre vers 1107.

Paschalis, episcopus, servus servorum Dei, dilectis fratribus citra vel ultra Rodanum episcopis, salutem et apostolicam bene-

---

(1) Ce monastère est du diocèse de Valence, Pascal II y était en juillet 1107.

dictionem. AB ABBATE vel fratribus monasterii sancti Egydii querelam suscepimus, quod ipsis et monasterii ipsius cellis novas et inusitatas exactiones super dationibus quibusdam, ospitiis et obedientiis temptetis imponere. Ceterum sicut et vobis manifestum est, et alii non ignorant, sancti Egydii monasterium cum suis omnibus beati Petri salarium est, et non ab alio sed ab ipso beato Egydio ei oblatum, cum omnibus que vel tunc temporis possidebat, vel in futurum, largiente Deo, acquirere potuisset. Si quis igitur novum quid a monasterio ipso exigere, aut quaslibet inusitatas consuetudines ei vel locis ejus temptat imponere, ad nos primum cum ipsius monasterii abbate vel monachis accedat, a nobis quod sui juris est exigat, et nos ei, prestante Deo, justiciam debitam e[xse]quemur (1). Ipsum enim monasterium sub beati Petri tutela et protectione consistit, et nos ei apostolice Sedis tuitionem subtrahere, nec possumus nec debemus. Datum Laterani, XVIII Kal. januarii.

XXX.

BULLE DE PASCAL II

datée de Sutri, priant les évêques de Valence et de Viviers, de l'aider à réduire le comte Bertrand qui, après avoir été relevé de l'excommunication qu'il avait encourue, est revenu à ses errements.

Biblioth. nat., lat. 11018, f. 38, b. — Ménard, Hist. de la ville de Nimes, t. I, pr., p. 28. — Hist. des Gaules, nov. édit., t. XV, p. 41.

14 mai 1108.

Paschalis, episcopus, servus servorum Dei, dilectis fratribus et coepiscopis Eustachio Valentino et Leodegario Vivariensi, salutem et apostolicam benedictionem. DILECTIONEM VESTRAM nequaquam oblitam credimus quanta precum instantia se Bertrannus absolvi peteret a vinculo anathematis, pro quo vestra quoque fraternitas satis nos rogavit. Nos itaque et suis et vestris

---

(1) Le parchemin est un peu rongé en cet endroit ; on ne distingue pas les lettres que nous avons mises entre crochets.

precibus inclinati, accepta refutatione de manibus ejus omnium rerum S. Egydii, pro quibus excommunicatus fuerat, hominem illum absolvimus. Post abcessum autem nostrum, velut canis reversus ad vomitum, pejora satis et deteriora, ut audivimus, cepit excercere quam fecerat. Nam fratres monasterii captos turpissime dehonestavit, in villam assultum fecit, et homines de ea captivos exportavit, quos adhuc retinet. Que omnia nos nulla ulterius ratione ferre valentes, dilectioni vestre mandamus ut, si revera beatum Petrum diligitis, ejus injuriam modis omnibus vindicare curetis. Convenientes itaque hominem illum commonete, et Ecclesie auctoritate precipite, ut ab hac insania penitus desistat, ablata restituat, et monasterium, cum omnibus suis pertinentiis, liberum et quietum manere permittat. Quod si non fecerit, nos tam ipsum quam omnes fautores ejus a liminibus Ecclesie, auctoritate apostolica, repellimus. Datum apud Sutriam, II idus Martii.

XXXI.

BULLE DE PASCAL II

datée de Sutri, reprochant aux évêques de Fréjus et d'Apt de s'être associés au comte Bertrand pour assiéger le monastère de Saint-Gilles, les menaçant de les déposer s'ils n'abandonnent cette entreprise si contraire à leur caractère sacré.

Biblioth. nat., lat. 11018, f. 89, b. — Ménard, Hist. de la ville de Nimes, t. I, pr., p. 28, — Hist. des Gaules, nov. édit. t. XV, p. 42.

14 mai 1108.

Paschalis, episcopus, servus servorum Dei, dilectis in Christo fratribus et coepiscopis Berengario Forojuliensi et Leodegario Attensi, salutem et apostolicam benedictionem. CONTRA SACERDOTALE officium quod habetis, vos audimus monasterium S. Egydii expugnare cum Bertranno, quod beati Petri est proprium. Quod si verum est, quantum officio vestro sit contrarium, vos ipsi agnoscitis. Unde dilectioni vestre presentibus litteris mandamus, ut et vos ab hac insania desistatis, et milites vestros ab auxilio Bertranni cohibeatis. Scientes procul dubio quia, si ab hoc nefario opere non cessatis, ab omnibus divinis officiis vos auctoritate apostolica removemus. Ipsum quoque Bertrannum, si non ab hac nequitia destiterit et ablata restituerit, a fidelium societate separamus. Datum apud Sutriam (1), II idus Maii.

XXXI.

BULLE DE PASCAL II

datée de Sutri, aux moines et aux bourgeois de Saint-Gilles, leur annonçant qu'il a appris tous les maux que leur fait subir le comte Bertrand et les assurant de sa sympathie et de son désir de leur ménager un peu de tranquillité.

Biblioth. nat., lat. 11018, f. 39, b.

14 mai 1108.

Paschalis, episcopus, servus servorum Dei, dilectis in Christo filiis et fratribus monachis sancti Egydii omnibus et burgensibus, salutem et apostolicam benedictionem. AUDIVIMUS OPPRESSIONES quas vobis infert Bertrannus homo impudens et iniquus, cujus iniquitas, prestante gratia Dei, in caput suum convertetur. Nos autem tribulationes vestras nostras reputamus, et passionibus vestris compatimur ut debemus. Unde et ad episcopos partium vestrarum de vestro auxilio scripsimus; et quodcunque pro consolatione vestra facere juste poterimus, sicut pro specialibus filiis beati Petri faciemus. Bertrannum autem nisi episcoporum preceptis ad quos de eo scripsimus obedierit, et res beati Egydii impudenter ultra pervadere voluerit, et predas quas de villa vestra cepit non reddiderit, insolubili maledictionis vinculo alligabimus, a quo vix unquam solvi poterit, dum in mundo vixerit. Vos autem dextera Dei omnipotentis protegat, et tam ab illo quam ab hominibus inimicis vestris defendat. Datum apud Sutriam, II idus maii.

---

(1) *Sutri*, ville épiscopale des États-pontificaux.

XXXIII.

BULLE DE PASCAL II

priant les évêques de Valence, de Nimes et d'Uzès de faire cesser les nouvelles usurpations du comte Bertrand, par la menace de l'excommunication.

Biblioth. nat., lat. 11018, f. 40, ε.

14 mai 1108.

Paschalis, episcopus, servus servorum Dei, venerabilibus fratribus Eustachio Valentino, Raimundo Nemausensi, Raimundo Uzeticensi episcopis, salutem et apostolicam benedictionem. Scitis que et quanta Bertrannus erga monasterium sancti Egydii fecerit, quomodo etiam in manibus nostris illud abdicaverit. Nuuc in ejusdem monasterii perturbatione, captione et detruncatione hominum crudelitatem suam exercet. Mandamus ergo sollicitudini vestre omnino precipientes, ut tam ipsum quam parrochianos vestros penitus ab ejusdem monasterii depredatione prohibeatis, alioquin canonicam in eos sententiam promulgabimus.

XXXIV.

BULLE DE PASCAL II

priant l'archevêque de Narbonne et ses suffragants de signifier une sentence d'interdit à Bertrand, vicomte de Béziers, qui avait élevé un château contre le monastère de Saint-Gilles, en avait expulsé l'abbé et ne s'était pas soumis après une triple monition.

Biblioth. nat., lat. 11018, f. 41, a. — Charte incomplète.

Vers 1117

Paschalis, episcopus, servus servorum Dei, venerabilibus fratribus Ricardo Narbonensi archiepiscopo, Galterio Magalonensi et ceteris ejus suffraganeis, salutem et apostolicam benedictionem.

Non latere *vos* (1) credimus quod Biterrensis vicecomes Bernardus super monasterium sancti Egydii, contra interdictum Sedis apostolice, castellum estruxerit, abbatem vero a monasterio expulerit. Pro qua re jam ter commonitus in sua tamen obstinatia perseverat. Vestre igitur fraternitati significamus talem adversus eum interdictionis sententiam promulgatam, ut nisi infra........
(Une page en blanc).

XXXV.

BULLE DE GÉLASE II (2)

datée de Saint-Paul, à l'archevêque d'Arles et aux évéques de Nimes, Maguelonne, Uzès et Avignon, confirmant l'établissement fait par son prédécesseur le pape Urbain II, autour de la ville de Saint-Gilles, de limites déolarées inviolables et dans l'étendue desquelles nul ne peut commettre de violences, sous peine d'excommunication.

Biblioth. nat., lat. 11018, f. 42, a.

21 décembre 1118.

Gelasius, episcopus, servus servorum Dei, venerabilibus fratribus et coepiscopis Arelatensi, Nemausensi, Magalonensi, Uzeticensi, Avinionensi, salutem et apostolicam benedictionem. SIGNIFICAMUS DILECTIONI vestre *domnum* predecessorem nostrum sancte memorie Urbanum papam terminos quosdam circa villam sancti Egydii statuisse, quos et nos, dum ibi essemus, constituimus et confirmavimus, precipientes ut nullus infra eosdem terminos super ipsam sancti Egydii villam predam vel assultum facere audeat. Unde rogamus sollicitudinem vestram et precipimus, si quis de parro-

---

(1) *Nos*, distinctement écrit, semble avoir été corrigé en *vos*.

(2) Gélase II, élu pape le 25 janvier 1118, mourut le 29 janvier 1119; il ne siégea qu'un an et quatre jours. Ce pape séjourna une partie du mois de novembre 1118 dans l'abbaye de Saint-Gilles, où il reçut des religieux une hospitalité digne de son rang ; saint Norbert vint l'y visiter. C'est pendant ce séjour que Gélase II dédia les églises de Sainte-Cécile-d'Estagel et de Saint-Sylvestre-de-Teillan.

chiis vestris adversus ista presumpserit, vos in eum, tamquam in sacrilegum, exeratis justicie canonice ultionem. Datum apud Sanctum Paulum (1), XII Kal. Januarii.

XXXVI. — 5.

BULLE DE CALIXTE II (2)

datée de Maguelonne, défendant d'aliéner ou d'engager le trésor et les biens de l'abbaye, autrement que pour la rédemption des captifs, ou en temps de famine ou pour racheter les autres biens aliénés de l'abbaye, et de ne le faire, dans ces cas, que du consentement de tout le Chapitre du monastère.

Copie en forme *sur papier*, collationné sur l'original par le secrétaire du président d'Aguesseau. — Biblioth. nat., lat. 11018, f. 46, a. — Hist. de Lang., édit. nov., t. V, c. 878.

28 juin 1120 (1119) (3).

Calixtus, episcopus, servus servorum Dei, dilectis filiis Hugoni (4) abbati et monachis monasterii Santi Egidii, salutem et apostolicam benedictionem. PROPTER DISSENSIONES et scandala que frequenter inter locum vestrum et comitem et item inter abbatem et monachos emerserunt, monasterium vestrum grave admodum sustinuit in bonis temporalibus detrimentum; ad hoc etiam ventum est, ut inter coetera major tesauri pars distracta sit et dispersa,

---

(1) Sans pouvoir préciser sûrement quel est ce Saint-Paul d'où Gélase II data sa bulle en faveur du monastère de Saint-Gilles, nous pensons que c'est Saint-Paul-Trois-Châteaux, autrefois ville épiscopale, aujourd'hui simple chef-lieu de canton, dans le département de la Drôme (arrondissement de Montélimar).

(2) Calixte II, élu pape le 1er février 1119, mourut le 13 décembre 1124, il avait siégé cinq ans, dix mois et treize jours. Il séjourna à Saint-Gilles le 18 juin 1119 et les jours suivants ; il se rendit ensuite à Maguelonne d'où il data la présente bulle.

(3) En réalité cette charte est de 1119, les années de l'Incarnation commençant neuf mois avant celles de la Nativité ; d'ailleurs il est certain que c'est en 1119 que le pape Calixte II était en France.

(4) Hugues fut abbé de Saint-Gilles de 1106 à 1124.

sicut ex relationis vestre assertione comperimus ; quod profecto tanto amplius nos gravare noveritis, quanto specialius atque familiarius locus vester, ex ipsius Beati Egidii oblatione, ad Romanam cognoscitur Ecclesiam pertinere. Ne igitur malum hoc vires ulterius ullas obtineat, mansuro in perpetuum decreto statuimus et omnimodis ex auctoritate Sedis Apostolice prohibemus, ut nullus abbas vel monachus tesaurum vel honores ecclesie qui aut modo habentur, aut in futurum, largiente Domino, adquirentur, alienare, distrahere vel inpignorare audeat, nisi forte pro his tribus causis : pro redemptione scilicet captivorum, pro communi et graviori famis inopia et pro emptione seu redemptione honorum (1). Ad ipsum autem si contigerit, totius fiat communi deliberatione capituli, ut nihil dolo vel surreptione aliqua, sed predictarum necessitatum instantia comitantum (2). Si quis igitur abbas vel monachus, decreti hujus tenore cognito, contra ire tentaverit (3) abbas quidem abbatiæ regimine careat et sententiæ excommunicationis subjaceat. Monachus vero a monasterio penitus et ab ejus honoribus excludatur et eadem excommunicationis sententia teneatur, nisi presumptionem suam tam abbas quam monachus secundum commune capituli judicium digna satisfactione correxerit. Tandem (4) etiam excommunicationis sententiam super eos quod (5) tesaurum vel honores monasterii, præterquam superius definitum est, acceperint promulgamus. Ego Calixtus catolicæ Ecclesiæ episcopus confirmo (6). Datum apud Magalonam per manum Grisogoni Sanctæ Romanæ Ecclesiæ diaconi cardinalis ac bibliothecarii, IV calendas julii, indictione duodecima, dominicæ Incarnationis anno millesimo vigesimo, Pontificatus autem Domini (7) Calixti secundi pape anno primo.

---

(1) *Honor*, fief.
(2) *Comitatur*, comme porte le n° CXXIII. — 74.
(3) *Temptaverit*, ibid.
(4) Alias *eandem*.
(5) *Qui*, comme au n° CXXIII. — 74.
(6) Alias *et subscribo*.
(7) Alias *Domni*.

XXXVII. — 5 a.

BULLE DE CALIXTE II

datée de Maguelonne, confirmant tous les priviléges précédemment accordés, énumérant les possessions de l'abbaye et rappelant l'abandon du comte Raymond de tous ses droits sur Saint-Gilles.

Copie en forme *sur papier* (Monnier, notaire à Saint-Gilles, 1669), dûment légalisée par Hector de Monténard, sénéchal de Nimes, le 29 novembre 1669. — Biblioth. nat., lat. 11018, f. 43, a. — Ménard, Hist. de la ville de Nimes, t. I, pr., p. 28, c. 2.

28 juin 1119.

Calixtus, episcopus, servus servorum Dei, dilecto in Christo filio Hugoni abbati venerabilis monasterii beati Egydii ejusque successoribus regulariter substituendis in perpetuum. INTER COETERAS que per Goticam provinciam continentur ecclesias, beati Egidii monasterium specialius et familiarius ad Sedem cognoscitur Apostolicam pertinere. Idem enim ipse venerabilis pater Egidius locum illum beato Petro, ejusque Romanæ Ecclesiæ obtulit ac juri proprietario Sedi Apostolicæ mancipavit. Quapropter nos idem monasterium pleniori affectione diligere et propensiori decrevimus charitatis officio confovere ; omnem ergo libertatem seu immunitatem vobis ac vestro cenobio per antecessorum nostrorum privilegia contributam presentis privilegii pagina roboramus. Statuentes ut nulli omnino archiepiscopo vel episcopo liceat super idem cenobium vel abbatem vel monachos ibidem Domino servientes manum excommunicationis aut interdictionis extendere. Sed tam vos quam monasterium aut villa quieti semper ac liberi ab omni episcopali exactione aut gravamine per omnipotentis Dei gratiam maneatis. Monachos vero et presbyteros seu clericos qui vestris obedientiis commorantur prę delictis suis a quibuslibet laïcis capi, verberari aut ad redemptionem cogi penitus prohibemus. Porro universa quæ in præsenti XII indictione monasterium vestrum concessione pontificum, liberalitate principum, oblatione fidelium aut aliis justis modis possidet, sive in futurum, largiente Deo, poterit adipisci quieta semper tibi tuisque successoribus et illibata permaneant, in quibus hæ propriis visa sunt nominibus annotanda : Abbatiæ videlicet Sancti Egidii de Hungaria (1). Sancti Eusebii de Provincia (2), et ecclesiæ Sancti Egidii de Aceio (3), Sancti Egidii de Duno (4), Sancti Egidii de Lignacio (5), Sancti Egidii de Supervia (6), Sancti Eusebii de Longobardia (7), Sancti Baudilii de Hispania (8), Sancte Eulalie de Barbasca (9) cum capellis et aliis possessionibus ad eas pertinentibus. Decernimus ergo ut nulli hominum liceat super dictum cenobium temere perturbare aut ejus possessiones auferre, aut ablata retinere, minuere, vel temerarie fatigare. Sed omnia integra conserventur eorum pro quorum sustentatione et gubernatione concessa sunt usibus omnimodis profutura. Sane illam Tolosani Comitis, nobilis memorie, Raimundi abdicationem auctoritate Sedis Apostolice confirmamus. Siquidem comes ipse honores omnes ad beatum Egidium per-

---

(1) *Saint-Gilles-de-Hongrie* est l'abbaye de Sirmich, fondée en 1091 par le roi Ladislas (voir ci-dessus n° XXIII. — 4).

(2) *Saint-Eusèbe-de-Provence*, monastère soumis à celui de Saint-Gilles, en 1032 ; il était situé au diocèse d'Apt.

(3) *Saint-Gilles-de-Aceio* (alias *Assas*) semble, selon la rigueur du texte et d'après un ancien manuscrit, être une dépendance de Saint-Eusèbe-de-Provence, dans le même diocèse d'Apt (voir n° LXXI. — 33).

(4) *Saint-Gilles-du-Château-de-Dun*, chef-lieu de canton de l'arrondissement de Montmédy, dans le département de la Meuse (voir n° LXXXI. — 33.

(5) *Saint-Gilles-de-Lignac*, (alias *Limans*). Limans est une commune du canton et de l'arrondissement de Forcalquier (Basses-Alpes).

(6) *Saint-Gilles-de-Supervie*, aujourd'hui *Saint-Gilles-sur-Vie*, chef-lieu de canton de l'arrondissement des Sables-d'Olonne (Vendée).

(7) *Saint-Eusèbe-de-Lombardie*, dans le Milanais.

(8) *Saint-Baudile-d'Espagne*, dans la Catalogne.

(9) *Sainte-Eulalie-de-Barbaste*, ville épiscopale d'Espagne, en Aragon ; une église de ce nom, appelée aussi *Sainte-Eulalie-de-Razil*, existait au territoire d'Aiguesvives, canton de Sommières (Gard). Peu de temps après, cette dernière église dépendait du prieuré de Saint-Baudile de Nimes.

tinentes, tam in valle Flaviana quam in extrinsecis, quidquid juste vel injuste videbatur tenere, omnes rectas sive pravas consuetudines quas ipsius antecessores aut ipse habuerant, ob honorem Dei et beati Egidii reverentiam, apud Nemausense concilium in manu Domini predecessoris nostri sancte memorie Urbani pape, jurans Odiloni abbati et ejus fratribus dereliquit et se atque universos successores suos, si forte hoc donum irritum facere pertentarent, quod ad se erat damnatione ac maledictione mulctavit, atque a predicto domino nostro excommunicationis inde sententiam dare fecit. Ad hoc adjicientes, pro ampliori beati Egidii veneratione, statuimus ut infra terminos a nostris predecessoribus constitutos, ac a nobis etiam confirmatos, nemo prorsus aut super ipsam beati Egidii villam depredationem vel assultum facere, aut graviorem persone cuilibet inferre audeat lesionem. Si qua ergo in futurum ecclesiastica secularisve persona hanc nostre constitutionis paginam (1) contra eam temere venire tentaverit, secundo tertiove commonita, si non satisfactione congrua emendaverit, potestatis honorisque sui dignitate careat, reamque se divino judicio existere de perpetua iniquitate cognoscat et a sacratissimo corpore ac sanguine Dei et domini Redemptoris nostri Jesu Christi aliena fiat, atque in extremo examine districte ultioni subjaceat. Cunctis autem eidem loco sua jura servantibus sit pax Domini nostri Jesu Christi, quatenus hic fructum bone actionis percipiant et apud districtum judicem premia eterne pacis inveniant. Amen, amen, amen. [Sanctus Petrus. Sanctus Paulus, Calixtus papa secundus. Firmamentum est Dominus timentibus eum] (2). Ego Calixtus Catholice Ecclesie Episcopus. Datum apud Magalonam per manum Grizogoni Sancte Romane Ecclesie diaconi cardinalis ac bibliothecarii, quarto Calendas julii, indictione duodecima, dominice Incarnationis anno M° C° XX°, pontificatus autem Domini Calixti secundi, pape, anno primo.

---

(1) *Cognoscens* ; ce mot qui manque dans notre copie, doit être ajouté pour le sens de la phrase.

(2) Ce que nous mettons entre crochets est l'inscription du sceau de Calixte II, avec sa devise circulaire.

XXXVIII.

BULLE DE CALIXTE II

datée de Maguelonne, recommandant à divers prélats de veiller à ce que l'on respecte les limites inviolables autour de la ville de Saint-Gilles, fixées et confirmées par ses prédécesseurs Urbain et Gélase.

Biblioth. nat., lat. 11018, f. 42, b. — Ulysse Robert, actes de Calixte II, p. 55. — VI.

28 juin 1119.

Calixtus, episcopus, servus servorum Dei, venerabilibus fratribus et episcopis Arelatensi, Nemausensi, Magalonensi, Uzeticensi, Avinionensi, salutem et apostolicam benedictionem. Dominus predecessor noster sancte memorie Urbanus papa terminos quosdam circa villam Sancti Egidii statuit ; quos et dominus papa Gelasius, dum ibi esset, constituit et confirmavit, precipiens ut nullus intra eosdem terminos super ipsam Sancti Egydii villam, predam vel assultum facere aut temere inferre cuilibet audeat lesionem. Unde rogamus sollicitudinem vestram et precipimus ut, si quis de parrochianis vestris adversus ista presumpserit, vos in eum tanquam sacrilegum exerceatis canonice justitie ultionem. Data apud Magalonam IIII Kal. junii.

XXXIX.

BULLE DE CALIXTE II

datée de Vienne, invitant Atton, archevêque d'Arles, d'avertir plusieurs seigneurs du pays qui ont violé les limites établies par le Saint-Siége autour de Saint-Gilles, qu'ils seront excommuniés, s'ils ne donnent satisfaction avant la Mi-Carême.

Biblioth. nat., lat. 11018, f. 42, b. — Ulysse Robert, actes de Calixte II, p. 75. — L

3 février 1120.

Calixtus, episcopus, servus servorum Dei, venerabili fratri Attoni, Arelatensi archiepiscopo, salutem et apostolicam benedictionem. Fraternitatem tuam ignorare non credimus nos circa villam Sancti Egydii terminos, ac nostris predecessoribus constitutos, nostra presentia confirmasse et in eorum violatores, tanquam in sacrilegos, ecclesiasticam sententiam dictavisse. Ceterum, sicut accepimus, parrochiani tui, Guillelmus Porcellet, Rainoardus de Medenas et Guillelmus, frater ejus, contra statutum Sedis apostolice, villam ipsam, transgressis terminis, depredati sunt. Unde fraternitati tue precipimus, ut eos ad satisfactionem usque ad medium proxime quadragesime convenire et paterna studeas sollicitudine commonere. Quod si contemptores extiterint, nos ex tunc et illos ab ecclesiarum omnium introitu sequestramus et in terris eorum divina omnia officia interdicimus, preter infantium baptisma et morientium penitentias. Data Vienne, III nonas februarii.

XL.

BULLE DE CALIXTE II

datée de Tivoli, aux archevêques d'Arles, d'Aix et de Narbonne et à l'évêque de Maguelonne, leur ordonnant d'amener, sous peine d'excommunication, les envahisseurs du territoire de Saint-Gilles, à se repentir de leur criminelle entreprise.

Biblioth. nat., lat. 11018, f. 49, b.— Ménard, Hist. de la ville de Nimes, t. I, pr., p. 30,— Hist. des Gaules, nov. édit., t. XV, p. 239.

21 juin 1124

Calixtus, episcopus, servus servorum Dei, venerabilibus fratribus et coepiscopis Atoni Arelatensi, Fulconi Aquensi, Berengario Narbonensi et Galterio Magalonensi, salutem et apostolicam benedictionem. ABBATIS ET FRATRUM S. Egydii querelam accipimus quod Ildefonsus (1), comes, parrochianorum vestrorum Raimundi de Balcio, Elesiari de Castries, Guilelmi Rainoardi de Merenas, consilio et auxilio, ecclesiam et burgum Sancti Egydii armata manu invaserit, incendia ibi et homicidia fecerit et burgenses ad perju-

---

(1) Alphonse Jourdain avait succédé à son frère Bertrand, en 1112; il posséda le comté de Toulouse jusqu'en 1148, époque où il mourut en Terre-Sainte.

rium contra monasterii fidelitatem coegerit. Rogamus itaque fraternitatem vestram atque monemus, ut comitem et alios ex parte nostra diligentius moneatis, quatinus monasterium et burgum, abbati et fratribus liberum quietumque dimittant, et comes castrum noviter ad destructionem ville constructum destruat, et eidem monasterio de ablatis rebus et de illatis injuriis vestro judicio satisfaciat. Quod si infra XL dies, post litterarum nostrarum acceptionem, minime adimpleverint, nos in eos excommunicationis sententiam, donec satisfaciant, promulgamus ; et in eorum terram divina omnia officia et sepulturam, preter infantium baptisma et morientium penitentias, interdicimus ; loca etiam ad quecumque ipsi pervenerint, quamdiu in eis fuerint, a divinis omnino precipimus vacare officiis. Data in territorio Tiburtino, XI Kal. Julii.

XLI.

BULLE DE CALIXTE II

datée de Tivoli, à Alphonse, comte de Toulouse, lui ordonnant, sous peine d'excommunication, de cesser l'usurpation du bourg et de l'église de Saint-Gilles, de réparer les violences qu'il y a commises et de détruire le château qu'il y a construit.

Biblioth. nat., lat. 11018, f. 47, a. — Ménard, Hist. de la ville de Nimes, t. I, pr., p. 29. — Hist. des Gaules, nov. édit., t. XV, p. 239.

22 juin 1121.

Calixtus, episcopus, servus servorum Dei, dilecto filio Ildefonso, illustri comiti, salutem et apostolicam benedictionem. RAIMUNDUS (1) FILIUS noster, Ugo, abbas, et fratres monasterii Sancti Egydii, quod beati Petris juris est, contra te vehementius conqueruntur quod ecclesiam et burgum S. Egydii armata manu invaseris, incendia ibi et homicidia feceris, et burgenses ad perjurium

---

(1) C'est probablement Raimond Bérenger, comte de Barcelonne et de Provence, alors en guerre avec Alphonse, pour la question de leurs frontières respectives. Les saint-gillois avaient pris parti pour le comte de Barcelonne et avaient ainsi attiré sur eux la colère d'Alphonse.

contra monasterii fidelitatem coegeris. Queruntur etiam quia juxta terminos a nostris predecessoribus positos, et a nobis firmatos, castrum quoddam ad destrutionem ville construxeris. Super his omnibus miramur nos nimium et gravamur, quippe locus idem cum omnibus pertinentiis suis ad Sedem tantum apostolicam spectare cognoscitur, et nos bonam de tua indole fiduciam habebamus. Monemus ergo nobilitatem tuam atque precipimus ut infra quadraginta dies, postquam litteras presentes acceperis, ecclesiam et burgum S. Egydii abbati et fratribus liberum omnino quietumque dimittas; castrum illud destruas, et de ablatis rebus, ac sacrilegio perpetrato, fratrum nostrorum et coepiscoporum Atonis Arelatensis, Berengarii Narbonensis, et Galterii Magalonensis judicio satisfacias. Quod si contemptor extiteris, nos Romane Ecclesie monasterium destrui nullatenus patientes, ex tunc in personam tuam et in eos quorum consilio mala hec facta sunt, excommunicationis sententiam promulgamus, et in tota terra vestra divina officia et sepulturam, preter infantium baptisma et morientium penitentias, auctoritate Sancti Spiritus interdicimus. Datum in territorio Tiburtino, X Kalendas Julii.

XLII.

BULLE DE CALIXTE II

datée de Tivoli, à divers seigneurs, à l'instigation desquels le comte Alphonse a attaqué la ville et le monastère de Saint-Gilles, les menaçant d'excommunication si, dans les quarante jours, ils n'ont amené le comte à résipiscence.

Biblioth. nat., lat. 11018, f. 48, b. — Ménard, Hist. de la ville de Nimes, t. I, pr., p. 30, c. 1. — Hist. des Gaules, nov. édit., t. XV, p. 240.

22 juin 1121.

Calixtus, episcopus, servus servorum Dei, nobilibus viris Raimundo de Bautio, Guilelmo de Sabrano, Elesiario de Castrias, Rainoni de Castlar et Guilelmo Rainoardi, salutem et apostolicam benedictionem. RELATUM NOBIS EST quod Ildefonsus, comes, suggestione vestra et auxilio, ecclesiam et burgum sancti Egydii armata manu invaserit, incendia ibi et homicidia fecerit, et burgenses ad perjurium contra monasterii fidelitatem coegerit. Que nimirum omnia magnum vestrarum generant periculum animarum. Per presentia igitur scripta vobis precipiendo mandamus ut eundem comitem sollicite moneatis quatinus infra quadraginta dies, post nostrarum acceptionem litterarum, ecclesiam et burgum S. Egydii, abbati fratribusque liberum omnino et quietum dimittat. Quod si comes et vos nostro huic contempseritis obedire mandato, nos in eum et in vos excommunicationis et in terris vestris interdictionis sententiam, auctore Domino, promulgamus. Data in territorio Tiburtino, X. Kal. Julii.

XLIII. — 6.

BULLE DE CALIXTE II

datée de Tivoli, aux bourgeois de Saint-Gilles, pour les délier du serment de fidélité que leur a extorqué le comte Alphonse et leur ordonner d'observer celui qu'ils ont autrefois prêté à l'abbaye.

Original sur parchemin en fort bon état.—Biblioth. nat., lat. 11018, f. 49, a. — Ménard, Hist. de la ville de Nimes, t. 1, pr., p. 30, c. 2.. — Hist. des Gaules, nov. édit., t. XV, p. 240

22 juin (1119-1124) (1).

Calixtus, episcopus, servus servorum Dei, dilectis in Christo filiis Burgensibus monasterii Sancti Egidii majoribus et minoribus, salutem et apostolicam benedictionem. NULLI VESTRUM ignotum credimus quod beati Egidii monasterium cum omnibus ad ipsum pertinentibus Romane Ecclesie juris sit et sub beati Petri et apostolice Sedis tutela et protectione consistat. Quamobrem quicumque vos et locum ipsum offendit nos prorsus offendit, et vestra injuria in Sedem cognoscitur apostolicam redundare. Compe-

---

(1) L'année de notre ère et celle du pontificat ne sont pas marquées. D. Brial donne à cette bulle la date de 1121. En la comparant aux autres précédentes, il semble que c'est bien la date qui convient à cet acte pontifical.

rimus siquidem A. comitem vos ad juramentum contra fidei firmitatem et contra monasterii fidelitatem per violentiam compulisse. Unde nos et animarum vestrarum saluti et monasterii utilitati sollicitudine debita providentes vos, ab illius illiciti juramenti obligatione absolvimus. Porro juramentum illud vos inviolabiliter observare precipimus quod prius abbati et monasterio feceratis. Datum in territorio Tiburtino, X Calendas Julii.

XLIV.

BULLE DE CALIXTE II

datée de Tivoli, aux évêques d'Uzès, de Toulouse et de Nîmes, leur ordonnant de déclarer excommunié le comte Alphonse, si, dans les quarante jours, il n'a pas cessé ses violences contre l'abbaye de Saint-Gilles.

Biblioth. nat., lat. 11018, f. 48, a. — Ménard, Hist. de la ville de Nîmes, t. I, pr., p. 30, c. 1. — Hist. des Gaules, nov. édit., t. XV, p. 239.

22 juin 1121.

Calixtus, episcopus, servus servorum Dei, venerabilibus fratribus Raimundo Uceticensi, Amelio Tolosano et Johanni Nemausensi, episcopis, salutem et apostolicam benedictionem. Quot mala, quot perturbationes et injurias, Ildefonsus comes monasterio S. Egydii fratribusque intulerit, tanto ipsi melius nostis quanto propius habitatis; unde nostris eum studuimus litteris commonere quatenus ablata restituat, et monasterium cum burgo et aliis pertinentiis suis abbati et fratribus liberum et quietum dimittat, et castrum quod ad ejusdem ville destruxionem construxit destruat. Si hoc infra quadraginta dies post earumdem litterarum acceptionem adimplere curaverit, Deo gratias referamus. Alioquin ex tunc in personam et consiliarios ejus excommunicationis sententiam, Domino cooperante, proferimus; et in terris eorum divina omnia officia et sepulturam, preter infantium baptisma et morientium penitentias, interdicimus; loca etiam ad quecumque ipsi pervenerint, quamdiu in eis fuerint, a divinis omnino precipimus vacare officiis. Mandamus igitur fraternitati vestre ut hanc datam à nobis sententiam et annuncietis, et donec comes satisfecerit, per totas vestras observari parochias faciatis. Datum in territorio Tiburtino, X. Kal. Julii.

XLV.

BULLE DE CALIXTE II

datée de Melfi, à l'archevêque de Narbonne et aux évêques de Nimes et de Maguelonne, leur ordonnant d'avertir le comte Alphonse d'avoir, sous peine d'excommunication et d'interdit, à délier Hugues, abbé de Saint-Gilles, du serment qu'il avait exigé de lui de ne plus rentrer dans son monastère.

Biblioth. nat., lat. 11018, f. 50, a. — Ménard, Hist. de la ville de Nimes, t. I, pr., p. 30, c. 2. — Hist. des Gaules, nov. édit., t. XV, p. 236.

4 octobre 1121.

Calixtus, episcopus, servus servorum Dei, venerabilibus fratribus Berengario Narbonensi archiepiscopo et suffraganeis ejus Johanni Nemausensi et Galterio Magalonensi, episcopis, salutem et apostolicam benedictionem. Relatum est nobis quod comes Ildefonsus filium nostrum Hugonem, abbatem S. Egydii, de monasterio traxerit et ad castrum de Belcayra (1) violenter ductum, sub juramenti extorsione, Cluniacum ire coegerit, ita videlicet ut nisi per ejusdem licentiam deinceps abbas ad beati Egydii monasterium minime revertatur. Quod nimirum quam grave sit prudentia vestra facile potest advertere; et profecto si tantum facinus impune dimittitur, graviora ex eo in futurum poterunt in majoribus etiam personis pericula evenire. Precipimus igitur fraternitati vestre ut eundem comitem moneatis quatenus abbatem a juramento illo prorsus absolvat, atque ad monasterium redire absque inquietatione permittat, et predictum beati Egydii monasterium quod Romane Ecclesie juris est, cum omnibus rebus suis

---

(1) *Beaucaire*, chef-lieu de canton de l'arrondissement de Nimes (Gard). On y voit encore les belles ruines du château des comtes de Toulouse, où fut emprisonné l'abbé Hugues.

omnino liberum quietumque dimittat. Quod si adversus abbatem vel locum ipsum comes calumniam gerit, nos ei libenter suo tempore justiciam faciemus. Sane si contemptor extiterit, vos vice nostra et ipsum ab ecclesiarum liminibus separate; et in tota ejus terra, in civitatibus et castellis, divina omnia officia interdicite, preter infantium baptisma et morientium penitentias. Data Melfie (1), IV nonas octobris.

XLVI.

BULLE DE CALIXTE II

datée du palais de Latran, à l'évêque de Maguelonne et à divers seigneurs, leur ordonnant de soutenir l'abbé et les moines de Saint-Gilles contre le comte de Toulouse et ses fauteurs qui ont été excommuniés.

Biblioth. nat., lat. 11018, f. 51, o. — Ménard, Hist. de la ville de Nîmes, t. I, pr., p. 31, c. 1. — Hist. des Gaules, nov. édit., t. XV, p. 244.

22 avril 1122 (2).

Calixtus, episcopus, servus servorum Dei, venerabili fratri Galterio (3) Magalonensi episcopo, et dilectis filiis Bernardo, Biterrensi vicecomiti, Bernardo de Andusia (4), Raimundo Decano de Poscheriis (5), salutem et apostolicam benedictionem. BEATI EGYDII monasterium cum omnibus rebus suis Romane Ecclesie juris est, et ad Sedem apostolicam specialiter spectat. Unde qui locum ipsum et fratres in eo Domino servientes offendit, procul dubio

---

(1) Melfi est un siège épiscopal du Napolitain.

(2) Dom Brial donne à cette bulle la date de 1121, il se trompe probablement, puisqu'il donne ensuite la date de 1122 au n° XLIX, qui est du même jour et identique.

(3) Galtier remplissait dans nos contrées les fonctions de légat du Saint-Siége ; c'est par ses soins que, en 1125, furent apaisées les discordes qui existaient entre les princes du Languedoc.

(4) *Anduze*, chef-lieu de canton de l'arrondissement d'Alais (Gard). La famille d'Anduze était une des plus considérables de France.

(5) *Posquières*, aujourd'hui *Vauvert*, chef-lieu de canton de l'arrondissement de Nîmes (Gard).

nos offendit. Quia igitur Ildefonsus comes, filium nostrum Hugonem, abbatem et fratres ejus de monasterio ipso expulit, et monasterium cum burgo et aliis suis pertinentiis per secularem potentiam occupavit, nos in eum et in Raimundum de Baltio (1), Guilelmum de Sabrano (2), Elisiarium de Castriis (3), Guilelmum Rainoardi de Mezenas (4), vicecomites de Mezoaga (5) et Rainonem de Castlar (6), et eorum in nequicia ista fautores, et ei adjutores, excommunicationis et in terras eorum interdictionis sententiam promulgavimus. Insuper, comitis homines ab ejus ominio et fidelitate, missis litteris nostris, subtraximus ; donec comes beati Egydii monasterium cum burgo et pertinentiis ejus jam dicto abbati et fratribus ejus restitutum, liberum, omnino quietum dimittat, castrum noviter contra ipsum edificatum destruat, et nobis de illatis injuriis satisfaciat. Rogamus itaque dilectionem vestram et monemus, ut, pro amore Dei et Romane Ecclesie reverentia, eumdem abbatem et fratres ejus ita juvare, manutenere, ac sustentare curetis, quatenus a Deo et beato Petro, necnon et S. Egydio retributionem et a nobis plenam gratiam habeatis. Data Laterani, X Kal. Maii.

XLVII.

BULLE DE CALIXTE II

datée du palais de Latran, annonçant à l'archevéque de Narbonne et à l'évéque de Viviers qu'il a excommunié le comte Alphonse et ses complices et les invitant, à raison de leur intimité avec le comte, d'exhorter ce prince à réparer ses torts envers le monastère de Saint-Gilles.

Biblioth. nat., lat. 11018, f. 51, b.— Ulysse Robert, actes de Calixte II, p. 124.—CXXV.

22 avril 1122.

Calixtus, episcopus, servus servorum Dei, venerabilibus fratribus, Berengario, Narbonensi archiepiscopo et Leodegario,

---

(1) *Les Baux*, commune du canton de Saint-Rémy (Bouches-du-Rhône).
(2) *Sabran*, commune du canton de Bagnols-sur-Cèze (Gard).
(3) *Castries*, chef-lieu de canton de l'arrond^{ent} de Montpellier (Hérault).
(4) *Modène*, commune du canton de Mormoiron (Vaucluse).
(5) *Mézoargues*, commune du canton de Tarascon (Bouches-du-Rhône).
(6) *Le Caylar*, commune du canton de Vauvert (Gard).

Vivariensi episcopo, salutem et apostolicam benedictionem. Propter gravem in monasterium sancti Egydii, quod Romane Ecclesie juris est, oppressionem et injuriam a comite Ildefonsum (sic) illatam, nos in eum, in Raimundum de Baltio, G. de Sabrano, Elisiarium de Castris, Guilelmum Rainoardi de Medenas, vice comites de Mezoaga et Ramonum de Castlar et eorum in nequitia ista fautores et coadjutores et in terras eorum interdictionis sententiam promulgavimus. Insuper comitis homines ab ejus hominio et fidelitate, missis litteris nostris, subtraximus, donec comes beati Egydii monasterium cum burgo et pertinentiis ejus jam dicto abbati et ejus fratribus restitutum, liberum omnino, quietumque dimittat, castrum noviter contra ipsum edificatum destruat et nobis de illatis injuriis satisfaciat. Rogamus itaque prudentiam vestram et in Christi caritate monemus, ut eundem comitem, qui vestris potissimum consiliis uti dicitur, sollicite moneatis quatinus a tante malignitatis reatu desistens, beati Egydii monasterium, quod cum omnibus pertinentiis ad Sedem tantum apostolicam spectare cognoscitur, abbati fratribusque restituat et eos deinceps liberos quietosque manere dimittat. Vos quoque a predictorum excommunicatorum participatione abstinere, auxiliante Domino, procuretis. Data Laterani. X Kal. Maii.

XLVIII.

BULLE DE CALIXTE II

datée du palais de Latran, à l'abbé et aux moines de Saint-Gilles, leur annonçant qu'il vient d'excommunier le comte Alphonse pour les maux qu'il leur a fait souffrir, leur promettant toute sa protection et les engageant à espérer et à reprendre courage.

Biblioth. nat., lat. 11018, f. 52, b.—Ulysse Robert, actes de Calixte II, p. 124.—CXXIV.

22 avril 1122.

Calixtus, episcopus, servus servorum Dei, dilectis in Christo filiis Hugoni, abbati Sancti Egydii, et ejus fratribus, salutem et apostolicam benedictionem. Laboribus vestris et tribulationibus quas ab Ildefonso comite et ejus fautoribus toleratis, debita nos caritate compatimur et libenter vobis, tanquam specialibus Romane Ecclesie filiis, apostolice Sedis auxilium impertimur. Idcirco fratres vestros B. et R., ad nos pro monasterii vestri necessitatibus venientes, benigne suscepimus et peticionibus vestris assensum prebuimus et datam jamdiu a nobis in malefactores ipsos et in terras eorum sententiam renovavimus. Confortamini ergo, filii karissimi in Domino, et in potentia virtutis ejus, neque aliquorum adversariorum perturbationibus a Dei et Ecclesie servitio desistatis, sed in monastice regule observantia firmiter per Dei gratiam maneatis, scientes beati Petri et apostolice Sedis auxilium vobis nullo tempore defuturum. Nos quippe neque litteras, neque nuntios comitis Ildefonsi recipere, neque ullam ei absolutionem prebere voluimus, donec beato Petro et nobis de illatis injuriis satisfaciat. Data Laterani, X Kal. Maii.

XLIX.

BULLE DE CALIXTE II

datée du palais de Latran, à l'archevêque d'Arles, au comte de Barcelonne et à Gauffred Porcellet, pour les informer de la sentence d'excommunication lancée contre le comte Alphonse, à la suite de ses violences envers le monastère de Saint-Gilles et pour les engager à secourir l'abbé et les moines.

Biblioth. nat., lat. 11018, f. 53, a. — Hist. de Lang., nov. édit., t. V, c. 901. — Hist. des Gaules, nov. édit., t. XV, p. 245.

22 avril 1122

Calixtus, episcopus, servus servorum Dei, venerabili Fratri Attoni, Arelatensi archiepiscopo et karissimo filio Raimundo Barchinonensium comiti et Gaufredo Porcelleto (1), salutem et apostolicam benedictionem. BEATI EGIDII............ (2).

---

(1) La famille de Porcellet était une des plus anciennes de Provence.

(2) Sauf quelques variantes de peu d'importance, cette bulle est la reproduction textuelle du n° XLVI ; inutile de la répéter ici.

L.

BULLE D'HONORIUS II (1)

annonçant aux moines de Cluny qu'il a restitué à leur abbé Pierre, pour les réformer, les abbayes de Saint-Gilles, de Saint-Bertin et de Saint-Benoît sur le Pô.

D. Martène, Thes. I, p. 363. — Hist. des Gaules, t. XV, p. 258.

2 avril 1125.

Honorius, episcopus, servus servorum Dei, dilectis filiis Cluniacensibus (2) monachis, salutem et apostolicam benedictionem. LAUDES ET gratiarum actiones divinæ miserationi persolvimus, quoniam sua protegente virtute, in unitate concordiæ, vestram permanere constantiam et in vobis religionis observantiam splendere cognovimus. Rogamus autem, ut in bono quod inchoastis principio firmiter persistentes, pervigili studio laboretis quæ Deo placabilia sunt efficaciter operari. Venientem ad nos carissimum filium nostrum Petrum (3), abbatem, pro vestra reverentia et ejus dilectione, paterna benignitate suscepimus et tam ipsius quam vestras postulationes diligenter admisimus. Abbatias siquidem Sancti Ægidii et Sancti Bertini et Sancti Benedicti super Padum, ad reformandam et conservandam in eis religionem sibi et Cluniacensi monasterio, salvo jure Sanctæ Romanæ Ecclesiæ, restituimus. Ipsum igitur cum litterarum nostrarum prosecutione ad vos remittentes, caritatem vestram rogamus, ut eum affectione præcipua diligatis et tanquam patrem et a Deo constitutum animarum vestrarum custodem obedientia et humili subjectione

---

(1) Honorius II, élu le 16 décembre 1124, mourut le 14 février 1130, après avoir siégé cinq ans, un mois et vingt-neuf jours.

(2) Le monastère de Cluny (Saône-et-Loire), fut l'un des plus considérables du monde ; en 1770, il avait sous sa dépendance plus de 600 bénéfices et 2.000 maisons en Europe.

(3) C'était Pierre-le-Vénérable, illustre par sa naissance, mais plus illustre par sa science et sa sainteté.

unanimiter honoretis. Obsecramus autem in Domino ut et nos vestris orationibus adjuvetis. Præcipimus autem, ut nullus Cluniacensis professionis monachus ad Pontium (1) olim abbatem, sine prædicti filii nostri Petri abbatis consensu, ire præsumat. Si quis vero id facere seu tentaverit, seu attentare præsumpserit, sententiam quam in eum præfatus abbas dederit, ratam habebimus. Data Lateranis, IV nonas Aprilis.

LI.

BULLE D'HONORIUS II

datée de Latran, mandant à Pierre, abbé de Saint-Gilles, d'être plus exact à observer la fidélité qu'il doit à l'abbé de Cluny.

Gall. Christ., t. XV, instrum., c. 190. — Hist. des Gaules, nov. édit., t. XV, p. 264.

Vers 1125 (2).

Honorius, episcopus, servus servorum Dei, dilecto filio Petro (3), abbati Sancti Egydii et monachis, salutem et apostolicam benedictionem. AD HOC UNIVERSALIS Ecclesie cura nobis a provisore omnium bonorum Deo commissa est, ut religiosas diligamus personas et beneplacentem Deo religionem studeamus modis omnibus conservare; nec enim Deo gratus aliquando famulatus impenditur, nisi ex caritatis radice procedens a puritate religionis fuerit

---

(1) Pons, abbé de Cluny, s'était démis de sa charge et s'était retiré en Palestine ; mais, poussé par l'ambition, il était revenu et s'était emparé de force de son ancien monastère et de ses dépendances ; ce fut l'origine d'un schisme à Cluny; Pons, condamné par le pape, mourut sous le coup de l'excommunication.

(2) Dom Brial donne à cette bulle la date de 1126. Mais Jaffé la place au 2 avril 1125.

(3) De 1124 à 1150 l'abbaye de Saint-Gilles fut gouvernée par Pierre de Situlvero (*alias* d'Anduze). Ce prélat, élu par Calixte II, ne fut confirmé par Honorius II qu'à la condition qu'il se rendrait à Cluny pour y promettre obéissance à Pierre-le-Vénérable, que le pape avait chargé de réformer le monastère de Saint-Gilles ; c'est ce que prouve cette bulle.

conservatus. Hoc nimirum caritatis intuitu olim predecessores nostri apostolicæ memoriæ Romani pontifices Sancti Egidii monasterium, ad instituendum, sive conservandum religionis nitorem, Cluniacensi cœnobio commiserunt. Cæterum moderno tempore, defuncto Hugone abbati vestro, dum locus vester guerrarum incursu oppressus, et multis persecutionibus agitatus, sine pastoris solatio stare non posset, predecessor noster felicis memoriæ Calixtus te, dilecte fili Petre, abbatem constituit; quod profecto, sicut ex ejus voluntatis arbitrio et litteris ipsius Cluniacensi abbati missis percipimus, salvo Cluniacensis monasterii jure atque reverentia fecisse cognoscitur. Unde universitati vestræ mandamus atque præcipimus, ut sine contradictione ad carissimi filii nostri (1) Cluniac. abbatis subjectionem et obedientiam redeatis. Tu vero, Petre abba, infra quadraginta dies post harum receptionem litterarum, supplici devotione ad Cluniacense monasterium pergens, abbati obedientiam promittas, et eidem monasterio, remota omni occasione, professionem facias; salvo tamen in omnibus Romanæ Ecclesiæ jure, abbatis benedictione, et Sanctæ Sedis apostolicæ reverentia. Quod si contemptor exstiteris, B. Petri et nostram indignationem incurres. Datum Laterani.

LII. — 7.

BULLE DU PAPE INNOCENT II (2)

datée de Valence, réglant les droits de l'abbé de Cluny sur l'abbaye de Saint-Gilles. Les moines peuvent choisir l'un d'eux pour abbé, mais s'ils choisissent en dehors du monastère, ils ne peuvent élire qu'un moine de Cluny.

Original sur parchemin en bon état, sauf une petite lacune à la fin. — Gall. Christ., t. VI, instr., c. 191.

14 novembre 1132.

Innocentius, episcopus, servus servorum Dei, dilecto in Christo filio Petro, abbati sancti Egidii ejusque successoribus regulariter

---

(1) Dom Brial ajoute ici : *Petri.*

(2) Innocent II, élu le 14 février 1130, mourut le 24 septembre 1143 ; il avait régné treize ans, sept mois et dix jours.

substituendis in perpetuum. QUÆ AD PACEM spectant Ecclesie libenti animo statuere volumus et ut futuris temporibus inviolabiliter observentur attenta diligentia providere. Lis siquidem et controversia a karissimo filio nostro Petro, abbate et fratribus Cluniacensibus adversus te et monasterium sancti Egidii est diutius agitata. Ipse namque de subjectione sibi et predecessoribus suis per apostolicam Sedem concessa, te et sancti Egidii monasterium impetebat; tu vero antiquam monasterii libertatem pretendebas. Que tandem in nostra et fratrum nostrorum episcoporum et cardinalium presentia apud Beljocum (1) est hoc ordine terminata. Ut videlicet si, quod absit, religionis ordo monasterii sancti Egidii fuerit imminutus, ibidem prefati filii nostri Petri Cluniacensis abbatis et successorum ejus precepto et consilio reformetur; si vero ipsum vel successores suos ad idem monasterium venire contigerit, reverenter suscipiantur, et quandiu ibi fuerint, honeste cum suis omnibus procurentur. Residendi quoque in sede abbatis et capitulum regendi, te dilecte fili, Petre abbas, vel successoribus tuis presentibus, et que ibidem corrigenda fuerint, corrigendi habeant liberam facultatem. Verumtamen te vel successoribus tuis decedentibus, vel ad alium locum transmigrantibus, fratres monasterii sancti Egidii eligendi de congregatione sua absque impedimento habeant libertatem, ita tamen ut, si pro abbate ad aliud transierint monasterium, de nullo alio, preterquam de Cluniacensi monasterio, eis pastorem assumere liceat; quo nunc et defuncto vel etiam remoto, de congregatione sua eligendi abbatem eorum, predicto tamen tenore, eandem habeant facultatem. Pro recompensatione quoque fatigationum expensarumque quas nimis tam prenominatus Petrus abbas quam predecessores sui pro vestro monasterio pertulerunt, cum perfecto consensu fratrum tuorum obedientiam que Limantium (2) nuncupatur cum pertinentiis suis Petro, abbati et per ipsum monasterio Cluniacensi donasti et in jus ejus ac proprietatem in perpetuum transtulisti. Quod si quis eos super eadem obedientia molestaverit, te et successores tuos

---

(1) *Beaujeu*, chef-lieu de canton de l'arrondissement de Villefranche (Rhône).

(2) Voir ci-dessus n° XXXVII — 5 a, p. 56, note 5.

actores et defensores secundum justitiam statuisti. Ipse vero Petrus Cluniacensis abbas, propter ea que dicta sunt, querimonie quam adversus monasterium Sancti Egidii habebat, habito fratrum suorum concilio, in perpetuum abrenuntiavit. Statutum etiam est ut, si Cluniacence monasterium super monasterium Sancti Egidii habet aliqua specialia privilegia, vel cenobium Sancti Egidii super Limantium, utrorumque reddantur. Si qua vero extant generalia, nullum in hoc vigorem optineant. Auctoritate igitur Dei et nostra precipimus ut predicta conventio, absque ullius contradictione irrefragabiliter perpetuo observetur. Si quis vero predicte concordie et huic nostre confirmationi contraire presumpserit, indignationem beatorum apostolorum Petri et Pauli ac nostram incurrat, et ab incepto frustretur. Ego Innocentius catholice Ecclesie Episcopus. Datum Valentie (1), per manum Aimerici Sancte Romane Ecclesie diaconi cardinalis cancellarii II..... (2) martii, indictione X.ma, Incarnationis dominice anno MCXXXII, Pontificatus domini Innocentii Pape II, anno III°.

LIII. — 7 a.

BULLE DU PAPE INNOCENT II

datée de Valence, adressée à Pierre, abbé de Saint-Gilles, pour renouveler tous les priviléges de l'abbaye, avec énumération de ses dépendances.

Copie en forme sur papier (Monnier, notaire, 29 octobre 1669), dûment légalisée par Hector de Monténard, sénéchal de Nimes, le 25 novembre 1669. — Biblioth. nat., lat. 11018, f. 54, a. — *Vide infra*, n° LXXI. — 25.

14 mars 1132.

Innocentius, episcopus, servus servorum Dei, dilecto in Christo filio Petro, abbati monasterii sancti Egidii ejusque successoribus regulariter substituendis in perpetuum. CUM OMNIBUS ECCLESIIS et personis ecclesiasticis debitores ex apostolice Sedis auctoritate et benevolentia existimamus, illis tamen attentius providere nos

---

(1) *Valence*, chef-lieu du département de la Drôme.

(2) Nous croyons qu'il faut lire ici *idus*, car cette bulle paraît être du même jour que la suivante (14 mars 1132). Jaffé lui donne la date du 8 mars (voir Hist. des Gaules et de France, t. XIII, p. 773).

convenit, ut eas a pravorum hominum incursibus defensando arctiore debemus caritate diligere quos beato Petro et sancte Romane Ecclesie non est dubium amplius adherere. Ut autem pro monasterio sancti Egidii, cui tunc in Domino, fili Petre abbas, auctore Deo, preesse dignosceris, paterna vigilemus sollicitudine tanto amplior est nobis injuncta necessitas quanto ex ejusdem qui locum ipsum fundavit oblatione ad jus beati Petri et dominium dignoscitur pertinere, et personam tuam in fide constantem, et ad servicium beati Petri devotam, atque ad reparanda ipsius monasterii bona invenimus promptiorem. Tuis igitur rationabilibus postulationibus annuentes, omnem libertatem seu immunitatem vobis ac vestro cenobio per antecessorum nostrorum privilegia contributam, presentis privilegii pagina roboramus, statuentes ut nulli omnino archiepiscopo vel episcopo liceat super idem cenobium, vel abbatem, sive monachos ibidem Domino servientes, manum excommunicationis aut interdictionis extendere, sed tam vos, quam monasterium cum villa, quieti semper ac liberi ab omni episcopali exactione vel gravamine per disponentis Dei gratiam maneatis ; monachos vero et presbyteros seu clericos qui in vestris obedientiis commorantur pro delictis suis a quibuslibet laïcis capi, verberari, aut ad redemptiones cogi penitus prohibemus. Porro universa que in presenti decima indictione monasterium vestrum, concessione pontificum, liberalitate principum, oblatione fidelium, seu aliis justis modis possidet seu in futurum, largiente Domino, poterit adipisci, quieta semper tibi tuisque successoribus et illibata permaneant ; in quibus hec propriis nominibus duximus exprimenda (1) : Abbatie videlicet Sancti Egidii de Hungaria, Sancti Eusebii de Provincia, Ecclesie Sancti Egidii de Aceio, Sancti Egidii de Duno, Sancti Egidii de Supervia, Sancti Eusebii de Longobardia etc. Ad hec adjicientes pro ampliori beati Egidii veneratione, statuimus ut intra terminos, a nostris predecessoribus constitutos, nemo prorsus aut sub ipsam beati Egidii villam, depredationem aut assultum facere aut graviorem persone cuilibet inferre lesionem audeat. Nulli ergo omnino hominum fas sit supra dictum cenobium temere perturbare, aut ejus possessiones

---

(1) Voir ci-dessus n° XXXVII. — 5 a, p. 56.

auferre, vel ablatas retinere, minuere, vel aliquibus vexationibus fatigare, sed omnia integra conserventur eorum, pro quorum substentatione et gubernatione concessa sunt, usibus omnimodis profutura. Si quis igitur huic nostre constitutioni, sciens, ausu temerario contraire temptaverit, secundo tertiove commonitus, si non satisfactione congrua reatum suum correxerit, potestatis honorisque sui dignitate careat, reumque se divino judicio existere de perpetua iniquitate cognoscat, et a sacratissimo corpore ac sanguine Dei et domini Redemptoris nostri Jesu Christi alienus fiat, atque in extremo examine districte ultioni subjaceat; conservantes autem jura, intervenientibus beatorum apostolorum Petri et Pauli meritis, gratiam Domini nostri Jesu Christi et eterne vite premia consequantur. Amen, amen, amen.. Sanctus Petrus, Sanctus Paulus. Innocentius papa II. Adjuva nos, Deus salutaris noster. Ego Innocentius catholice Ecclesie Episcopus. Ego Romanus diaconus cardinalis Sancte Marie in Porticu. Ego Lucas presbiter cardinalis et beatorum Joannis et Pauli. Ego Gregorius diaconus cardinalis sanctorum Sergii et Bachi — Ego Otto diaconus cardinalis sanctorum Cosme et Damiani — Datum Valentie, per manum Aymerice Sancte Romane Ecclesie diaconi et cardinalis, Cancellerii, II idus martii, indictione decima, Incarnationis dominice MCXXXII, Pontificatus vero Domini Innocentii pape secundi anno tertio.

LIV.

BULLE DE CÉLESTIN II (1)

datée du palais de Latran, à Pierre, abbé de Saint-Gilles, lui ordonnant de poser en son nom, la première pierre de la chapelle que Guillaume, seigneur de Montpellier, faisait construire dans son nouveau château de cette ville.

Hist. des Gaules, nov. édit., t. XV, p. 410. — Gariel, Prœs. Magalon., édit. 1652, p. 118.

10 décembre 1143.

Celestinus, episcopus, servus servorum Dei, dilecto filio P. abbati S. Ægidii, salutem et apostolicam benedictionem. Dilectus

---

(1) Célestin II, élu le 26 septembre 1143, mourut le 8 mars 1144; son pontificat ne dura que cinq mois et onze jours.

filius noster Guillelmus de Montepessulano (1) per nuncios suos significavit nobis, quod in castro suo quod apud Montempessulanum noviter ædificare cœpit, ad honorem Dei unam capellam ædificare disponat. Quia ergo vota fidelium nostris studiis prosequenda sunt, per præsentia tibi scripta mandamus quatenus ad locum ipsum accedas, et ipsius loci in quo capella ædificanda est, donationem ad opus Sanctæ Romanæ Ecclesiæ recipias, atque censum congruum, sicut expedire cognoveris, nobis nostrisque successoribus annualiter persolvendum ibidem constituas ; postmodum vero in eodem loco, ex more designatione facta, primum lapidem auctoritate nostra in fundamento ponas ; sollicite providens ut idem Guillelmus clericis qui eidem capellæ servierint, tantum de bonis suis constituat, ut inde honeste vivere et Deo servire valeant. Datum Laterani, IV idus decembris.

LV. — 8.

BULLE D'ADRIEN IV (2)

datée du palais de Latran, aux moines de Cluny, déléguant l'évêque de Nimes et l'abbé de Saint-Gilles pour régler le différend qui existait entre Cluny et l'archevêque d'Arles au sujet de l'abbaye de Saint-Gervais-de-Fos.

Original sur parchemin en bon état avec lacs de chanvre.

26 mai 1155-1159.

Adrianus, episcopus, servus servorum Dei, dilectis filiis universo Capitulo Cluniacensi, salutem et apostolicam benedictionem. VENERABILIS FRATER noster R. Arelatensis archiepiscopus abbatia sancti Gervasii de Fos (3) se a vobis injuste asserit spoliatum.

---

(1) Ce seigneur de Montpellier était Guillaume VI ; la chapelle dont il est ici question fut dédiée sous le titre de *Notre-Dame-du-Château*.

(2) Adrien IV, élu le 4 décembre 1154, mourut le 1ᵉʳ septembre 1159, après un règne de quatre ans, huit mois et vingt-neuf jours.

(3) L'abbaye de Saint-Gervais-de-Fos fut soumise à celle de Saint-Gilles par bulle d'Alexandre III, le 13 mai 1175 ; voir ci-après nᵒ LXIII, — 16.

Quia vero unicuique et presertim viris ecclesiasticis in sua justitia existimus debitores, ut idem frater noster episcopus (1) quod suum est plenarie consequatur, causam ipsam venerabili fratri A. Nemausensi episcopo (2) et dilecto filio nostro B. abbati sancti Egidii (3) duximus committendam et fine debito terminandam. Ideoque per apostolica vobis scripta mandamus quatinus cum ab eis propter hoc fueritis evocati, eorum presentiam adeatis, et quod ipsi exinde inter vos judicaverint suscipiatis, firmiter et inviolabiliter observetis. Si vero ad eorum vocationem accedere, vel ipsorum nolueritis parere judicio, eis dedimus in mandatis quod predictum fratrem nostrum episcopum auctoritate nostra in possessionem inducant. Datum Laterani, VII Kalendas Junii.

LVI. — 9.

BULLE D'ADRIEN IV

datée du palais de Latran, à Bertrand, abbé de Saint-Gilles, déclarant que le monastère est exempt de la juridiction des légats du Saint-Siége, à moins qu'ils ne soient a latere et accordant à cet abbé l'usage de la mitre.

Original sur parchemin en bon état avec lacs de soie.—Biblioth. nat., lat. 11018, f. 73, a.

13 décembre 1154 — 1159.

Adrianus, episcopus, servus servorum Dei, dilecto filio Bertrando, abbati Sancti Egidii, salutem et apostolicam benedictionem. QUANTO MAGIS ecclesia beati Egidii cui, Deo auctore, presidere dinosceris, et religione fervet et preminet dignitate, tanto eam debemus ampliori caritate diligere et majorem ei honorem jugiter

---

(1) Sur le mot *episcopus*, on a ajouté *Arch*, mais d'une autre encre ; la même chose a été faite à l'avant-dernière ligne de la bulle.

(2) L'évêque de Nimes était alors Aldebert d'Uzès qui siégea de 1141 à 1180.

(3) Bertrand de Saint-Cosme avait succédé à Pierre de Situlvero sur le siége abbatial de Saint-Gilles qu'il possèda jusqu'au 11 mai 1169. jour de sa mort.

et gratiam exhibere. Inde utique est quod licet venerabilis frater noster Narbonensis archiepiscopus in partibus Provincie a Sede apostolica legatus sit institutus, qui vice nostra et corrigenda corrigere, et ea statuere debeat que cognoverit statuenda, nos tam personam tuam atque ipsum monasterium beati Egidii et totam villam ejusdem monasterii ab omni legatione ipsius prorsus eximimus, statuentes, ut nec ei et nec alicui legato aliqua ratione subjectus existas, nisi ei tantum qui a latere Romani pontificis illuc fuerit destinatus. Preterea ut benevolentiam Apostolice Sedis et gratiam circa te ipso effectu sentias ampliorem et optatum beneficii donum te gaudeas reportare, persone tue (1) usum mitre duximus concedendum, ut ea videlicet in celebratione divinorum officiorum sollempnibus diebus uti pro ejusdem ecclesie debeas dignitate et hoc tempore tuo nullus tibi audeat prohibere. Datum Laterani, idibus decembris.

LVII. — 10.

BULLE D'ADRIEN IV

datée du palais de Latran, accordant quarante jours d'indulgence aux fidèles qui visitent l'église de Saint-Gilles

Original sur parchemin en bon état.

12 décembre 1154-1159.

Adrianus, episcopus, servus servorum Dei, dilectis filiis universis Dei fidelibus ad ecclesiam beati Egidii, intuitu devotionis, euntibus, salutem et apostolicam benedictionem. SICUT IN EOS qui, reverentia divina postposita, ab iniquis operibus nec manum detrahunt, nec intentionem avertunt, dure animadversionis est gladius exercendus, ita et hi quos bonis ac piis artibus videmus intendere, et reverenda loca in quibus Sanctorum corpora requies-

---

(1) Le privilége de la mitre qui fut plus tard concédé d'une manière générale aux abbés de Saint-Gilles, n'est ici accordé qu'à l'abbé actuel, Bertrand de Saint-Cosme. (Voir plus loin, LXVII-20).

cunt, devotionis studio visitare, apostolice Sedis benedictionem et gratiam habundantiori debent ubertate sentire. Ad hoc enim in sede justitie, licet non suffragantibus meritis, divina disponente gratia, residemus, ut unicuique secundum propriam mercedem nos oporteat respondere et quos in Dei servitio attentius laborare conspicimus, majora eis solatia caritatis impendere debeamus, ut et alii hoc videntes ad similia perpetranda tanto libentius aspirare contendant, quanto pro ipsis bonis operibus que fecerunt, spiritualia viderint a nobis eos beneficia consecuturos. Hac utique ratione inducti, vobis qui, relictis domibus et familiis vestris, ad ecclesiam beati Egidii in qua ipsius corpus pretiosissimum requiescit, in multis laboribus et periculis, causa peregrinationis acceditis, de meritis apostolorum Principis cujus vicem obtinemus in terris plenius confidentes, quadraginta dies de injuncta vobis penitentia indulgemus, ut hoc donum gratie de apostolica misericordia consecuti, quanto magis peccatorum vestrorum alleviatam sarcinam molemque senseritis, tanto cum pleniori gaudio ad propria remeetis. Datum Laterani, II idus decembris.

LVIII. — 11.

BULLE D'ALEXANDRE III (1)

datée de Bénévent, confirmant tous les priviléges de l'abbaye de Saint-Gilles accordés soit par les papes, soit par les rois de France, déclarant que personne n'aura juridiction sur le monastère, excepté les légats ou ceux qui en auraient reçu un ordre exprès du pape et permettant de célébrer l'office divin dans toutes les églises de la ville, si les états du comte de Toulouse venaient à tomber sous l'interdit.

Original sur parchemin en bon état.

10 mars 1169 ?

Alexander, episcopus, servus servorum Dei, dilectis filiis Bertrando, abbati et fratribus sancti Egidii, salutem et apostolicam benedictionem. DUM DILIGENTER attendimus et sollicite cogitamus

---

(1) Alexandre III, élu le 7 septembre 1159, mourut le 30 août 1181, après un règne de vingt-un ans, onze mois et vingt-trois jours.

qualiter ecclesia vestra specialiter juris et proprietatis beati Petri existat, et ad Romanam Ecclesiam nullo mediante protectionem respiciat et tutelam, quomodo etiam, hujus perturbationis tempore, te, fili abbas, beato Petro ac nobis obedientem ad omnia exhibueris et devotum, tanto et eandem ecclesiam propensiori studio diligere volumus et tueri, quanto specialius ad vestre defensionis patrocinium pertinet, et gratiora nobis obsequia sue devotionis impendit. Inde est quod universa privilegia que prefate ecclesie vestre, tam de ejusdem libertate, quam de obedientiis et possessionibus ad eandem pertinentibus a predecessoribus nostris legitime fuisse noscuntur indulta vobis, et per nos eidem ecclesie auctoritate apostolica confirmamus et ea firma et illibata perpetuis decernimus temporibus permanere. Adjicimus etiam, ut si quando fuerit interdicti sentencia in Tolosanum comitem vel terram ejus promulgata, nulla ecclesiarum ville sancti Egidii a divinis cesset officiis, nisi quandiu in aliqua earum idem comes presens fuerit, vel milites de familia ejus. (1) Prohibemus insuper ne quis in monasterio vestro aliquam cohertionem audeat exercere, nisi legatus Romane Ecclesie fuerit, ab apostolica Sede transmissus aut id a Romano pontifice specialiter in mandatis habuerit. Illam quoque auctoritatem et potestatem quam in predicta villa, et in aliis locis, tam in spiritualibus quam in temporalibus de jure habetis, necnon libertates et omnes rationabiles consuetudines quas rex Francorum monasterio vestro concessit et suo privilegio roboravit, nichilominus vobis et eidem monasterio auctoritate Sedis apostolice confirmamus. Statuentes ut nulli omnino hominum liceat hanc paginam nostre confirmationis infringere, vel ei aliquatenus contraire. Si quis autem hoc attemptare presumpserit, indignationem omnipotentis Dei et beatorum Petri et Pauli, apostolorum ejus, se noverit incursurum. Datum Beneventi (2), VI idus martii.

---

(1) Le privilége de pouvoir continuer les offices divins, dans un temps d'interdit territorial, était l'un des plus considérables et des plus rares de cette époque; il n'était accordé qu'à des églises d'une grande célébrité.

(2) *Bénévent*, ville épiscopale des anciens États de l'Église, était le chef-lieu d'une délégation enclavée dans le royaume de Naples.

LIX. — 12.

BULLE D'ALEXANDRE III

datée de Verules, défendant aux moines de Saint-Gilles de desservir des églises autres que celles de la dépendance du monastère, dont l'abbé leur aurait commis le soin.

Original sur parchemin en bon état, avec lacs de chanvre.

11 avril 1170 (1).

Alexander, episcopus, servus servorum Dei, dilectis filiis abbati (2) et fratribus Sancti Egidii, salutem et apostolicam benedictionem. RELATUM EST NOBIS quod quidam monachi vestri qui in obedientiis monasterii vestri consistunt, a circumpositis episcopis alias ecclesias recipiunt, quibus cum deservire nitantur eidem obedientie non ea que convenit assiduitate vel gravitate reguntur. Unde quoniam indecens est et omni religioni contrarium, ut qui se vestro monasterio reddiderunt, tanquam seculares clerici, ab aliis debeant diversas ecclesias obtinere, discretioni vestre mandamus atque precipimus, quatenus universis monachis obedientiariis vestris districte mandetis, ut de aliis ecclesiis quam de his que a vobis sunt sibi commisse, se nullatenus intromittant et si quas ab episcopis vel aliis detinent, omnino dimittant. Si quis autem contra mandatum vestrum venire presumpserit, ad claustrum, dilatione et occasione postposita, ipsum revocare minime differatis, vel si redire noluerit, eum a vobis faciatis penitus alienum. Datum Verularum (3), III idus aprilis.

---

(1) Alexandre III, habita Verules du 18 mars au 10 septembre 1170 ; dès lors, quoique l'année du pontificat ne soit pas marquée, nous croyons devoir donner à cette bulle la date de 1170.

(2) Le siége abbatial était alors occupé par Raymond Ier qui le tint de 1169 à 1179.

(3) *Verules*, aujourd'hui *Veroli*, est une ville des États ecclésiastiques (délégation de Frosinone).

LX. — 13.

BULLE D'ALEXANDRE III

datée de Vérules, dispensant l'abbé Raimond de l'obligation de venir tous les ans à Rome.

Original sur parchemin en bon état.

6 août 1170.

Alexander, episcopus, servus servorum Dei, dilecto filio R., abbati Sancti Egidii, salutem et apostolicam benedictionem. RELATUM EST AURIBUS nostris quod in consecratione tua cum fidelitatem nobis fecisti, dilectus filius noster R. Sancte Marie in via lata diachonus cardinalis, cui jusjurandum a te suscipere commiseramus, te jurare fecit ut singulis annis Romanam Ecclesiam visitares. Sed quoniam consuetudo est Ecclesie Romane ut ab episcopis et abbatibus ultramontanis qui ab ea specialiter habent consecrari singulis tantum bienniis ex debito visitetur, nos eandem consuetudinem observare volentes, ab eo sacramento quod de annua visitatione feceras, te absolvimus et ut singulis bienniis, per te vel per nuntium tuum, Sedem apostolicam visites, presentium tibi auctoritate jubemus. Datum Verularum, VIII idus Augusti.

LXI. — 14.

BULLE D'ALEXANDRE III

datée de Frascati, défendant d'aliéner aucune possession du monastère de Saint-Gilles en faveur d'autres monastères et annulant toutes les unions ou aliénations déjà faites.

Original sur parchemin en bon état, avec lacs de soie.

25 janvier (1170-1181).

Alexander, episcopus, servus servorum Dei, dilectis filiis abbati et fratribus ecclesie sancti Egidii, salutem et apostolicam benedictionem. QUANTO MONASTERIUM vestrum ad curam et dispositionem nostram specialius pertinet, et ad jurisdictionem sacrosancte Romane Ecclesie nullo noscitur mediante spectare, tanto ejus commodis et profectibus propensiori studio debemus intendere et ad conservanda jura et libertates ipsius attentiori sollicitudine vigilare. Inde est quod nos vestris justis postulationibus benignius inclinati, vobis auctoritate apostolica indulgemus ut nulla possessio quam rationabiliter monasterium vestrum per se aut (1) aliquis ab ipso detinet, sine communi assensu vestro vel majoris et sanioris partis, alicui loco religioso contra antiquam et rationabilem consuetudinem, sub aliqua specie, possit conferri, et si collata fuerit, hujusmodi collatio sive concessio nullam habeat firmitatem. Statuimus etiam quod predia et redditus monasterii vestri que, contra generalem decretorum sanctionem et contra privilegia vestra, noscuntur alienata (2), nulla firmitate constent eis qui ea detinent, set monasterio compellantur ipsa restituere, vel exinde apud communem judicem, aut apud Sedem apostolicam judicium subire. Datum Tusculani (3), VIII Kalendas februarii.

LXII. — 15.

BULLE D'ALEXANDRE III

datée de Ferentino, soumettant à l'abbaye de Saint-Gilles, celle de la Trinité du Tor, nouvellement établie en Camargue (4).

Original rongé, en mauvais état. — Biblioth. nat., *collection de Languedoc*, XLI, f. 102, b.

13 mai 1161-1175.

Alexander (5), episcopus, servus servorum Dei, dilectis filiis R. abbati et fratribus sancti Egidii, salutem et apostolicam

---

(1) *Aut* est écrit d'une autre encre.

(2) Voir ci-dessous, n° LXVIII. — 23 et LXX. — 24 ; dans ces deux bulles le pape Alexandre III casse toutes les aliénations faites par l'abbé Raimond qui n'avait pas assez tenu compte de la présente défense.

(3) *Tusculum*, aujourd'hui *Frascati*, est une petite ville des environs de Rome, célèbre par le séjour de Cicéron.

(4) Voir ci-dessous, n° LXV. — 18.

(5) Ce qui est en italique est ce que nous avons dû suppléer pour remplir les lacunes.

benedictionem. Religionis et fidei fervorem quo ecclesia vestra, dono divini muneris, usquequaque redolere dinoscitur attendentes, V*estris et ipsi*us ecclesie profectibus libentius, pro nostri officii debito, prescripta benignitate intendimus, et ad ea que ad utili*tatem et* incrementum vestrum spectare noscuntur, prompto animo aspiramus. Dilecti siquidem filii nostri, fratres eccl*esie sancte Tr*initatis de Altorio infra terminos Arelatensis diocesis, in insula que vocatur Camarce (1), juxta paludes *et* secus ripas Rodani site, ad Dei servicium permanen*t* ubi de his que nobiles viri cives Arelatenses dn*i* scilicet burgi antecessoribus eorum divine pietatis in*tuitu* liberaliter contulerunt, cum labore non modico et cum gravi honere paupertatis sustentantur et tanquam fi*lii* Isrl de Egipto vitiorum armis conscendentes ad desertum virtutum, scolam proponunt intrare dominicam et ibidem sub regula beati Benedicti cupiunt Domino militare. Sane nolentes esse acephali, sed sub certa disciplina et... be (2) volentes degere, a nobis per nuntium suum humiliter postularunt, ut *s*ibi de consueta Sedis apostolice clementia indulgeremus quod vos liberam ordinationem ecclesie sue, tam in temporalibus quam in spiritualibus, in perpetuum suscipientes, aliquem ibi de vestris discretum et religiosum virum in abbatem constituatis. Ideoque universitati vestre per apostolica scripta precipiendo mandamus quatenus prescriptam ecclesiam, inter ipsa flagella que vos crebius pulsant et feriunt , *sub ordina*-tione et disciplina vestra, concessione et donatione nostra, sicut ad jus et proprietatem Romane Ecclesie pertinet, rec*ipiatis in* perpetuum quiete ac *libere* possidendam et ibi, ad requisitionem fratrum predicte domus, aliquem de fratribus virum prudentem , discretum ac religiosum in abbatem constituatis, qui in eodem loco fratres degentes regularibus disci*plinis* debeat instruere et bona ipsius loci, auctore Domine, dilatare. Nos enim ex dispensatione nobis a *Deo* commissa, auctoritate apostolica statuimus ut nullus in ecclesia sancte Trinitatis , nisi prius in ecclesia sancti Egidii regulam beati Benedicti professus fuerit , et obe-

---

(1) L'île de Camargue, entre les deux branches du Rhône.

(2) *Abbate*, c'est probablement le mot qu'il faut lire ici.

dientiam promiserit, amodo promoveatur (1). Datum *Ferent.* (2), III idus maii.

LXIII. — 16.

BULLE D'ALEXANDRE III

datée de Ferentino, chargeant l'abbé et les moines de Saint-Gilles de réformer et gouverner l'abbaye de Saint-Gervais de Fos, au diocèse d'Arles.

Original sur parchemin en bon état, avec lacs de soie.

13 mai 1175.

Alexander, episcopus, servus servorum Dei, dilectis filiis abbati et fratribus Sancti Egidii, salutem et apostolicam benedictionem. ATTENDENTES QUOMODO abbatia Sancti Gervasii de Fossis (3) in spiritualibus et temporalibus esset dilapsa et vehementer attrita, eam vobis regendam et reformandam jam pridem concessimus. Ne autem concessio nostra vobis possit in posterum alicujus malignitate turbari, vel ausu temerario impediri, vobis et monasterio vestro eandem abbatiam meliorandam, et ampliandam, et in statu religionis conservandam auctoritate apostolica confirmamus ; statuentes ut nulli omnino hominum liceat hanc paginam nostre confirmationis infringere, vel ei aliquatenus contraire. Si quis autem hoc attemptare presumpserit, indignationem omnipotentis Dei et beatorum Petri et Pauli, apostolorum ejus, se noverit incursurum. Datum Ferentin. III idus Maii.

---

(1) D'après cet acte pontifical, un moine de Saint-Gilles pouvait seul être pourvu de l'abbaye de Camargue.

(2) *Ferentino* est une ville épiscopale des États pontificaux.

(3) Cette abbaye dont il a été question ci-dessus, nʳ LV. — 8, fut, à cette époque, provisoirement soustraite à l'archevêque d'Arles, et mise, en attendant sentence définitive, sous l'autorité du monastère de Saint-Gilles, voir ci-après, n° LXVI. — 19 et LXXXIX. — 42.

LXIV. — 17.

BULLE D'ALEXANDRE III

datée d'Agnani, aux archevêques de Narbonne, d'Arles et d'Embrun et à leurs suffragants, contre le comte de Toulouse qui voulait, au préjudice de l'abbé, connaître de toutes les affaires qui survenaient dans Saint-Gilles.

Original sur parchemin, un peu piqué mais très-lisible, lacs de chanvre.

16 juin 1159-1181.

Alexander, episcopus, servus servorum Dei, venerabilibus fratribus Narbonensi, Arelatensi et Ebredunensi archiepiscopis et eorum suffraganeis, salutem et apostolicam benedictionem. DILECTI FILII nostri abbas et fratres monasterii Sancti Egidii transmissa nobis insinuatione monstrarunt quod cum, juxta antiquas consuetudines, controversie que in villa Sancti Egidii suborte fuerint, in curia prefate Ecclesie soleant tractari, nunc nobilis vir, comes Tolosanus, ipsas controversias sic debere terminari proponit, quod in voluntate sit litigantium, suam curiam vel prescriptam adire, ut sub hac occasione et amore potentie sue, omnes ad curiam suam venire compellat, et ecclesie jura diminuens, more solito omnia ad commodum proprium pertrahere moliatur. Quoniam igitur nostra interest commodis et profectibus omnium ecclesiarum, et maxime earum que ad jurisdictionem beati Petri et nostram provisionem noscuntur specialiter pertinere, propensiori cura intendere, et eorum jura integra et illibata servare, discretioni vestre per apostolica scripta precipiendo mandamus quatinus prefatum comitem instanter moneatis et diligentius inducatis ut, in hac parte, contra antiquas et rationabiles consuetudines ipsius monasterii nullatenus veniat. Verum si monitis vestris super hoc duxerit resistendum, et quilibet judices, sive advocati predictas controversias in sua curia tractare presumpserint, vos postposita gratia et amore ejusdem comitis, ipsos judices et advocatos et eos qui curiam ipsam adierint, sublato appellationis obstaculo, vinculo anathematis astringatis. Datum Anag. (1), XVI kalendas Julii.

---

(1) *Agnani*, ville épiscopale des États pontificaux.

LXV. — 18.

BULLE D'ALEXANDRE III

datée d'Agnani, à l'abbé et aux moines de Saint-Gilles, pour établir un abbé de leur congrégation dans le monastère de la Sainte-Trinité du Tor, en Camargue (1).

Original sur parchemin en bon état.

21 juin 1176.

Alexander, episcopus, servus servorum Dei, dilectis filiis abbati et fratribus ecclesie sancti Egidii, salutem et apostolicam benedictionem. ATTENDENTES RELIGIONIS fervorem et fidei qua ecclesia vestra dono divini muneris usquequaque redolere dinoscitur, vestris et ipsius ecclesie profectibus, pro nostri officii debito libentius prompta benignitate intendimus, et ad ea que ad incrementum et utilitatem vestram spectare noscuntur ferventi desiderio aspiramus. Dilecti siquidem filii nostri P. Prior et pusillus conventus ecclesie sancte Trinitatis de Altorio (2) per nuntium suum nobis significarunt quod fugientes a strepitu mundi, infra terminos Arelatensis diocesis, in quibusdam palustribus locis et desertis que nobiles viri P. et B, illis divine pietatis intuitu liberaliter contulerunt, labore non modico et gravi honere paupertatis ecclesiam in honore sancte Trinitatis favore divino edificare nituntur. Ubi tanquam filii Israel de Egipto vitiorum ad desertum virtutum altius conscendentes scolam proponunt intrare dominicam et ibidem sub regula beati Benedicti intendunt

---

(1) Voir n° LXII. — 15 ci-dessus, avec laquelle la bulle présente ne diffère presque pas.

(2) D'après Gilles du Port (*Histoire de l'Église d'Arles*, p. 400), le prieur de la Trinité de Camargue assistait aux synodes d'Arles et payait sa part des décimes de ce diocèse. Ce monastère, dit cet auteur, fut donné, en 1186, au prieur de Frigolet, et fut enfin uni au Chapitre de Notre-Dame des Doms d'Avignon.

omnipotenti Domino militare ; verum nolentes esse acefali, set sub
certa disciplina et abbate volentes degere, a nobis per jam dictum
nuncium suppliciter postularunt ut eisdem de clementia apostolice
Sedis indulgeremus, quod vos in domo illorum aliquem de vestris
discretum et honestum virum abbatem instituatis et ibidem tam
in spiritualibus quam in temporalibus in perpetuum ordinationem
suscipiatis. Ideoque discretioni vestre per apostolica scripta mandamus quatenus prefatam domum, inter ipsa flagella que vos
crebius pulsant et feriunt, sub ordinatione et disciplina vestra
recipiatis in perpetuum libere ac quiete possidendam, et ibidem ad
requisitionem fratrum prescripte domus unanimiter et concorditer
aliquem de fratribus vestris prudentem, honestum ac religiosum
abbatem instituatis, qui in eodem loco fratres degentes regularibus
disciplinis debeat instruere et bona ipsius loci, auctore Domino,
dilatare. Datum Anagnie, XI Kal. julii.

LXVI. — 19.

BULLE D'ALEXANDRE III

*datée d'Agnani, ordonnant aux moines de Saint-Gervais de Fos, qu'après
la mort ou la cession de leur abbé, celui qu'ils auront élu ira se soumettre
à l'obéissance de l'abbé de Saint-Gilles, comme à son chef (1).*

Original sur parchemin en bon état, lacs de chanvre.

20 décembre 1159-1181.

Alexander, episcopus, servus servorum Dei, dilectis filiis monachis monasterii Sancti Gervasii, salutem et apostolicam benedictionem. Cum monasterium Sancti Egidii celebre sit admodum et
famosum per orbem et multa ab antiquo religione et honestate
claruerit, monasterium in quo Domino deservitis, ejus ordinationi

---

(1) Voir ci-dessus les bulles LV. — 8 et LXIII. — 16. Le présent acte
pontifical semble fixer définitivement la dépendance du monastère de
Saint-Gervais de Fos, quoique l'archevêque d'Arles cherchât encore à la
conserver sous son obéissance. Voir ci-dessous le n° LXXXIX. — 42.

et regimini subjicimus, sperantes quod per dispositionem et ordinationem ipsius monasterii, predictum monasterium vestrum spiritalibus et temporalibus debeat proficere institutis. Quapropter universitati vestre per apostolica scripta precipiendo mandamus, quatenus defuncto abbate vestro, vel amministrationi cedente, de collegio Sancti Egidii, non aliunde, si monasterio vestro persona idonea non fuerit, abbatem eligatis, qui electus abbati Sancti Egidii, tanquam patri et magistro suo, reverentiam et obedientiam humiliter et devote impendat. Datum Anag. XIII kalendas januarii.

LXVII. — 20.

BULLE D'ALEXANDRE III

datée d'Agnani, accordant à l'abbé de Saint-Gilles le privilége de porter la mitre (1).

Original sur parchemin en bon état.

4 janvier 1159-1181.

Alexander, episcopus, servus servorum Dei, dilectis filiis Priori et Capitulo Sancti Egidii, salutem et apostolicam benedictionem. CUM CONSTET monasterium vestrum ad jurisdictionem beati Petri et nostram nullo mediante specialiter pertinere, dignum est et consentaneum rationi ut tam vos quam idem monasterium privilegio amoris nostri et gratie decoremus. Inde est quod abbati monasterii vestri qui per tempus fuerit, usum mitre, de consueta clementia et benignitate apostolice Sedis concedimus. Statuentes ut monasterium vestrum tam preclaro insigni et munere dignitatis, in perpetuum debeat decorari. Datum Anag. II nonas januarii.

---

(1) Voir ci-dessus n° LVI. — 9. — Ce privilége de la mitre, aujourd'hui commun à tous les abbés de monastère, n'était autrefois accordé qu'aux principales abbayes. Jusqu'à Alexandre III, ce privilége avait été personnel, la présente bulle l'attache à l'abbaye. Nous verrons plus loin que le Saint-Siége accorda aux abbés de Saint-Gilles l'usage des autres ornements pontificaux. Voir n°[s] LXXXVIII.—41 ; XCIV.—46 b.; CXVII.—68.; etc.

LXVIII. — 23.

BULLE D'ALEXANDRE III

datée du palais de Latran, à l'abbé et aux moines de Saint-Gilles, cassant toutes les aliénations faites par l'abbé Raimond.

Orig^l sur parchemin en bon état, sauf quelques mots salis ou effacés, lacs de soie (1).

9 juin 1179.

Alexander, episcopus, servus servorum Dei, dilectis filiis Ermengaudo abbati (2) et conventui Sancti Egidii, salutem et apostolicam benedictionem. LICET UNIVERSIS ecclesiis ex suscepto ministerio servitutis paterna teneamus provisione consulere, illis tamen que nullo mediante ad jurisdictionem beati Petri et Sedis apostolice pertinent sumus specialius debitores, et earum debemus propensius necessitatibus subvenire. Hac ratione inducti et vestris justis postulationibus annuentes, quaslibet alienationes de possessionibus vel reditibus monasterii ab R. quondam abbate Sancti Egidii, etiam cum assensu capituli illicite, arte, inutiliter factas, auctoritate apostolica irritamus. Ad hoc adjicientes, statuimus quod creditores vestri, deductis expensis de fructibus possessionum que ipsis sunt obligate, de oblationibus altaris, vel quibuscunque aliis proventibus sibi obligatis perceperunt aut perceperint, computent in sortem, nec ultra liceat ipsis creditoribus aliud a monasterio exigere vel propter hoc fidejussores aut obsides *ipsius* (3) monasterii fatigare. Quod si fecerint donec resipuerint, eos tanquam excommunicatos precipimus evitari. Nulli ergo omnino hominum liceat hanc paginam nostre constitutionis infringere, vel ei ausu temerario contraire. Si quis autem hoc attemptare presumpserit, indignationem omnipotentis Dei et beatorum Petri et Pauli, apostolorum ejus, se noverit incursurum. Datum Laterani, V. idus junii.

---

(1) Cette bulle, à cause de sa date, devrait être le n° 21 et *vice versa.*

(2) Ermengaud II, tint le siége abbatial de 1179 à 1196.

(3) *Ipsius*, mot illisible dans l'original.

21.

BULLE D'ALEXANDRE III

datée du palais de Latran, le 27 mai 1159-1181, en faveur des religieux de Sainte-Colombe de Gap.

Original en mauvais état, sur parchemin.—Cette bulle n'ayant aucun rapport avec le monastère de Saint-Gilles nous ne la transcrirons pas dans ce recueil.

LXIX. — 22.

BULLE D'ALEXANDRE III

datée du palais de Latran, aux religieux de Saint-Gervais, confirmant l'élection qu'ils ont faite du doyen de Saint-Gilles pour leur abbé et leur ordonnant de le présenter à l'archevêque d'Arles pour être béni, sans préjudice pour l'avenir.

Original sur parchemin en bon état (1).

12 juin 1179.

Alexander, episcopus, servus servorum Dei, priori et universo capitulo monasterii sancti Gervasii, salutem et apostolicam benedictionem. DILECTUS FILIUS noster abbas sancti Egidii, suis nobis litteris significavit, quod abbate vestro, propter insufficientiam sui, amministrationi ecclesie vestre spontanea et propria voluntate abrenunciante, vos in dilectum filium nostrum ecclesie sancti Egidii decanum convenistis, et eum vobis in abbatem et pastorem vestrum pari voto et unanimiter elegistis. Quia vero predictum decanum de religioso conventu vocatum esse cognoscimus, nos litteris memorati abbatis quem novimus multa fidei et constantie virtute probatum indubitanter credentes, electionem vestram auctoritate apostolica confirmamus et eundem electum a venerabili fratre nostro Arelatensi archiepiscopo vice nostra in abbatem benedici mandamus, ita quidem quod ex hoc nichil debeat Romane Ecclesie imminui, ad quam noscitur jure proprietatis

---

(1) Cette bulle, à cause de sa date, devrait être le n° 23.

specialiter pertinere, nec ille qui fuerit in abbatem benedictus eidem in aliquo preter solitum debeat astringi. Quocirca universitati vestre mandamus quatenus predictum electum memorato archiepiscopo presentetis et eidem tanquam abbati et spirituali patri vestro debitam in omnibus reverentiam et obedientiam impendatis, sibique in his que ad ordinis observantiam et profectum ecclesie pertinent humiliter et sine refragatione aliqua parere curetis. Datum Laterani, II idus junii.

LXX. — 24.

BULLE D'ALEXANDRE III

datée du palais de Latran, cassant plusieurs donations faites par feu l'abbé Raimond en faveur d'un bourgeois, au préjudice du monastère.

Original sur parchemin en bon état, sauf quelques mots effacés, lacs de soie.

16 juin 1179.

Alexander, episcopus, servus servorum Dei, dilectis filiis....... abbati et conventui Sancti Egidii, salutem et apostolicam benedictionem. SUGGESTUM EST auribus nostris quod Raimundus quondam abbas vester P. Bertrando, burgensi vestro, contra juramentum quod in sua benedictione prestiterat, jus quod in domo et aliis quibusdam possessionibus que fuerunt P. Bartholomei de ipsius largitione monasterium vestrum habebat, in evidens ejusdem dampnum ipsius monasterii conferre presumpsit, super quo idem P. litteras confirmationis a nobis, *ut dicitur* (1), impetravit. Quia vero predicto abbati non licuit jura ipsius monasterii, contra prestitum juramentum, quovis titulo alienare, nec nos confirmationem nostram cuilibet indulgemus nisi de jure teneat quod petitur confirmari, donationem predicti abbatis, *si ita* est, omnino cassamus et, non obstantibus litteris nostris, irritam penitus fore censemus et precipimus a quocunque detineatur monasterii usibus secundum juris ordinem applicari. Datum Laterani, XVI kalendas julii.

---

(1) Les mots en italiques sont illisibles sur l'original.

LXXI. — 25.

BULLE D'ALEXANDRE III

datée de Latran, confirmant les priviléges et acquisitions de l'abbaye, la déclarant exempte de toute autorité épiscopale et lui donnant juridiction sur les églises de la ville et sur tous les clercs et laïques.

Original sur parchemin en bon état (1).—Biblioth. nat., *coll. de Lang.*, XLI, f. 102, a.

4 juillet 1179.

Alexander, episcopus, servus servorum Dei, dilectis filiis Ermengaudo, abbati monasterii sancti Egidii ejusque fratribus tam presentibus quam futuris regulariter instituendis, in perpetuum. CUM OMNIBUS ECCLESIIS et personis ecclesiasticis debitores ex apostolice Sedis auctoritate ac benevolentia existamus, illis tamen attentius providere nos convenit et eas a pravorum hominum incursibus defensando arctiori debemus caritate diligere quas beato Petro et sancte Romane Ecclesiæ non est dubium specialius adherere. Vestris igitur rationabilibus postulationibus annuentes omnem libertatem seu immunitatem vobis ac vestro cenobio per antecessorum nostrorum privilegia contributam presentis privilegii pagina roboramus. Statuentes ut universa que monasterium concessione pontificum, liberalitate principum, oblatione fidelium, seu aliis justis modis possidet, sive in futurum, largiente Domino, poterit adipisci quieta semper tibi tuisque successoribus et illibata permaneant. Statuimus etiam ut nulli omnino archiepiscopo vel episcopo liceat super idem cenobium, vel abbatem, sive monachos Domino servientes manum excommunicationis aut interdictionis extendere. Sed tam vos quam monasterium cum villa quieti semper ac liberi ab omni episcopali exactione vel gravamine per omnipotentis Dei gratiam maneatis. Monachos vero et presbyteros seu ecclesiasticos qui in vestris obedientiis commorantur, pro delictis suis a quibuslibet laicis capi, verberari aut ad redemptiones cogi penitus prohibemus. Obeunte vero te, nunc ejusdem loci

---

(1) Au dos se trouve cette mention : *hoc privilegium legitur annuatim in majori festo Sancti Egidii et privilegium Eugenii cum eo.*

abbate, vel' tuorum quolibet successorum, nullus ibi qualibet subreptionis astucia seu violentia preponatur, nisi quem fratres ejusdem monasterii communi consensu vel fratrum pars consilii sanioris, secundum Deum et beati Benedicti regulam de vestro collegio providerint eligendum. Sane illam Tolosani Comitis nobilis memorie Raimundi abdicationem auctoritate Sedis apostolice confirmamus. Si quidem comes ipse honores omnes ad beatum Egidium pertinentes, tam in valle Flaviana, quam in extrinsecis quidquid juste vel injuste videbatur detinere, omnes rectas sive pravas consuetudines quas ipsius antecessores aut ipse habuerat, ob honorem Dei et beati Egidii reverentiam apud Nemausense concilium in manu predecessoris nostri beate memorie Urbani pape, jurans Odiloni abbati et ejus fratribus dicitur reliquisse et se atque universos successores suos, si forte hoc donum irritum facere temptarent, quod ad se erat dampnatione ac maledictione mulctavit, atque a prefato antecessore nostro excommunicationis inde sententiam dari fecit. Ad hec adjicientes pro ampliore beati Egidii veneratione statuimus ut infra terminos a nostris predecessoribus constitutos nemo prorsus aut super ipsam beati Egidii villam depredationem vel assultum facere, aut graviorem cuilibet persone inferre audeat lesionem. Preterea paci et tranquilitati Ecclesie vestre paterna sollicitudine providere volentes, auctoritate quam super omnes ecclesias in villa sancti Egidii existentes, scilicet instituendi et destituendi, necnon etiam interdicendi et a clericis obedientiam accipiendi, et tam clerum quam populum ligandi atque solvendi, sicut a quadraginta annis usque nunc habuistis, et in presenti habere noscimini, presenti privilegio concedimus et confirmamus ; prohibentes ne quis vos super hoc temere molestare audeat, aut hanc auctoritatem aliquatenus usurpare. Nulli ergo omnino hominum fas sit sepe dictum cenobium temere perturbare aut ejus possessiones aufferre, vel ablatas retinere, minuere, seu aliquibus vexationibus fatigare, sed omnia integra conserventur eorum pro quorum gubernatione, substentatione concessa sunt usibus omnibus profutura, salva nimirum apostolice Sedis auctoritate. Si qua igitur in futurum ecclesiastica secularisve persona hanc nostre constitutionis paginam sciens, contra eam temere venire temptaverit, secundo tertiove commonita, nisi reatum suum digna satisfactione correxerit, potestatis, honorisque sui dignitate careat, reumque se divino judicio existere de perpetrata iniquitate cognoscat et a sacratissimo corpore ac sanguine Dei et Domini Redemptoris nostri Jesu Christi aliena fiat, atque in extremo examine districte ultioni subjaceat. Cunctis autem eidem loco sua jura servantibus sit pax Domini Jesu Christi, quatinus et hic fructum bone actionis percipiant et apud districtum judicem premia eterne pacis inveniant. Amen. Amen. Amen. — [Scs. Petrus, scs. Paulus.—Alexander pp. III.—Domine, demonstra michi vias tuas] (1). Ego, Alexander, catholice Eccle. eps. — Bene Valete (2). — Datum Laterani, per manum Alberti sancte Romane Ecclesie presbyteri cardinalis et cancellarii, IIII nonas julii, indictione XII, Incarnationis dominice anno M° C° LXX° VIIII°, pontificatus vero dni Alexandri papa III, anno XX°.

LXXII. — 26.

BULLE DE LUCE III (3)

datée de Velletri, défendant aux moines de Saint-Gilles d'appeler de leur abbé au pape quand il s'agira de la discipline régulière (4).

Original sur parchemin en bon état.—Biblioth. nat., *coll. de Lang.*, XLI, f. 103, b.

4 février 1183.

Lucius, episcopus, servus servorum Dei, dilecto filio Ermengario abbati Sancti Egidii, salutem et apostolicam benedictionem. IN CORRIGENDIS que fuerint in subditis corrigenda et eorum excessibus congrue puniendis, omnium ecclesiarum prelatis competentem expedit sollicitudinem adhibere. Cum igitur abbates suorum monachorum excessus etiam de mandato regule quam fatentur, qualitate culparum inspecta, corrigere teneantur, ad reddenda stipendia

---

(1) Ce que nous mettons entre crochets est l'inscription du sceau pontifical avec sa devise circulaire.

(2) Suivent ici les signatures de 18 cardinaux ou évêques, la plupàrt italiens.

(3) Luce III, élu le 1ᵉʳ septembre 1181, mo... 25 novembre 1185, il régna quatre ans, deux mois et vingt-cinq jours.

(4) Voir le n° CXVI. — 67, bulle par laquelle le pape Clément IV conféra à l'abbé de Saint-Gilles de semblables priviléges.

meritorum oportet eos existere diligentes. Verum ne zelus eorumdem, appellatione interposita valeat impediri, que non ad defensionem iniquitatis sed ad presidium innocentium noscitur instituta, malitie penam emeritam subterfugere cupientium solerter convenit obviare, ita *quod* votis que a rationis tramite non discordant, facilis prebeatur assensus et iniquis quod eis debetur via non pateat evadendi. Quapropter, dilecte in Domino fili, tuis justis postulationibus gratum impertientes assensum, ne monachi tui, cum pro aliquo excessu fuerint corrigendi contra regularem ordinis disciplinam, appellare presumant, auctoritate apostolica prohibemus. Si autem pro disciplina vitanda presumpserint ad appellationis subterfugia convolare, presentibus tibi indulgemus ut nichilominus tibi liceat penam eis infligere regularem. Nulli ergo omnino hominum liceat hanc paginam nostre concessionis infringere, vel ei ausu temerario contraire. Si quis autem hoc attemptare presumpserit, indignationem omnipotentis Dei et beatorum Petri et Pauli, apostolorum ejus, se noverit incursurum. Datum Velletri (1), kalendas februarii.

LXXIII. — 27.

BULLE DE CÉLESTIN III (2)

datée de Rome, ordonnant au comte de Toulouse de démolir le château qu'il a fait construire à St-Gilles et de réparer les torts qu'il a causés à l'abbaye.

Copie en forme sur papier. — Biblioth. nat., *coll. de Lang.*, XLI, f. 103, b. — Hist. de Lang., nov. édit., t. VIII, c. 436. — Hist. des Gaules, nov. édit., t. XIX, p. 338.

1er mars 1196.

Celestinus, episcopus, servus servorum Dei, dilecto filio, nobili viro, Comiti Tolosano (3), salutem et apostolicam benedictionem. CUM RECOLENDÆ memoriæ patrem tuum, olim minori fungentes

---

(1) *Velletri*, ville épiscopale des États pontificaux.

(2) Célestin III, élu le 30 mars 1191, mourut le 7 janvier 1198, il régna six ans, neuf mois et onze jours.

(3) Le comte de Toulouse était alors Raymond VI, dit *le Vieux*, petit-fils d'Alphonse Jourdain.

officio, sinceræ dilexerimus charitatis affectu, postquam nos, licet immeritos, in Sede apostolica voluntati divinæ placuit collocare, illius antiquæ dilectionis nequaquam immemores, ad personam tuam ejusdem charitatis insignia transfundere disposuimus, nisi actus tui voluntatis nostræ propositum retardarent. Verum ea de tuis ad nos actionibus referuntur, per quæ animus noster ab ipsius dilectionis ardore, quamquam invitus, cogitur revocari; nec potest ille verus amor et integer suum erga te conservare vigorem, nisi forte de temerariis excessibus, quibus jam tibi, sicut audivimus, præcipitium preparasti, debita fuerit satisfactio subsecuta. Audivimus siquidem et non modicum dolorem concepimus audientes, quod, ad ecclesiarum et religiosorum locorum justitiam nullum habens divinæ pietatis consideratione respectum, ecclesiam de Asperano (1) et edificia que ibi erant, omniaque ad eamdem ecclesiam pertinentia, in quibus edificiis dilectus filius noster abbas Sancti Egidii plusquam sexaginta millia solidorum se asserit expendisse, et ecclesiam de Seura (2) hostiliter destruxisti, messes earum et de Cassanicis (3) et de Stagello (4) pro tua diripiens voluntate; ecclesiam quoque Sancti Genesii (5) violenter bonis omnibus spoliasti; domo etiam Sancti Amantii (6) bonis omnibus

---

(1) *Espeiran*, aujourd'hui simple ferme du territoire de Saint-Gilles, était autrefois le centre d'un prieuré rural du titre de Saint-Félix.

(2) *Sieure*, ferme du territoire de Saint-Gilles, était le centre du prieuré rural de Saint-Saturnin, où se faisait, à cette époque, un service paroissial complet, pour les métairies des environs.

(3) *Caissargues*, village de la commune de Bouillargues, près de Nimes, dont le bénéfice dépendait de l'abbaye de Saint-Gilles.

(4) *Estagel*, ferme du territoire de Saint-Gilles, était autrefois un petit village dont l'église était le centre du prieuré rural de Sainte-Cécile.

(5) *Saint-Génies-en-Malgoirès*, est une commune du canton de Saint-Chaptes (arrondissement d'Uzès, Gard).

(6) *Saint-Amans* était autrefois le titre d'une église paroissiale, située à Sommières, sur la rive droite du Vidourle; son prieuré appartenait au monastère de Saint-Gilles.

destituta, quoddam (1) molendinum et messes ejusdem domus per violentiam occupasti, et in animæ tuæ perniciem detinere illicite præsumpsisti ; nec in hiis tuis furor aversus ; sed, ut magis tuæ maliciæ perversitas (2) notaretur, in suggillationem monasterii Sancti Egidii, quod ad nos nullo pertinet mediante, quod dictum (3) castrum in ejusdem allodio construere temere præsumpsisti, in quo nimirum excessu, præter illas (4) injurias quæ ipsi ceuobio per te contra juramentum tuum, sicut in instrumento bulla tua munito evidenter apparet, irrogatæ dicuntur, abbas et conventus ejusdem loci grave admodum et dampnosum se queruntur prejudicium sustinere ; quia igitur eomodo monasterium illud amplectimur, ut jacturam ipsius tanquam nobis illatam nos ipsi graviter patiamur, nobilitati tuæ per apostolica scripta mandamus, et sub anatematis interminatione districte precipimus quatenus prædictum castrum dirui facias sine mora, super aliis injuriis et damnis præfato monasterio irrogatis ita satisfaciatur (5) ad plenum, quod nulla eidem abbati et conventui de te remaneat materia conquerendi, ipsumque monasterium in omni jure suo conserves, idemque ; (6) alioquin noveris nos venerabilibus fratribus nostris Biturricensi, Narbonensi, Arelatensi, Aquensi archiepiscopis, et eorum suffraganeis, districte præcipiendo mandasse, ut te et omnes bajulos ac fautores tuos, auctoritate nostra, omni contradictione, dilatione et appellatione cessante, vinculo excommunicationis innodent et totam terram tuam subjiciant interdicto, et tandiu sententias ipsas (7) singulis dominicis ac festivis diebus publice, accensis candelis, pulsatis campanis, non differrant innovare, faciantque per universas ecclesias suarum

---

(1) Ajoutez : *etiam*.

(2) Dom Brial écrit : *perversus instinctus*.

(3) Au lieu de *quod dictum*, D. Brial dit : *quoddam etiam*.

(4) Au lieu de *illas*, D. Brial dit : *alias*.

(5) D. Brial écrit : *satisfacturus*.

(6) D. Brial dit : *indemne*, cette lecture nous paraît préférable.

(7) D. Brial dit : *istas*.

diocesum solemniter innovari, et in universis aliis terris ad quas te venire contigerit, dum in eis presens fueris, divina prohibeant officia celebrari, donec satisfactionem exhibueris super præmissis omnibus competenter, scito tu (1) pro certo quod, si in incepta malicia duxeris persistendum, nos a juramento fidelitatis, quo tibi tenentur astricti, universos tuos homines absolvemus. Datum Romæ, apud Sanctum Petrum, Calendas Martii, pontificatus nostri anno quinto.

LXXIV. — 28.

BULLE D'INNOCENT III (2)

datée de Saint-Pierre de Rome, permettant au légat d'absoudre le comte de Toulouse, s'il veut satisfaire pour tous ses excès contre l'église.

Original sur parchemin en bon état.

22 avril 1198.

Innocentius, episcopus, servus servorum Dei, dilecto filio fratri Rainerio (3), salutem et apostolicam benedictionem. PRESENTI PAGINA tibi duximus indulgendum ut, si comes Tolosanus qui, suis exigentibus culpis, excommunicationis est vinculo innodatus, Ecclesie voluerit satisfacere, recepta ab eo sufficienti cautione, quod tuis debeat parere maudatis, licitum sit tibi, secundum Ecclesie formam, illum absolvere; ita tamen ut, cum per te fuerit absolutus, in hiis super quibus excommunicatus esse dinoscitur satisfaciat competenter. Datum Rome, apud sanctum Petrum, X. Kalendas Maii, Pontificatus nostri anno primo.

---

(1) Dom Brial dit: *competentem sciturus.*

(2) Innocent III, élu le 8 janvier 1198, mourut le 16 juillet 1216, après un règne de dix-huit ans, six mois et neuf jours.

(3) Rainier, légat du Saint-Siége, intervint plusieurs fois en faveur de l'abbaye de Saint-Gilles; c'est ce qui a fait croire à l'historien Ménard qu'il avait été abbé de ce monastère, à partir de 1195; mais divers actes prouvent que l'abbé Ermengaud tenait encore le siége abbatial, en 1202.

LXXV. — 29.

BULLE D'INNOCENT III

datée du palais de Latran, à l'archevêque d'Arles et au légat, leur ordonnant de lancer une nouvelle excommunication contre le comte de Toulouse, s'il ne fait démolir le fort de Mirapetra, *selon l'ordre que lui en avait donné le pape Célestin III. L'archevêque devra tenir la main à ce que cette destruction ait réellement lieu.*

Original sur parchemin en bon état, sauf qu'il est rongé au commencement de quelques lignes; restes de lacs de chanvre.—Biblioth. nat., *coll. de Lang.*, XLI, f. 103, b.

13 juillet 1199.

Innocentius, episcopus, servus servorum Dei, venerabili fratri Arelatensi archiepiscopo et dilecto filio fratri Raynerio apostolice Sedis legato, salutem et apostolicam benediciionem. GRAVEM DILECTORUM filiorum..... Abbatis et fratrum sancti Egidii recepimus questionem, quod dilectus filius, nobilis vir R. Comes Tolosanus, inter alia multa et gravia que in prejudicium monasterii sancti Egidii, quod ad Romanam Ecclesiam *nu*llo (1) pertinet mediante, non cessat jugiter attemptare, infra terminos a nostris predecessoribus constitutos, munitionem que Mirapetra *den*ominatur post denunciationem novi operis construere presumpsit. Unde ipsis monachis et eorum hominibus gravia proveniunt jugiter detrimenta. Sane ab hoc proposito illud saltem, ut de aliis taceamus, nobilitatem suam debuerat revocasse quod *pre*clare memorie Ildefonsus progenitor suus a bone memorie Calixto papa, predecessore nostro, castrum quod non infra *fines suos* ipse modo, sed juxta terminos fecerat pretaxatos, jussus fuit penitus demoliri, et pie recordationis Celestinus papa, prede*cess*or noster, ut eandem munitionem dirui faceret sine mora sibi districte proponitur precepisse. Quia vero, juxta *Evangelicam* veritatem, nil prodest homini si universum mundum lucretur et detrimentum sue anime patiatur, eidem

---

(1) Les lettres ou mots en italiques sont ce que nous avons dû suppléer au commencement de quelques lignes.

comiti precipiendo mandavimus ut salutem anime sue preponens commodo temporali, ea facere desinat unde divinam indignationem incurrat, et opus predicte munitionis jamdudum prohibitum destruendo, prefatis abbati et monachis de dampnis et injuriis irrogatis ita studeat satisfacere competenter, et de cetero a similibus abstinere, quod orationibus ipsorum adjutus temporaliter prosperari valeat et eternaliter gloriari. Quocirca discretioni vestre per apostolica scripta mandamus quatinus, si predictus comes quod ei mandavimus contempserit adimplere, vos ipsum ad id, veritate cognita, per excommunicationis et et (1) interdicti sententiam, appellatione remota, cogatis, de aliis controversiis que inter predictos abbatem et monachos et eundem comitem agitantur loco idoneo cognituri. Quod si ambo hiis exequendis nequieritis interesse, alter vestrum ea nichilominus exequatur. Datum Laterani, III idus Julii, pontificatus nostri anno secundo.

LXXVI.

BULLE D'INNOCENT III

datée du palais de Latran, ordonnant à ses légats de faire une enquête à l'occasion d'une accusation lancée contre l'abbé de Saint-Gilles par les moines de l'abbaye et de les punir s'il ont calomnié leur supérieur.

Fragment. — Biblioth. nat., coll. de Lang., V, 41, f. 103, b.

25 septembre 1206 (2).

In veteris repertorii fragmento archivi monasterii Sancti Ægidii, hec leguntur : Item, una bulla cujus plumbus, propter ejus vetustatem, cecidit, incipiens: Innocentius, episcopus etc. directa per SS Dnm. Papam P. de Castro-Novo (3) et magistro Rad. mona-

---

(1) *et* est répété à la fin de la ligne et au commencement de la suivante.

(2) Nous n'avons pu trouver de cette bulle que le fragment suivant qui n'est guère qu'une analyse.

(3) Pierre de Castelnau, légat du pape, mérita la palme du martyre ; il fut assassiné sur les bords du Rhône ; le diocèse de Nimes l'honore comme martyr, le 15 mars.

chis Fontis Frigidi (1) legatis, tenore cujus eisdem legatis mandabatur, quod licet abbas Sancti Ægidii satis in religione servanda providus et in cura temporalium sollicitus fuerit, quidam tamen monachorum suorum invidie stimulis provocati, ejus famam lædere presumentes, super dilapidatione monasterii et aliis quibusdam criminibus querimoniam erga abbatem præfatum ad SS. Dnm nm papam deposuerunt, et propterea mandat præfatis judicibus delegatis ut, veritate inquisita, præfatos monachos de sua præsumptione in eorum abbatem puniant et castigent, appellatione remota, ut latius in dicta bulla continetur concessa Laterani 7 Kal. octobris, pontificatus predicti domni Innocentii pape anno nono, et scriptum in dorso : (*Bullæ veritas*).

LXXVII. — 30.

BULLE D'INNOCENT III

datée de Ferentino, à l'abbé et aux moines de Saint-Gilles au sujet du territoire de Beriaco (2).

Original sur parchemin en bon état.

31 octobre 1208.

Innocentius, episcopus, servus servorum Dei, dilectis filiis.... abbati (3) et conventui Sancti Egidii, salutem et apostolicam benedictionem. PRESENTIUM VOBIS auctoritate concedimus quatinus cum territorium de Beriaco quod est de monasterii vestris fendo teneatis in pignus, fructus ejus in sortem nequaquam interim teneamini computare. Nulli ergo omnino hominum liceat hanc paginam nostre concessionis infringere, vel ei ausu temerario contraire, si quis autem hoc attemptare presumpserit, indignationem omnipotentis Dei et beatorum Petri et Pauli, apostolorum

---

(1) *Fontfroide* était un monastère de Bernardins, non loin de Narbonne ; les religieux de Senanque y habitent aujourd'hui.

(2) *Barjac*, est le nom d'une ferme située entre Saint-Gilles et le Rhône.

(3) L'abbaye était alors gouvernée par Pons Ier qui la régit jusqu'en 1241 et peut-être même jusqu'en 1243.

ejus, se noverit incursurum. Datum Ferentini, II kalendas Novembris, Pontificatus nostri anno undecimo.

LXXVIII. — 31.

BULLE D'INNOCENT III

datée de Ferentino, défendant de bâtir aucun oratoire dans l'enceinte des paroisses dépendant du monastère de Saint-Gilles, sans le consentement de l'abbé et des moines.

Original sur parchemin en bon état.

31 octobre 1208.

Innocentius, episcopus, servus servorum Dei, dilectis filiis abbati et conventui Sancti Egidii, salutem et apostolicam benedictionem. PRESENTIUM VOBIS auctoritate concedimus ut nullus, infra terminos parochiarum vestrarum, vobis invitis, oratorium edificare presumat, salvis privilegiis Pontificum Romanorum. Nulli ergo omnino hominum liceat hanc paginam nostre concessionis infringere, aut ei ausu temerario contraire. Si quis autem hoc attemptare presumpserit, indignationem omnipotentis Dei et beatorum Petri et Pauli, apostolorum ejus, se noverit incursurum. Datum Ferentini, II kalendas Novembris, pontificatus nostri anno undecimo.

LXXIX. — 32.

BULLE D'INNOCENT III

datée de Ferentino, accordant à l'abbé de Saint-Gilles l'usage de la mitre à perpétuité (1).

Original sur parchemin en bon état.

1er novembre 1208.

Innocentius, episcopus, servus servorum Dei, Priori et Capitulo Sancti Egidii, salutem et apostolicam benedictionem. CUM CONSTET

---

(1) Jusqu'à cette époque le privilége de la mitre n'avait été que temporaire et accordé à quelques abbés nommément.

monasterium vestrum ad jurisdictionem Beati Petri et nostram, nullo mediante, specialiter pertinere, dignum est et consentaneum rationi ut tam vos quam idem monasterium privilegio amoris nostri et gratie decoremus. Inde est quod, ad exemplar felicis recordationis Alexandri pape predecessoris nostri, abbati monasterii vestri qui pro tempore fuerit, usum mitre de consueta clementia et benignitate apostolice Sedis concedimus. Statuentes ut monasterium vestrum tam preclaro insigni et munere dignitatis in perpetuum debeat decorari. Datum Ferentini, kalendis Novembris, Pontificatus nostri anno undecimo.

LXXX. — 33.

BULLE D'INNOCENT III

datée du palais de Latran, confirmant à l'abbé de Saint-Gilles tous les droits, priviléges et possessions du monastère et énumérant toutes les églises qui en dépendent.

Original sur parchemin fortement rongé au commencement des lignes. — Biblioth. nat., lat. 11018, f. 58, a, et *coll. de Lang.*, XLI, f. 103, r°. — Copie imprimée. — Baluze, Epist. Innocentii, III, lib. XI, n° 172.

12 novembre 1208.

Innocentius, episcopus, servus servorum Dei, dilecto in Christo filio Pontio, abbati monasterii Sancti Egidii ejusque successoribus regulariter substituendis, in perpetuum. QUAMVIS ECCLESIARUM omnium cura nobis et sollicitudo immineat, illis tamen locis atque personis que beato Petro et Sancte Romane Ecclesie specialius adherere et in ejus fidelitate atque obedientia devotius permanere noscuntur, attentiori cura providere nos convenit. Ut autem pro beati Egidii monasterio, cui, Dei auctore, preesse dinosceris, diligenti sollicitudine vigilemus, tanto amplior nobis necessitas est injuncta, quanto idem locus ab exordio sue fundationis ad jus et dominium ejusdem apostolorum Principis specialiter dinoscitur pertinere. Tuis itaque, dilecte in Domino fili, Ponti abbas, justis postulationibus benignum impertientes assensum, ad exemplar predecessorum nostrorum sancte recordationis Innocentii, Eugenii et Adriani quarti, romanorum pontificum, omnem libertatem seu immunitatem vobis ac vestro cenobio per antecessorum nostrorum privilegia contributam presentis privilegii pagina roboramus; statuentes ut nulli omnino archiepiscopo vel episcopo liceat super idem cenobium, vel abbatem, sive monachos ibidem Domino servientes manum excommunicationis aut interdictionis extendere, sed tam vos quam monasterium cum villa quieti semper ac liberi ab omni episcopali exactione vel gravamine per omnipotentis Dei gratiam maneatis. Monachos vero et presbyteros seu clericos qui in vestris obedientiis commorantur, pro delictis suis a quibuslibet laicis capi, verberari, aut ad redemptionem cogi penitus prohibemus. Preterea statuimus ut quascumque possessiones, quecumque bona idem monasterium in presenti harum juste et canonice possidet, aut in futurum concessione pontificum, largitione regum vel principum, oblatione fidelium, seu aliis justis modis, prestante Domino, poterit adipisci, firma tibi tuisque successoribus et illibata permaneant; in quibus hec propriis duximus exprimenda vocabulis : Abbatias videlicet Sancti Egidii de Ungaria (1), et Sancti Eusebii de Provincia (2), Ecclesias Sancti Egidii de Aceio (3), ecclesiam Sancti Egidii de Duno (4), ecclesiam Sancti Egidii de Super via, cum villa (5), ecclesiam sancti Egidii de Longobardia (6), ecclesiam sancti Baudilii de Yspania (7), ecclesiam sancte Eulalie de Barbasta (8), ecclesiam de Rovinas

---

(1) L'abbaye de Sirmich, en Hongrie, voir ci-dessus n°° XXIII — 4 et XXXVII. — 5 a.

(2) L'abbaye de St-Eusèbe-de-Provence, voir ci-dessus n° XXXVII.—5 a.

(3) Le prieuré de *Aceio*, alias d'*Assas*, au diocèse d'Apt, voir ci-dessus n° XXXVII. — 5 a. Ce prieuré était fort riche et comptait douze religieux vers la fin du XIV°° siècle, il fut donné, par Clément VIII, à l'archevêché de Reims.

(4) Voir le n° XXXVII. — 5 a ; en dépendaient les églises de Marval, de *Lunis* et de Saint-Gilles-de-Salvan.

(5) Saint-Gilles-sur-Vie, au diocèse de Luçon. Voir le n° XXXVII. — 5 a.

(6) Saint-Gilles de Lombardie, dans le Milanais.

(7) Saint-Baudile d'Espagne, dans la Catalogne.

(8) Sainte-Eulalie de Barbaste, en Espagne, voir le n° XXXVII. — 5 a.

cum sua villa (1), ecclesiam de Boccona cum villa (2), ecclesiam sancti Andree de Lucapello (3), ecclesiam sancti Egidii de Tolmone (4), ecclesiam sancti Egidii de Creissaco (5), ecclesiam sancti Hippolyte de Melseo (6) cum villa, ecclesiam sancti Lupi (7), ecclesiam sancte Marie de Fraixinetto (8), ecclesiam sancti Johannis de Gardonenca (9) cum villa, ecclesiam sancte Crucis de Molezano (10), ecclesiam sancti Martini de Cerbario (11), cum sua capella, ecclesiam sancti Stephani de Corcona (12), ecclesiam sancti Amantii cum villa (13), ecclesiam sancti Martini

---

(1) Alias de *Revinis* et de *Reuminas*, *Réonis*, en Gascogne; cette église fut unie plus tard au collége de Foix.

(2) Nous n'avons pu trouver ce lieu.

(3) *Lucapel*, aujourd'hui *Montgaillard* (diocèse d'Aire), commune du canton et de l'arrondissement de Saint-Sever (Landes).

(4) *Tolmone*, lieu qui nous est inconnu.

(5) *Creissac* (diocèse de Vabres aujourd'hui de Rodez), probablement *Rayssac* dans le canton et l'arrondissement de Saint-Afrique (Aveyron).

(6) *Saint-Hippolyte-de-Malzieu* (diocèse de Mende), Malzieu est le chef-lieu d'un canton de l'arrondissement de Marvéjols (Lozère).

(7) *Saint-Loup-de-Villefort*, Villefort est le chef-lieu d'un canton de l'arrondissement de Mende (Lozère).

(8) *Fraissinet-de-Lozère* est une commune du canton de Pont-de-Montvert, arrondissement de Florac (Lozère).

(9) *Saint-Jean-du-Gard*, chef-lieu de canton de l'arrondissement d'Alais (Gard).

(10) *Moulézan*, commune du canton de Saint-Mamert, arrondissement de Nimes (Gard).

(11) *Serviers-et-Labaume*, commune du canton et de l'arrondissement d'Uzès (Gard).

(12) *Corconne*, commune du canton de Quissac, arrondissement du Vigan (Gard).

(13) *Saint-Amans*, quartier de la ville de Sommières, chef-lieu de canton de l'arrondissement de Nimes (Gard), voir ci-dessus n° LXXIII. — 27.

de Orjanègues (1), ecclesiam sancti Martini de Cinciano (2), ecclesiam sancti Andree de Bernis (3) cum capella sua, ecclesiam sancti Saturnini de Sieura (4) cum ipsa villa, villam de Bions (5), ecclesiam sancte Cecilie de Stagello (6) cum ipsa villa, ecclesiam sancti Felicis de Aspeirano (7) cum ipsa villa, ecclesiam sancte Columbe (8) cum media villa, ecclesiam sancti Andree de Campo Marignano (9), ecclesiam sancte Marie de Saturanicis (10), ecclesiam sancti Egidii de Missiniaco (11), ecclesiam sancti Stephani de Castlar (12) cum capella, ecclesiam sancti Petri de Prevencheriis (13)

---

(1) *Aujargues*, commune du canton de Sommières, arrondissement de Nimes (Gard).

(2) *Cinsens*, hameau de Calvisson, commune du même canton de Sommières.

(3) *Bernis*, commune du canton de Vauvert, arrondissement de Nimes (Gard).

(4) *Sieure*, ferme de la commune et du canton de Saint-Gilles, arrondissement de Nimes (Gard), voir ci-dessus n° LXXIII. — 27.

(5) *Bions*, ferme de la commune de Bellegarde, canton de Beaucaire, arrondissement de Nimes (Gard).

(6) *Sainte-Cécile-d'Estagel*, ferme, autrefois village de la commune et du canton de Saint-Gilles, arrondissement de Nimes (Gard), voir ci-dessus n° LXXIII. — 27.

(7) *Espeiran*, ferme, autrefois village de la même commune de Saint-Gilles (ibid.).

(8) *Sainte-Colombe*, aujourd'hui simple ferme de la même commune de Saint-Gilles, était autrefois le centre d'un prieuré annexé au suivant.

(9) *Saint-André-de-Camarignan*, ferme de la même commune de Saint-Gilles, était autrefois un prieuré rural qui dépendait de l'infirmerie du monastère.

(10) *Saturargues*, commune du canton de Lunel, arrondissement de Montpellier (Hérault).

(11) *Saint-Gilles-le-Vieux*, prieuré rural annexé au suivant.

(12) *Le Cailar*, commune du canton de Vauvert, arrondissement de Nimes (Gard).

(13) *Prévenchères*, commune du canton de Villefort, arrondissement de Mende (Lozère).

cum villa et ecclesiis suis, ecclesiam sancti Andeoli de Robiaco (1) cum capella et villa, ecclesiam sancti Victorini (2), ecclesiam sancti Andree (3), ecclesiam sancti Petri de Vannis (4) cum ipsa villa, ecclesiam sancte Marie de Monte-Alto (5) cum capella et villa, ecclesiam sancti Baudilii de Somerio (6) cum capella, ecclesiam sancti Servii ultra Rhodanum (7) cum villa, ecclesiam sancti Petri et sancti Michaelis juxta castrum Rossiliani (8), ecclesiam sancti Privati (9) cum villa, ecclesiam sancti Stephani de Minerba (10) cum capellis et villa, ecclesiam sancti Christofori de Vacheriis (11) cum capella et villa, ecclesiam santi Johannis de Albenatio (12) cum villa et parochiali ecclesia sancte Marie, ecclesiam sancte Marie de Redosc (13) cum villa, ecclesiam sancte Columbe de Capingo (14),

---

(1) *Robiac*, commune du canton de Bessèges, arrondissem' d'Alais (Gard).

(2) *Saint-Victorin-de-Villefort* (Lozère).

(3) *Saint-André-de-Crugières ?* commune du canton des Vans (Ardèche), ou Saint-André-de-Briols, canton de Beaumont (Aveyron).

(4) *Les Vans*, chef-lieu de canton de l'arrondissement de l'Argentière (Ardèche).

(5) *Montalet* (Hérault), un peu au-dessous de Saint-Clément.

(6) *Sommières*, chef-lieu de canton de l'arrondissement de Nimes (Gard). L'église de Saint-Baudile était rurale.

(7) *Saint-Servius* outre Rhône, localité de Provence que nous ne retrouvons pas.

(8) *Roussillon*, commune du canton de Gordes, arrondissement d'Apt (Vaucluse).

(9) *Saint-Privat*, probablement Saint-Privat, hameau de la commune de Sarrians, canton et arrondissement de Carpentras (Vaucluse).

(10) *Menerbes*, commune du canton de Bonnieux, arrondissement d'Apt (Vaucluse).

(11) *Vachères*, commune du canton de Reillanne, arrondissement de Forcalquier (Basses-Alpes).

(12) *Aubenas*, commune du même canton de Reillanne.

(13) *Notre-Dame-de-Redosc*, nous ne savons attribuer cette dénomination.

(14) *Sainte-Colombe-de-Capingo* (alias *de Wapinco*), probablement Sté-Colombe, commune du canton d'Orpierre, arrondissement de Gap (H^{tes}-Alpes).

ecclesiam sancti Egidii de Padernis (1), ecclesiam sancti Maximi de Medenis (2), ecclesiam sancti Petri de Inter-Montes (3) cum ipsa villa, ecclesiam de Trencatalha (4), ecclesiam sancti Johannis de Mejano (5), ecclesiam sancti Sebastiani de Montepesato (6), ecclesiam sancti Petri de Launiaco (7), ecclesiam sancti Salvatoris de Caissanigis (8), ecclesiam sancti Eugenii de Orbesat (9), cum capella, ecclesiam sancti Genesii de Mediogozes (10), ecclesiam de Acione (11), ecclesiam de Malbosc (12), cum sua capella, ecclesiam de Rocca (13), ecclesiam de Camponaz (14), ecclesiam de Lardario (15) cum ecclesiis

---

(1) *Pernes*, prieuré uni plus tard aux jésuites d'Avignon, chef-lieu de canton de l'arrondissement de Carpentras (Vaucluse).

(2) *Modène*, commune du canton de Mormoiron, arrondissement de Carpentras (Vaucluse).

(3) *Saint-Pierre-d'Entremont*, commune du canton de Saint-Laurent-du-Pont, arrondissement de Grenoble (Isère).

(4) *Trinquetaille*, section de la ville d'Arles (Bouches-du-Rhône), entre les deux Rhônes.

(5) *Méjane*, dans l'ancien diocèse d'Arles (Bouches-du-Rhône).

(6) *Montpézat*, commune du canton de Saint-Mamert, arrondissement de Nimes (Gard).

(7) *Saint-Pierre-de-Laugnac*, église aujourd'hui ruinée dans la commune de Lédenon, canton de Marguerittes, arrondissement de Nimes (Gard).

(8) *Caissargues*, village de la commune de Bouillargues, canton et arrondissement de Nimes (Gard), voir ci-dessus n° LXXIII. — 27.

(9) *Courbessac*, village de la commune de Nimes (Gard).

(10) *Saint-Géniès-en-Malgoirès*, commune du canton de Saint-Chaptes, arrondissement d'Uzès (Gard).

(11) *Les Assions*, commune du canton des Vans, arrondissement de l'Argentière (Ardèche).

(12) *Malbosc*, commune du même canton des Vans.

(13) *La Roque* (lieu de l'ancien diocèse de Sisteron).

(14) *Chambonas*, commune du canton des Vans, ci-dessus.

(15) Nous connaissons deux *Lardier*, l'un dans les Basses-Alpes, canton de Saint-Étienne-les-Orgues, arrondissement de Forcalquier ; l'autre dans les Hautes-Alpes, canton de Tallard, arrondissement de Gap.

et omnibus earum pertinentiis, castrum de Mor fort (1), castrum de Lennatio (2) et quinque modietas terre ac quatuor candelas cotidianas que quondam R. de Berjaco monasterio sancti Egidii testamento reliquit. Transactiones preterea que inter vos et Johannem Nemausensem et Raimundum Uzeticensem episcopos de ecclesiarum quartonibus facte sunt et authentico scripto firmate, vobis nihilominus confirmamus. Illud auctoritate apostolica prohibemus ut nullus abbas, vel monachus thesaurum, honores vel possessiones profati monasterii, seu cellarum ad ipsum pertinentium, que aut modo habentur, aut in futurum, largiente Domino, acquirentur, alienare, distrahere, impignorare, vel in feudum, censum, seu beneficium alicui militi dare presumat, nisi forte pro redemptione videlicet captivorum, pro communi et graviori famis inopia, et pro emptione, seu pro redemptione possessionum (3). Id ipsum autem si contigerit, totius fiat communi deliberatione capituli, ut nihil dolo vel subreptione aliqua, sed predictarum necessitatum instantia committatur; abbas vero vel monachus qui hoc attemptaverit, abbas siquidem abbatie regimine careat et excommunicationis sententia percellatur; monachus autem a monasterio penitus et ab ejus honoribus excludatur et ejusdem excommunicationis sententia teneatur, nisi presumptionem suam digna satisfactione correxerit. Prohibemus etiam ut infra villam sancti Egidii et circa eamdem villam, usque ad unam leugam nulli hospitalariorum seu militum Templi, vel cuilibet alii persone, absque abbatis et capituli consensu liceat religiosam domum, ecclesiam, oratorium, seu munitionem construere, cimeterium habere, divina officia populo celebrare, cum villa ipsa cessaverit signa pulsare, oblationes a populo in missarum celebratione suscipere, baptizare et parochianos vestros ad officia divina suscipere. Obeunte vero ejusdem vestri

---

(1) *Montfort*, commune du canton de Volonne, arrondissement de Sisteron (Basses-Alpes).

(2) *Lennatio*, lieu qui ne nous est pas connu, à moins que la vraie lecture soit *Limantio*, *Limans*, commune du canton et de l'arrondissement de Forcalquier (Basses-Alpes), voir ci-dessus bulle de Calixte II, n° XXXVII.-5 a.

(3) Voir ci-dessus n° XXXVI. — 5.

loci abbate, nullus ibi qualibet subreptionis astutia seu violentia preponatur, nisi quem fratres ipsius monasterii communi assensu, vel pars consilii sanioris secundum Deum et beati Benedicti regulam providerint eligendum. Electus autem ad Romanum pontificem benedicendus accedat. Sane illam Tolosani Comitis nobilis memorie Raimundi abdicationem auctoritate Sedis apostolice confirmamus. Siquidem comes ipse honores omnes ab beatum Egidium pertinentes tam in valle Flaviana quam in extrinsecis, quidquid juste vel injuste videbatur tenere, omnes rectas sive pravas consuetudines quas ipsius antecessores aut ipse habuerunt, ob honorem Dei et beati Egidii reverentiam, apud Nemausense concilium in manu predecessoris nostri beate memorie Urbani pape jurans, Odiloni abbati et ejus fratribus noscitur reliquisse, et se atque universos successores suos, si forte hoc donum irritum facere pertentarent, quod ad se erat, damnatione ac maledictione mulctavit, atque a prefato autecessore nostro excommunicationis inde sententiam in concilio dari fecit. Quia vero prefatus Adrianus papa predecessor noster, devotioni prefati Comitis annuens, apostolica auctoritate constituit neminem successorum ejus aliquid de iis que a predicto comite Raimundo prefato monasterio sancti Egidii relicta sunt, ulla posse temporis longevitate prescribere, ut maledictionem et damnationem evadat a prefato comite constitutam, quod ab eo provide factum est auctoritate apostolica confirmamus; ad hec adjicientes, pro ampliori beati Egidii veneratione statuimus ut, infra terminos a nostris predecessoribus constitutos, nemo prorsus aut super ipsam beati Egidii villam depredationem vel assultum facere, aut graviorem persone cuilibet inferre audeat lesionem. Nulli ergo omnino hominum liceat prefatum monasterium temere perturbare, aut ejus possessiones auferre, vel ablatas retinere, vel minuere, seu aliquibus vexationibus fatigare; sed illibata omnia et integra conserventur eorum pro quorum gubernatione ac sustentatione concessa sunt usibus omnimodis profutura, salva Sedis apostolice auctoritate et diocesanorum episcoporum in supradictis capellis canonica justitia. Si qua igitur in futurum ecclesiastica secularisve persona hanc nostre constitutionis paginam sciens, contra eam temere venire temptaverit, secundo tertiove commonita, nisi presumptionem suam congrua satisfactione correxerit, potestatis, honorisque sui dignitate careat, reamque se divino judicio existere de perpetrata iniquitate cognoscat, et a sacratissimo corpore et sanguine Dei et Domini Redemptoris nostri Jesu Christi aliena fiat, atque in extremo examine districte ultioni subjaceat. Cunctis autem eidem loco sua jura servantibus sit pax Domini nostri Jesu Christi, quatinus et hic fructum bone actionis percipiant, et apud districtum judicem premia eterne pacis inveniant. Amen. Bene Valete. Datum Laterani, per manum Johannis Sancte Marie in Cosmedin diaconi cardinalis S. R. E. cancellarii, II idus novembris, indictione XII, Incarnationis dominice anno MCCVIII, Pontificatus vero Domini Innocentii pape III, anno undecimo.

L'original porte en outre dix-sept signatures de cardinaux ou d'évêques.

LXXXI. — 34.

BULLE D'INNOCENT III

datée du palais de Latran, contre les chevaliers de Saint-Jean-de-Jérusalem, qui refusaient de payer, au monastère de Saint-Gilles, la portion canonique des legs qu'on leur faisait et qui donnaient la sépulture aux paroissiens de l'abbaye.

Original sur parchemin en bon état.

18 avril 1212.

Innocentius, episcopus, servus servorum Dei, venerabili fratri... episcopo et dilectis filiis....... preposito et Petro et Lunello, archidiaconis Magalonensibus, salutem et apostolicam benedictionem. QUERELAM DILECTORUM filiorum abbatis et capituli sancti Egidii recipimus continentem quod fratres Jerosolimitani hospitalenses Nemausensis diocesis canonicam portionem eorum que ipsis a parrochianis in ultima voluntate legantur, in eorum retinent prejudicium et gravamen, et eam reddere contradicunt, parrochianos eorum ecclesiastice presumentes tradere sepulture, in monasterii sui non modicam lesionem. Quocirca discretioni vestre per apostolica scripta mandamus quatinus, partibus convocatis, audiatis causam, et appellatione remota, fine canonico terminetis, facientes quod decreveritis per censuram ecclesiasticam firmiter observari. Testes autem qui fuerint nominati, si se gratia, odio vel timore subtraxerint, per districtionem eandem, cessante appellatione, cogatis veritati testimonium perhibere. Quod si non omnes hiis exequendis potueritis interesse, tu, frater episcope, cum eorum altero ea nichilominus exequaris. Datum Laterani, XIV kalendas maii, pontificatus nostri anno quartodecimo.

LXXXII. — 35.

BULLE D'INNOCENT III

datée du palais de Latran, contre le comte de Toulouse, coupable d'avoir fait démolir des bâtiments appartenant au monastère de Saint-Gilles.

Original sur parchemin en bon état.

20 avril 1212.

Innocentius episcopus, servus servorum Dei, venerabilibus fratribus.... Uticensi, apostolice Sedis legato et.... Nemausensi, episcopis, (1) salutem et apostolicam benedictionem. DILECTI FILII,.... abbas et conventus monasterii Sancti Egidii suam ad nos transmisere querelam, quod nobilis vir Comes Tolose quedam edificia Sancti Felicis de Asperiano et molendinum Sancti Amantii (2), ecclesiarum ad idem monasterium pertinentium, nequiter destruens super hoc et aliis eis dampna et injurias irrogavit. Ideoque fraternitati vestre per apostolica scripta mandamus, quatenus, partibus convocatis, audiatis causam et, appellatione remota, mediante justitia terminetis, facientes quod decreveritis per censuram ecclesiasticam firmiter observari. Testes autem qui fuerint nominati, si se gratia, odio, vel timore subtraxerint per censuram eandem, appellatione cessante, cogatis veritati testimo-

---

(1) L'évêché d'Uzès était alors occupé par Raymond III (1208-1212). Charvet, *Catalogue analytique des évêques d'Uzès*. Arnaud tenait le siége de Nîmes (1212-1242).

(2) *Espeiran* et *Saint-Amans* de Sommières, dont il a été plusieurs fois question dans les bulles précédentes.

nium perhibere. Nullis litteris veritati et justitie prejudicantibus a Sede apostolica impetratis. Datum Laterani, XII kalendas maii, Pontificatus nostri anno quartodecimo.

LXXXIII. — 36.

BULLE D'INNOCENT III

datée de Todi, approuvant une sentence d'excommunication portée contre feu le comte Raimond qui s'était emparé de la ville de Saint-Gilles appartenant au monastère.

Original sur parchemin en bon état. — Arch. nat., J. 517, n° 11. — Teulet, t. I, p. 431.

14 mai 1216.

Innocentius, episcopus, servus servorum Dei, dilectis filiis.... abbati et conventui Sancti Egidii, salutem et apostolicam benedictionem. EA QUE JUDICIO vel concordia terminantur firma debent et illibata servari, et ne in recidive contentionis scrupulum relabantur, apostolico convenit presidio communiri. Ea propter, dilecti in Domino filii, vestris justis postulationibus grato concurrentes assensu, diffinitivam sententiam quam venerabilis frater noster, Hugo Regensis (1) episcopus, tum apostolice Sedis legatus et magister Tedisius, canonicus Januensis, nunc Agathensis (2) episcopis, delegati *a nobis* super possessione ville Sancti Egidii pro monasterio vestro contra nobilem virum Raimundum quondam comitem Tholosanum, cognitis cause meritis, promulgarunt, sicut est justa nec legitima provocatione suspensa et in eorumdem autentico plenius continetur, auctoritate apostolica confirmamus et presentis scripti patrocinio communimus. Nulli ergo omnino hominum liceat hanc paginam nostre confirmationis infringere, vel ei ausu temerario contraire. Si quis autem hoc attemptare presumpserit, indignationem omnipotentis Dei et beatorum Petri et Pauli, apostolorum

---

(1) *Riez*, aujourd'hui simple chef-lieu de canton de l'arrondissement de Digne (Basses-Alpes), était une ville épiscopale avant la Révolution.

(2) Tedesius d'abord chanoine de *Gênes*, en Italie, fut plus tard évêque d'*Agde*. Cette ancienne ville épiscopale n'est plus qu'un chef-lieu de canton de l'arrondissement de Béziers (Hérault).

ejus, se noverit incursurum. Datum Tuderti (1), II idus maii, Pontificatus nostri anno nonodecimo.

LXXXIV. — 37.

BULLE D'HONORÉ III (2)

datée de Saint-Pierre de Rome, confirmant la sentence approuvée par Innocent III dans la bulle précédente.

Original sur parchemin en bon état.

21 décembre 1216

Honorius, episcopus, servus servorum Dei, dilectis filiis P. abbati et conventui sancti Egidii, salutem et apostolicam benedictionem. EA QUE JUDICIO vel concordia........ (3).

LXXXV. — 38.

BULLE D'HONORÉ III

datée de Saint-Pierre de Rome, défendant à l'abbé de Saint-Gilles de rien entreprendre contre les prieurs ou moines de son monastère qui puisse empêcher ou retarder l'enquête ordonnée contre lui.

Original sur parchemin en bon état.

11 juin 1218.

Honorius episcopus, servus servorum Dei, dilecto filio... abbati Sancti Egidii, salutem et apostolicam benedictionem. NOLENTES

---

(1) *Todi*, ville épiscopale de la province de Spolète (Italie).

(2) Honoré III, élu le 24 juillet 1216, mourut le 18 mars 1227, après un pontificat de dix ans, sept mois et vingt-sept jours.

(3) Cette bulle est la reproduction intégrale de la précédente, sauf les seules variantes exigées par la différence des pontifes. Au lieu de *a nobis*, ligne 20 de la page 114, la lettre d'Honoré III porte : *a felicis memorie I. papa, predecessore nostro.* — Entre les mots *continetur* et *auctoritate*, ligne 24 de la page 114, Honoré III ajoute : *ad exemplar ejusdem predecessoris nostri.* — La date de la présente bulle est celle-ci : *Datum Rome, apud sanctum Petrum, XII kalendas januarii, pontificatus nostri anno primo.*

PROCESSUM inquisitionis (1) quam circa te fieri mandavimus aliquatenus impediri, presentium tibi auctoritate districtius inhibemus ne interim priores aut monachos monasterii tui excommunicare, suspendere, vel transferre, aut aliquid aliud, per quod impediatur processus inquisitionis predicte, aliquatenus attemptare presumas, irritum decernentes, si quid contra prohibitionem nostram fuerit attemptatum. Datum Rome, apud Sanctum Petrum, III idus junii, Pontificatus nostri anno secundo.

LXXXVI. — 39.

BULLE D'HONORÉ III

datée du palais de Latran, confirmant à l'abbé de Saint-Gilles l'union faite par le légat du Saint-Siège de l'église de Saint-Félix d'Espeiran à la mense abbatiale (2).

Original sur parchemin en bon état.

31 mars 1223.

Honorius, episcopus, servus servorum Dei, dilecto filio... abbati Sancti Egidii, Nemausensis diocesis, salutem et apostolicam benedictionem. PETITIO TUA nobis exhibita continebat quod venerabilis frater noster, C. Portuensis (3) episcopus, apostolice Sedis legatus, attendens jacturas multiplices, quibus monasterium tuum per turbationem que diu concussit provinciam, est attritum, ecclesiam Sancti Felicis de Hesperano (4) ad ipsum monasterium pleno jure spectantem tibi et successoribus tuis concessit ad manus vestras perpetuo libere retinendam, nichilominus fructus ecclesiarum

---

(1) Nous ignorons absolument la cause qui avait motivé l'enquête dont il est question dans cette bulle ; il nous reste en effet fort peu de documents sur la longue prélature de l'abbé Pons Ier.

(2) Voir plus loin la bulle de Clément IV, n° CXIII. — 64, qui est la reproduction presque intégrale de celle-ci.

(3) *Porto* est le titre de l'un des évêchés suburbicaires de Rome.

(4) Le prieuré d'*Espeiran* dont il a été déjà fait mention plusieurs fois. Les abbés s'y firent construire une habitation d'été.

ipsius monasterii quas infra quinquennium a tempore concessionis seu vacare contigerit, tibi et ipsis successoribus tuis per quinquennium a tempore vacationis ipsarum in usus proprios concedendo, ita tamen quod interim in eisdem ecclesiis faciatis, solito more, celebrari divina et sacramenta ecclesiastica ministrari. Quare nobis humiliter supplicasti ut concessiones ipsas apostolico roborare munimine dignaremur. Nos igitur precibus tuis benignum impertientes assensum, concessiones easdem, sicut provide facta sunt et in alieni juris prejudicium non redundant, auctoritate apostolica confirmamus et presentis scripti patrocinio communimus. Nulli ergo omnino hominum liceat hanc paginam nostre confirmationis infringere, aut ei ausu temerario contraire. Si quis autem hoc attemptare presumpserit, indignationem omnipotentis Dei et beatorum Petri et Pauli, apostolorum ejus, se noverit incursurum. Datum Laterani, II kalendas Aprilis, Pontificatus nostri anno septimo.

LXXXVII. — 40.

BULLE DE GRÉGOIRE IX (1)

datée du palais de Latran, défendant de bâtir ni un oratoire, ni même un cimetière dans l'enceinte des paroisses dépendantes de l'abbé ou du monastère de Saint-Gilles, sans leur permission.

Original en bon état, sauf un mot qui manque.

16 mai 1233.

Gregorius, episcopus, servus servorum Dei. dilectis filiis abbati et conventui monasterii Sancti Egidii, ordinis sancti Benedicti, Nemausencis diocesis, salutem et apostolicam benedictionem. Justis petentium desideriis dignum est nos facilem prebere consensum et vota que a rationis tramite non discordant effectu prosequente complere. Ex parte siquidem vestra fuit nobis humiliter supplicatum ut cum vobis a Sede apostolica sit indultum ut nullus infra

---

(1) Grégoire IX, élu le 20 mars 1227, mourut le 22 août 1241, après un règne de quatorze ans, cinq mois et trois jours.

parrochias *vestras* (1), sine licentia vestra, oratorium possit construere, indulgentiam hujusmodi ad cimiterium extendere dignaremur. Nos igitur vestris supplicationibus inclinati, hoc ipsum circa cimiterium vobis duximus indulgendum, salvis tamen privilegiis et indulgentiis Pontificum Romanorum. Nulli ergo omnino hominum liceat hanc paginam nostre concessionis infringere, vel ei ausu temerario contraire. Si quis autem hoc attemptare presumpserit, indignationem omnipotentis Dei et beatorum Petri et Pauli, apostolorum ejus, se noverit incursurum. Datum Laterani, XVII calendas junii, Pontificatus nostri anno septimo.

LXXXVIII. — 41.

BULLE DE GRÉGOIRE IX

datée du palais de Latran, confirmant l'ancien privilége des abbés de Saint-Gilles de porter l'anneau pastoral avec la mitre (2).

Vidimus sur parchemin en bon état dressé par l'évêque d'Uzès et l'archevêque de Brague. — Biblioth. nat., lat. 11018, f. 64, a.

17 mai 1233.

Gregorius, episcopus, servus servorum Dei, dilectis filiis.... abbati et conventui Sancti Egidii, ordinis Sancti Benedicti, Nemausensis diocesis, salutem et apostolicam benedictionem. Cum decorem domus Domini, ex officio nobis injuncto diligere teneamur, pontificalibus insigniis quibus personas ecclesiasticas credimus esse dignas, cum ex earum decore contingat commissas sibi ecclesias venustari, eas non immerito decoramus, sperantes ut quanto specialius se hiis insigniri de benignitate nostra cognoscunt, tanto ad eorum significata studiosius se informent. Vestra siquidem devotio supplicavit ut cum predecessores nostri abbates monasterii vestri mitre ab antiquo et quosdam eorum personali concessione anuli duxerint decorandos, pro beati Egidii reverentia cujus

---

(1) Le mot *Vestras* manque, le parchemin est percé en cet endroit.
(2) Voir ci-dessus n°ˢ LVI. — 9 et LXVII. — 20.

corpus requiescit ibidem, ad quod de diversis partibus fidelium confluit multitudo, gratiam quam super mitra dictum monasterium meruit obtinere ampliare in altero dignaremur. Nos igitur obtuitu confessoris ejusdem vestris devotis precibus inclinati, memoratum monasterium speciali gratia sicut ad nos specialiter pertinet, presequentes, tibi, fili abbas, et successoribus tuis usum anuli duximus concedendum. Nulli ergo omnino hominum liceat hanc paginam nostre concessionis infringere, vel ei ausu temerario contraire. Si quis autem hoc attemptare presumpserit, indignationem omnipotentis Dei et beatorum Petri et Pauli, apostolorum ejus, se noverit incursurum. Datum Laterani, XVI kalendas junii, Pontificatus nostri anno septimo.

LXXXIX. — 42.

BULLE DE GRÉGOIRE IX

datée d'Agnani, confiant à l'évêque d'Avignon l'examen du procès entre l'archevêque d'Arles et l'abbé de Saint-Gilles, au sujet de l'abbaye de Saint-Gervais de Fos (1).

Original sur parchemin en mauvais état, rongé vers le bas, trois lacunes.

15 octobre 1233.

Gregorius, episcopus, servus servorum Dei, venerabili fratri.... Avinionensi episcopo, salutem et apostolicam benedictionem. Ex PARTE DILECTI filii.... abbatis Sancti Egidii, fuit expositum coram nobis quod cum olim inter bone memorie B.... Arelatensem archiepiscopum et P. quondam predecessorem suam sub ejusdem abbatis tum Psalmodiensis (2) examine, super monasterio Sancti Gervasii de Fos cum pertinentiis suis et rebus aliis auctoritate apostolica questio verteretur, tandem predicto archiepiscopo

---

(1) Voir ci-dessus les bulles LV. — 8, LXIII. — 16 et LXVI. — 19.

(2) L'abbaye de *Psalmodi* n'est plus qu'une simple ferme située entre Aiguesmortes et Saint-Laurent d'Aigouze, où l'on retrouve quelques restes d'un antique et puissant monastère bénédictin qui a laissé de longues traces dans l'histoire de nos contrées.

frustratorie ad Sedem apostolicam appellante, idem Judex appellationem ipsam frivolam reputans sicut erat, partem alteram in quasipossessionem rerum petitarum, ipsius archiepiscopi contumacia exigente, causa custodie decrevit induci ; at idem archiepiscopus falsa nobis appellationis sue causa suggesta, cognitionem appellationis ipsius tibi tunc archidiacono Neumasensi obtinuit delegari, qui eam licet per partes non steterit tenens per triennium et amplius in suspenso, fine canonico concludere recusasti pluries ab ipsis partibus humiliter requisitus. Quare idem abbas nondum suam justitiam potuit obtinere. Finem igitur litibus cupientes imponi, fraternitati tue per apostolica scripta mandamus quatenus, si est ita, infra trium mensium spatium finaliter in eadem causa procedens juxta directarum ad te continentiam litterarum [*lacune*] dilectis filiis.... Abbati et.... Priori Francarum Vallium (1), Nemausensis diocesis, nostris damus litteris in ma [*lacune*] ex tunc in causa ipsa juxta litterarum continentiam, ejusdem appellatione remota, ratione previa procedere [*lacune*] Datum Agnanie, idibus octobris, Pontificatus nostri anno septimo.

XC. — 43.

BULLE DE GRÉGOIRE IX

datée du palais de Latran, prenant sous la protection du Saint-Siége et déclarant exempts de la dîme le maître et les frères de la léproserie de Saint-Gilles.

Original sur parchemin en bon état, sauf une déchirure.

9 décembre 1240.

Gregorius, episcopus, servus servorum Dei, dilectis filiis magistro et fratribus domus Leprosorum Sancti Egidii, Nemausensis diocesis, salutem et apostolicam benedictionem. SACRASANCTA ROMANA ecclesia devotos et humiles filios ex assuete pietatis officio

---

(1) *Franquevaux* était une abbaye Bernardine dont on voit encore les restes sur les bords des marais d'Escamandre, commune de Beauvoisin, canton de Vauvert, arrondissement de Nimes (Gard).

propensius diligere consuevit et ne pravorum hominum molestiis agitentur, eos tanquam pia mater sue protectionis munimine confovere. Ea propter, dilecti in Domino filii, vestris justis postulationis (1) grato concurrentes assensu, personas vestras et locum in quo sub communi vita degitis, cum omnibus bonis que impresentiarum rationabiliter possidet, aut in futurum justis modis, prestante domino, poterit adipisci, sub beati Petri et nostra protectione suscipimus et *presentis scripti* (2) patrocinio communimus, districtius inhibentes ne quis de ortis et virgultis vestris, ac de vestrorum animalium nutrimentis decimas a vobis exigere vel extorquere presumat. Nulli ergo omnino hominum liceat hanc paginam nostre protectionis et inhibitionis infringere, vel ei ausu temerario contraire. Si quis autem hoc attemptare presumpserit, indignationem omnipotentis Dei et beatorum Petri et Pauli, apostolorum ejus, se noverit incursurum. Datum Laterani, V idus decembris, Pontificatus nostri anno quartodecimo.

XCI. — 44.

BULLE D'INNOCENT IV (3)

datée de Lyon, confirmant tous les biens du monastère de Saint-Gilles et les prenant sous la protection du Saint-Siège.

Original sur parchemin en bon état, restes de lacs de soie.

27 avril 1245.

Innocentius, episcopus, servus servorum Dei, dilectis filiis.... (4) abbati et conventui monasterii Sancti Egidii, ordinis Sancti Benedicti, Nemausensis diocesis, ad Romanam Ecclesiam nullo medio,

---

(1) Faute de copiste pour *postulationibus*.

(2) Ici se trouve une déchirure qui permet cependant de deviner les mots que nous avons imprimés en italiques.

(3) Innocent IV, élu le 24 juin 1243, mourut le 7 décembre 1254, après un règne de onze ans, cinq mois et vingt jours.

(4) C'était Pons II, de Marguerittes, qui occupait alors le siége abbatial (1245-1252).

ut dicitur, pertinentis, salutem et apostolicam benedictionem. SACROSANCTA ROMANA Ecclesia devotos et humiles filios ex assuete pietatis officio propensius diligere consuevit, et ne pravorum hominum molestiis agitentur eos tanquam pia mater, sue protectionis munimine confovere. Ea propter, dilecti in Domino filii, vestris justis postulationibus grato concurrentes assensu, personas vestras et locum in quo divino estis obsequio mancipati, cum omnibus bonis que impresentiarum rationabiliter possidet aut in futurum justis modis, prestante Domino, poterit adipisci, sub beati Petri et nostra protectione suscipimus. Specialiter autem villam Sancti Egidii cum pertinentiis suis, terras, possessiones, prata, nemora, pascua ac alia bona vestra, sicut ea omnia juste ac pacifice possidetis, vobis et per vos monasterio vestro, auctoritate apostolica confirmamus et presentis scripti patrocinio communimus. Nulli ergo omnino hominum liceat hanc paginam nostre protectionis et confirmationis infringere, vel ei ausu temerario contraire. Si quis autem hoc attemptare presumpserit, indignationem omnipotentis Dei et beatorum Petri et Pauli, apostolorum ejus, se noverit incursurum. Datum Lugduni, (1) V. Calendas maii, Pontificatus nostri anno secundo.

XCII. — 45.

BULLE D'INNOCENT IV

datée de Lyon, accordant quarante jours d'indulgence aux visiteurs de l'église de Saint-Gilles, le jour de la fête du saint.
Original sur parchemin en bon état.

20 juin 1245.

Innocentius, episcopus, servus servorum Dei, universis Christi fidelibus has litteras inspecturis, salutem et apostolicam benedictionem. QUONIAM, UT AIT Apostolus, omnes stabimus ante tribunal Christi, recepturi prout in corpore gessimus, sive bonum fuerit,

---

(1) *Lyon*, chef-lieu du département du Rhône, où le pape Innocent IV tint, en 1245, le 13ᵐᵉ concile général et où il séjourna six ans et quatre mois.

sive malum, oportet nos diem messionis extreme misericordie operibus prevenire, ac eternorum intuitu seminare in terris quod, reddente Domino, cum multiplicato fructu recolligere debemus in celis, firmam spem fiduciamque tenentes quoniam qui parce seminat, parce et metet, et qui seminat in benedictionibus, de benedictionibus et metet vitam eternam. Cum igitur ad promerenda gaudia sempiterna sanctorum suffragia sint plurimum oportuna, universitatem vestram rogamus, monemus et hortamur in Domino, in remissionem vobis peccaminum injungentes quatinus ad ecclesiam Sancti Egidii, Nemausensis diocesis, in ejusdem festo imploraturi a Domino veniam delictorum, in humilitate spiritus accedatis, ut, per hec et alia bona que, Domino inspirante, feceritis, ad eterne possitis felicitatis gaudia pervenire. Nos enim de omnipotentis Dei misericordia et beatorum Petri et Pauli, apostolorum ejus, auctoritate confisi, omnibus vere penitentibus et confessis cum debita devotione ac reverentia illuc in eodem festo accedentibus annuatim quadraginta dies de injuncta sibi penitentia misericorditer relaxamus. Datum Lugduni, XII Calendas julii, Pontificatus nostri anno secundo.

XCIII. — 46.

BULLE D'INNOCENT IV

datée de Lyon, permettant à l'abbé de Saint-Gilles de réconcilier l'église du monastère quand elle sera violée ou profanée, pourvu que cette cérémonie soit faite avec de l'eau bénite par un évêque.

Original sur parchemin en bon état.

29 mars 1246.

Innocentius, episcopus, servus servorum Dei, dilecto filio abbati monasterii Sancti Egidii, ordinis Sancti Benedicti, Nemausensis diocesis, ad Romanam Ecclesiam nullo medio pertinentis, salutem et apostolicam benedictionem. Ex PARTE TUA fuit propositum coram nobis quod cum de diversis mundi partibus ad ecclesiam vestram, in qua corpus gloriossimi confessoris beati Egidii requiescit, pro gloriosis miraculis que frequenter ibi Dominus operatur, peregrinorum confluat multitudo, sepe propter contentiones et rixas que ibi sepius oriuntur, ecclesia ipsa effusione tam sanguinis quam seminis violatur. Quare nobis humiliter supplicasti ut in hac parte tibi subvenire misericorditer curaremus. Tuis igitur supplicationibus inclinati, reconciliandi ecclesiam ipsam aqua benedicta a quocunque malueris episcopo catholico, et recepta quotiens tibi hac occasione videbitur expedire, plenam tibi auctoritate presentium concedimus facultatem. Non obstante constitutione que precipit hoc per episcopos fieri, cui alias nolumus prejudicium generari. Nulli ergo omnino hominum liceat hanc paginam nostre concessionis infringere, aut ei ausu temerario contraire. Si quis autem hoc attemptare presumpserit, indignationem omnipotentis Dei et beatorum Petri et Pauli, apostolorum ejus, se noverit incursurum. Datum Lugduni, IV calendas Aprilis, Pontificatus nostri anno tertio.

XCIV. -- 46 b.

BULLE D'INNOCENT IV

datée de Lyon, concédant à l'abbé de Saint-Gilles les ornements pontificaux, hors de la présence des évêques ou des légats du Saint-Siége (1).

Original sur parchemin en bon état.

19 octobre 1246.

Innocentius, episcopus, servus servorum Dei, dilecto filio...,.. abbati monasterii Sancti Egidii, ordinis Sancti Benedicti, Nemausensis diocesis, salutem et apostolicam benedictionem. Etsi prelatis ecclesiarum quarumlibet nos, quantum cum Deo et honestate possumus, in gratiarum exhibitionibus favorabiles prebeamus, sunt tamen acceptioribus preveniendi beneficiis, gratiis preferendi majoribus et potioribus honoribus extollendi qui nobis sue meritis probitatis et devotionis obsequiis facti cari sunt Ecclesie Romane filii speciales. Cum igitur monasterium tuum Sancti Egidii ad

---

(1) Voir ci-dessus les bulles citées à la page 89, ainsi que le n° CXVII.--68.

Romanam Ecclesiam nullo pertinens mediante, ob reverentiam Sancti ejusdem cujus corpus sanctissimum in ipso monasterio requiescit, propter quod a diversarum mundi partium fidelibus devote ac venerabiliter frequentatur, nostri predecessores illa favoris gratia fuerint prosecuti quod ipsius abbatibus usum mitre ac anuli duxerunt in perpetuum concedendum, nos volentes te, quem tuis meritis ac Sancti consideratione ipsius prerogativa dilectionis amplectimur, honorificentia postulati muneris et amplioris dono gratie prevenire tuis precibus inclinati, sandalium, tunice, dalmatice ac ci.......... (1) usum, necnon faciendi benedictionem sollempnem in missarum sollempniis et aliis horis consuetis et debitis, dummodo presens aliquis episcopus vel legatus Sedis apostolice non fuerit, tibi ac tuis successoribus duximus in perpetuum concedendum. Nulli ergo omnino hominum liceat hanc paginam nostre concessionis infringere, vel ei ausu temerario contraire. Si quis autem hoc attemptare presumpserit, indignationem omnipotentis Dei et beatorum Petri et Pauli, apostolorum ejus, se noverit incursurum. Datum Lugduni, XIV kalendas novembris, Pontificatus nostri anno quarto.

XCV. — 47.

BULLE D'INNOCENT IV

datée de Lyon, confirmant au diacre Pons Robert la vicairie perpétuelle de Saint-Gilles le Vieux.

Original sur parchemin en bon état.

2 août 1250.

Innocentius, episcopus, servus servorum Dei, dilecto magistro Pontio Roberti diacono, perpetuo vicario (2) ecclesie Sancti Egidii

---

(1) *Cirothecarum?* pour *Chirotecarum.*

(2) Les vicaires perpétuels desservaient les églises paroissiales de la dépendance d'une abbaye, d'un prieuré ou d'un chapitre ; ils étaient tenus à la résidence et au soin des âmes ; mais ils ne recevaient qu'une portion *(la portion congrue)* des fruits du bénéfice. Le reste faisait partie de la mense du bénéfice supérieur.

veteris (1), Nemausensis diocesis, salutem et apostolicam benedictionem. JUSTIS PETENTIUM desideriis dignum est nos facilem prebere consensum et vota que a rationis tramite non discordant effectu prosequente complere. Ea propter, dilecte in Domino fili, tuis justis precibus grato, concurrentes assensu, perpetuam vicariam cum suis pertinentiis quam in ecclesia Sancti Egidii veteris te canonice proponis adeptum, sicut eam juste possides et quiete auctoritate tibi apostolica confirmamus et presentis scripti patrocinio communimus. Nulli ergo omnino hominum liceat hanc paginam nostre confirmationis infringere, vel ei ausu temerario contraire. Si quis autem hoc attemptare presumpserit, indignationem omnipotentis Dei et beatorum Petri et Pauli, apostolorum ejus, se noverit incursurum. Datum Lugduni, IV nonas augusti, Pontificatus nostri anno octavo.

XCVI. — 48.

BULLE D'INNOCENT IV

datée de Pérouse, déclarant que l'abbé et les moines de Saint-Gilles n. pourront être contraints d'admettre qui que ce soit à aucune pension ou à aucun bénéfice ecclésiastique, en vertu de lettres impétrées du Saint-Siège, à moins qu'il n'y soit fait dérogation expresse au présent privilége (2).

Original sur parchemin en bon état.

20 novembre 1251.

Innocentius, episcopus, servus servorum Dei, dilectis filiis abbati et conventui monasterii Sancti Egidii, ordinis Sancti Benedicti, ad Romanam Ecclesiam nullo medio pertinentis, Nemausensis

---

(1) *Saint-Gilles-le-Vieux* était un prieuré dans le voisinage du Caylar (canton de Vauvert, arrondissement de Nimes, Gard). Il devint une annexe du prieuré du Caylar et passa avec celui-ci sous la dépendance du chapitre de Saint-Pierre de Montpellier, en vertu d'une bulle d'Urbain V, le 9 septembre 1369, voir ci-dessus n° LXXX. — 33 et ci-dessous n° CLXVIII. — 118.

(2) Voir ci-dessous n° XCIX. — 51.

diocesis, salutem et apostolicam benedictionem. EFFICAX VESTRE devotionis meretur effectus ut vestris petitionibus, quantum cum Deo possumus, favorabiliter annuamus. Vestris igitur precibus inclinati, auctoritate vobis presentium indulgemus ut ad receptionem seu provisionem alicujus in pensionibus seu ecclesiasticis beneficiis per litteras Sedis apostolice impetratas, dummodo per eas jus nos sit earum impetratoribus acquisitum vel etiam impetrandas, que de hac indulgentia plenam et expressam non fecerint mentionem, compelli deinceps non possitis inviti. Nulli ergo omnino hominum liceat hanc paginam nostre concessionis infringere, aut ei ausu temerario contraire. Si quis autem hoc attemptare presumpserit, indignationem omnipotentis Dei et beatorum Petri et Pauli, apostolorum ejus, se noverit incursurum. Datum Perusii (1), XII calendas decembris, Pontificatus nostri anno nono.

XCVII. — 49.

BULLE D'INNOCENT IV

datée d'Assise, permettant à l'abbé de Saint-Gilles de dispenser ses religieux de plusieurs statuts, pourvu que cette dispense n'aille pas directement contre la règle ; même permission est accordée au prieur du monastère en faveur de l'abbé, si cela devient nécessaire.

Original sur parchemin en bon état.

13 juin 1253.

Innocentius, episcopus, servus servorum Dei, dilecto filio abbati (2) monasterii Sancti Egidii, ad Romanam Ecclesiam nullo medio pertinentis, ordinis Sancti Benedicti, Nemausensis diocesis, salutem et apostolicam benedictionem. EX PARTE TUA fuit nobis

---

(1) *Pérouse*, ville épiscopale des anciens états pontificaux.

(2) Guillaume Ier de Sieure tint le siége abbatial de 1252 à 1265, époque où il remit son abbaye entre les mains de Clément IV ; Guillaume de Sieure ne mourut que le 7 mai 1275, accablé de vieillesse, mais emportant l'estime et les regrets de tous.

humiliter supplicatum ut, cum observantia tui ordinis, ab ipsa sui institutione, multum sit rigida et difficilis ad ferendum, fuerunt que postmodum per felicis recordationis Gregorium (1) papam predecessorem nostrum superaddita statuta gravia diversarum penarum adjectione vallata, ne contingat sub tantis oneribus deficere, oneratis providere super hec paterna sollicitudine curaremus. Attendentes igitur quod expedit calamum quassatum non conteri et in erasione eruginis vas non frangi, devotionis tue precibus inclinati, presentium tibi auctoritate concedimus ut super observatione statutorum ipsorum que de tue substantia regule non existunt, tu et successores tui cum monasterii tui ejusque membrorum monachis, tam presentibus quam futuris, libere dispensare possitis, hiis casibus dumtaxat exceptis super quibus in eadem regula est dispensatio interdicta, in quibus dispensandi casibus super penis adjectis et irregularitatibus quas tui subditi hactenus incurrerunt vel incurrent de cetero, eosque absolvendi ab excommunicationis vinculo quo ipsos ob transgressionem predictorum statutorum involvi contigerit vel continget, injuncta sic absolutis penitentia salutari, libra sit tibi et eisdem successoribus de nostra permissione facultas. Priori nichilominus monasterii tui ac ipsius successoribus concedendi tibi tuisque successoribus hujusmodi dispensationis et absolutionis beneficium, si opportunum fuerit, indulgentes auctoritate presentium potestatem, non obstantibus aliquibus litteris ad venerabilem fratrem nostrum Narbonensem archiepiscopum, aut suffraganeos ejus, seu quoscumque alios ab apostolica Sede sub quocumque tenore directis, et processibus habitis per easdem de quibus forsitan oporteret in presentibus plenam, et expressam, ac de verbo ad verbum fieri mentionem et etiam dirigendis. Nulli ergo omnino hominum liceat hanc paginam nostre concessionis infringere, aut ei ausu temerario contraire. Si quis autem hoc attemptare presumpserit, indignationem omnipotentis Dei et beatorum Petri et Pauli, apostolorum ejus, se noverit incursurum. Datum Asisii, idibus junii, Pontificatus nostri anno decimo.

---

(1) Grégoire IX, voir la bulle suivante ; ce pape avait ordonné la réformation générale de tous les monastères.

XCVIII. — 50.

BULLE D'INNOCENT IV

datée d'Assise, défendant à l'évêque de Nîmes d'introduire les statuts de Grégoire IX, touchant la réformation générale, dans les monastères de Saint-Gilles, de Psalmodi et de Cendras.

Original sur parchemin en bon état. — Ménard, Hist. de la ville de Nîmes, t. I, pr., p. 79, c. 1.

22 juin 1253.

Innocentius, episcopus, servus servorum Dei, venerabili Fratri.... (1) episcopo Nemausensi, salutem et apostolicam benedictionem. CUM TIBI NOSTRIS dedisse dicamur litteris in mandatis ut in monasteriis ordinis Sancti Benedicti exemptis et non exemptis tue civitatis et diocesis statuta edita super reformatione ipsius ordinis a felicis recordationis Gregorio papa, predecessore nostro, faceres inviolabiliter observari, Fraternitati tue per apostolica scripta mandamus quatinus de hujusmodi negotio, quoad Sancti Egidii, Psalmodiensis, ad Romanam Ecclesiam nullo medio pertinentium et Cendracensis, monasteria eorumque membra, ordinis Sancti Benedicti tue diocesis, te nullatenus intromittas, auctoritate hujusmodi litterarum, revocans per te ipsum, sine difficultate qualibet, omnes sententias, si quas in abbates, aut priores, vel monachos dictorum monasteriorum vel membrorum suorum occasione hujusmodi promulgasti. Alioquin dilecto filio (2)..... abbati Fontisfrigidi, (3) Cisterciensis ordinis, Narbonensis diocesis, litteris nostris injungimus ut te ad id, monitione premissa, auctoritate nostra, sublato appellationis impedimento, compellat. Non obstante si tibi a Sede apostolica est indultum quod interdici, suspendi vel excommunicari non possis per litteras dicte Sedis non facientes

---

(1) Ménard écrit ici *Raimundo*. C'était en effet Raymond II Amauri qui tenait alors le siége de Nîmes.

(2) Ménard dit : *Odoni*.

(3) *Fontfroide*, près de Narbonne.

plenam et expressam, ac de verbo ad verbum, de indulto hujusmodi mentionem. Datum Asisii, X Kal. Julii, Pontificatus nostri anno decimo.

XCIX. — 51.

BULLE D'INNOCENT IV

datée d'Assise, déclarant que l'abbé et les religieux de Saint-Gilles ne seront forcés d'admettre à un bénéfice ou à une pension, en vertu des lettres impétrées du Saint-Siége, que ceux dont les lettres feront mention expresse du présent privilége (1).

Original sur parchemin en bon état.

20 août 1253.

Innocentius, episcopus, servus servorum Dei, dilectis filiis..... abbati et conventui monasterii Sancti Egidii, ordinis Sancti Benedicti, ad Romanam Ecclesiam nullo medio pertinentis, Nemausensis diocesis, salutem et apostolicam benedictionem. MONASTERIO VESTRO quod, prout asseritis, super plurium provisionibus, tam in pensionibus, quam ecclesiasticis beneficiis importabiliter gravatum existit, congruo volentes, quantum cum Deo possumus, remedio subvenire, vestris supplicationibus inclinati quas eo promptius admittere ad gratiam exauditionis debemus quo specialius Ecclesie noscimini subesse Romane, auctoritate vobis presentium indulgemus ut ad provisionem alicujus in monasterio vestro, seu membris ipsius in pensionibus, vel ecclesiasticis beneficiis per litteras apostolicas impetratas, per quas non sit jus alicui acquisitum, vel etiam impetrandas, compelli de cetero non possitis, nisi eedem littere impetrande plenam et expressam, ac de verbo ad verbum, de hac indulgentia fecerint mentionem. Nulli ergo omnino hominum liceat hanc paginam nostre concessionis infringere, aut ei ausu temerario contraire. Si quis autem hoc attemptare presumpserit, indignationem omnipotentis Dei et beatorum Petri et Pauli, apos-

---

(1) Voir ci-dessus n° XCVI. — 48. La présente bulle est la confirmation de celle-là.

tolorum ejus, se noverit incursurum. Datum Asisii, XIII Kalendas Septembris, Pontificatus nostri anno undecimo.

C. — 52.

BULLE D'INNOCENT IV

datée d'Assise, chargeant l'abbé d'Aniane de faire respecter le privilége accordé à l'abbé de Saint-Gilles par la bulle précédente.
Original sur parchemin en bon état, un peu piqué.

20 août 1253.

Innocentius, episcopus, servus servorum Dei, dilecto filio..... abbati monasterii Sancti Salvatoris Anianensis, Magalonensis diocesis, salutem et apostolicam benedictionem. CUM, SICUT ACCEPIMUS, monasterio dilectorum filiorum abbatis et conventus Sancti Egidii, ordinis Sancti Benedicti, ad Romanam Ecclesiam nullo medio pertinentis, Nemausensis diocesis, quod, prout ipsi asserunt, super plurium provisionibus tam in pensionibus quam ecclesiasticis beneficiis importabiliter gravatum existat, congruo volentes, quantum cum Deo possumus, remedio subvenire, ipsorum supplicationibus inclinati, quas eo promptius admittere ad gratiam exauditionis debemus quo specialius Ecclesie Romane subesse noscuntur, auctoritate eis litterarum nostrarum duximus indulgendum ut ad provisionem alicujus in eorum monasterio seu membris ipsius in pensionibus vel ecclesiasticis beneficiis per litteras apostolicas impetratas, per quas non sit jus alicui acquisitum, vel etiam impetrandas, compelli de cetero non possint, nisi eedem littere impetrande plenam et expressam, ac de verbo ad verbum, de ipsa indulgentia fecerint mentionem. Quocirca discretioni tue per apostolica scripta mandamus, quatinus prefatos abbatem et conventum non permittas super hiis contra confirmationis nostre tenorem ab aliquibus indebite molestari; molestatores hujusmodi per censuram ecclesiasticam, appellatione postposita, compescendo. Non obstante si aliquibus a Sede apostolica sit indultum quod interdici, suspendi, excommunicari non possint per litteras dicte Sedis nisi in eis plena et expressa ac de verbo ad verbum de indulto hujusmodi mentio habeatur. — Datum Asisii XIII Kalendas Septembris, Pontificatus nostri anno undecimo.

CI. — 53.

BULLE D'ALEXANDRE IV (1)

datée de Viterbe, enjoignant à l'archidiacre de Posquières d'excommunier de nouveau, nonobstant l'absolution déjà reçue, ceux qui, pendant la nuit, étaient entrés dans l'église du monastère de Saint-Gilles, après en avoir enfoncé les portes.

Original sur parchemin en assez bon état, un peu piqué.

20 octobre 1257.

Alexander, episcopus, servus servorum Dei, dilecto filio.... archidiacono de Poscheriis (2), in ecclesia Nemausensi, salutem et apostolicam benedictionem. LECTA NOBIS dilectorum filiorum.... abbatis et conventus monasterii Sancti Egidii, ad Romanam Ecclesiam nullo medio pertinentis, ordinis Sancti Benedicti, petitio continebat quod nonnulli clerici, religiosi et laici ville Sancti Egidii, Nemausensis diocesis, spiritu diabolico incitati, ad predictum monasterium accedentes de nocte, quedam ostia ipsius monasterii et ecclesie, necnon et cujusdam armarii in quo predicti sancti bracchium (3) et alie sanctorum reliquie dicti monasterii reservantur, temere confregerunt, monacho custode ipsius monasterii graviter vulnerato ; propter quod dictus abbas, qui spiritualem jurisdictionem in villa obtinet supradicta, generaliter in omnes excessus hujusmodi patratores et dantes ad hoc opem, operam, consilium, vel favorem, excommunicationis sententiam promulgavit. Verum insinuante Guillelmo doo (4) Bispio, milite

---

(1) Alexandre IV, élu le 12 décembre 1254, mourut le 25 mai 1261 ; il avait siégé six ans, cinq mois et quatorze jours.

(2) *Posquières*, aujourd'hui *Vauvert*, était primitivement le titre d'un des archidiaconés de l'Église de Nimes ; après la sécularisation du Chapitre cathédral, le bénéfice de Vauvert fut annexé à la prévôté.

(3) Ce reliquaire du bras de saint Gilles est mentionné dans un inventaire qui fut fait au XV siècle.

(4) *Domino ?*

dicte ville, inter alia cuidam de penitentiariis nostris quod hujusmodi homines, propter multitudinem, Sedem apostolicam adire non possent, absolutionis beneficium petituri, ac supplicante super hoc eis per dictam Sedem misericorditer provideri, dictus penitentiarius..... Guardiano Fratrum Minorum. ipsius ville commisit, ut si eorum alias non esset difficilis vel enormis excessus, ipsos a dicta excommunicationis sententia juxta formam Ecclesie absolveret, et imposita eis pro culpe modo penitentia competenti, ac injuncto quod de jure foret injungendum, cum clericis et religiosis prefatis super irregularitatibus, si quas sic ligati in suis ministrando ordinibus contraxerunt, prout secundum Deum animarum saluti eorum expedire conspiceret, dispensaret. Qui non attendens quantum fuisset excessus hujusmodi difficilis et enormis et mandati sibi directi limitem non observans, quod dictus penitentiarius in hac parte mandaverat exequi procuravit in dictorum abbatis et conventus et monasterii, quibus de premissis dampnis et injuriis satisfactum non extitit, grave prejudicium et scandalum plurimorum ; super quo iidem abbas et conventus salubre apponi remedium humiliter postularunt. Cum igitur excessus hujusmodi relinqui non debeant impuniti, ne patratores eorum *impunienter* licentiam capiant in perniciosum exemplum similia perpetrandi, discretioni tue per apostolica scripta mandamus quatinus, si est ita, absolutione ac dispensatione hujusmodi non obstantibus, nisi moniti predictis abbati et conventui ac monasterio de premissis dampnis et injuriis satisfactionem competentem exhibuerint, dictos sacrilegos in pristinam excommunicationis sententiam reducens, eos excommunicatos, pulsatis campanis et candelis accensis, singulis diebus dominicis et festivis, publice nunties et facias tamdiu in locis in quibus expedire videris nuntiari, donec ipsis abbati et conventui ac monasterio de eisdem dampnis et injuriis satisfecerint competenter et cum tuarum testimonio litterarum ad predictam Sedem venerint absolvendi. Datum Viterbii (1), XIII Kalendas Novembris, Pontificatus nostri anno tertio.

---

(1) *Viterbe*, est une ville épiscopale des anciens états de l'Église ; c'était le chef-lieu d'une délégation située au nord de la campagne romaine.

CII. — 54.

BULLE D'ALEXANDRE IV

datée de Viterbe, ordonnant au même archidiacre de Posquières d'empêcher qu'un chanoine d'Aix, qui avait obtenu des lettres du Saint-Siége pour connaître de la susdite affaire, ne passe outre dans sa commission.

Original sur parchemin en bon état, mais un peu piqué.

20 octobre 1257

Alexander, episcopus, servus servorum Dei, dilecto filio......... archidiacono de Poscheriis in Ecclesia Nemausensi, salutem et apostolicam benedictionem. LECTA NOBIS dilecti filii.....,... abbatis monasterii sancti Egidii, ad Romanam Ecclesiam nullo medio pertinentis, ordinis sancti Benedicti, petitio continebat quod Raimundus Ferrandi clericus et nonnulli alii iniquitatis filii ville Sancti Egidii, Nemausensis diocesis, ecclesiam dicti monasterii, nocturno tempore, ut ipsius thesaurum surriperent, confregerunt, super quod dictus abbas qui spiritualem et temporalem jurisdictionem in dicta villa obtinet, cum de hoc sibi constaret, legitime ipsum clericum capi fecit, qui cum fuisset, dum duceretur in carcerem, de manibus eum ducentium liberatus, ac postmodum ad excogitatam se convertens malitiam et asserens quod prefatus abbas ipsum per Willelmum de Concairat et Raimundum Radulfi de Medunis priores, Pontium Durandi cellerarium (1) ejusdem monasterii et quosdam alios clericos dicte diocesis capi faciens eum carcerali custodie procuraverat nequiter mancipari et eundem quibusdam pannis et rebus aliis contra justitiam spoliarat. Clericus ad dilectum filium Rostagnum de Stovis canonicum Aquensem (2) super hoc contra dictum abbatem sub consueta forma impetrare litteras niteretur, fuit per ipsius abbatis procuratores eisdem litteris in audientia publica contradictum, que tandem per dilectum filium...

---

(1) Le cellérier d'un monastère était le moine économe, chargé de tout le temporel de la maison.

(2) *Aix-en-Provence*, chef-lieu d'arrondissement du département des Bouches-du-Rhône.

auditorem litterarum nostrarum contradictarum, fuerunt justitia exigente cassate. Sed dictus Raimundus ad solitam recurrens malitiam similes ad eundem canonicum cum quo tunc in Romana curia in hospitio morabatur, per subreptionem litteras impetravit quarum pretextu sepe dictum abbatem et ejus monasterium aggravat et molestat ; super quo idem abbas apostolice provisionis remedium imploravit. Unde nostris eidem canonico damus litteris in mandatis ut, si est ita, per dictas litteras ullatenus non procedat, quin potius revocet, si forsan processit in aliquo per se vel per alium per easdem. Quocirca discretioni tue per apostolica mandamus quatenus, si memoratus canonicus mandatum nostrum neglexerit adimplere, tu sine difficultate qualibet revocans quidquid inveneris per hujusmodi litteras attemptatum, mandatum super hoc apostolicum exequaris, contradictores per censuram ecclesiasticam, appellatione postposita, compescendo. Datum Viterbii, XIII Kalendas Novembris, Pontificatus nostri anno tertio.

CIII. — 55.

BULLE DE CLÉMENT IV (1)

datée de Pérouse, accordant 100 jours d'indulgence aux fidèles qui feront une offrande pour la construction et l'achèvement de l'église de Saint-Gilles.

Original sur parchemin en mauvais état, mais très-lisible.

21 novembre 1265

Clemens, episcopus, servus servorum Dei, universis Christi fidelibus presentes litteras inspecturis, salutem et apostolicam benedictionem. QUONIAM, UT AIT apostolus, omnes stabimus ante tribunal Christi recepturi prout in corpore gessimus, sive bonum fuerit, sive malum, oportet nos diem messionis extreme misericorditer operibus prevenire, ac eternorum intuitu seminare in terris quod, reddente Domino, cum multiplicato fructu recolligere debeamus in celis ; firmam spem fiduciamque tenentes quoniam qui parce

---

(1) Clément IV, élu le 5 février 1265, mourut le 29 novembre 1268, après un règne de trois ans, neuf mois et vingt-cinq jours.

seminat, parce et metet et qui seminat in benedictionibus, de benedictionibus et metet et vitam eternam. Cum igitur ecclesia monasterii Sancti Egidii, ad Romanam Ecclesiam nullo medio pertinentis, ordinis Sancti Benedicti, Nemausensis diocesis, dudum sumptuoso plurimum opere sit incepta et ad ejusdem perfectionem operis, quod soliciter consummari cupimus, fidelium suffragium sit plurimum oportunum, universitatem vestram rogamus et hortamur in Domino, in remissionem peccaminum injungentes quatinus de bonis vobis a Deo collatis pias eleemosinas grata eidem operi caritate subsidia erogetis, ut per subventionem vestram opus ipsum valeat consummari et vos per hec et alia bona que Domino inspirante feceritis, ad eterne possitis felicitatis gaudia pervenire. Nos enim de omnipotentis Dei misericordia et beatorum Petri et Pauli, apostolorum ejus, confisi, omnibus vere penitentibus et confessis qui fabrice ipsius ecclesie manum porrexerint adjutricem, centum dies de injuncta sibi penitentia misericorditer relaxamus, presentibus usque ad ejusdem consummationem operis valituris, quas mitti per questuarios districtius inhibemus, eas si secus actum fuerit, carere viribus decernentes. Datum Perusii (1), II Kalendas Decembris, Pontificatus nostri anno primo.

CIV. — 56.

BULLE DE CLÉMENT IV

datée de Pérouse, accordant un an et quarante jours d'indulgence aux fidèles qui visiteront l'église de Saint-Gilles, le jour de la fête du Saint et le jour de la translation de ses reliques, et cent jours à ceux qui visiteront cette église pendant l'octave de la fête.

Original sur parchemin en mauvais état, mais lisible, sauf deux ou trois mots.

30 novembre 1265.

Clemens, episcopus, servus servorum Dei, dilectis filiis... abbati et conventui monasterii Sancti Egidii, ad Romanam ecclesiam nullo medio pertinentis, ordinis Sancti Benedicti, Nemausensis

---

(1) *Pérouse*, ville épiscopale des anciens États Pontificaux, où le pape Clément IV résida pendant une partie de son pontificat.

diocesis, salutem et apostolicam benedictionem. Loca dicata Deo et in memoriam constructa sanctorum, si venerabiliter visitentur in terris, nullum dubium est eos existere apud misericordiarum Dominum visitantium intercessores in celis. Et ideo ad visitandum vestrum monasterium tanto securius Christi fideles adducimus, quanto magis gloriosus confessor beatus Egidius, in cujus honore vestrum monasterium est constructum potest suis intercessionibus eum devote orantibus placabilem reddere... (1) largitorem. Omnibus igitur vere penitentibus et confessis qui ad ecclesiam ipsius monasterii, in festivitate predicti Sancti et in die translationis corporis ipsius, causa devotionis accesserint, unum annum et quadraginta dies, illis vero qui per octo dies post festivitatem ipsam immediate sequentes dictam ecclesiam venerabiliter visitaverint ......atim (2) centum dies de injuncta eis penitentia misericorditer relaxamus. Datum Perusii, II Kalendas Decembris, Pontificatus nostri anno primo.

CV. — 57.

BULLE DE CLÉMENT IV

datée de Pérouse, chargeant l'évéque de Maguelonne de conférer à Bérenger Barnier de Sauve, prieur de Saint-Jean-du-Gard (3), l'abbaye de Saint-Gilles, vacante par la démission de l'abbé Guillaume (4).

Original sur parchemin en mauvais état; il est rongé en plusieurs endroits.

19 décembre 1265.

Clemens, episcopus, servus servorum Dei, venerabili fratri episcopo Magalonensi, salutem et apostolicam benedictionem. Felicitatis eterne suscepta laurea in perempnitate laudis consis-

---

(1) *Veniæ ? Gratiæ ?*

(2) *Singulatim ?*

(3) Le prieuré de Saint-Jean-du-Gard était une dépendance de l'abbaye de Saint-Gilles, et avait l'un des moines pour titulaire.

(4) Guillaume de Sieure déjà avancé en âge et voulant se préparer à la mort, remit son abbaye entre les mains du pape et en obtint de ne pouvoir être élu à aucune dignité. Guillaume de Sieure ne mourut que le 7 mai 1275.

tens et glorie in excelsis almus Christi confessor beatus Egidius, post presentis vite decursum corruptibilis, spiritualiter ad superna vocatus, in nostro monasterio sui nominis vocabulo insignito corporaliter in Domino requiescens, illud fulgore dignitatis immense multipliciter illustravit, ubi propter ipsius sancti merita longe lateque per orbem diffusa, sanctos suos mirificans Dominus, multa cotidie dignatur miracula operari. Hoc utique nos pia consideratione in animo revolventes, dignum et conveniens existimamus ut, sicut locus ille veluti dilectus a Domino multa redditur veneratione colendus, sic et amplis protegatur et manuteneatur favoribus et apostolice presertim gratie plenitudine taliter foveatur ut nichil omnino spiritualiter vel temporaliter comperiatur deesse inibi, quod per nostre diligentie studium possit aut debeat procurari ; ad quod efficaciter opere adimplendum eo sollicitius nos decet intendere quo monasterium predictum propter decorem sue sanctitatis et honestatis, quas nobis ab olim experientia fecit notas, inter alia quevis religiosa loca sinceriori prosequamur in Domino caritate et que etiam de boni conservatione status illius quod superiorem, preter Romanum non habet pontificem, ex suscepto administrationis officio tenemur specialius cogitare. Sane dilectus filius Guillelmus, quondam abbas monasterii supradicti, circa regimen abbatie ipsius monasterii quod diu gessit se plurimum asserens fatigatum, nobis nuper per nuncios et litteras speciales cum instantia supplicavit, ut cum ipse jam vergens ad senium, et proprii corporis debilitate gravatus regimini abbatie predicti monasterii cui, ut dicebat, preesse amplius non valebat, hac de causa cedere, ac in contemplativa collocari quiete, anxius affectaret cessionem suam recipere de benignitate apostolica dignaremur. Nos enim tam ipsius abbatis comoditati et tranquilitati quam prefati monasterii providere utilitatibus intendentes, ejusdem Guillelmi supplicationibus inclinati, petitam cessionem predictam duximus admittendam, et postmodum dispendiis que monasterium ipsum vacando diutius posset incurrere celeri obviare remedio affectantes, ad ordinandum de persona juxta cor nostrum idonea monasterium sepe dictum per cessionem ipsam vacans tanto studuimus vigilantius quanto majores illi profectus de salubri sua provisione provenire posse conspicimus, ad quos ferventibus desideriis aspiramus. ✣

Igitur dilecti filii Berengarii Barnerii de Salve (1) actus laudabiles quibus, prout experimento didicimus, a primeve sue juventutis primiciis ipsum gratum in hominum oculis reddere studuit, clarum quoque, suam famam diligentius [attendentes in committenda ejusdem administratione monasterii, post exacte deliberationis examen ad personam suam, quam sincero affectu diligimus, oculos direxerimus nostre mentis, fiduciam obtinentes quod cum Dominus scientie litteralis thesaurum sibi crediderit et zelum religionis habeat, ipsumque noverimus fore virum vite laudabilis, conversationis honeste, moribus placidum et alias in spiritualibus et temporalibus circumspectum, monasterium ipsum, divina favente clementia, felici regimine gubernabit. Ideoque monasterio eidem speciali volentes diligentia paterna sollicitudine providere, de apostolice potestatis plenitudine, in nomine Domini, ipsum tunc priorem prioratus Sancti Johannis de Gardonenga (2) monasterio prefato subjecti, eidem monasterio prefecimus in abbatem.] Cum autem nos ipsius monasterii sumptibus necnon et prefati electi discriminibus et periculis (3) quibus ipsum accedendo ad apostolicam Sedem exponi contingeret parcere capientes, eum volumus in illis partibus benedici, fraternitati tue per apostolica scripta mandamus quatinus ipsi electo, cum super hoc fueris requisitus, munus benedictionis impendas. Recepturus ab eo postmodum pro nobis et Romana Ecclesia fidelitatis solite juramentum juxta formam quam tibi, sub bulla nostra, mittimus interclusam. Formam autem juramenti quod ipse prestabit de verbo ad verbum nobis per ejus patentes litteras suo sigillo signatas per .... (4) quantocius destinare procures ; per hujusmodi autem impensionem benedictionis nolumus ut apostolice Sedis privilegiis, juxta que abbates

---

(1) *Sauve*, chef-lieu de canton de l'arrondissement du Vigan (Gard).

(2) *Saint-Jean-du-Gard*, chef-lieu de canton de l'arrondissement d'Alais (Gard).

(3) Les dangers dont parle Clément IV et auxquels il veut soustraire le nouvel abbé de Saint-Gilles provenaient de la guerre dite de Mainfroy, qui ensanglantait l'Italie.

(4) *Proprium nuncium ?*

prelibati monasterii, cum de novo creantur, ad Sedem apostolicam
.... (1) tenentur accedere imposterum generetur prejudicium,
sive illis in aliquo penitus derogetur. Datum Perusii, XIV Kalendas
Januarii, Pontificatus nostri anno primo.

CVI. — 58.

BULLE DE CLÉMENT IV

datée de Pérouse, annonçant aux moines de Saint-Gilles qu'il a donné l'abbaye à Bérenger Barnier de Sauve, prieur de Saint-Jean-du-Gard et moine de leur monastère.

Original sur parchemin en bon état.

19 décembre 1265

Clemens, episcopus, servus servorum Dei, dilectis filiis conventui monasterii Sancti Egidii, ad Romanam ecclesiam nullo medio pertinentis, ordinis Sancti Benedicti, Nemausensis diocesis, salutem et apostolicam benedictionem. FELICITATIS ETERNE...... (2). Actus igitur dilecti filii Berengarii Barnerii de Salve (3) electi in abbatem monasteri vestri laudabiles quibus, prout experimento didicimus, a primeve sue juventutis primitiis se et gratum in hominum oculis reddere studuit, clarum quoque, famam ejus diligentius attendentes.. (4).
Quocirca Universitati vestre per apostolica scripta, in virtute obedientie districte precipiendo, mandamus quatinus eidem electo tanquam patri et pastori animarum vestrarum humiliter intendentes, ac sibi exhibentes obedientiam ac reverentiam debitam ac devotam, ipsius monita et mandata salubria curetis devote susci-

---

(1) *Personaliter ?*

(2) Comme à la bulle précédente jusqu'au signe ✠

(3) Bérenger Barnier de Sauve posséda l'abbaye de Saint-Gilles de 1265 à 1271.

(4) Comme à la bulle précédente, partie entre crochets.

pere ac efficaciter adimplere. Alioquin sententiam quam idem rite tulerit in rebelles ratam habebimus et faciemus, auctore Domino, usque ad satisfactionem condignam, appellatione remota, inviolabiliter observari. Datum Perusii, XIV Kalendas Januarii, Pontificatus nostri anno primo.

CVII. — 59.

BULLE DE CLÉMENT IV

datée de Pérouse, permettant à l'abbé Bérenger de réconcilier toutes les églises du territoire de Saint-Gilles qui auront été profanées, pourvu qu'elles n'aient pas été consacrées et qu'on se serve, pour la cérémonie, d'une eau bénite par un évêque.

Original sur parchemin en bon état. — Ménard, Hist. de la ville de Nimes, t. I, pr., p. 86, c. 1.

5 janvier 1266.

Clemens, episcopus, servus servorum Dei, dilecto filio Berengario electo in abbatem monasterii Sancti Egidii, ad Romanam Ecclesiam nullo medio pertinentis, ordinis Sancti Benedicti, Nemausensis diocesis, salutem et apostolicam benedictionem. Ex parte tua fuit propositum coram nobis quod abbatibus monasterii tui, qui sunt pro tempore, per speciale Sedis apostolice privilegium, est indultum ut ecclesiam ipsius monasterii reconciliare valeant, cum fuerit oportunum. Verum cum, sicut asseris, alias etiam ecclesias in villa de Sancto Egidio ejusque suburbiis in quibus spiritualem ac temporalem jurisdictionem habere dinoscaris (1), constitutas que a peregrinis aliisque Christi fidelibus ad predictum monasterium, ob reverentiam beati Egidii confessoris, cujus est vocabulo insignitum, confluentibus devotionis causa sepius visitantur, per effusionem sanguinis vel seminis interdum violari contingat, sitque dispendiosum et difficile, pro eisdem reconciliandis ecclesiis, quotiens expedit, ad diocesanum episcopum

---

(1) Ménard écrit *dinosceris*.

habere recursum ; nos abbates predictos in hac parte uberiori apostolice Sedis prosequi gratia volentes et honore, tuis supplicationibus inclinati, ut tu, postquam benedictionis munus impensum tibi fuerit, ac successores tui prefatas ville ac suburbiorum predictorum ecclesias, illis ex predictis duntaxat exceptis que fuerint consecrate, cum reconciliatione indiguerint, aqua, ut est moris, per episcopum benedicta, reconciliare (1) valeatis, tibi ac eisdem successoribus licentiam in perpetuum, auctoritate presentium, duximus concedendam. Nolumus tamen ut constitutioni que id per episcopos fieri precipit, per hec aliquod imposterum prejudicium generetur. Nulli ergo omnino hominum liceat hanc paginam nostre concessionis infringere, vel ei ausu temerario contraire. Si quis autem hoc attemptare presumpserit, indignationem (2) omnipotentis Dei et beatorum Petri et Pauli, apostolorum ejus, se noverit incursurum. Datum Perusii, nonis Januarii, Pontificatus nostri anno primo.

CVIII. — 60.

BULLE DE CLÉMENT IV

datée de Pérouse, permettant à l'abbé et aux religieux de Saint-Gilles de réunir à leur monastère les églises qui en dépendent et qui sont possédées par des clercs séculiers, pourvu qu'elles n'aient pas eu deux possesseurs séculiers consécutifs.

Original sur parchemin en bon état.

18 janvier 1266.

Clemens, episcopus, servus servorum Dei, dilectis filiis Berengario electo in abbatem et conventui monasterii Sancti Egidii, ad Romanam Ecclesiam nullo medio pertinentis, ordinis Sancti Benedicti, Nemausensis diocesis, salutem et apostolicam benedictionem.

---

(1) Ménard ajoute : *libere.*

(2) Ménard écrit ici : *indignationem beatorum apostolorum beati Petri et Pauli ac nostram incurrat, et ab incepto frustretur.*

Quanto promptiorem devotionis affectum ad nos et apostolicam Sedem geritis, tanto vos ac monasterium vestrum speciaIiori in Domino caritate complectimur, vosque sollicitius ab hiis que vobis possent afferre dispendium libenti animo preservamus. Sane lecta coram nobis vestra petitio continebat quod quedam ecclesie vestre, solite per monachos ipsius monasterii gubernari, secularibus fuere aliquando clericis assignate, quorum clericorum aliquibus cedentibus vel decedentibus, vos easdem ecclesias quas ipsi clerici obtinuerant ad usus proprios predicti monasterii revocantes, in illis, prout antea solebat fieri, vestros instituistis monachos qui eas, vestro nomine, pacifice possident et quiete. In quibusdam vero ex hujusmodi ecclesiis adhuc tales habentur clerici quibus eedem ecclesie per vos seu alios fuere collate. Quare super hoc ad apostolice Sedis providentiam accurrentes, supplici a nobis instantia postulastis ut cum, sicut asseritis, tam vos quam predecessores vestri supradictas ecclesias a tempore fundationis earum ad manus proprias retinere, ac in eis semper antequam instituerentur ibidem prefati seculares clerici per monachos vestros consueveritis facere deserviri, ne pretextu assignationum sive collationum hujusmodi que ipsis clericis de illis facte noscuntur fuisse, vobis aut dicto monasterio ullum in posterum imminere valeat detrimentum, oportunum in hac parte dignaremur consilium adhibere. Nos igitur vestris supplicationibus inclinati, ut ecclesias ipsas quas prefati seculares clerici adhuc obtinent, cum eos cedere vel decedere contigerit, dummodo eedem ecclesie nonnisi bis clericis secularibus successive assignate fuerint collatione vel assignatione, predictis nequaquam obstantibus, premissis veris existentibus ad prelibatos usus de predictis ordinandis monachis revocare, ac tam illas quam prefatas alias quas jam ad eosdem usus, ut premittitur, revocastis ad manus vestras, prout solitum est fieri, retinere libere valeatis, nec per assignationem sive collationem predictas super predictis ecclesiis vobis aut sepe fato monasterio aliquod in futurum prejudicium generari, vel ex hoc possit obici quod ecclesie ipse secularibus consueverunt clericis assignari, auctoritate vobis presentium indulgemus. Nulli ergo omnino hominum liceat hanc paginam nostre concessionis infringere, vel ei ausu temerario contra ire. Si quis autem hoc attemptare presumpserit, indignationem omnipotentis Dei et beatorum Petri et Pauli, apostolorum ejus, se noverit incursurum. Datum Perusii, XV Kalendas Februarii, Pontificatus nostri anno primo.

CIX. — 61.

BULLE DE CLÉMENT IV

datée de Pérouse, permettant à l'abbé de Saint-Gilles de construire une chapelle dans les maisons qu'il a au terroir de Bions et d'y faire célébrer l'office divin, sauf le droit du curé du lieu pour les oblations.

Original sur parchemin en bon état, sauf une petite déchirure qui n'a rien emporté du texte.

18 janvier 1266.

Clemens, episcopus, servus servorum Dei, dilecto filio........,.... abbati monasterii Sancti Egidii, ad Romanam Ecclesiam nullo medio pertinentis, ordinis Sancti Benedicti, Nemausensis diocesis, salutem et apostolicam benedictionem. CUM, SICUT EX PARTE tua fuit propositum coram nobis in domibus quas habes in territorio tuo de Bions, diocesis Nemausensis, moram interdum trahere te contingat et ibidem ad presens capella vel oratorium non existat, ubi divina officia celebrare valeas vel audire, tuque infra domos easdem in honore Beati Egidii, ad divine laudis obsequium, capellam sive oratorium pro hujusmodi celebrandis et audiendis officiis, cum oportunum fuerit, construere de novo affectes, a nobis humiliter petisti, ut id faciendi tibi, de benignitate apostolica dignaremur licentiam impertiri. Nos igitur pium hujusmodi tuum desiderium dignum favoris gratia reputantes, tuis supplicationibus inclinati, tibi ita quod ex hoc jus ecclesie in cujus parrochia prefate domus site sunt quoad oblationes seu alia non ledatur et absque alieni juris prejudicio, licentiam, auctoritate presentium, concedimus postulatam. Nulli ergo omnino hominum liceat hanc paginam nostre concessionis infringere aut ei ausu temerario contraire. Si quis autem hoc attemptare presumpserit, indignationem omnipotentis Dei et beatorum Petri et Pauli, apostolorum ejus, se noverit incursurum. Datum Perusii, XV Kalendas Februarii, Pontificatus nostri anno primo.

CX. — 62.

BULLE DE CLÉMENT IV

datée de Pérouse, annonçant l'envoi d'un sceau d'argent pour l'usage du monastère de Saint-Gilles.

Original sur parchemin en fort bon état. — Ménard, Hist. de la ville de Nimes, t. I, pr., p. 87, c. 1.

4 février 1266.

Clemens, episcopus, servus servorum Dei, dilectis filiis priori et conventui monasterii de Sancto Egidio, ad Romanam Ecclesiam nullo medio pertinentis, ordinis Sancti Benedicti, Nemausensis diocesis, salutem et apostolicam benedictionem. ETSI ECCLESIARUM omnium religiosorumque locorum nobis cura immineat generalis, tamen erga monasterium vestrum eo propensius diligentie studium adhibemus, et in hiis que illi expedire cognoscimus eo sibi sollicitius providemus quo sanctitatis et honestatis ejusdem suadentibus meritis, nostreque originis, quam de loco Sancti Egidii contraximus, conditione pensata, monasterium ipsum vicinius ac familiarius mentalibus oculis intuentes, in illius profectibus et augmento majorem noster animus sumeret letitiam, et in defectu, quod absit, amplius turbaretur. Cum igitur monasterium prelibatum, ex eo quod nonnisi unicum ibidem ecclesie habebatur (1) sigillum, quo utebantur abbas et conventus ejusdem, non modicum retroactis temporibus sustinuerit detrimentum, nos ejusmodi defectum congrua restauratione supplere ac ipsius monasterii dampnis et incommodis in hac parte apostolica volentes providentia obviare, sigillum ad opus vestrum et successorum vestrorum de opere argenteo fecimus fabricari, quod ad intime dilectionis indicium vobis per Raymundum de Dion (2), camerarium, Bernardum de

---

(1) Ménard dit : *habeatur*.

(2) *Dions*, commune du canton de Saint-Chaptes, arrondissement d'Uzès (Gard).

Portali, operarium et Chausardum, priorem de Cassanicis (1), vestros monachos, ad idem monasterium cum nostre gratie redeuntes plenitudine, destinamus; auctoritate presentium statuentes ac etiam ordinantes ut vos ac successores predicti, priores videlicet et conventus predicti monasterii, qui erunt pro tempore, quos de cetero proprium sigillum habere volumus, eodem quod nunc mittimus sigillo uti libere valeatis, quotiens fuerit oportunum. Ordinamus preterea, volumus et mandamus quod sigillum hujusmodi tenendum priori claustrali ac idoneo uni monacho predicti monasterii et discreto, quem conventus ejusdem monasterii ad hoc elegerit, committatur; qui sigillum ipsum servare debeant ac tenere in aliqua bona arca, et secura, duas seraturas habitura, et cum totidem claudenda clavibus et firmanda. Statuimus insuper, volumus et mandamus ut dicti prior ac monachus quorum alter unam et reliquus alteram clavium predictarum teneant, et jurent sigillum ipsum et ea que in predicta arca ponentur, fideliter custodire, nullamque omnino sigillare scripturam, nisi primo in communi capitulo lecta et per ipsos (2) et saniorem partem conventus predicti fuerit approbata. Ceterum ne in prioris vel monachi predictorum absentia monasterium ipsum ex sigilli carentia supradicti, dispendium aut nocumentum aliquod patiatur, volumus et precipimus ut si quando ipsos priorem et monachum, vel alterutrum ipsorum ab eodem monasterio ex causis aliquibus emergentibus, se contigerit diutius absentare, iidem clavium ipsarum custodiam, usque ad suum illuc reditum, monachis aliis idoneis monasterii ejusdem, in presentia conventus predicti, committant; ita tamen quod in hujusmodi reditu claves ipse, dicto presente conventu, libere restituantur eisdem. Nos igitur premissa volentes inviolabiliter observari, decernimus ut nulli omnino hominum liceat hanc paginam nostre ordinationis et constitutionis infringere, vel ei ausu temerario contraire (3). Si

---

(1) *Caissargues*, près de Nimes (Gard),

(2) Ménard ajoute ici : *aut majorem.*

(3) Ménard dit ici : *Si quis autem nostre ordinationi et constitutioni contraire presumpserit, indignationem beatorum apostolorum Petri et Pauli ac nostram incurrat et ab incepto frustretur.* Il est évident que l'historien nimois n'avait pas l'original sous les yeux.

quis autem hoc attemptare presumpserit, omnipotentis Dei et beatorum Petri et Pauli, apostolorum ejus, se noverit incursurum. Datum Perusii, II nonas februarii, Pontificatus nostri anno primo.

CXI. — 63.

BULLE DE CLÉMENT IV

datée de Pérouse, donnant à l'abbé de Saint-Gilles le pouvoir d'absoudre de l'excommunication les clercs et les laïques de sa juridiction.

Original sur parchemin en bon état, un peu piqué. — Ménard, Hist. de la ville de Nimes, t. I, pr., p. 87, c. 2.

5 février 1266.

Clemens, episcopus, servus servorum Dei, dilecto filio Beringario, abbati monasterii de Sancto Egidio, ad Romanam Ecclesiam nullo medio pertinentis, ordinis sancti Benedicti, Nemausensis diocesis, salutem et apostolicam benedictionem. UT EO GRATIOSIOR in subditorum tuorum oculis habearis, quo de favoris nostri munere te illis gratiosum amplius poteris exhiberi, tuis (1) supplicationibus annuentes, absolvendi hac vice, juxta formam Ecclesie, clericos et laicos in villa Sancti Egidii, in qua omnimodam spiritualem ac temporalem jurisdictionem habere dignosceris, comorantes, qui pro violenta injectione manuum in religiosas personas aut clericos seculares excommunicationis sententiam incurrerunt; dispensandi quoque cum clericis super irregularitate, si quam, non obtento absolutionis beneficio, divina officia (2), vel se illis etiam immiscendo, forsitan contraxerunt, liberam tibi concedimus, auctoritate presentium, facultatem ; proviso tamen quod iidem excommunicati passis injuriam satisfecerint competenter; tuque illos quorum fuerit gravis et enormis excessus mittas ad Sedem apostolicam absolvendos. Datum Perusii, nonis Februarii, Pontificatus anno primo.

---

(1) Ménard écrit : *vestris*.

(2) *Celebrando ;* ce mot a été omis par le copiste.

CXII.

BULLE DE CLÉMENT IV

Clément IV ordonne à l'abbé de Saint-Gilles de s'occuper de la réforme de son monastère (1).

Dom Marténe, Thes. anecd., II, 325.

1266.

Clemens, episcopus, servus servorum Dei, dilecto filio abbati monasterii Sancti Ægidii, salutem et apostolicam benedictionem. Si vocationem tuam attenderis, si vocantis intuitum et affectum, grandem tibi prospicies necessitatem incumbere, sic commissæ tibi regimen abbatiæ non ad oculum sed sincere tractare, ut in abbatis officio nominis impleas intellectum, patrem te subjectis exhibens et pastorem. Satis equidem hactenus luminosus videri consueveras, et notare magnos ac multos in monasterio tuo deffectus circa monasticæ disciplinæ censuram. Nunc gradum altiorem adeptus, ne forsitan ea non videas quæ videbas, vel non videre te simules quæ vidisti, nec te putes in certis articulis non judicari ab aliis, in quo alios judicasti, sicque te decet in omnibus agere, ut et prudentibus nullam scandali ministres materiam et ignorantiam facias obmutescere hominum imprudentium. Generaliter igitur religionem servabis, et ab aliis facies observari, diligentius provisurus, ut qui ordinem voluntarie non tenuerunt, saltem ab ordine teneantur inviti. Semper tamen in corrigendis excessibus et juste mise-

---

(1) Cette lettre dont le *Thesaurus anecdotum* n'a pas donné la date et que nous croyons devoir insérer à cette place, prouve que des abus s'étaient introduits dans le monastère et que les religieux par une conduite peu digne de leur vocation avaient donné du scandale au peuple. L'amour que Clément IV portait au monastère, sous les murs duquel il avait pris naissance, paraît ici tout autant que dans les bienfaits dont il ne cessa de le combler. Les dernières lignes de cette bulle contiennent une réclamation du Souverain-Pontife au sujet de son patrimoine privé, sur lequel un des abbés de Saint-Gilles avait élevé d'injustes prétentions.

ricors, misericorditer justus eris. In ecclesiæ tuæ superiore parte, quæ caput est omnium platearum dispergi lapides sanctuarii minime patiaris ; quod profecto contingeret, si tuos monachos illuc ascendere sine causa, ibi currere et discurrere, videri pariter et videre, nugis et fabulis, cachinnis et risibus occupari permitteres : quod quantorum causa malorum extiterit, quantæ fuerit diffamationis origo, sciunt qui confitentium examinant conscientias, sciunt qui audiunt mala quam bona libentius publicantes; ut sane brevior sit epistola, discretioni tuæ per apostolica scripta mandamus, quatemus vocatis illis quos in tuo credideris monasterio zelum veræ religionis habere, collige quæ videris cum eisdem ad reformationem ejusdem sufficere. Collige nihilominus, constitutionibus legatorum inspectis, quæ non sine animarum periculo negliguntur, si qua sunt ibi quæ non expediat observari, et cum hæc omnia nobis miseris, et statuenda firmabimus, et quæ viderimus resecanda, ne sint in laqueum et ruinam, tollemus. Demum ad justitiam in villa tenendam communibus oculis vigila, nec te des in partem parti, ubi de jure tractabitur, præferendam ; sed ad omnium labora concordiam, et coge spiritali gladio renitentes. Illos tamen semper plus diligas, quos a Deo plus diligi et plus Deum diligere certis indiciis æstimabis. Quid plura ? Imple tibi creditum ministerium in honorem divini nominis et sui sanctissimi confessoris et nostrum, ut qui de tuis fratribus, tibi forsan non imparibus, in honore hac vice prætulimus, tuis actibus comprobantibus, nostrum de vultu Domini prodiisse judicium gaudeamus. Pudet autem inserere tam solemni materiæ, quam nostro patrimonio longo jam tempore tuus fecit prædecessor injuriam, cum tamen nec in monasterium, nec in eum nos meminimus adeo deliquisse, ut nobiscum pro meritis tam crudeliter ageretur, quod Judæo forma justitiæ non neganda sæpe nobis extitit denegata. Videre tamen volumus quid tu facies, et si duxeris continuandam injuriam, remedium forsan durius, justum tamen per omnia apponemus, cum jus nostrum dare non deceat nos ingratis (1).

---

(1) Les deux affaires dont il est question dans cette bulle dûrent bientôt s'arranger au gré de Clément IV qui reprit immédiatement après la série de ses bienfaits envers l'abbaye.

CXIII. — 64.

BULLE DE CLÉMENT IV

datée de Viterbe, confirmant l'union faite par un légat du Saint-Siége de l'église de Saint-Félix d'Espeyran à la mense de l'abbé (1).

Original sur parchemin en bon état. — Archives du Gard, H, 4, copie en forme.

22 juin 1266.

Clemens, episcopus, servus servorum Dei, dilecto filio abbati Sancti Egidii, Nemausensis diocesis, salutem et apostolicam benedictionem. PETITIO TUA nobis exhibita continebat quod bone memorie Portuensis episcopus, tunc in partibus illis apostolice Sedis legatus, attendens jacturas multiplices quibus monasterium tuum erat per turbationem que diu concussit provinciam tunc attritum, ecclesiam Sancti Felicis de Hespeirano (2) ad ipsum monasterium pleno jure spectantem abbati qui tunc eidem monasterio preerat, predecessori tuo, et successoribus suis concessit ad manus eorum perpetuo libere retinendam, ita tamen ut in eadem ecclesia facerent, solito more, celebrari divina et sacramenta ecclesiastica ministrari. Quare nobis humiliter supplicasti ut concessionem ipsam apostolico roborare munimine dignaremur. Nos igitur precibus tuis benignum impertientes assensum, concessionem eamdem auctoritate apostolica confirmamus et presentis scripti patrocinio communimus. Nulli ergo omnino hominum liceat hanc paginam nostre confirmationis infringere vel ei ausu temerario contra ire. Si quis autem hoc attemptare presumpserit, indignationem omnipotentis Dei et beatorum Petri et Pauli, apostolorum ejus, se noverit incursurum. Datum Viterbii (3), X Kalendas Julii, Pontificatus nostri anno secundo.

---

(1) Cette bulle de Clément IV est la réproduction presque intégrale de celle du pape Honoré III qui porte ci-dessus le n° LXXXVI. — 39.

(2) La copie des archives du Gard porte : *de Esperanis.*

(3) *Viterbe,* où Clément IV résida pendant une partie de son pontificat, est une ville épiscopale du territoire connu sous le nom spécial de *patrimoine de Saint-Pierre,* dans les anciens États pontificaux.

CXIV. — 65.

BULLE DE CLÉMENT IV

datée de Viterbe, prenant les personnes et les biens de l'abbaye de Saint-Gilles sous la protection du Saint-Siége.

Original sur parchemin en assez bon état, un peu piqué des vers.

27 juin 1266.

Clemens, episcopus, servus servorum Dei, dilectis filiis abbati et conventui monasterii Sancti Egidii, ordinis Sancti Benedicti, Nemausensis diocesis, ad Romanam Ecclesiam nullo medio pertinentis, salutem et apostolicam benedictionem. SACROSANCTA ROMANA Ecclesia devotos ac humiles filios ex assuete pietatis officio propensius diligere consuevit et ne pravorum hominum molestiis *agitentur* (1) eos tanquam pia mater sue protectionis munimine confovere. Ea propter, dilecti in Domino filii, vestris postulationibus grato concurrentes assensu, personas vestras et locum in quo divino estis obsequio mancipati cum omnibus bonis que impresentiarum rationabiliter possidet, aut in futurum justis modis, prestante Domino, poterit adipisci, sub beati Petri et nostra protectione suscipimus ; specialiter autem villam Sancti Egidii, cum pertinentiis suis, terras, possessiones, prata, nemora, pascua et alia bona vestra, sicut ea omnia juste ac pacifice possidetis, vobis et per vos monasterio vestro auctoritate apostolica confirmamus et presentis scripti patrocinio communimus. Nulli ergo omnino hominum liceat hanc paginam nostre protectionis et confirmationis infringere, vel ei ausu temerario contraire. Si quis autem hoc attemptare presumpserit, indignationem omnipotentis Dei et beatorum Petri et Pauli, apostolorum ejus, se noverit incursurum. Datum Viterbii, V Kalendas Julii, Pontificatus nostri anno secundo.

---

(1) Ce mot est supplée d'après la bulle XC. — 43 ci-dessus, p. 120, par laquelle Grégoire IX avait pris sous sa protection la léproserie de Saint-Gilles. Les termes de ces deux bulles sont en grande partie identiques.

CXV. — 66.

BULLE DE CLÉMENT IV

datée de Viterbe, confirmant tous les priviléges du monastère de Saint-Gilles.
Original sur parchemin en assez bon état, mais un peu piqué et rongé, sans que l'écriture ait souffert.

28 juin 1266.

Clemens, episcopus, servus servorum Dei, dilectis filiis abbati et fratribus Sancti Egidii, Nemausensis diocesis, salutem et apostolicam benedictionem. CUM DILIGENTER attendimus et sollicite cogitamus qualiter ecclesia vestra specialiter juris et proprietatis beati Petri existit, et ad Romanam Ecclesiam nullo mediante protectionem respiciat et tutelam, tanto eandem ecclesiam propensiori studio diligere volumus et tueri, quanto specialius ad nostre defensionis patrocinium pertinet et gratiora nobis obsequia sue devotionis impendit. Inde est quod universa privilegia que prefate ecclesie vestre, tam de ejus libertate, quam de obedientiis et possessionibus ad eam pertinentibus a predecessoribus nostris legitime fuisse noscuntur indulta vobis, et per vos eidem ecclesie, ad instar felicis recordationis Alexandri pape III, predecessoris nostri (1), auctoritate apostolica confirmamus et ea firma et illibata perpetuis decernimus temporibus permanere. Prohibemus insuper ne quis in monasterio vestro aliquam cohertionem audeat exercere, nisi legatus Romane Ecclesie fuerit ab apostolica Sede transmissus, aut id a Romano pontifice specialiter in mandatis habuerit. Illam quoque auctoritatem et potestatem quam in predicta villa et in aliis locis, tam in spiritualibus quam in temporalibus, de jure habetis, necnon libertates et omnes rationabiles consuetudines, quas rex Francorum monasterio vestro concessit et suo privilegio roboravit, nichilominus vobis et eidem monasterio, auctoritate Sedis apostolice confirmamus et presentis scripti patrocinio communimus, statuentes ut nulli omnino hominum liceat hanc paginam

---

(1) Voir ci-dessus n°° LVIII. — 11. et LXXI. — 25.

nostre confirmationis infringere, vel ei aliquatenus contraire. Si quis autem hoc attemptare presumpserit, indignationem omnipotentis Dei et beatorum Petri et Pauli, apostolorum ejus, se noverit incursurum. Datum Viterbii, IV Kalendas Julii, Pontificatus nostri anno secundo.

CXVI. — 67.

BULLE DE CLÉMENT IV

datée de Viterbe, permettant à l'abbé de Saint-Gilles de punir les religieux de son monastère, nonobstant appel (1).

Original sur parchemin en bon état, sauf la marge qui est un peu rongée.

28 juin 1266.

Clemens, episcopus, servus servorum Dei, dilecto filio Berengario abbati monasterii Sancti Egidii, ordinis Sancti Benedicti, Nemausensis diocesis, ad Romanam Ecclesiam nullo medio pertinentis, salutem et apostolicam benedictionem. IN CORRIGENDIS que fuerint in subditis corrigenda et eorum excessibus congrue puniendis omnium ecclesiarum prelatis competentem expedit sollicitudinem adhibere. Cum igitur abbates suorum monasteriorum excessus, etiam de mandato regule quam fatentur, qualitate culparum inspecta, corrigere teneantur, ad reddenda stipendia meritorum oportet eos existere diligentes. Verum ne zelus eorumdem appellatione interposita valeat impediri, que non ad defensionem iniquitatis, sed ad presidium innocentium noscitur instituta, malitie penam emeritam subterfugere cupientium sollerter convenit obviare ; ita quod votis que a rationis tramite non discordant, facilis prebeatur assensus et iniquis quod eis debetur via non pateat evadendi. Ea propter, dilecte in Domino fili, tuis justis postulationibus gratum impertientes assensum, ne monachi tui, cum pro aliquo excessu fuerint corrigendi, contra regularem ordinis disciplinam appellare presumant, auctoritate apostolica prohibemus. Si autem pro disciplina

---

(1) Voir ci-dessus n° LXXII. — 26, bulle qui conférait les mêmes privilèges à l'abbé de Saint-Gilles.

vitanda presumpserint ad appellationis subterfugia convolare, presentibus tibi litteris indulgemus ut nichilominus tibi liceat penam eis infligere regularem. Nulli ergo omnino hominum liceat hanc paginam nostre inhibitionis et concessionis infringere, vel ei ausu temerario contraire. Si quis autem hoc attemptare presumpserit, indignationem omnipotentis Dei et beatorum Petri et Pauli, apostolorum ejus, se noverit incursurum. Datum Viterbii, IV Kalendas Julii, Pontificatus nostri anno secundo.

CXVII. — 68.

BULLE DE CLÉMENT IV

datée de Viterbe, confirmant à l'abbé de Saint-Gilles le privilége de porter l'anneau accordé par Grégoire IX (1).

Original sur parchemin en fort bon état.

29 juin 1266.

Clemens, episcopus, servus servorum Dei, dilectis filiis abbati et conventui monasterii Sancti Egidii, ordinis Sancti Benedicti, ad Romanam Ecclesiam nullo medio pertinentis, Nemausensis diocesis, salutem et apostolicam benedictionem. CUM DECOREM domus Domini, ex officio nobis injuncto, diligere teneamur, pontificalibus insigniis quibus personas ecclesiasticas credimus esse dignas, cum ex earum decore contingat commissas sibi ecclesias venustari, eas non immerito decoramus, sperantes ut quanto specialius se hiis insigniri de benignitate nostra cognoscunt, tanto ad eorum significata studiosius se informent. Hinc est quod nos, pro reverentia beati Egidii, cujus corpus in vestro monasterio requiescit, ad quod de diversis mundi partibus fidelium confluit multitudo, monasterium ipsum speciali gratia, sicut ad nos specialiter pertinet, prosequentes, ad instar felicis recordationis Gregorii pape predecessoris nostri, tibi, fili abbas, et successoribus tuis usum anuli duximus concedendum. Nulli ergo omnino hominum liceat hanc paginam nostre conces-

---

(1) Voir ci-dessus la bulle de Grégoire IX n° LXXVIII. — 41.

sionis infringere, vel ei ausu temerario contraire. Si quis autem hoc attemptare presumpserit, indignationem omnipotentis Dei et beatorum Petri et Pauli, apostolorum ejus, se noverit incursurum. Datum Viterbii, III Kalendas Julii, Pontificatus nostri anno secundo.

CXVIII. — 69.

BULLE DE CLÉMENT IV

datée de Viterbe, confirmant à l'abbé et au monastère de Saint-Gilles la faculté de percevoir la dîme du terroir des Iscles (1) acheté par les Hospitaliers de Saint-Jean de Jérusalem.

Original sur parchemin en bon état. — Archives du Gard, H, 4.

29 juin 1266.

Clemens, episcopus, servus servorum Dei, dilectis filiis abbati et conventui monasterii Sancti Egidii, ordinis Sancti Benedicti, ad Romanam Ecclesiam nullo medio pertinentis, salutem et apostolicam benedictionem. JUSTIS PETENTIUM desideriis dignum est nos facilem prebere consensum et vota que a rationis tramite non discordant effectu prosequente complere. Ea propter, dilecti in Domino filii, vestris justis postulationibus grato concurrentes assensu, decimam non ecclesiasticam territorii Iscle a bone memorie R. de Capl...io monasterio vestro venditum, quod videlicet territorium Hospitalarii postmodum dicuntur emisse, sicut eam juste et pacifice possidetis, vobis et per vos monasterio, ad instar felicis recordationis Innocentii pape predecessoris nostri, auctoritate apostolica confirmamus et presentis scripti patrocinio communimus. Nulli ergo omnino hominum liceat hanc paginam nostre confirmationis infringere, aut ei ausu temerario contraire. Si quis autem hoc attemptare presumpserit, indignationem omnipotentis Dei et beatorum Petri et Pauli, apostolorum ejus, se noverit incursurum. Datum Viterbii III Calendas Julii, Pontificatus nostri anno secundo.

---

(1) *Les Iscles* sont une portion du territoire de Saint-Gilles. La ferme donne son nom à un marais qui s'étend sur les communes de Vauvert et du Caylar.

CXIX. — 70.

BULLE DE CLÉMENT IV

datée de Viterbe, défendant à l'abbé et aux moines de Saint-Gilles de rien aliéner sans l'approbation du Chapitre et déclarant nulles toutes les aliénations faites contre les priviléges du monastère.

Original sur parchemin en bon état.

30 juin 1266.

Clemens, episcopus, servus servorum Dei, dilectis filiis abbati et fratribus ecclesie Sancti Egidii, salutem et apostolicam benedictionem. QUANTO MONASTERIUM vestrum ad curam et dispositionem nostram specialius pertinet et ad jurisdictionem Sacrosancte Romane Ecclesie nullo noscitur mediante spectare, tanto ejus commodis et profectibus propensiori studio debemus intendere et ad conservanda jura et libertates ipsius attentiori sollicitudine vigilare. Inde est quod nos vestris justis postulationibus benignius inclinati vobis, ad instar felicis recordationis Alexandri pape III, predecessoris nostri (1), auctoritate apostolica indulgemus ut nulla possesio quam rationabiliter monasterium vestrum per se vel aliquis ab ipso detinet, sine communi assensu vestro, vel majoris et sanioris partis, alicui loco religioso contra antiquam rationabilem consuetudinem, sub aliqua specie, possit conferri, et si collata fuerit, hujusmodi collatio sive concessio nullam habeat firmitatem. Statuimus etiam quod predia et redditus monasterii vestri que, contra generalem decretorum sanctionem et contra privilegia vestra, noscuntur alienata, nulla firmitate constent eis qui ea detinent, sed monasterio compellantur ipsa restituere, vel exinde apud communem judicem, aut apud Sedem apostolicam judicium subire. Datum Viterbii, II Kalendas Julii, Pontificatus nostri anno secundo.

---

(1) Voir ci-dessus n° LXI. — 14, p. 82, la bulle d'Alexandre III qui est, à peu de chose près, identique avec celle-ci. Les secrétaires de Clément IV avaient évidemment sous les yeux la défense portée un siècle auparavant.

CXX. — 71.

BULLE DE CLÉMENT IV

datée de Viterbe, confirmant, comme l'avait fait Honorius III, une sentence portée par les légats du Saint-Siége, au sujet de la possession de la ville de Saint-Gilles appartenant à l'abbé et au monastère dudit lieu.

Original sur parchemin en bon état.

30 juin 1266.

Clemens, episcopus, servus servorum Dei, dilectis filiis abbati et conventui monasterii Sancti Egidii, ordinis Sancti Benedicti, Nemausensis diocesis, ad Romanam Ecclesiam nullo medio pertinentis, salutem et apostolicam benedictionem. EA QUE JUDICIO vel concordia terminantur,... (1)

72.

Un inventaire ancien place ici, sous le n° 72, une bulle de Clément IV, datée de Viterbe, le 1ᵉʳ juillet 1266, (Kal. Julii), en faveur de l'abbaye de Saint-Gilles, confirmant une sentence de l'archevêque d'Arles, au sujet de certaines affaires concernant les habitants de Saint-Gilles. Cette bulle s'est perdue pendant la Révolution.

---

(1) Cette bulle est la réproduction intégrale des n°⁸ LXXXIII. — 36 et LXXXIV. — 37, sauf les variantes qui proviennent de la différence des temps et des personnes. A la ligne 17 de la page 114, la présente bulle met : *bone memorie* au lieu de *venerabilis frater noster*, et ajoute le mot *quondam* avant *magister*. — A la ligne 19 sont supprimés les mots : *nunc Agathensis episcopus.* — Au lieu de *a nobis* de la ligne 20, Clément IV dit : *a felicis memorie Innocentio papa predecessore nostro.* — Entre les mots *continetur* et *auctoritate* de la ligne 24, la présente bulle ajoute : *ad exemplar ejusdem ac felicis recordationis Honorii, predecessorum nostrorum Romanorum Pontificum.* — La date est celle-ci : *Datum Viterbii, II Kalendas Julii, Pontificatus nostri anno secundo.*

CXXI. — 73,

BULLE DE CLÉMENT IV

datée de Viterbe, chargeant le prieur de Lunel-Viel (1) de mettre en possession l'abbé et le monastère de Saint-Gilles de l'abbaye de Saint-Gervais de Fos et de ses appartenances.

Original sur parchemin en bon état.

3 juillet 1266.

Clemens, episcopus, servus servorum Dei, dilecto filio ..... priori de Lunelloveteri, Magalonensis diocesis, salutem et apostolicam benedictionem. SUA NOBIS DILECTI filii abbas et conventus monasterii Sancti Egidii, ad Romanam Ecclesiam nullo medio pertinentis, ordinis Sancti Benedicti, petitione monstrarunt quod cum ipsi olim bone memorie Arelatensem Archiepiscopum super abbatia et ecclesia Sancti Gervasii de Fos cum pertinentiis suis, quibus eos ipse archiepiscopus, ut dicitur, contra justitiam spoliavit, petentes eas sibi restitui coram quondam .... (2) abbate Psalmodio, Nemausensis diocesis, auctoritate litterarum Sedis apostolice traxissent in causam, idem abbas de Psalmodio, quia ipse archiepiscopus citatus legitime comparere coram eo contumaciter denegavit, propter hujusmodi contumaciam manifestam predictos abbatem et conventum in possessionem abbatie, ecclesie et pertinentiarum predictarum, causa custodie inducendos fore decrevit. Set propter potentiam et malitiam partis alterius, per quadraginta fere annos in sua contumacia persistentis, possessionem hujusmodi adhuc nancisci minime potuerunt. Quocirca discretioni tue per apostolica scripta mandamus quatinus, si est ita, dictos abbatem et conventum in possessionem rerum predictarum inducas

---

(1) *Lunel-Viel* est une commune du canton de Lunel, arrondissement de Montpellier (Hérault).

(2) A l'époque marquée en cet endroit, le monastère de Psalmodi était gouverné par l'abbé Pons.

et sicut justum fuerit defendas inductos, contradictores auctoritate nostra, appellatione postposita, compescendo. Datum Viterbii, V nonas Julii, Pontificatus nostri anno secundo.

CXXII. — 74.

BULLE DE CLÉMENT IV

datée de Viterbe, renouvelant les priviléges donnés à l'abbaye de Saint-Gilles par les papes Urbain II en 1095 et Calixte II en 1120

Original sur parchemin en bon état, un peu piqué. — Archives du Gard, H. 4, copie en forme.

5 juillet 1266

Clemens, episcopus, servus servorum Dei, dilectis filiis abbati et conventui monasterii Sancti Egidii, ad Romanam nullo medio pertinentis, ordinis Sancti Benedicti, Nemausensis diocesis, salutem et apostolicam benedictionem. PROVISIONIS NOSTRE debet provenire subsidio, ut jus suum cuilibet conservetur. Cum igitur monasterium vestrum quedam privilegia felicis recordationis Calixti et Urbani predecessorum nostrorum Romanorum pontificum habeat que consumuntur nimia vetustate, nos vestris supplicationibus inclinati, privilegia hujusmodi de verbo ad verbum transcribi fecimus, nil addito vel mutato quod mutare posset substantie veritatem, et transcriptum bulle nostre appensione muniri, ad perpetuam memoriam futurorum. Tenor privilegii predecessoris Calixti est talis : Calixtus.................................... (1) Tenor vero privilegii ipsius predecessoris Urbani talis est : Urbanus .... (2) Nolumus tamen per hoc jus novum aliquod acquiri monasterio memorato sed antiquum sibi tantummodo conservari. Datum Viterbii, III nonas Julii, Pontificatus nostri anno secundo.

---

(1) Ici est reproduite la bulle que nous avons donnée à la page 53 sous le n° XXXVI. — 5.

(2) C'est la bulle de la page 30, n° XV. — 1.

CXXIII. — 75.

VIDIMUS

de la bulle précédente de Clément IV reçu par Pons de l'Escure, notaire de Saint-Gilles, le 1ᵉʳ février 1301 (1).

Parchemin en bon état, mais un peu piqué.

In nomine Domini. Amen. Anno ab Incarnatione ejusdem millesimo tricentesimo primo (2) et primo Februarii, Illustrissimo Domino Philippo rege Francorum regnante. Noverint universi hujus instrumenti publici seriem inspecturi quod religiosus vir frater Pontius de Soiolis, monachus monasterii Sancti Egidii procurator, et nomine procuratorio reverendi in Christo Patris domini Hugonis (3), Dei gratia abbatis monasterii Sancti Egidii, in presentia discretorum virorum domini Duranti Barchimbaudi, judicis et domini Raimundi Donadei, vicarii ville Sancti Egidii, sedentium pro tribunali in dicta curia publice ubi jus reddi *suevit*, in presentia mei notarii et testium subscriptorum et plurium aliorum, presentavit eisdem dominis judici et vicario quoddam privilegium originale ac rescriptum papale felicis recordationis domini Clementis pape quarti, ejus in bulla plumbea pendente *in vero* filo canapis communitum, non cancellatum, non viciatum, non rasum, non abolitum, nec suspectum in aliqua sui parte, quod privilegium seu rescriptum papale postulavit legi et fideliter exemplari, auctoritate judiciali, videlicet ipsorum dictorum judicis et vicarii, per me Pontium de Escura, notarium publicum infrascriptum, et transcriptum seu exemplum ejusdem redigi in publicum instrumentum (4), ut eidem ubique et a quibuscunque valeat fides plenaria

---

(1) Ce *vidimus* omet la transcription de la bulle de Calixte II, insérée comme celle d'Urbain II dans la bulle de Clément IV.

(2) C'est l'année 1302, si l'on compte du 1ᵉʳ janvier comme aujourd'hui.

(3) C'était Hugues II de Folaquier qui tint le siége abbatial de 1301 à 1319.

(4) On pourrait lire aussi : *munimentum*.

adhiberi tanquam *vero* (1) et publico instrumento, cujus privilegii originalis tenor talis est : Clemens, episcopus, etc............ (2) Et dicti domini judex et vicarius attendentes dictam postulationem dicti fratris Pontii esse consentaneam rationi, admittentes eamdem, dederunt mandatum et auctoritatem in dicto........... (3) exemplandi et transcribendi fideliter dictum originale privilegium, nichil addito vel diminuto propter quod censsus (4) vel intellectus infringi valeat vel mutari, et ipsum ad plenam fidem faciendam redigendi in publicum munimentum, decernentes quod dicto transcripto exemplato et in formam publicam redacto per me dictum notarium adhibeatur et adhiberi debeat plena fides. Acta fuerunt hec in dicta curia, in presentia et testimonio dominorum Guillelmi Comitis, Johannis Rocelli, Hugonis Costa, presbyterorum, Bertrandi de Solerio, jurisperiti, magistrorum Rudi Salvatoris, Pontii Spadassii, notariorum, et magistri Pontii de Escura, publici serenissimi Domini nostri Regis Francorum et ville ac curie Sancti Egidii notarii, qui in mandato et auctoritate dictorum dominorum judicis et vicarii, et rogatu dicti fratris Pontii de Soiolis procuratoris, nomine quo supra, predictum originale privilegium fideliter transcripsi et dictum exemplum ex ipso originali privilegio, ut premissum est, scripsi juxta formam predictam et auctoritatem michi datam, et omnia et singula suprascripta scripsi et in formam publicam redegi et signo meo signavi.

Ad hec nos Durantus Barchimbaudi judex et Raymundus Donadei vicarius curie ville Sancti Egidii, ad majorem predictorum omnium firmitatem et in testimonium eorumdem, huic publico instrumento jussu et auctoritate nostri scripto et confecto per dictum magistrum Pontium de Escura, notarium publicum, prout in

---

(1) Ou *Novo* ?

(2) Comme le *Vidimus* ne s'occupe que de la transcription de la bulle d'Urbain II, il met au singulier tous les termes pluriels qui se rapportent à cette bulle et à celle de Calixte II.

(3) Quelques mots illisibles.

(4) Lisez *sensus*.

eodem instrumento latius continetur, sigillum vicarii curie Sancti Egidii duximus appendendum.

CXXIV. — 76.

BULLE DE CLÉMENT IV

datée de Viterbe, dispensant ceux qui seront nommés aux prieurés et autres bénéfices de la dépendance de l'abbaye de Saint-Gilles de se présenter aux évêques diocésains pour faire insinuer leurs provisions (1).

Original sur parchemin un peu rongé. — Biblioth. nat., lat. 11.018, f. 65, a.

11 juillet 1266.

Clemens, episcopus, servus servorum Dei, dilectis filiis .... abbati et conventui monasterii Sancti Egidii, ad Romanam Ecclesiam nullo medio pertinentis, ordinis Sancti Benedicti, Nemausensis diocesis, salutem et apostolicam benedictionem. MERITIS VESTRE devotionis inducimur ut quod a nobis suppliciter petitis, ad exauditionis gratiam, quantum cum Deo possumus, favorabiliter admittamus. Hinc est quod nos vestris supplicationibus assensu benevolo concurrentes, auctoritate vobis presentium indulgemus, ut priores prioratuum et membrorum vestro monasterio subjectorum, cum de novo in prioratibus et membris ipsius instituti fuerint, diocesanis episcopis se representare pro sua institutione insinuanda eisdem, aut statuta ab eisdem diocesanis, vel in provinciali concilio edita contra non representantes se suis diocesanis observare minime teneantur, nec ad id etiam cogi possint. Nos enim excommunicationis, suspensionis et interdicti sententias, si quas in eosdem priores, vel eorum aliquos sive aliquem, contra tenorem indulti hujusmodi, promulgari contigerit, decernimus irritas et inanes. Nulli ergo omnino hominum liceat hanc paginam nostre concessionis et constitutionis infringere, vel ei ausu temerario contraire.

---

(1) L'insinuation était l'acte par lequel celui qui avait été nommé à un bénéfice demandait à être approuvé par l'évêque diocésain.

Si quis autem hoc attemptare presumpserit, indignationem omnipotentis Dei et beatorum Petri et Pauli, apostolorum ejus, se noverit incursurum. Datum Viterbii, V idus Julii, Pontificatus nostri anno secundo.

CXXV. — 77.

BULLE DE CLÉMENT IV

datée de Viterbe, confirmant la juridiction que l'abbé de Saint-Gilles a eue de tout temps sur les clercs de Saint-Gilles et l'étendant encore sur les clercs du faubourg et du territoire.

Original en bon état, mais quelques mots à demi effacés.

13 juillet 1266

Clemens, episcopus, servus servorum Dei, dilecto filio abbati monasterii Sancti Egidii, ad Romanam Ecclesiam nullo medio pertinentis, ordinis Sancti Benedicti, Nemausensis diocesis, salutem et apostolicam benedictionem. Etsi de statu monasterii tui quod superiorem solum Romanum Pontificem recognoscit, ex officii cogitare debito teneamur, illa tamen singularis affectio, qua dudum contracta illud dileximus, nos sollicitat efficaciter et invitat ut ad monasterium ipsum specialis considerationis oculos dirigentes, non solum ad conservationem, quinimmo ad ampliationem etiam suorum jurium et honorum libenter insistamus, et ad id oportunam operam liberali promptitudine favorabiliter impendamus. Proinde sane procedit quod nos tuis supplicationibus inclinati, ut tu ac tui successores in cleros ville, suburbii ac territorii ville Sancti Egidii eam jurisdictionem exercere possitis quam tu et predecessores tui abbates predicti monasterii, qui fuere pro tempore, in cleros ipsius ville exercere consuevistis a longinquis retroactis temporibus, ac habere tibi et eisdem successoribus in perpetuum auctoritate presentium indulgemus. Nulli ergo omnino hominum liceat hanc paginam nostre concessionis infringere, vel ei ausu temerario contraire. Si quis autem hoc attemptare presumpserit, indignationem omnipotentis Dei et beatorum Petri et Pauli, apostolorum ejus, se noverit incursurum. Datum Viterbii, III idus Julii, Pontificatus nostri anno secundo.

CXXVI. — 78.

BULLE DE CLÉMENT IV

datée de Viterbe, autorisant l'abbé de Saint-Gilles à donner la bénédiction au peuple, à la manière des évêques, dans la ville, les faubourgs et le territoire de Saint-Gilles, pourvu qu'il n'y ait aucun légat du Saint-Siège ni évêque présent.

Original sur parchemin en mauvais état, un peu rongé, mais lisible. — Ménard, Hist. de la ville de Nimes, t. I, pr., p. 88, c. 1.

14 juillet 1266.

Clemens, episcopus, servus servorum Dei, dilecto filio abbati monasterii Sancti Egidii, ad Romanam Ecclesiam nullo medio pertinentis, ordinis Sancti Benedicti, Nemausensis diocesis, salutem et apostolicam benedictionem. DILECTIONIS QUAM a longo transacto tempore ad tuum gessimus monasterium, dum conditionis nostre status circa minora officia versabatur, non sumus immemores ; sed illam studiis continuatis, promptisque affectibus prosequentes, monasterii ejusdem honorem, in quibus possumus, libenti animo promovemus ; sperantes ut degentes ibidem persone tanto majoris devotionis crescere debeant meritis, quanto a nobis prediti fuerint favoris gratia plenioris. Cum igitur apostolica Sedes abbates monasterii prelibati variis episcopalibus insigniis, specialibus suis concessionibus, favorabiliter decoravit, nos ipsi monasterio uberiorem singularis honoris gratiam exhibentes, tuis supplicationibus inclinati, ut tu ac successores tui, cum per villam Sancti Egidii, suburbium ac territorium ejus, ubi spiritualem et temporalem jurisdictionem obtines, vos transitum facere contigerit, dummodo presens episcopus aliquis vel legatus Sedis apostolice non existat, benedictionem super populum possitis, more pontificum, elargiri, tibi ac eisdem successoribus in perpetuum, auctoritate presentium, indulgemus. Nulli ergo omnino hominum liceat hanc paginam nostre concessionis infringere, vel ei ausu temerario contraire. Si quis autem hoc attemptare presumpserit, indignationem (1) omnipotentis Dei et beatorum Petri et Pauli, apostolorum ejus, se noverit incursurum. Datum Viterbii, II idus Julii, Pontificatus nostri anno secundo.

CXXVII. — 79.

BULLE DE CLÉMENT IV

datée de Viterbe, permettant à l'abbé, aux prieurs et aux moines de Saint-Gilles ou de la dépendance du monastère, de célébrer l'office divin en temps d'interdit, à condition de fermer les portes de l'église et de ne pas sonner les cloches.

Original sur parchemin en bon état.

14 juillet 1266.

Clemens, episcopus, servus servorum Dei, dilectis filiis .... abbati et conventui monasterii Sancti Egidii, ad Romanam Ecclesiam nullo medio pertinentis, ordinis Sancti Benedicti, Nemausensis diocesis, ac universis prioribus et monachis prioratuum pleno jure ipsi monasterio subjectorum, salutem et apostolicam benedictionem. QUANTO SOLLICITIUS ad animarum procurandam salutem, qua nil est carius, intenditis, tanto liberalius circa hoc favorem vobis impertiri volumus gratie specialis. Hinc est quod nos, vestris supplicationibus assensu benevolo concurrentes, auctoritate vobis presentium indulgemus ut, cum generale terre interdictum fuerit, liceat vobis, januis clausis, non pulsatis campanis, interdictis et excommunicatis exclusis, voce submissa, divina officia celebrare, dummodo causam non dederitis interdicto, nec id vobis contingat specialiter interdici. Nulli ergo omnino hominum liceat hanc paginam nostre concessionis infringere, vel ei ausu temerario contraire. Si quis autem hoc attemptare presumpserit, indignationem omnipotentis Dei et beatorum Petri et Pauli, apostolorum ejus, se noverit incursurum. Datum Viterbii, II idus Julii, Pontificatus nostri anno secundo.

---

(1) Ménard écrit : *indignationem beatorum apostolorum Petri et Pauli ac nostram incurrat, et ab incepto frustretur.* Même observation que ci-dessus, p. 146, note 3me.

CXXVIII. — 80.

BULLE DE CLÉMENT IV

datée de Viterbe, donnant pouvoir à l'abbé de Saint-Gilles d'accorder au peuple quarante jours d'indulgence, chaque fois qu'il prêcherait

Original sur parchemin en bon état. — Ménard, Hist. de la ville de Nimes, t. I, pr., p. 88, c. 2.

14 juillet 1266.

Clemens, episcopus, servus servorum Dei, dilecto filio Berengario abbati monasterii Sancti Egidii, ad Romanam Ecclesiam nullo medio pertinentis, ordinis Sancti Benedicti, Nemausensis diocesis, salutem et apostolicam benedictionem. MONASTERIUM TUUM quod, sue sanctitatis et honestatis exigentibus meritis, multa veneratione colendum, in intimis caritatis nostre visceribus continemus, in te ac successoribus tuis specialibus intendentes gratiis honorare, ac volentes ut fideles libentius et copiosius veniant ad pabulum spirituale sumendum, quo majus ex hoc animarum commodum sibi cognoverint proventurum, tibi ac eisdem successoribus in perpetuum, presentium auctoritate, concedimus ut quotiens vos in predicto monasterio seu villa de Sancto Egidio proponere contigerit verbum Dei, omnibus vere penitentibus et confessis qui ad predicatiouem vestram accesserint, quadraginta dies de injunctis sibi penitentiis relaxare misericorditer valeatis. Datum Viterbii, II idus Julii, pontificatus nostri anno secundo.

CXXIX. — 81.

BULLE DE CLÉMENT IV

datée de Viterbe, déclarant l'abbé et le monastère de Saint-Gilles exempts de toute juridiction épiscopale, de sorte qu'aucun évêque ne peut excommunier ni l'abbé, ni le monastère, ni la ville.

Original sur parchemin en bon état, sauf le bas de la marge qui est un peu rongé — Biblioth. nat., lat. 11.018, f. 65, A. — Archives du Gard, II, 4, copie en forme.

14 juillet 1266.

Clemens, episcopus, servus servorum Dei, dilectis filiis ..... abbati et conventui monasterii Sancti Egidii, ad Romanam Ecclesiam nullo medio pertinentis, ordinis Sancti Benedicti, Nemausensis diocesis, salutem et apostolicam benedictionem. ILLO SINCERE caritatis affectu vos ac monasterium vestrum complectimur ut votis vestris favorabiliter annuentes, quantum cum Deo possumus, vestrum statum pacificum procuremus. Sane, sicut vestra nobis insinuatio patefecit, per Sedem apostolicam est statutum ut nulli omnino archiepiscopo vel episcopo liceat in vestrum cenobium sive monachos ibidem Domino servientes excommunicationis vel interdicti sententias promulgare, sed tam vos quam ipsum cenobium cum villa Sancti Egidii ab omni episcopali exactione ac gravamine quieti ac liberi maneatis. Nos igitur pro tranquillitatis et pacis vestre commodo ad quod desiderantes intendimus, hoc statutum inconcussam firmitatem habere volentes, vestris supplicationibus inclinati, statutum ipsum decernimus observandum et nichilominus inane ac irritum, si secus contra statuti tenorem ejusdem, quod in hac parte favorabiliter ampliamus, per quemcumque fuerit attemptatum. Nulli ergo omnino hominum liceat hanc paginam nostre constitutionis infringere, vel ei ausu temerario contraire. Si quis autem hoc attemptare presumpserit, indignationem omnipotentis Dei et beatorum Petri et Pauli, apostolorum ejus, se noverit incursurum. Datum Viterbii, II idus Julii, Pontificatus nostri anno secundo.

CXXX. — 82.

BULLE DE CLÉMENT IV

datée de Viterbe, permettant à l'abbé de Saint-Gilles, de conférer dans son église, les quatre ordres mineurs aux moines de sa dépendance.

Original sur parchemin en bon état. — Ménard, Hist. de la ville de Nimes, t. I, pr., p. 88, c, 2.

14 juillet 1266.

Clemens, episcopus, servus servorum Dei, dilecto filio Berengario abbati monasterii Sancti Egidii, ad Romanam Ecclesiam nullo medio pertinentis, ordinis Sancti Benedicti, Nemausensis diocesis, salutem et apostolicam benedictionem. AB OLIM, dum essemus in minori officio constituti, monasterium tuum, de cujus villa diffiteri nolumus nec debemus nos originem suscepisse, speciali quadam affectione dileximus et postmodum, prout Domino placuit, ad majora promoti, continuantes erga illud quod in votis antea gerebamus, monasterium ipsum ac personas divinis ibidem ascriptas obsequiis gratiose respicimus, et que ad tuum ac illius loci honorem postulas in optatum effectum favorabiliter perducere procuramus. Hinc est quod nos, tuis supplicationibus inclinati, conferendi omnes minores ordines, in prelibato dumtaxat monasterio, illius ac membrorum ipsi monasterio subjectorum monachis clericali militie ascribendis, tibi ac successoribus tuis in perpetuum liberam, auctoritate presentium, concedimus facultatem. Datum Viterbii, II idus Julii, Pontificatus nostri anno secundo.

CXXXI. — 83.

BULLE DE CLÉMENT IV

datée de Viterbe, exhortant les prieurs, officiaux et moines de la dépendance du monastère de Saint-Gilles, à contribuer aux dépenses que l'abbé est obligé de faire pour le recouvrement de l'abbaye de Saint-Gervais de Fos, de la ville et du château de Villefort qui dépendaient autrefois de l'abbaye de Saint-Gilles.

Original sur parchemin en assez bon état, quelques mots un peu effacés

15 juillet 1266.

Clemens, episcopus, servus servorum Dei, dilectis filiis prioribus, officialibus et monachis prioratuum ac rectoribus ecclesiarum *monasterii* Sancti Egidii, ad Romanam Ecclesiam nullo medio *pertinentis* (1), ordinis Sancti Benedicti, Nemausensis diocesis, subjectorum, salutem et apostolicam benedictionem. DEBITUM DEVOTIONIS affectum abjicit filius si matri cujus uberum lacte nutritur, cum expedit et potest, necessaria subventionis auxilia denegat erogare. Proinde, cum dilecti filii .. abbas et conventus monasterii Sancti Egidii, prout ipsi nobis exponere curaverunt, monasterium Sancti Gervasii de Fossis, villam et castrum Ville Fortis (2) ad idem

---

(1) Il semble qu'il faudrait lire : *monasterio...... pertinenti.*

(2) *Villefort,* chef-lieu de canton du département de la Lozère.

monasterium spectantia et alia bona ipsius monasterii Sancti Egidii, que alienata dicuntur illicite ac distracta, recuperare et ad jus et proprietatem predicti Sancti Egidii monasterii reducere proponant et ad hoc ipsos varia subire oporteat onera expensarum, ad que supportanda vestrum suffragium eis esse dinoscitur plurimum oportunum ; nos attendentes quod levius feruntur onera per partes divisa et portantium humeris congrue adaptata, dignum quoque reputantes et equum ut membra capiti adesse debeant et in suis oportunitatibus congrua sibi *juvamina* subministrent, ubi maxime de ipsius capitis a quo membra dependent *eadem* utilitate agitur ac honore, universitatem vestram rogamus, monemus et hortamur attente, per apostolica vobis scripta mandantes quatinus dicto Sancti Egidii monasterio affectionem filialem in hac parte, ut cum decet per effectum operis demonstrantes, memoratis abbati et conventui in supportandis sumptibus antedictis congruum et competens, juxta vestrarum facultatum exigentiam, subsidium pro nostra et apostolice Sedis reverentia impendatis, ut vobis efficaciter auxiliantibus bona recuperari valeant supradicta, et apud nos proinde digna laudibus vestra sinceritas habeatur. Datum Viterbii, idibus Julii, Pontificatus nostri anno secundo.

CXXXII. — 84.

BULLE DE CLÉMENT IV

datée de Viterbe, permettant à l'abbé de Saint-Gilles d'absoudre de l'excommunication les moines qui battent des clercs séculiers, pourvu qu'ils offrent une satisfaction convenable à ceux qu'ils ont maltraités (1).

Original sur parchemin rongé vers la fin. — Ménard, Hist. de la ville de Nimes, t. I, pr., p. 88, c. 2.

15 juillet 1266

Clemens, episcopus, servus servorum Dei, dilecto filio abbati monasterii Sancti Egidii, ad Romanam Ecclesiam nullo medio pertinentis, ordinis Sancti Benedicti, Nemausensis diocesis, salutem et apostolicam benedictionem. Ex PARTE TUA fuit propositum coram

---

(1) Voir ci-dessus le n° CXI. — 63 et la bulle suivante.

nobis quod contingit interdum quod monachi monasterii tui, pro violenta et levi injectione manuum in clericos seculares, seu alias personas religiosas in villa Sancti Egidii, suburbio ac ejus territorio commorantes sententiam excommunicationis incurrant, super quo eorum provideri saluti, a nobis humiliter supplicasti. Nos igitur tuis postulationibus inclinati, absolvendi predictos monachos ab hujusmodi sententia, juxta formam Ecclesie, dummodo passis injuriam satisfaciant competenter, ac eorum excessus non fuerit adeo difficilis et enormis quod, propter hoc, ad Sedem apostolicam sint merito destinandi, liberam tibi ac successoribus tuis abbatibus, qui pro tempore fuerint, auctoritate presentium, concedimus facultatem. Datum Viterbii, idibus Julii, Pontificatus nostri anno secundo.

CXXXIII. — 85.

BULLE DE CLÉMENT IV

datée de Viterbe, permettant à l'abbé de Saint-Gilles d'absoudre les clercs qui ont battu d'autres clercs ou des religieux (1).

Original sur parchemin en assez bon état, quelques mots presque effacés.

15 juillet 1266.

Clemens, episcopus, servus servorum Dei, dilecto filio abbati monasterii Sancti Egidii, ad Romanam Ecclesiam nullo medio pertinentis, ordinis Sancti Benedicti, Nemausensis diocesis, salutem et apostolicam benedictionem. Ex PARTE TUA fuit propositum coram nobis quod contingit interdum quod seculares clerici in villa Sancti Egidii, et suburbio, ac territorio ejus, ubi spiritualem ac temporalem jurisdictionem habere dinosceris, commorantes, pro violenta et levi injectione manuum in religiosas personas et clericos seculares ejusdem loci, sententiam excommunicationis ibidem incurrunt, super quo eorum provideri saluti a nobis humiliter postulasti. Nos igitur tuis precibus inclinati, absolvendi predictos clericos ab hujusmodi sententia, juxta formam Ecclesie, dummodo passis

---

(1) Comme il est facile de le voir, cette bulle et la précédente sont presque identiques.

injuriam satisfaciant competenter ac eorum excessus non fuerit adeo difficilis et enormis quod propter hoc ad Sedem apostolicam sint destinandi, liberam tibi ac successoribus tuis abbatibus, qui pro tempore fuerint, auctoritate presentium, concedimus facultatem. Datum Viterbii, idibus Julii, Pontificatus nostri anno secundo.

CXXXIV. — 86.

BULLE DE CLÉMENT IV

datée de Vitorbe, exhortant le roi saint Louis de confirmer les priviléges et les franchises accordés par les rois de France au monastère de Saint-Gilles.

Original sur parchemin un peu piqué, quelques mots effacés. — Dom Marténe, Thes. anecd., t. II, c. 371.

18 juillet 1266.

Clemens, episcopus, servus servorum Dei, carissimo in Christo filio ... regi Francorum illustri (1), salutem et apostolicam benedictionem. NOSTRAM NON PRETERIIT memoriam quod nobis villa Sancti Egidii ortum dedit, et monasterium inibi situm, dum conditionis nostre status circa minora versabatur officia, nos multipliciter honoravit. Hoc enim affectum nostrum sollicitat ac nichilominus illius loci sanctitas et honestas nostrum inducit animum ut ad monasterium ipsum specialis dilectionis considerationem habentes, illud interne mentis aspiciamus oculis, et ad ejus incrementa libenter in quibus expedit operam prebeamus. Licet igitur Regalis pietas ad divini cultum dedita nominis circa bonorum, jurium et libertatum conservationem ecclesiasticorum se promptam exhibeat ac benignam, cunctique religiosi de tui favoris patrocinio gratulentur, nos eam spem grandem ac plenam fiduciam obtinentes, ut cari nostri quos tibi specialiter commendamus, nostri obtentu te gratiosum amplius et favorabilem debeant invenire, pro dilectis filiis abbate et conventu monasterii supradicti, Serenitatem regiam

---

(1) C'était saint Louis qui occupait le trône en ce moment. Clément IV avait pour ce saint roi les sentiments de la plus vive affection et S. Louis considérait Clément IV comme son ami, encore plus que comme son supérieur ecclésiastique.

rogamus et hortamur attente et requirimus ex affectu, quatinus eosdem abbatem et conventum dictumque monasterium habens, pro nostra et apostolice Sedis reverentia, propensius commendata, libertates et privilegia eis a progenitoribus tuis concessa, illis servare velis integra et illesa in manutenendis, ac ab injuriis, jacturis et molestiis protegendis suis bonis et juribus, eis alias, quantum in te fuerit oportunum, favoris et consilii auxilium impensurus. Ita quod ipsi abbas et conventus intercessionem nostram sibi cognoscant, ut obtamus (1), utiliter affuisse, ac nos Regali excellentie speciales proinde gratias cum laudibus dignis rependere debeamus (2). Datum Viterbii, XV Kalendas Augusti, Pontificatus nostri anno secundo.

CXXXV. — 87.

BULLE DE CLÉMENT IV

datée de Viterbe, ordonnant à l'évêque de Poitiers de faire une enquête sur la conduite de Jean de Saint-Quentin, clerc séculier et prieur de Saint-Gilles super viam (3), de son diocèse, accusé de mener une vie dissolue et, si l'accusation est vraie, de l'expulser de son prieuré et de faire nommer un autre titulaire par l'abbé de Saint-Gilles, collateur du bénéfice.

Original sur parchemin en mauvais état.

19 juillet 1266.

Clemens, episcopus, servus servorum Dei, venerabili fratri episcopo Pictaviensi, salutem et apostolicam benedictionem. ETSI ECCLESIARUM ac monasteriorum omnium ubilibet positorum gene-

---

(1) Pour *optamus*.

(2) Cette bulle arrêta une affaire fort dispendieuse et fort désagréable pour le monastère; le Sénéchal de Beaucaire avait intenté un procès à l'abbaye de Saint-Gilles; par égard aux prières du pape, saint Louis y mit fin et releva l'abbé et les moines de toutes les charges dont le sénéchal les avait grevés. Voir plus loin n° CXLVII.

(3) *Saint-Gilles-sur-Vie* est un chef-lieu de canton de l'arrondissement des Sables-d'Olonne (Vendée). Ce prieuré autrefois de la dépendance directe de notre abbaye (voir n° XXXVII. — 5 a, p. 55), était devenu séculier et l'abbé de Saint-Gilles n'en était plus que le collateur.

raliter ac eorum que superiorem, preter Romanum non habent pontificem, specialiter curam gerere teneamur, de statu tamen monasterii Sancti Egidii, ad Romanam Ecclesiam nullo medio pertinentis, ordinis Sancti Benedicti, Nemausensis diocesis, ac subjectorum illi ecclesiasticorum locorum eo sollicitius cogitamus, quo considerata sue sanctitatis et honestatis claritate famosa, nostre quoque conditione originis quam de ipsius monasterii villa nos recognoscimus contraxisse (1) pensata, monasterium ipsum, quod mentalibus intuemur oculis, *locum retinet* in dilectionis nostre gremio potiorem apud nos. Si quidem dum essemus in minori constituti officio, monasterium prelibatum meruisse meminimus ut ad majora provecti promovendis ejus utilitatibus intendere, ac sibi et personis inibi degentibus in suis oportunitatibus, per nos ac alios, congruis juvaminibus favorabiliter assistere debeamus. Hinc est quod fraternitatem tuam, quam nostra beneplacita liberali facilitate credimus impleturam, rogamus attentius et hortamur, per apostolica tibi scripta mandantes quatinus, mentem nostram intento contemplans aspectu, dilectos filios abbatem et conventum ipsius monasterii tanquam nobis caros habens, pro nostra et apostolice Sedis reverentia, propensius commendatos ipsos fructuosi favoris plenitudine prosequaris, sicque te illis propitium exhibeas ac benignum, quod iidem ex interventione tua desideratum auxilii et consilii fructum apud te sibi sentiant accrevisse, ac nos devotionem tuam cum specialibus actionibus gratiarum dignis proinde laudibus prosequamur. Novissime autem cum, sicut ipsi abbas et conventus nobis exponere curaverunt, Johannes de Santo Quintino, clericus qui prioratum Sancti Egidii de super viam, predicto monasterio pleno jure subjectum, ac semper alias solitum per monachos dicti monasterii gubernari et tue diocesis, concessione, ut dicitur, abbatis monasterii prefati, detinet, incontinenter .... (2)

---

(1) Comme il est facile de le voir, Clément IV avait un grand amour de sa ville natale, il revient souvent sur ce souvenir et le met au rang des raisons qui lui imposent le devoir de protéger le monastère de Saint-Gilles qui, dit-il, à bien mérité de lui.

(2) Il est à peu près impossible de rétablir le reste de cette bulle dont plusieurs mots sont effacés et les autres illisibles. Il est probable qu'elle avait moins souffert, lorsque le frère mineur Gaspard Loys en fit l'analyse dans son inventaire de 1726.

Datum Viterbii, XIV Kalendas Augusti, Pontificatus nostri anno secundo.

88.

BULLE DE CLÉMENT IV

datée de Viterbe, priant le roi saint Louis de conserver aux ecclésiastiques de la province Narbonnaise leurs anciens priviléges et immunités (1).

Original sur parchemin en mauvais état, avec trois lacunes de cinq ou six mots.

CXXXVI. — 89.

BULLE DE CLÉMENT IV

datée de Viterbe, défendant de construire aucun oratoire ou cimetière dans l'enceinte des paroisses dépendant du monastère de Saint-Gilles, sans la permission de l'abbé ou des moines du lieu.

Original sur parchemin lisible, mais piqué et rongé.

22 juillet 1266

Clemens, episcopus, servus servorum Dei, dilectis filiis abbati et conventui monasterii Sancti Egidii, ordinis Sancti Benedicti, ad Romanam Ecclesiam nullo medio pertinentis, Nemausensis diocesis, salutem et apostolicam benedictionem. VESTRE MERITIS devotionis inducimur ut vos favore benivolo prosequamur, sed in hiis precipue que monasterium vestrum possunt a dispendio preservare. Hinc est quod nos vestris supplicationibus inclinati, ut nullus infra parrochias vestras Oratorium seu Cimiterium, vobis invitis, possit construere, vobis auctoritate apostolica indulgemus. Non obstantibus aliquibus privilegiis, seu litteris quibuscumque ordinibus, personis, seu locis, sub quacunque forma verborum, ab apostolica Sede concessis, seu etiam concedendis, per que effectus presentium

---

(1) Nous ne transcrivons pas ici cette bulle qui ne se rapporte pas directement au monastère de Saint-Gilles ; elle est datée du 22 juillet 1266.

impediri valeat, vel differri, et de quibus oporteat in eis de verbo ad verbum specialem fieri mentionem. Nulli ergo omnino hominum liceat hanc paginam nostre concessionis infringere, vel ei ausu temerario contraire. Si quis hoc attemptare presumpserit, indignationem omnipotentis Dei et beatorum Petri et Pauli, apostolorum ejus, se noverit incursurum. Datum Viterbii, XI Kalendas Augusti, Pontificatus nostri anno secundo.

CXXXVII. — 90.

BULLE DE CLÉMENT IV

datée de Viterbe, confirmant à l'abbé et au monastère de Saint-Gilles, comme l'avait déjà fait Alexandre III, tous les priviléges accordés par les Souverains Pontifes, les princes et les autres fidèles et, en particulier, l'abandon fait, au concile de Nimes, par Raymond, comte de Toulouse, de la ville et du territoire de Saint-Gilles, déclarant le monastère exempt de toute juridiction épiscopale et lui donnant pouvoir sur toutes les églises de Saint-Gilles et juridiction sur tous les clercs et laïques dudit lieu (1).

Original sur parchemin en bon état.

23 juillet 1266

Clemens, episcopus, servus servorum Dei, dilectis filiis abbati monasterii Sancti Egidii ejusque fratribus tam presentibus quam futuris regulariter instituendis in perpetuum. CUM OMNIBUS ECCLESIIS et personis ecclesiasticis debitores ex apostolice Sedis auctoritate ac benevolentia existamus, illis tamen attentius providere nos convenit et eas a pravorum hominum incursibus defensando, artiori debemus caritate diligere quas Beato Petro et Sancte Romane Ecclesie non est dubium specialius adherere. Vestris igitur rationabilibus postulationibus annuentes, omnem libertatem seu immunitatem vobis ac vestro cenobio per antecessorum nostrorum privilegia contributam ad instar felicis recordationis Alexandri pape III predecessoris nostri, presentis privilegii pagina robora-

---

(1) Voir ci-dessus, p. 93, le n° LXXI. — 25 qui est presque identique avec celui-ci.

mus; statuentes ut universa que monasterium vestrum concessione pontificum, liberalitate principum, oblatione fidelium, seu aliis justis modis possidet, sive in futurum, largiente Deo, poterit adispisci, quieta semper vobis vestrisque successoribus illibata permaneant. Statuimus etiam ut nulli omnino archiepiscopo vel episcopo liceat super idem cenobium vel abbatem, seu monachos ibidem Domino servientes manum excommunicationis aut interdictionis extendere, sed tam vos quam monasterium cum villa, quieti semper et liberi ab omni episcopali exactione vel gravamine per omnipotentis Dei gratiam maneatis. Monachos vero et presbiteros seu clericos qui in vestris obedientiis commorantur; pro delictis suis, a quibuslibet laicis capi, verberari, aut ad redemptiones cogi penitus prohibemus. Obeunte vero te, nunc ejusdem loci abbate, vel tuorum quolibet successorum, nullus ibi qualibet subreptionis astucia, seu violentia preponatur, nisi quem fratres ejusdem monasterii communi consensu, vel fratrum pars consilii sanioris, secundum Deum et beati Benedicti regulam de vestro collegio providerint eligendum. Sane illam Tolosani comitis, nobilis memorie, Raimundi abdicationem auctoritate Sedis apostolice confirmamus. Siquidem comes ipse honores omnes ad beatum Egidium pertinentes, tam in valle Flaviana, quam in extrinsecis, quidquid juste vel injuste videbatur detinere, omnes rectas sive pravas consuetudines quas ipsius antecessores aut ipse habuerat, ob honorem Dei et beati Egidii reverentiam, apud Nemausense concilium, in manu predecessoris nostri beate memorie Urbani pape, jurans Odiloni abbati et ejus fratribus dicitur reliquisse et se atque universos successores suos, si forte hoc donum irritum facere temptarent; quod ad se erat, dampnatione ac maledictione mulctavit, atque a prefato antecessore nostro excommunicationis inde sententiam dari fecit. Ad hoc adjicientes, pro ampliore beati Egidii veneratione, statuimus ut infra terminos a nostris predecessoribus constitutos nemo prorsus aut super ipsam beati Egidii villam depredationem vel assultum facere, aut graviorem cuilibet persone inferre audeat lesionem. Preterea paci et tranquillitati ecclesie vestre paterna sollicitudine providere volentes, auctoritatem quam super omnes Ecclesias in villa Sancti Egidii existentes, scilicet instituendi et destituendi necnon etiam interdicendi et a clericis obedientiam accipiendi, et tam clerum quam populum ligandi atque solvendi, sicut a quadraginta annis usque nunc habuistis et in presenti habere noscimini, presenti privilegio concedimus et confirmamus ; prohibentes ne quis vos super hoc temere perturbare audeat, aut hanc auctoritatem sibi aliquatenus usurpare. Nulli ergo omnino hominum fas sit sepe dictum cenobium temere perturbare, aut ejus possessiones auferre, vel ablatas retinere, minuere, seu aliquibus vexationibus fatigare ; sed omnia integra conserventur eorum pro quorum gubernatione ac substentatione concessa sunt usibus omnimodis profutura, salva nimirum apostolice Sedis auctoritate. Si qua igitur in futurum ecclesiastica secularisve persona hanc nostre constitutionis paginam sciens, contra eam temere venire temptaverit, secundo tertiove commonita, nisi reatum suum digna satisfactione correxerit, potestatis honorisque sui dignitate careat, reamque se divino judicio existere de perpetrata iniquitate cognoscat et a sacratissimo corpore ac sanguine Dei et Domini redemptoris nostri Jesu Christi aliena fiat, atque in extremo examine districte subjaceat ultioni. Cunctis autem eidem loco sua jura servantibus sit pax Domini Jesu Christi, quatinus et hic fructum bone actionis percipiant et apud districtum judicem premia eterne pacis inveniant. Amen. Amen. Amen.

[SCS Petrus. SCS Paulus. — Clemens pp. IIII. ✠ Oculi mei semper ad Dominum] (1). — Bene Valete.

Ego Clemens catholice Ecclie Eps.

Ego Odo, Tusculi episcopus ; Ego Stephanus, Prenestinus episcopus ; Ego frater Johannes, Portuensis et Sancte Rufine Episcopus ; Ego Henricus, Ostiensis et Vellettriensis episcopus ; Ego Ancher frater, Sancte Praxedis presbiter cardinalis ; Ego Guillelmus, Sancti Marcelli presbiter cardinalis ; Ego frater Ambaldus, Basilice duedecim apostolorum presbiter cardinalis ; Ego Ricardus, Sancti Angeli diaconus cardinalis ; Ego Octavianus, Sancte Marie in via lata diaconus cardinalis ; Ego Jacobus, Sancte Marie in Cosmedin, diaconus cardinalis ; Ego Gottifridus, Sancti Georgii ad

---

(1) Ce que nous mettons ici entre crochets est l'inscription du sceau pontifical avec sa devise circulaire.

vellum aureum diaconus cardinalis ; Ego Ubertus, Sancti Eustachii diaconus cardinalis ; Ego Jordanus, Sanctorum Cosme et Damiani diaconus cardinalis.

Datum Viterbii, per manum magistri Michaelis Sancte Romane Ecclesie vicecancellarii, X Kalendas Augusti, indictione VIIII, Incarnationis dominice anno MCCLXVI, pontificatus vero Domini Clementis pape IV anno secundo.

CXXXVIII. — 90 a.

BULLE DE CLÉMENT IV

datée de Viterbe, confirmant tous les priviléges du monastère de Saint-Gilles, portant exemption de toute juridiction épiscopale, énumérant et confirmant les possessions du monastère.

Copie en forme sur papier faite par le notaire Monnier, en 1669 et contresignée par les officiers du Sénéchal de Nimes ; l'original fut envoyé à Colbert.

23 juillet 1266.

Clemens, episcopus, servus servorum Dei, dilectis filiis abbati monasterii Sancti Egidii ejusque fratribus tam presentibus quam futuris, regularem vitam professis, in perpetuum. QUAMVIS ECCLE-SIARUM omnium cura nobis et sollicitudo immineat, illis tamen locis atque personis quæ beato Petro, et Sancte Romane Ecclesie specialius adherere et in ejus fidelitate atque obedientia devotius pertinere noscuntur, attentiori cura providere nos convenit ; ut autem pro beati Egidii monasterio, Nemausensis diocesis, in quo Domini estis obsequio mancipati, diligenti sollicitudine vigilemus tanto amplior nobis necessitas est injuncta, quanto idem locus ab exordio sue fundationis ad nos et dominium ejusdem apostolorum Principis specialiter dignoscitur pertinere. Quapropter, dilecti in Domino filii, vestris justis postulationibus benignum impertientes assensum, ad exemplar predecessorum nostrorum sancte recordationis Innocentii, Eugenii et Hadriani quarti (1), Romanorum

---

(1) Voir ci-dessus les n°ˢ LIII. — 7 a et LVI. — 9.

pontificum, omnem libertatem seu immunitatem vobis ac vestro cenobio per antecessorum nostrorum privilegia contributam, presenti privilegii pagina roboramus. Statuentes ut nulli omnino archiepiscopo vel episcopo liceat super cenobium, vel abbatem, sive monachos ibidem Domino servientes manus excommunicationis aut interdictionis extendere, sed tam vos quam monasterium cum villa quieti semper et liberi ab omni episcopali exactione vel gravamine per omnipotentis Dei gratiam maneatis ; monachos vero et presbiteros, seu clericos qui in vestris obedientiis commorantur pro delictis suis a quibuslibet laicis capi, verberari, aut ad redemptionem cogi penitus prohibemus. Preterea statuimus ut quascunque possessiones, quecunque bona idem monasterium juste et canonice possidet, aut in futurum concessione pontificum, largitione regum, vel principum, oblatione fidelium, seu aliis justis modis, prestante Domino, poterit adipisci, firma vobis vestrisque successoribus et illibata permaneant, in quibus hec propriis duximus exprimenda voculis : Locum ipsum in quo prefatum monasterium situm est cum omnibus pertinentiis suis ; Sancti Egidii de Ungaria (1), et Sancti Eusebii de Provincia abbatias cum pertinentiis earumdem ; ecclesiam Sancti Egidii de Accio, cum ecclesiis dependentibus ab eadem, scilicet Beati Petri ejusdem loci , Sancte Marie de Freinet, Sancte Genoveve de Blacerio, Sancti Laurentii de Curse Landonis, Sancti Remigii de uno curru, Sancte Marie de Brosco, Sancti Johannis de Manusis de Miraval de Barbaval et de Gruencore cum capella de Serval, et omnibus pertinentiis earumdem ; ecclesiam Sancti Egidii de Duno cum ecclesiis dependentibus ab eadem, videlicet de Marval, de Lunis, Sancti Germani de monasterio de Lunis, Sancti Egidii de Salvani cum pertinentiis earumdem, et medietatem ecclesie de Sancta Barula a prefata Sancti Egidii de Duno ecclesia dependentem ; ecclesiam Sancti Egidii de Super viam cum villa et cum aliis ecclesiis dependentibus ab eadem, scilicet Sancti *Malsentii* (2) et Sancti Michaelis de Gallum cum pertinentiis earumdem ; ecclesiam Sancti Johannis de Gardonenca cum villa ; etc.

---

(1) Voir ci-dessus les nᵒˢ XXXVII. — 5 a et LXXX. — 33.

(2) *Saint-Maixent-sur-Vie*, commune du canton de Saint-Gilles-sur-Vie (Vendée).

Nulli ergo omnino hominum liceat supra dictum monasterium temere perturbare, aut ejus possessiones, etc............... (1).

CXXXIX. — 91.

BULLE DE CLÉMENT IV

datée de Viterbe, permettant à l'abbé de Saint-Gilles d'inféoder les terres du monastère, malgré la défense faite du temps des comtes de Toulouse.

Original sur parchemin en bon état. — Archives du Gard, II, 4, copie en forme.

25 juillet 1266.

Clemens, episcopus, servus servorum Dei, dilecto filio Berengario abbati Sancti Egidii, Nemausensis diocesis, salutem et apostolicam benedictionem. QUE PRO TEMPORUM qualitate, sicut tui status cenobii exposcebat, et a nostris predecessoribus sunt statuta, et usus longevi postmodum continuatione firmata, non est absonum in aliam formam reducere, ubi nova et evidens persuadet utilitas quod a veteribus recedatur. Olim sane a tuis predecessoribus extitit observatum et Sedis apostolice providentia diffinitum quod emphiteotica seu censualia predia sub ejusdem dominio monasterii constituta in milites militaresve personas nulla possent ratione transferri. Quod licet ab antiquo utile visum fuerit, cum videlicet comites Tholosani quibus ville tunc milites adherebant, magnam partem jurium monasterii in eadem villa per violentiam usurpassent, nunc iterum ad proprietatem ejusdem plene redacta, plerumque contingit ut utilius personis talibus hujuscemodi predia dimittantur. Quocirca discretioni tue, tenore presentium, duximus indulgendum ut, premissis non obstantibus, si emphiteotas tuos predia que sub annuo canone a monasterio tuo possident in personas hujusmodi quovis alienationis titulo transferre contigerit, contractus hujusmodi, quotiens expedire cognoveris, valeas confirmare, salvis tibi et monasterio canone et serviliis consuetis. Datum Viterbii, VIII Kalendas Augusti, Pontificatus notri anno secundo.

---

(1) Comme dans la bulle précédente, n° CXXXVII. — 90. Les signatures sont les mêmes et la date est identique.

CXL. — 92.

BULLE DE CLÉMENT IV

datée de Viterbe, permettant à l'abbé de Saint-Gilles d'assister en personne ou par procureur aux conciles provinciaux et aux synodes diocésains, quoiqu'il dépende immédiatement du Saint-Siége.

Original sur parchemin en mauvais état. — Ménard, Hist. de la ville de Nimes, t. I, pr., p. 89, c. 1.

26 juillet 1266

Clemens, episcopus, servus servorum Dei, dilectis filiis abbati Sancti Egidii, ordinis Sancti Benedicti, Nemausensis diocesis, ejusque successoribus, salutem et apostolicam benedictionem. PACI ET QUIETI vestre providere volentes.............. (1) vos, qui preter Romanum pontificem non habetis episcopum, ad provincialia concilia, seu synodos episcopales venire teneamini personaliter, sive pro vobis aliquem destinare, tenore vobis presentium indulgemus. Nulli ergo omnino hominum liceat hanc paginam nostre concessionis infringere, vel ei ausu temerario contraire. Si quis autem hoc attemptare presumpserit, indignationem omnipotentis Dei et beatorum Petri et Pauli, apostolorum ejus, se noverit incursurum. Datum Viterbii, VII Kalendas Augusti, Pontificatus nostri anno secundo.

92 a.

Le *Bullaire* recueilli par M. H. Mazer place ici, sous le n° 92 a, une bulle de Clément IV, datée de Viterbe, le 17 octobre 1266, recommandant à la protection du Sénéchal de Toulouse divers envoyés pontificaux. C'est une bulle sur parchemin en bon état que nous ne transcrirons pas ici, puisqu'elle ne regarde pas l'abbaye de Saint-Gilles.

---

(1) Lacune.

CXLI.

BULLE DE CLÉMENT IV

au jurisconsulte Guillaume du Port, approuvant sa décision dans une affaire contentieuse et le remerciant de ses soins.

D. Martène, Anecd., II, 375.

28 juillet 1266

Clemens, episcopus, servus servorum Dei, dilecto filio Guillelmo de Portu jurisperito seniori, salutem et apostolicam benedictionem. QUÆSTIONEM DE FINIBUS inter nos et monasterium Sancti Ægidii super quadam insula nata in Rodano dudum exortam electus a dilectis filiis abbate et conventu ejusdem monasterii ex una parte, et Petro Reybaldi ex altera, arbitrator aut arbiter, loca tuis subjiciens oculis, diceris decidisse. Licet autem incerta locorum imaginatio et nova nomina possessorum (1) veritatis substantiam occultaverint : nos tamen de tua fide, quam dudum probavimus, presumentes, firmiter credimus de te bono et æquo in omnibus et per omnia processisse ; et ideo dictum tuum ex certa scientia approbantes, confirmavimus quod fecisti, et quod pro his tibi placuit laborare, devotionem tuam debita gratiarum actione prosequimur. Datum Viterbii, VIII Kalendas Augusti anno II.

CXLII. — 93.

BULLE DE CLÉMENT IV

datée de Viterbe, défendant à l'abbé et aux moines de Saint-Gilles, sous peine d'excommunication réservée au Saint-Siége, d'aliéner les ornements, le calice d'or, les burettes et bassins d'argent dont il leur a fait présent.

Original sur parch. en bon état.—Ménard, Hist. de la ville de Nimes, t. I, pr., p. 89, c. 1.

10 juin 1267.

Clemens, episcopus, servus servorum Dei, dilectis filiis abbati et conventui monasterii Sancti Egidii, salutem et apostolicam

---

(1) Alias *possessionum*.

benedictionem. ILLA MUNUSCULA que pro sanctissimi confessoris Egidii veneranda memoria, vobis misimus, capellam scilicet de xamito, calicem aureum, urceolos et pelves argenteos cum capella alia de pannis sericis deauratis quam nunc vobis transmittimus, vel quicquam ex eis alienari prohibemus omnino ; in eos qui facere id presumpserint, extra casus a jure concessos, excommunicationis sententiam promulgantes, quam, excepto extreme necessitatis articulo, nulli liceat, preter Romanum Pontificem, relaxare. Calicem autem et urceolos ac pelves predictos, in cotidiano usu misse majoris, perpetuo volumus exhiberi ; capellis autem illis diebus utamini quibus vobis expedire videbitur. Datum Viterbii, IV idus Junii, Pontificatus nostri anno tertio.

CXLIII. — 94.

BULLE DE CLÉMENT IV

datée de Viterbe, accordant à l'abbé de Saint-Gilles toute juridiction sur les prêtres séculiers et juridiction pour les matières civiles qui ne regardent point la discipline régulière sur les réguliers dudit lieu.

Original sur parchemin en bon état, quoique quelques mots soient un peu effacés. Thesaur. anecd., t. II, c. 528. — Ménard, Hist. de la ville de Nimes, t. I, pr., p. 89, c. 2.

21 septembre 1267

Clemens, episcopus, servus servorum Dei, dilecto filio abbati monasterii Sancti Egidii, ad Romanam Ecclesiam nullo medio pertinentis, ordinis Sancti Benedicti, Nemausensis diocesis. CUM DE VILLA Sancti Egidii ad tuum monasterium pertinente traxisse noscamur originem, in qua nos tam longa, quam ibidem habuimus, conversatio quam familiaris et crebra privilegiorum tuorum inspectio nos ignorare non sinunt quod in villa eadem et ejus districtu in clerum et populum exercendi censuram ecclesiasticam habeas et habueris, tuique predecessores habuerunt hactenus plenariam potestatem, quam et tibi, tuisque successoribus (1), nihi-

---

(1) Ménard ajoute ici : *tenore presentium.*

lominus duximus (1) concedendam ; exercendi eamdem in omnes qui in dicta villa et ejus territorio seu districtu deliquerint seu contraxerint, vel rei ratione in eisdem villa seu territorio consistentis, ad tuum judicium fuerint evocati, cujuscumque conditionis, aut religionis, seu ordinis, vel etiam dignitatis extiterint, episcopali duntaxat, quoad delicta et contractus excepta, auctoritate presentium plenam et liberam vobis concedimus facultatem ; non obstantibus privilegiis aut indulgentiis quibuscumque religionibus, aut personis religiosis, aut secularibus ab apostolica Sede concessis seu etiam concedendis, cujuscumque tenoris existant, etiamsi in eis, de ipsis religionibus, vel ordinibus, aut personarum nominibus, vel alia qualibet circonstantia, aut ipsorum privilegiorum seu indulgentiarum tenore, in totum vel in partem, etiam de verbo ad verbum, oporteat fieri mentionem (2) ; salva tamen, quoad privilegiatos et exemtos attinet, moderatione seu declaratione felicis recordationis Innocentii pape IV, predecessoris nostri, cui superaddendum duximus in hac parte, ut occasione nostre liberalitatis hujusmodi generalis, in exemtis seu privilegiatis personis, ad delicta que ad correctionem pertinent regularem manus vestras minime porrigatis ; ut puta si prelatis suis non obediverint, si habuerint proprium, si citra raptum seu violentiam carnis lubricum passi fuerint ; que, cum suis similibus, suis majoribus relinquere volumus corrigenda. Nam et civili cautum legimus sanctione, quod licet militum delicta communia ad provincie presidis pertineant notionem, militaria tamen magistri militum judicio relinquuntur.

---

(1) Ménard ajoute ici : *In perpetuum.*

(2) Comme on le voit, la présente bulle est la confirmation de la juridiction souveraine que l'abbé de Saint-Gilles avait toujours exercée dans la ville et le territoire, tant au point de vue temporel qu'au point de vue spirituel. Mais il paraît qu'un doute s'était élevé au sujet de l'exercice de cette juridiction sur les membres des ordres religieux qui s'étaient successivement établis dans le territoire dépendant de l'abbaye ; Clément IV décide que les réguliers ne seront pas exempts de la juridiction de l'abbé, quels que soient d'ailleurs leurs priviléges ; il n'est fait exception que pour les fautes qu'ils peuvent commettre contre leur règle et pour lesquelles ils ne sont justiciables que de leurs supérieurs. L'abbé est seigneur de Saint-Gilles, mais il n'a pas droit de s'ingérer dans le gouvernement intérieur des réguliers.

Nulli ergo omnino hominum liceat hanc paginam nostre concessionis infringere, vel ei ausu temerario contraire. Si quis autem hoc attemptare presumpserit (1) indignationem omnipotentis Dei et beatorum Petri et Pauli, apostolorum ejus, se noverit incursurum. Datum Viterbii, XI Kalendas octobris, Pontificatus nostri anno tertio.

CXLIV. — 95 a.

BULLE DE CLÉMENT IV

datée de Viterbe, annonçant l'envoi du bras de saint Georges et de deux chandeliers pour porter aux processions devant ladite relique, qu'il est défendu d'aliéner, sous peine d'anathème.

Original sur parchemin en bon état. — D. Martène, Thes. anecd., II, 538.

7 novembre 1267.

Clemens, episcopus, servus servorum Dei, dilectis filiis abbati et conventui monasterii Sancti Egidii, ad Romanam Ecclesiam nullo medio pertinentis, ordinis Sancti Benedicti, Nemausensis diocesis, salutem et apostolicam benedictionem. AD DECUS et decorem monasterii vestri et devotionem peregrinorum et fidelium aliorum (2) augendam qui beati Egidii limina visitant, et in posterum visitabunt, pretiosas reliquias vobis mittimus, brachium scilicet beati Georgii, martiris gloriosi, cum duobus candelabris que in processionibus vestris sollempnibus (3), cum cereis faculis (4), idem brachium antecedant. Statuentes ut quicumque dictas reliquias extrahere inde temptaverit, anathemati sempiterno subjaceat ipso facto. Datum Viterbii, VII idus Novembris, Pontificatus nostri anno tertio.

---

(1) Ménard dit : *indignationem beatorum Petri et Pauli ac nostram incurrat, et ab incepto frustretur.* Il n'avait pas l'original sous les yeux.

(2) Au lieu de *aliorum*, D. Martène lit : *Christianorum.*

(3) **D.** Martène dit : *solemniter.*

(4) Id. *facibus.*

CXLV. — 95 b.

BULLE DE CLÉMENT IV

datée de Viterbe, annonçant l'envoi de 70 livres tournois à employer pour le monastère et demandant des nouvelles des reliques envoyées à Saint-Gilles par l'intermédiaire du Seigneur d'Uzès.

Original sur parchemin en mauvais état, piqué, quelques mots un peu effacés. — Ménard, Hist. de la ville de Nimes, t. I, pr., p. 89, c. 1.

22 janvier 1268

Clemens, episcopus, servus servorum Dei, dilecto filio Guilielmo de Sieura (1), monacho monasterii Sancti Egidii, Nemausensis diocesis, salutem et apostolicam benedictionem. A Senensibus (2) mercatoribus in Montepessulano (3) morantibus volumus te recipere septuaginta libras Turonenses, ex quibus sexaginta et quinque in emptione censuum pro coquina tui monasterii, sicut alias tecum condiximus, collocabis ; et si....... coquinarius a........ priore Sancti Martini (4) censum exigit hujus anni, de residuis centum solidis solves ei, cum tam exilem gratiam a tuo monasterio non petamus ; quod autem superfuerit, pauperibus quibus volueris erogabis. An reliquie quas per dilectum filium nobilem D.... (5) dominum Ucetie, ipsi monasterio misimus, illuc salve pervenerint scire quam plurimum affectamus. Datum Viterbii, XI Kalendas Februarii, Pontificatus nostri anno tertio.

---

(1) Ce Guillaume de Sieure est l'ancien abbé de Saint-Gilles.

(2) *Sienne*, ville épiscopale de Toscane. On sait qu'à cette époque le commerce du Midi de la France était presque tout entre les mains des marchands italiens.

(3) *Montpellier*, chef-lieu du département de l'Hérault.

(4) *Saint-Martin* était autrefois un titre paroissial à Saint-Gilles. Cette église était située vers l'extrémité nord de la Grand'Rue.

(5) C'était Décan II qui possédait alors la seigneurie d'Uzès. Son frère, Robert d'Uzès, était chapelain de Clément IV et fut plus tard évêque d'Avignon.

CXLVI.

BULLE DE CLÉMENT IV

priant l'abbé de Saint-Gilles de fournir aux frais des études du fils de Guillaume de Montpézat.

Dom Marténe, Thes. anecd., t. II, c. 572.

30 janvier 1268.

Clemens, episcopus, servus servorum Dei, dilecto filio abbati monasterii Sancti Ægidii, salutem et apostolicam benedictionem. CUM DILECTUM filium natum quondam P. Guillelmi de Montepezato (1) monachum tuum docilem, bonæ indolis esse, quod gaudentes accepimus, audierimus, patris merita contemplantes, qui tuo monasterio fidelis extitit et devotus, nosterque fuit, dum vixit, familiaris amicus ; discretioni tuæ per apostolica scripta mandamus, quatenus taliter ei provideas, quod in studio possit proficere, nec ab eodem expensis deficientibus retrahatur. Datum Viterbii, III Calendas Februarii, anno III.

CXLVII.

BULLE DE CLÉMENT IV

remerciant le roi de France de ce qu'il a fait en faveur du monastère de Saint-Gilles.

D. Martène, Thes. anecd., t. II, c. 629.

5 octobre 1268.

Clemens, episcopus, servus servorum Dei, carissimo in Christo filio regi Francorum illustri, salutem et apostolicam benedictionem. NATALIS SOLI memores, nuper tuæ benevolentiæ scripsimus (2), ut

---

(1) *Montpézat*, commune du canton de Saint-Mamert, arrondissement de Nimes (Gard).

(2) Voir ci-dessus n° CXXXIV. — 86.

tam monasterium Sancti Ægidii quam villam ejus bene tractantes, et super appellatione quam a lata per senescallum Bellicardi contra eos sententia interposuerant, eorumdem justitiam clementer audires. Sane tua benignitas latius se extendens, non solum justitiam non negavit, non solum non distulit, quin potius debitum universum dicitur remisisse. Nos igitur tantæ gratiæ promptitudinem gratius amplectentes, licet hæc et multa sanctissimo confessori Ægidio pro Dei et sui reverentia debeantur ; quia preces quas interjecimus tuum credimus animum ad favoris hujus affluentiam excitasse, tibi proinde ad gratiarum uberrimas actiones assurgimus, monasterium idem et villam Serenitati regiæ denuo commendantes, ut te eis exhibeas, sine tua et aliorum injuria, favorabilem et benignum et id ipsum tuis pro tempore ballivis injungas. Datum Viterbii III nonas octobris, pontificatus nostri anno quarto.

CXLVIII. — 96.

BULLE D'INNOCENT V (1)

datée du palais de Latran, ordonnant à l'archidiacre d'Uzès d'avertir ceux qui détiennent la dîme, les censes, les biens ou autres droits du monastère de Saint-Gilles, de les restituer sous peine d'excommunication.

Original sur parchemin en assez bon état, sauf quelques piqures et une déchirure qui n'atteint pas le texte. — Ménard, Hist. de la ville de Nimes, t. I, pr., p. 102, c. 2.

28 mars 1276

Innocentius, episcopus, servus servorum Dei, dilecto filio archidiacono Uticensi, salutem et apostolicam benedictionem. SUA NOBIS DILECTI filii abbas (2) et conventus monasterii Sancti Egidii, ad Romanam Ecclesiam nullo medio pertinentis, ordinis Sancti Benedicti, Nemausensis diocesis, petitione monstrarunt quod nonnulli iniquitatis filii, quos prorsus ignorant, decimas, reditus, census et

---

(1) Innocent V, élu le 20 janvier 1276, mourut le 22 juin 1276, après un règne de cinq mois et trois jours.

(2) L'abbaye était alors gouvernée par Pierre de Lunel qui siégeait depuis le 7 septembre 1275.

alia jura que ipsis abbati et conventui prestare tenentur, necnon possessiones, terras, prata, pascua, molendina et alia plura bona ejusdem monasterii malitiose occultarunt et occulte detinere presumunt, non curantes ea dictis abbati et conventui exhibere; super que iidem abbas et conventus provideri sibi et eidem monasterio per Sedem apostolicam humiliter postularunt. Quocirca discretioni tue per apostolica scripta mandamus quatinus omnes hujusmodi detentores decimarum, censuum et bonorum predictorum publice in ecclesiis coram populo, per te vel per alium, moneas ut, infra competentem terminum a te prefigendum eisdem, decimas et alia supradicta eisdem abbati et conventui a se debita manifestent, et de hiis plenam et debitam satisfactionem impendant, necnon possessiones et alia bona predicta monasterio restituant memorato, alioquin ex tunc in ipsos, nisi infra alium terminum peremptorium competentem quem ad hoc prefigas eisdem, tue monitioni paruerint in hac parte generalem excommunicationis sententiam proferas, faciens eam ubi et quando expedire videris, usque ad satisfactionem condignam, sollempniter publicari. Datum Laterani, V Kalendas Aprilis, Pontificatus nostri anno primo.

CXLIX. — 97.

BULLE DE MARTIN IV (1)

datée de Civitta-Vecchia, contre des particuliers qui avaient emprisonné un moine de Saint-Gilles et contre des habitants de Bellegarde qui détenaient les biens du monastère.

Original sur parchemin sali, mais en assez bon état. — Archives du Gard, H, 4, copie en forme.

12 janvier 1282.

Martinus, episcopus, servus servorum Dei, dilecto filio Falconi de Spileto, canonico Aniciensi (2), salutem et apostolicam bene-

---

(1) Martin IV, élu le 22 février 1281, mourut le 25 mars 1285; il avait régné quatre ans, un mois et trois jours. — Ce pape était français, il était né en Touraine, de l'illustre maison de Brion.

(2) *Le Puy-en-Velay*, chef-lieu du département de la Haute-Loire.

dictionem. CONQUESTUS EST NOBIS ... (1) abbas monasterii de Sancto Egidio, ordinis Sancti Benedicti, ad Romanam Ecclesiam nullo medio pertinentis, quod Pontius de villa, Petrus dictus Scuyrier, Durantus et Raymundus dicti Arieu, Johannes Raymundi, Petrus Johannis, Guillelmus Petri et Bernardus de Asperis, laici Nemausensis diocesis, Bernardum de Solanesio ipsius monasterii monachum, non absque injectione manuum in eum, Dei timore postposito, temere violenta nequiter capientes, ipsum ignominiose tractarunt et aliquandiu tenuerunt carcerali custodie mancipatum. Preterea universitas castri de Bellagarda (2), Guillelmus de Ponte, Johannes Michaelis, Egidius Ayraudi, Johannes Vigani, Johannes dictus Falco, Petrus Helye et Guillelmus Bruguerii, laici predicte diocesis, super pascuis, terris, debitis, possessionibus et rebus aliis injuriantur eidem. Ideoque discretioni tue per apostolica scripta mandamus quatinus, si de hujusmodi manuum injectione et carceris mancipatione tibi constiterit, dictos sacrilegos tandiu, appellatione remota, excommunicatos publice nunties et facias ab omnibus arctius evitari, donec super hiis satisfecerint competenter et cum tuarum testimonio litterarum ad Sedem venerint apostolicam absolvendi. Super aliis vero, partibus convocatis, audias causam, et, appellatione remota, usuris cessantibus, debito fine decidas, faciens quod decreveris per censuram ecclesiasticam firmiter observari, proviso ne in universitatem ipsus castri de Bellagarda excommunicationis vel interdicti sententiam proferas, nisi a nobis super hoc mandatum receperis speciale. Testes autem qui fuerint nominati, si se gratia, odio, vel timore subtraxerint, censura simili, appellatione cessante, compellas veritati testimonium perhibere. Datum apud Urbemveterem (3), II idus Januarii, Pontificatus nostri anno primo.

---

(1) L'abbé de Saint-Gilles était à cette époque Astorgius qui siégeait déjà en 1281 ; il mourut le 10 mai 1286.

(2) *Bellegarde* est une commune du canton de Beaucaire, arrondissement de Nimes (Gard).

(3) *Civitta-Vecchia*, ville épiscopale des anciens États pontificaux, excellent port sur la Méditerranée.

CL. — 98.

BULLE D'HONORIUS IV (1)

datée de Sainte-Sabine de Rome, confirmant à l'abbé et au monastère de Saint-Gilles les priviléges accordés par les souverains-pontifes, les rois, les princes et les autres fidèles.

Original sur parchemin en assez bon état, quelques mots effacés. — Ménard. Hist. de la ville de Nimes, t. I; pr., p. 111, c. 2.

23 octobre 1286.

Honorius, episcopus, servus servorum Dei, dilectis filiis abbati (2) et conventui monasterii de Sancto Egidio, ad Romanam Ecclesiam nullo medio pertinentis, ordinis Sancti Benedicti, Nemausensis diocesis, salutem et apostolicam benedictionem. JUSTIS PETENTIUM desideriis dignum est nos facilem prebere consensum et vota que a rationis tramite non discordant, effectu prosequente, complere. Ea propter, dilecti in Domino filii, vestris justis postulationibus grato concurrentes assensu, omnes libertates et immunitates a predecessoribus nostris Romanis Pontificibus, sive per privilegia, seu alias indulgentias vobis vel monasterio concessas, necnon libertates et exemptiones secularium exactionum a Regibus, et principibus, et aliis Christi fidelibus rationabiliter vobis indultas, sicut eas juste et pacifice obtinetis, vobis et per vos eidem monasterio, auctoritate apostolica, confirmamus et presentis scripti patrocinio communimus. Nulli ergo omnino hominum liceat hanc paginam nostre confirmationis infringere, vel ei ausu temerario contraire. Si quis autem hoc attemptare presumpserit, indignationem omnipotentis Dei et Beatorum Petri et Pauli, apostolorum ejus, se noverit incursurum. Datum Rome, apud Sanctam

---

(1) Honorius IV, élu le 2 avril 1285, mourut le 3 avril 1287 ; il avait siégé deux ans et deux jours.

(2) L'abbaye était alors gouvernée par Raymond II Régis qui fut élu le 13 juin 1286 et siégea jusqu'au 28 mai 1301, jour de sa mort.

Sabinam (1), X Kalendas Novembris, Pontificatus nostri anno secundo.

99.

Les inventaires anciens placent ici une bulle de Nicolas IV insérée dans le bullaire de Saint-Gilles, quoiqu'elle ne concerne en aucune manière ni l'abbé ni le monastère de Saint-Gilles ; c'est un original sur parchemin rongé, présentant plusieurs lacunes. Par cet acte le Pape pourvoit d'un canonicat dans l'église de Paris Jean de Folhaquier, frère ou proche parent de Hugues de Folhaquier, abbé de Saint-Gilles. Cette pièce, datée de Civitta-Vecchia, est du 22 juin 1290.

CLI. — 100 et 101.

DEUX BULLES DE NICOLAS IV (2)

datées de Civitta-Vecchia, par lesquelles il suspend une autre bulle qu'il avait donnée auparavant en faveur des Templiers et des Chevaliers de Saint-Jean de Jérusalem pour révoquer les priviléges accordés par le pape Clément IV à l'abbé de Saint-Gilles au sujet de la juridiction sur les religieux.

Ces deux bulles étant presque identiques nous n'en faisons qu'un numéro. — La première (Templiers), original sur parchemin en bon état ; la seconde (chevaliers de Saint-Jean), original sur parchemin en assez bon état.

15 mai 1291

Nicolaus, episcopus, servus servorum Dei, ad perpetuam rei memoriam. DUDUM OCCASIONE quarumdam litterarum quas felicis recordationis Clemens papa IV, predecessor noster, abbati monas-

---

(1) *Sainte-Sabine* est un couvent de dominicains situé à Rome sur le Mont-Aventin, titre cardinalice. — Les papes y ont souvent séjourné.

(2) Nicolas IV, élu le 22 février 1288, mourut le 4 avril 1292, après un règne de quatre ans, un mois et quatorze jours.

terii Sancti Egidii, ad Romanam Ecclesiam nullo medio pertinentis, ordinis Sancti Benedicti, Nemausensis diocesis, concessisse dicitur, inter abbatem ipsum et conventum ejusdem monasterii ex parte una et { preceptorem et fratres domus Militie Templi (1) / fratres hospitalis Sancti Johannis (2) } Jerosolimitani dicti loci Sancti Egidii, gravis dissensionis orta materia, ex qua turbatio plurima et scandalum multiplex jam provenerunt, et timebatur verisimiliter ne pejora producerentur in partum. Nos, ad talia submovenda et extirpanda omnino vias salubris remedii et oportuni consilii exquirentes, abbati, quem propter hoc ad nostram fecimus evocari presentiam, et fratribus memoratis, dilectum filium nostrum J. Sancte Marie in via lata diaconum cardinalem in negotio hujusmodi dedimus auditorem et deinde, quia cordi nobis erat ipsum negotium, quedam super illo statuendo decrevimus et statuimus decernendo prout in quibusdam super hoc nostris confectis litteris, quas de verbo ad verbum presentibus annotari fecimus, plenius continetur. Tenor autem earumdem litterarum nostrarum talis est :

Nicolaus, episcopus, servus servorum Dei, ad perpetuam rei memoriam. Sunt qui esse sicut Christi pugiles affectantes defensionis sui patrimonii, terre scilicet que *funiculus* appellatur, propria corpora exponendo se murum opponunt, sanguinem ejus pro redemptione singulorum effusum ceterasque eidem illatas vindicare injurias moliuntur. Hii profecto { domus militie Templi / hospitalis Sancti Johannis } Jerosolimitani fratres qui se voluntarie astrinxerunt merito cum tales sunt, specialibus tegendi favoribus et munificentiis muniendi, cum facilius gravamina mundana sentiant jam distracti ab illis se expe-

---

(1) Les Templiers s'étaient établis à Saint-Gilles vers le milieu du XIIme siècle, pendant la prélature de Pierre de Situlvero.

(2) Les Chevaliers de Saint-Jean de Jérusalem, dits les Hospitaliers de Saint-Jean, avaient été appelés à Saint-Gilles par le comte Bertrand, dès les premières années du XIIme siècle. L'hôpital qu'ils y fondèrent fut leur premier établissement en Europe et devint le centre d'un des grands prieurés de l'Ordre.

riri cogantur eodem iterato. Sane sicut accepimus dudum felicis recordationis Clemens papa IV (1), predecessor noster, de villa Sancti Egidii, Nemausensis diocesis, traxisse originem recognoscens, in qua tam longa, quam ibidem se habuisse dicebat, conversatio, quam familiaris et crebra privilegiorum abbatis et conventus monasterii dicte ville, ad Romanam Ecclesiam nullo medio pertinentis, ordinis Sancti Benedicti, inspectio ignorare non sinebant eumdem quod ipse abbas in dicta villa et ejus districtu in clerum et populum exercendi ecclesiasticam censuram habebat, et tam ipse quam predecessores sui, extunc retroactis temporibus, plenariam habuerant potestatem illam dicto abbati suisque successoribus in perpetuum, ac nichilominus exercendi eamdem in omnes qui in dicta villa et ejus territorio seu districtu deliquerint, seu contraxerint, vel rei ratione in eisdem villa, sive territorio consistentes ad dicti abbatis judicium fuerint evocati cujuscunque conditionis, aut religionis, seu ordinis, vel dignitatis extiterint, episcopali dumtaxat quoad delicta et contractus excepta, earumdem litterarum suarum auctoritate concessisse dicitur plenam et liberam facultatem ; non obstantibus privilegiis aut indulgentiis quibuscumque religionibus seu personis religiosis, vel secularibus ab apostolica Sede concessis, seu etiam concedendis cujuscumque conditionis existerent, etiam si in dictis litteris de ipsis religionibus vel ordinibus, aut personarum nominibus, vel alia qualibet circumstantia aut ipsorum privilegiorum seu indulgentiarum tenore, in totum vel in partem, etiam de verdo ad verbum, oporteret fieri mentionem ; salva tamen, quoad privilegiatos et exemptos attinet, moderatione seu declaratione felicis recordationis Innocentii pape IV, predecessoris nostri, cui dictus predecessor Clemens *superaddere* voluit ut occasione sue liberalitatis hujusmodi generalis in exemptis seu privilegiatis personis ad delicta que ad correctionem pertinent regularem manus suas non porrigerent, ut puta si prelatis suis non obediverint, si habuerint proprium, si citra raptum seu violentiam carnis lubricum passi fuerint, que cum suis similibus reliquit suis majoribus corrigenda. Verum quia abbas monasterii supradicti,

---

(1) Voir ci-dessus le n° CXLIII. — 94.

pretextu sui talis indulti fratres ipsos in dictis villa seu territorio, aut districtu commorantes gravibus injuriis, gravaminibus et dampnis non modicis, molestiis et vexationibus multiplicibus afflcit nonnullos eorum, duro carceri mancipando et aliquandiu quampluribus eorum familiaribus non solum effusionem sanguinis, verum etiam immane flagitium crudeliter inferendo, fratres ipsi premissis obsequiis dediti ab illis per hoc retracti pluries et alia interdum experiri coacti, que gravissime mentes turbant illorum, et revocant a propositis eorumdem, tolerare talia diutius nequeuntes, nostrum super hoc auxilium implorarunt. Propter quod nos, consideratione habita quod talia inter tales scandala in populo generabant et magna exinde pericula poterant provenire, illa deliberavimus extirpanda, dicto abbate propter hoc ad nostram presentiam evocato, sibi et fratribus ipsis dilectum filium J. Sancte Marie in via lata diaconum cardinalem in hac parte concessimus auditorem, coram quo super hoc aliquandiu dinoscitur fuisse processum. Licet autem apostolica Sedes predictos fratres, consideratione suorum operum et fructuum ab illis procedentium ac alias diversis rationibus pluribus privilegiis et indulgentiis decorarit per que fratres ipsi a quorumlibet ordinariorum jurisdictionibus se putant exemptos, nichilominus tamen omne dubium super hujusmodi omnibus privilegiis ortum, omnemque dissensionis materiam, rancorem etiam quemlibet de illorum medio amputare ac premissa pericula vitare volentes, attendentes etiam quod origo et conversatio hujusmodi dictum predecessorem Clementem sic munire valide, sic largiflue, sic insuper honorare dictum monasterium induxerunt, cum de hujusmodi suo privilegio de quo ab aliquibus de nostra curia sive in Regesto ipsius predecessoris Clementis, in quo juxta morem Romanorum Pontificum, talis privilegii tenor inseri debuerat, solerti super hoc indagatione premissa, non potuerit haberi copia, vel alia memoria inveniri quodque nos qui minoris ordinis existimus professores, Religiosos omnes propterea defensare specialiter et a quibuslibet gravaminibus et injuriis preservare tenemur, presentium auctoritate statuimus decernendo et statuendo decernimus quod supradictum ipsius predecessoris Clementis privilegium rei vel delicti, seu qualibet alia causa, sive modo, aut ratione ad memoratos fratres vel qui de { domo predicta / hospitali predicto } deinceps in dicta villa, sive territorio, seu districtu fuerint et illuc accesserint, seu etiam non ratione more ibidem per inde transitum fecerint, nullatenus extendatur illius vim et vigorem quemlibet quo ad tales viribus penitus vacuantes dictis abbati et conventui, suisque successoribus in prefato monasterio ejusque personis omnibus, seu alibi quemlibet jurisdictionis usum et exercitium ipsius privilegii interdicimus de apostolice plenitudine potestatis, ac insuper quascumque sententias et processus per illud vel ejus obtentu habitos et habendos in tales vel eorum aliquem relaxamus et nullius volumus existere firmitatis. Nulli ergo omnino hominum liceat hanc paginam nostre constitutionis, statuti, vacuationis, interdicti et relaxationis infringere, vel ei ausu temerario contraire. Si quis autem hoc attemptare presumpserit, indignationem omnipotentis Dei et beatorum Petri et Pauli, apostolorum ejus, se noverit incursurum. Datum apud Urbemveterem, XVI Kalendas Martii, Pontificatus nostri anno tertio.

Quia vero nec adhuc, juxta votum nostrum, partibus ipsis tranquillitas potuit provenire, nos nichilominus quia menti nostre hoc insidet et nullatenus desistere nolentes a ceptis, et attendentes quod que deliberatione multa fiunt, majori super hiis pleniori habito consilio consultius postmodum immutantur, in hujusmodi negotio per aliam viam utrique parti utilem deliberavimus providendum; propter quod easdem nostras litteras, omnemque illarum vigorem et vim ac processus quoslibet, si qui forsitan per illas sunt habiti, suspendentes totaliter de apostolice plenitudine potestatis, usque ad ipsius Sedis beneplacitum voluntat............. quod illarum auctoritate nullatenus procedatur, vel processus aliquis habeatur districtius inhibemus, et si secus actum fuerit vel presumptum, irritum decernimus et inane. Nulli ergo omnino hominum liceat hanc paginam nostre suspensionis, inhibitionis et constitutionis infringere, vel ei ausu temerario contraire. Si quis autem hoc attemptare presumpserit, indignationem omnipotentis Dei et beatorum Petri et Pauli, apostolorum ejus, se noverit incursurum. Datum apud Urbemveterem { idibus Maii, / II nonas Junii, }, Pontificatus nostri anno quarto.

CLII. — 102.

BULLE DE BONIFACE VIII (1)

datée de Saint-Pierre de Rome, confirmant à l'abbé et au monastère de Saint-Gilles les franchises et priviléges accordés par les papes, les rois, les princes et les autres fidèles.

Original sur parchemin en bon état.

18 mars 1298.

Bonifacius, episcopus, servus servorum Dei, dilectis filiis abbati et conventui monasterii de Sancto Egidio, ad Romanam Ecclesiam nullo medio pertinentis, ordinis Sancti Benedicti, Nemausensis diocesis, salutem et apostolicam benedictionem. CUM A NOBIS petitur quod justum est et honestum, tam vigor equitatis quam ordo exigit rationis ut id per sollicitudinem officii nostri ad debitum perducatur effectum. Ea propter, dilecti in Domino filii, vestris justis postulationibus grato concurrentes assensu, omnes libertates et immunitates a predecessoribus nostris Romanis pontificibus, sive per privilegia, seu alias indulgentias monasterio vestro seu vobis concessas, necnon libertates et exemptiones secularium exactionum a Regibus, et principibus, aliisque Christi fidelibus rationabiliter vobis indultas, sicut eas juste ac pacifice obtinetis, vobis et per vos eidem monasterio, auctoritate apostolica, confirmamus et presentis scripti patrocinio communimus. Nulli ergo omnino hominum liceat hanc paginam nostre confirmationis infringere, vel ei ausu temerario contraire. Si quis autem hoc attemptare presumpserit, indignationem omnipotentis Dei et Beatorum Petri et Pauli, apostolorum ejus, se noverit incursurum. Datum Rome apud Sanctum Petrum, XV Kalendas Aprilis, Pontificatus nostri anno quarto.

---

(1) Boniface VIII, élu le 24 décembre 1294, mourut le 11 octobre 1303, après un règne de huit ans, neuf mois et dix-huit jours. Ce pape canonisa saint Louis, en 1297. Le petit fils du saint roi, Philippe IV dit *le Bel*, répondit mal à cet acte et eut de vifs démêlés avec Boniface VIII.

CLIII. — 103.

BULLE DE BONIFACE VIII

datée de Rieti, contre l'évêque de Nîmes qui, malgré les privilèges accordés par le Saint-Siége, voulait interdire à l'abbé de Saint-Gilles l'usage de la mitre, de l'anneau et des autres ornements pontificaux.

Original sur parchemin en bon état. — Ménard, Hist. de la ville de Nîmes, t. I, pr., p. 141, c. 1.

5 novembre 1298.

Bonifacius, episcopus, servus servorum Dei, dilectis filiis..... Priori Sancti-Firmini (1) de Monte-Pessulano, Magalonensis diocesis, ac Johanni archidiacono, et ..... sacriste Ecclesie Magalonensis, salutem et apostolicam benedictionem. SUA NOBIS DILECTUS filius Raymundus abbas monasterii de Sancto Egidio, ad Romanam Ecclesiam nullo medio pertinentis, ordinis Sancti Benedicti, Nemausensis diocesis, petitione monstravit, quod licet eidem abbati suisque successoribus abbatibus dicti monasterii qui fuerint pro tempore, per speciale privilegium Sedis apostolice sit indultum ut mitra, anulo, sandaliis, chirothecis, aliisque pontificalibus perpetuo uti possint, essetque dictus abbas, sicut et adhuc est, et fuissent predecessores ejus abbates ejusdem monasterii in possessione, vel quasi, utendi mitra, anulo, sandaliis, chirothecis et pontificalibus supradictis, tamen Venerabilis frater noster ..... (2) Episcopus Nemausensis, eidem abbati, auctoritate propria, districte inhibuit ne hujusmodi mitra, anulo, sandaliis, chirothecis et pontificalibus quomodolibet uteretur. Ex parte vero dicti abbatis fuit coram eodem episcopo, excipiendo, propositum quod cum eidem abbati ac ejus predecessoribus abbatibus dicti monasterii, qui fuerunt pro tempore, per speciale privilegium Sedis apostolice esset in perpetuum indul-

---

(1) Avant le XVIme siècle, Montpellier n'avait que deux paroisses dont l'une portait le titre de *Saint-Firmin* (l'abbé Soupairac).

(2) L'évêque de Nîmes était alors Bertrand II de Languissel (1280-1324).

tum ut mitra, anulo, sandaliis, chirothecis et aliis pontificalibus premissis uti possent, essetque dictus abbas et fuissent predecessores ejus abbates dicti monasterii in possessione, vel quasi, utendi anulo, mitra et aliis supradictis, prout superius est expressum et idem abbas per exhibitionem indulti predicti, et alias etiam erat legitime probare paratus, inhibitioni hujusmodi parere minime tenebatur, et ad id compelli de jure non poterat, nec debebat ; et quia dictus episcopus hujusmodi exceptionem legitimam admittere indebite denegans, dictum abbatem ad parendum eidem inhibitioni nichilominus contra justitiam compellebat, idem abbas sentiens ex hoc indebite se gravari ad nostram audientiam appellavit. Quocirca discretioni vestre, per apostolica scripta mandamus quatinus, vocatis qui fuerint evocandi, et auditis hinc inde propositis, quod canonicum fuerit, appellatione posthabita, decernatis ; facientes quod decreveritis, auctoritate nostra, firmiter observari. Testes autem qui fuerint nominati, si se gratia, odio, vel timore subtraxerint, per censuram ecclesiasticam, appellatione cessante, cogatis veritati testimonium perhibere. Et si non omnes hiis exequendis potueritis interesse, duo vestrum ea nichilominus exequantur. Datum Reate (1), nonis Novembris, pontificatus nostri anno quarto.

104.

BULLE DE BONIFACE VIII

datée du Palais de Latran, réglant les droits funéraires et divers démêlés qui s'étaient élevés entre les prieurs et curés des églises paroissiales d'une part et les religieux dominicains et franciscains d'autre part (2).

Original sur parchemin un peu rongé, quelques mots effacés.

---

(1) *Rieti*, ville épiscopale des anciens États pontificaux, à 65 kilomètres Nord-Est de Rome.

(2) Cette bulle, du 18 février 1300, n'ayant pas trait directement au monastère de Saint-Gilles nous ne la transcrirons pas ici. Elle a été imprimée dans le « *Liber sextus decretalium. — Extravagantes.* »

CLIV. — 105.

BULLE DE BONIFACE VIII

datée du Palais de Latran, portant provision de l'abbaye de Saint-Gilles en faveur de Hugues de Folhaquier.

Original sur parchemin en bon état, mais déchiré à l'un des plis.

15 novembre 1301

Bonifacius, episcopus, servus servorum Dei, dilecto filio Hugoni (1) abbati monasterii Sancti Egidii, ad Romanam Ecclesiam nullo medio pertinentis, ordinis Sancti Benedicti, Nemausensis diocesis, salutem et apostolicam benedictionem. Pia nos excitat et inducit affectio ut, inter cetera, sollicitudinum studia quibus jugiter mens nostra distrahitur, de statu monasteriorum vacantium, presertim Romane Ecclesie nullo medio subjectorum attentione sollicita cogitantes circa celeres provisiones eorum curiosam adhibere solertiam, ac opem et operam vigilanter impendere studeamus ne, quod absit, illa relicta neglectui, vel desidie torpore postposita, gravia cogantur incommoda et periculosa dispendia experiri, que solet ipsis ingerere vacationis instantia longioris. Dudum siquidem monasterio vestro Sancti Egidii Sedi apostolice immediate subjecto, ordinis Sancti Benedicti, Nemausensis diocesis, per obitum quondam Raymundi abbatis ipsius monasterii, pastoris regimine destituto (2), $\left\{\begin{array}{c}\text{filii}\\\text{vos}\end{array}\right\}$ conventus ejusdem monasterii certa die ad eligendum prefixa, vocatis omnibus qui volue-

---

(1) Hugues II de Folhaquier fut pourvu de l'abbaye par suite de la démission que fit, entre les mains du pape, son prédécesseur Bertrand II de la Tour. Hugues II posséda jusqu'en 1319. Avant sa promotion, il était prieur-majeur du monastère.

(2) Cette bulle et la suivante sont presque identiques jusqu'au signe ✠. Les différences sont marquées par la double ligne : la première se rapportant au n° CLIV, la deuxième au n° CLV.

runt, debuerunt et potuerunt comode interesse, insimul { conve-/conve-nerunt/nistis... }. Et tandem, prout est moris, Spiritus Sancti gratia invocata, deliberantes in hujusmodi electionis negotio, per viam procedere compromissi (1) certis ejusdem monasterii monachis providendi ea vice ipsi monasterio de abbate assumendo de ejus gremio, ac etiam de se ipsis, potestatem plenariam unanimiter { concesserunt / concessistis... }, promittentes quod illum in { suum... / vestrum } et ejusdem monasterii abbatem { reciperent et haberent / reciperitis et haberetis }, de quo eidem compromissarii, ut premittitur, de gremio dicti monasterii, vel se ipsis, prefato monasterio ducerent providendum. Memorati vero compromissarii hujusmodi, potestate recepta, secedentes seorsum, tractu super hoc inter se prohabito diligenti, demum in dilectum filium Bertrandum de Turre, priorem de Molezano (2), ejusdem ordinis, Uticensis diocesis, prefati monasterii monachum direxerunt concorditer vota sua. Et deinde dilectus filius Rostagnus de Salve (3), qui erat unus ex compromissariis supradictis, ex commissa sibi suisque in hac parte collegis, a { conventu ipso / vobis............ } hujusmodi potestate, de ipsorum collegarum presentium mandato expresso, vice { totius conventus predicti / omnium vestrum......... }, eumdem B......... in abbatem elegit monasterii prelibati { dictique conventus / vosque............... } electionem hujusmodi ab eodem Rostagno solemniter publicatam con-

---

(1) Ce genre de compromis était souvent employé dans les monastères nombreux, afin de rendre l'élection plus prompte et plus calme.

(2) *Moulézan*, commune du canton de Saint-Mamert, arrondissement de Nîmes (Gard).

(3) *Sauve*, chef-lieu de canton de l'arrondissement du Vigan (Gard). Rostang de Sauve, dont il est ici question, devint abbé de Saint-Eusèbe. Voir ci-dessous n° CLVI. — 107.

cordi voto et voluntate unanimi { approbarunt / approbastis } ac postmodum idem Bertrandus electioni hujusmodi de se facte, infra tempus a jure statutum, consentire curavit se propter hoc, tempore debito, apostolice Sedis conspectui personaliter presentando, et tam ipse per se quam { conventus predicti / vos............... } per certos { eorum / vestros } procuratores ad hoc specialiter constitutos presentato nobis hujusmodi electionis decreto a nobis cum instantia supplici { postularunt / postulastis } ut electionem ipsam coufirmare de benignitate solita dignaremur. Et tandem supradictus Bertrandus omne jus quod sibi ex electione competebat eadem, sponte ac libere in nostris manibus resignavit, cujus resignationem benigne duximus admittendam. Nos autem ad ipsius monasterii statum bonum ac prosperum paternis studiis intendentes ac propterea volentes eidem de persona idonea providere, { Bertrandum / predictum B. } et nonnullos alios sepe fati monasterii monachos, tunc apud Sedem apostolicam constitutos, ad nostram presentiam duximus evocandos, districtius injungentes eisdem ut nobis aliquos ejusdem monasterii monachos ad ipsius regimen sufficientes et idoneos nominarent, qui, hujusmodi mandato nostro recepto, in partem secedere curaverunt, et deliberatione super hoc inter se prohabita diligenti, { te.................. / dilectum filium Hu-.. gonem abbatem ejusdem monasterii Sancti Egidii } tunc Priorem claustralem ipsius monasterii nobis specialiter nominarunt, personam { tuam / suam } de litterarum scientia, honestate morum, conversationis et vite munditia et aliis probitatis meritis multipliciter commendantes. Unde nos super hiis plenam cum fratribus nostris collationem et deliberationem habentes, { te.................. / ipsum Hugonem } de ipsorum fratrum consilio et apostolice plenitudine potestatis eidem monasterio Sancti Egidii prefecimus in abbatem, curam et administrationem ipsius { tibi / sibi } in spiritualibus et temporalibus committentes, firma concepta fiducia quod, dirigente Domino actus { tuos / suos }, predictum monasterium per { tue / sue } circumspectionis industriam laudabiliter dirigetur et salubria suscipiet incrementa. ✠ Tu itaque tanquam devotionis et obedientie filius, beneplacitis apostolicis te conformans, jugum Domini reverenter suscipias et feras, ejus oneri humiliter colla summittere non omittas, sicque ipsius monasterii curam et administrationem diligenter exerceas et sollicite prosequaris, ut illud gubernatori provido et administratori perutili non indigne gaudeat se commissum, tibique proinde divine retributionis premium producatur, ac ejusdem Sedis favor et gratia circa te non immerito augeantur. Datum Laterani, XVII Kalendas Decembris, pontificatus nostri anno septimo.

CLV. — 106.

BULLE DE BONIFACE VIII

datée du palais de Latran, annonçant aux moines de Saint-Gilles la nomination de l'abbé Hugues de Folhaquier.

Original sur parchemin en bon état.

15 novembre 1301.

Bonifacius, episcopus, servus servorum Dei, dilectis filiis conventui monasterii Sancti Egidii..... comme dans le n° CLIV jusqu'au signe ✠ sauf les changements indiqués par la seconde ligne dans le texte; la fin des deux bulles diffère seule; voici comment se termine celle-ci: ✠ Quocirca discretioni vestre per apostolica scripta mandamus quatinus eidem abbati tanquam patri et pastori animarum vestrarum plene ac humiliter intendentes, obedientiam et reverentiam debitam sibi exhibere curetis. Alioquin sententiam quam ipse propter hoc rite tulerit in rebelles, ratam habebimus et faciemus, actore Domino, usque ad satisfactionem condignam inviolabiliter observari. Datum Laterani, XVII Kalendas Decembris, Pontificatus nostri anno septimo.

CLVI. — 107.

BULLE DE CLÉMENT V (1)

datée d'Avignon, contre l'évéque d'Apt qui troublait l'abbé de Saint-Eusèbe dans l'administration de son monastère.

Original sur parchemin en assez bon état, quelques mots sont effacés.

19 janvier 1310.

Clemens, episcopus, servus servorum Dei, venerabili fratri archiepiscopo Ebredunensi (2), salutem et apostolicam benedictionem. Sua nobis Rostagnus de Salve, abbas monasterii de Sancto Eusebio, ordinis Sancti Benedicti, Aptensis diocesis, petitione, monstravit quod licet ipse ad regimen dicti monasterii canonice assumptus fuerit et administrationem bonorum ejusdem monasterii aliquandiu utiliter gessisse noscatur et gerat ad presens, tamen venerabilis frater noster Episcopus Aptensis contra eundem abbatem indebite, rancore concepto, ei, proprio motu, sine aliqua rationabili causa, mandavit ne ulterius pro abbate dicti monasterii se gereret, nec administrationem exerceret eandem in ipsius abbatis non modicum prejudicium et gravamen; propter quod dictus abbas, sentiens ex tali mandato indebite se gravari, ad Sedun apostolicam appellavit. Quocirca fraternitati tue, de utriusque partis procuratorum assensu, per apostolica scripta mandamus quatenus, vocatis qui fuerint evocandi et auditis hinc inde propositis, quod justum fuerit, appellatione remota, decernas, faciens quod decreveris auctoritate nostra firmiter observari. Testes autem qui fuerint nominati, si se gratia, odio, vel timore subtraxerint, per censuram ecclesias-

---

(1) Clément V, précédemment archevêque de Bordeaux, fut élu pape le 21 juillet 1305; ils transféra le siége pontifical à Avignon et mourut le 20 avril 1314, après un règne de huit ans, neuf mois et huit jours.

(2) *Embrun*, autrefois siége métropolitain, est un chef-lieu d'arrondissement du département des Hautes-Alpes. Son titre est aujourd'hui uni, depuis le Concordat, à celui d'Aix.

ticam, appellatione cessante, compellas veritati testimonium perhibere. Datum Avenion. XIV Kalendas februarii, Pontificatus nostri anno quinto.

108.

Sous le n° 108 se trouve une bulle de Jean XXII (1) dont le parchemin a été tellement rongé que l'acte n'est plus lisible. Un ancien inventaire en fait cette analyse : Bulle recommandant au roi de France Raymond, précédemment abbé de Saint-Guilhem du désert, nouvellement pourvu par le Saint-Siège de l'abbaye de Saint-Gilles. Cette pièce est datée d'Avignon le 4 des nones d'avril de la 8me année du pontificat de Jean XXII (2 avril 1324).

CLVII. — 109.

BULLE DE JEAN XXII

datée d'Avignon, contre deux laïques qui portaient préjudice au temporel du monastère de Saint-Gilles.

Original sur parchemin en bon état.

20 juin 1326.

Johannes, episcopus, servus servorum Dei, dilecto filio Petro de Vidilhano, canonico Nemausensi, salutem et apostolicam benedictionem. CONQUESTUS EST NOBIS dilectus filius Raymundus (2), abbas monasterii Sancti Egidii, ordinis Sancti Benedicti, Nemausensis diocesis, quod Bernardus de Cazalits et Matheus de Bausanitis, laici dicte diocesis, super quibusdam pecuniarum summis, bladi quantitate, pannis laneis et lineis, porcis, pecoribus et rebus aliis ad mensam suam spectantibus et ab aliis bonis conventus ejusdem

---

(1) Jean XXII, élu le 7 août 1316, mourut le 5 décembre 1334, il avait régné dix-huit ans, trois mois et vingt-neuf jours.

(2) C'était Raymond III de Sérignac qui tint le siége abbatial de 1324 à 1330, époque où il devint abbé de Psalmodi.

monasterii omnino discretis injuriantur eidem. Ideoque discretioni tue, per apostolica scripta mandamus quatinus, partibus convocatis, audias causam, et appellatione remota, debito fine decidas, faciens quod decreveris per censuram ecclesiasticam firmiter observari. Testes autem qui fuerint nominati, si se gratia, odio, vel timere subtraxerint, censura simili, appellatione cessante, compellas veritati testimonium perhibere. Datum Avenion. XII Kalendas Julii, Pontificatus nostri anno decimo.

CLVIII. — 110.

BULLE DE JEAN XXII

datée d'Avignon, portant provision de l'abbaye de Saint-Eusèbe en faveur de Guillaume de la Garde, sauf toutefois le droit du monastère de Saint-Gilles sur cette abbaye.

Original sur parchemin en bon état, un peu piqué.

24 avril 1329.

Johannes, episcopus, servus servorum Dei, dilectis filiis abbati et conventui monasterii Sancti Egidii, ordinis Sancti Benedicti, Nemausensis diocesis, salutem et apostolicam benedictionem. APOSTOLICE SERVITUTIS officium quo ecclesiarum et monasteriorum tenemur invigilare profectibus et precavere dispendiis nos constringit ut per nostre solicitudinis providentiam eis jus suum conservetur illesum. Sane petitio pro parte vestra nobis exhibita continebat quod, tam ex privilegio Sedis apostolice, quam de antiqua et approbata et hactenus tanti temporis spatio pacifice observata consuetudine, quod de contrario memoria non existit in monasterio Sancti Eusebii de Savione, ordinis Sancti Benedicti, Aptensis diocesis, quod est monasterio vestro immediate subjectum, observatum extitit ac obtentum, quod vacante ipso monasterio Sancti Eusebii, conventus ejusdem monasterii in monasterio vestro et de ipsius gremio et non de alio unam personam in eorum abbatem eligere ac electionem ipsam tibi, fili abbas, presentare tenentur, per te postmodum confirmandam. Quodque dudum eodem monasterio Sancti Eusebii, per obitum quondam Rostagni ipsius monasterii abbatis, qui in partibus illis diem clausit extremum, vacante, dicti conventus in ipso monasterio Sancti Eusebii convenientes in unum, dilectum filium Guillelmum abbatem tunc monachum ejusdem monasterii Sancti Eusebii ac priorem prioratus Sancti Salvatoris(1), dicti ordinis, Niciensis(2) diocesis, eidem monasterio Sancti Eusebii immediate subjecti, contra privilegium et consuetudinem supradicta de facto in eorum abbatem eligere presumpserunt, cui quidem electioni dictus Guillelmus consentiens electionem ipsam a venerabili fratre nostro .... episcopo Aptensi petiit auctoritate ordinaria confirmari. Quod que vos asserentes eandem electionem fore in vestri prejudicium attemptatam ne dictus Episcopus ad confirmationem electionis predicte procederet, ad Sedem apostolicam appellastis et quod ipse Guillelmus ad Sedem accedens eandem, lite super hiis inter vos ex parte una et ipsos conventum ex altera apud Sedem pendente prefatam ac attendens pericula que eidem monasterio Sancti Eusebii ex vacatione diutina poterant provenire, omni juri, si quod sibi ex electione hujusmodi competebat, renuntiavit sponte ac libere apud dictam Sedem, in manibus venerabilis fratris nostri Guillelmi, episcopi Sabinensis(3), resignationem de mandato nostro sibi facto vive vocis oraculo admittentis eandem. Quodque nos postmodum de persona ipsius Guillelmi, de fratrum nostrorum consilio, auctoritate apostolica, eidem monasterio Sancti Eusebii providimus, ipsumque illi prefecimus in abbatem, curam et administrationem ipsius sibi in spiritualibus et temporalibus plenarie committendo. Quare vos timentes ex premissis juri vestro posse in postero prejudicium generari, nobis humiliter supplicastis ut providere vobis super hiis paterna diligentia curaremus. Nos igitur nolentes quod per hoc juri vestro, si quod super premissis vobis competit, in aliquo derogetur, hujusmodi vestris supplicationibus inclinati, auctoritate apostolica

---

(1) *Saint-Sauveur*, chef-lieu de canton de l'arrondissement de Puget-Théniers (Alpes-Maritimes).

(2) *Nice*, chef-lieu du département des Alpes-Maritimes.

(3) *Sabine*, dans les anciens États pontificaux, siége de l'un des évêchés suburbicaires toujours occupés par un cardinal.

decernimus quod, per premissa per nos seu de mandato nostro, ut premittitur, facta, nullum vobis et eidem monasterio vestro in postero prejudicium generetur. Nulli ergo omnino hominum liceat hanc paginam nostre voluntatis et constitutionis infringere, vel ei ausu temerario contra ire. Si quis autem hoc attemptare presumpserit, indignationem omnipotentis Dei et Beatorum Petri et Pauli, apostolorum ejus, se noverit incursurum. Datum Avenion, VIII Kalendas maii, pontificatus nostri anno tertio decimo.

CLIX. — 111.

BULLE DE JEAN XXII

datée d'Avignon, portant provision de l'abbaye de Saint-Gilles en faveur de Girbert, auparavant abbé de Saint-Jean de Penne, au diocèse d'Auch.

Original sur parchemin en bon état, sauf deux ou trois mots effacés, longue déchirure à l'un des plis.

29 mai 1332

Johannes, episcopus, servus servorum Dei, dilecto filio Girberto (1), abbati monasterii Sancti Egidii de Sancto Egidio, ad Romanam Ecclesiam nullo medio pertinentis, ordinis Sancti Benedicti, Nemausensis diocesis, salutem et apostolicam benedictionem. Ex SUSCEPTE servitutis officio vigiliis assiduis angimur et meditationis assiduitate pulsamur ut vacantibus monasteriis, illis maxime qui ad Romanam Ecclesiam nullo pertinent mediante, ne propter vacationes diutinas dispendia subeant, per nostre solicitudinis studium de oportuno provisionis remedio salubriter consulatur. Nuper siquidem monasterio Sancti Egidii de Sancto Egidio, ad eamdem Romanam Ecclesiam nullo medio pertinente, ordinis Sancti Benedicti, Nemausensis diocesis, pro eo vacante quod nos

---

(1) Girbert de Cantabre, nommé abbé de Saint-Gilles par cette bulle, devint abbé de Saint-Victor de Marseille en 1335 ; il ne gouverna l'abbaye de Saint-Gilles qu'environ trois ans. Les fréquents changements de cette époque dans le gouvernement du monastère étaient loin de favoriser le maintien de la discipline régulière.

de persona dilecti filii Hugonis (1), Sancti Johannis Angeliacensis (2), dicti ordinis, Xantoniensis diocesis, tunc ejusdem Sancti Egidii monasteriorum abbatis, licet abseutis, prefato monasterio Sancti Johannis tunc vacanti duximus providendum, preficiendo eum dicto monasterio Sancti Johannis auctoritate apostolica in abbatem. Nos attendentes quod nullus preter nos hac vice de ordinatione ipsius monasterii Sancti Egidii se hac vice intromittere potest, pro eo quod nos diu ante vacationem hujusmodi ipsius monasterii Sancti Egidii omnia monasteria tunc vacantia et in posterum vacatura per provisiones per nos factas et inantea faciendas de prelatis eorum ubilibet constitutis ad alia monasteria tunc vacantia et in posterum vacatura apud Sedem apostolicam vacare intelleximus et voluimus eorumque provisiones dispositioni nostre duximus reservandas, decernendo extunc irritum et inane, si secus super hiis a quoquam, quavis auctoritate, scienter vel ignoranter contingerit attemptari, ac de provisione ipsius monasterii Sancti Egidii celeri et felici paternis et solitis studiis, ne prolixe vacationis exponeretur incommodis, cogitantes *et cupientes* talem eidem *preesse* personam que vellet, sciret et posset illud preservare noxiis et adversis, ac in suis manutenere juribus ac etiam adaugere, post deliberationem quam ad *preficiendum monasterio prefato* Sancti Egidii personam hujusmodi cum fratribus nostris habuimus diligentem, demum ad te tunc abbatem monasterii Sancti Johannis de Pinna ejusdem ordinis, Oxensis (3) diocesis, consideratis grandium virtutum tuarum meritis, quibus personam tuam Altissimus, prout ex testimoniis fide dignis accepimus, insignivit et quod regimini dicti monasterii Sancti Johannis de Pinna hactenus laudabiliter prefuisti, convertimus oculos nostre mentis, quibus omnibus attenta meditatione discussis, de persona tua

---

(1) Hugues III de Melet (Mialet), d'abord prieur de Saint-Gervais au diocèse de Rouen, fut pourvu de l'abbaye de Saint-Gilles en 1330 et passa bientôt au siège abbatial de Saint-Jean-d'Angély, au diocèse de Saintes.

(2) *Saint-Jean-d'Angély* et *Saintes*, chef-lieux d'arrondissement du département de la Charente-Inférieure.

(3) *Auch*, chef-lieu du département du Gers.

nobis et eisdem fratribus, ob premissorum tuorum exigentiam meritorum, accepta, dicto monasterio Sancti Egidii, de ipsorum fratrum consilio, auctoritate apostolica, providimus, teque illi prefecimus, curam et administrationem ipsius tibi tam in spiritualibus quam in temporalibus plenarie committendo, firma concepta fiducia quod, dirigente Domino actus tuos, prefatum monasterium Sancti Egidii, per tue industrie et circumspectionis fructuosum studium tuumque ministerium studiosum, regetur utiliter et prospere dirigetur ac grata in eisdem spiritualibus et temporalibus, auctore Domino, suscipiet incrementa. Quocirca discretioni tue per apostolica scripta mandamus quatinus onus regiminis dicti monasterii Sancti Egidii suscipiens reverenter, sic te in eo exercendo fidelem exhibeas ac etiam studiosum quod idem monasterium Sancti Egidii, per laudabile tue diligentie studium, gubernatori provido et fructuoso administratori gaudeat se commissum, tuque preter retributionis eterne premium, nostre et apostolice favoris et gratie exinde merearis suscipere incrementum. Datum Avenion, IV Kalendas Junii, pontificatus nostri anno sexto decimo.

CLX. — 112 a.

BULLE DE JEAN XXII

datée d'Avignon, en faveur du monastère de Saint-Gilles, contre ceux qui en détenaient les censes, les dîmes et les autres droits.

Original sur parchemin en assez bon état, quelques mots effacés.

15 décembre 1333.

Johannes, episcopus, servus servorum Dei, dilecto filio Raimundo de Cornaco, canonico Claramontensi (1), salutem et apostolicam benedictionem. SIGNIFICARUNT NOBIS dilecti filii abbas et conventus monasterii Sancti Egidii, ad Romanam Ecclesiam nullo medio pertinentis, ordinis Sancti Benedicti, Nemausensis diocesis, quod non-

---

(1) *Clermont*, chef-lieu du département du Puy-de-Dôme.

nulli iniquitatis filii quos prorsus ignorant, redditus, census, possessiones, decimas, legata, instrumenta publica, et quedam alia bona ad monasterium ipsum spectantia, temere et maliciose occultare et occulte detinere presumunt, non curantes ea dictis abbati et conventui exhibere, in animarum suarum periculum et ipsius monasterii non modicum detrimentum ; super quo iidem abbas et conventus apostolice Sedis remedium implorarunt. Quocirca discretioni tue, per apostolica scripta, mandamus quatinus omnes hujusmodi occultos detentores decimarum, reddituum et aliorum bonorum predictorum ex parte tua publice in ecclesiis coram populo, per te vel alium, moneas, ut, infra competentem terminum quem eis prefixeris, ea prefatis abbati et conventui restituant et revelent, ac de ipsis plenam et debitam eis satisfactionem impendant. Et si id non impleverint infra alium terminum competentem, quem eis ad hoc implendum duxeris prefigendum, ex tunc in eosdem generalem excommunicationis sententiam proferas, faciens eam ubi et quando videris expedire usque ad satisfactionem condignam sollemniter publicari. Datum Avenion., XII Kalendas Januarii, Pontificatus nostri anno decimo octavo.

CLXI. — 112 b.

BULLE DE BENOIT XII (1)

datée d'Avignon, portant provision du prieuré claustral de l'abbaye de Saint-Gilles, vacant par la promotion du prieur au titre d'abbé.

Original sur parchemin en assez mauvais état, rongé, mots effacés, déchirure à un pli.

27 avril 1339.

Benedictus. episcopus, servus servorum Dei, venerabili fratri Episcopo Ruthenensi et dilectis filiis ...... preposito Avenionensis, ac .... Archidiacono Carcassonensis ecclesiarum, salutem et apostolicam benedictionem. RELIGIONIS ZELUS, vite ac morum honestas,

---

(1) Benoit XII, élu le 20 décembre 1334, mourut le 25 avril 1342, après un règne de sept ans, quatre mois et six jours.

aliaque dilecti filii Raimundi de Arenis, prioris majoris claustralis monasterii Sancti Egidii, ad Romanam Ecclesiam nullo medio pertinentis, ordinis Sancti Benedicti, Nemausensis diocesis, virtutum merita, super quibus apud nos fide dignorum testimonio laudabiliter commendatur, exposcunt ut personam suam specialis favoris prerogativa et gratie prosequamur. Cum itaque officium majoris prioratus claustralis dicti monasterii, per monachos ejusdem monasterii, cujus dictus Raimundus extitit monachus, solitum gubernari, quod dilectus filius Bertrandus (1) abbas, olim prior major claustralis prefati monasterii, tempore promotionis per nos facte ad prefatum tunc vacans monasterium obtinebat, per hujusmodi promotionem ac pacificam assecutionem possessionis, administrationis bonorum ipsius monasterii, tunc vacare nosceretur, nullusque, preter nos, ea vice de ipso officio disponere posset, ex eo quod nos dudum ante vacationem hujusmodi, omnia officia ceteraque beneficia ecclesiastica secularia et regularia ..... que promovendi per nos, seu auctoritate nostra, ad regimina quorumlibet monasteriorum, tempore promotionis hujusmodi obtinerent, quovis modo extant vacatura, dispositioni et provisioni nostre duximus reservanda, decernentes ex tunc irritum et inane si secus super hiis per quoscunque, quavis auctoritate, scienter vel ignoranter contingat attemptari. Nos volentes, premissorum ipsius Raimundi meritorum intuitu, sibi pro quo etiam dictus abbas et dilecti filii priores, officiales et conventus dicti monasterii asserentes dictum Raimundum fore per viginti tres annos et amplius honeste ac laudabiliter in ipso monasterio conversatum, per eorum patentes litteras nobis in hac parte humiliter ac unanimiter supplicarunt gratiam facere specialem, predictum officium majoris prioratus claustralis sic vacans, nullos habens, ut asseritur, redditus cum omnibus juribus et pertinentiis suis apostolica dicto Raimundo auctoritate contulimus et de illo duximus providendum, decernentes, prout erat, irritum et inane, si secus super hiis a quoquam, quavis auctoritate, scienter vel ignoranter, attemptatum forsan esset hactenus, vel contingeret in posterum attemptari ; non obstantibus quibuscunque statutis et consuetudinibus monasterii et ordinis predictorum contrariis, jura-

---

(1) Bertrand V possèda l'abbaye de 1339 à 1347.

mento, confirmatione Sedis apostolice, vel quacunque firmitate alia roboratis, aut si aliqui super provisionibus sibi faciendis et dignitatibus, officiis, vel beneficiis ecclesiasticis ipsius monasterii speciales, vel in illis partibus generales dicte Sedis vel legatorum ejus litteras impetrarunt, etiam si per eas ad inhibitionem, reservationem et decretum, vel alias quomodolibet sit processum, quibus omnibus in assecutione dicti officii eundem Raimundum voluimus anteferri. Sed nullum per hoc eis quoad assecutionem dignitatum, officiorum et beneficiorum aliorum prejudicium generari, aut si abbati ..... et conventui supradictis, vel quibusvis aliis communiter vel divisim ab eadem sit Sede indultum quod ad receptionem, vel provisionem alicujus minime teneantur, et ad id compelli non possint, quodque de hujusmodi dignitatibus, officiis, aliisque beneficiis ecclesiasticis ad eorum collationem, provisionem, presentationem, vel quamcunque aliam dispositionem, conjunctim vel separatim spectantibus nulli valeat provideri per litteras apostolicas non facientes plenam et expressam, ac de verbo ad verbum, de indulto ejusmodi mentionem et qualibet alia dicte Sedis indulgentia generali vel speciali cujuscunque tenoris existat per quam nostris litteris non expressam .... non insertam effectus hujusmodi nostre gratie impedire valeat quomodolibet, vel differri et de qua cujusque tenore habenda sit in eisdem nostris litteris mentio specialis. Quocirca discretioni vestre per apostolica scripta mandamus quatinus vos, vel duo, aut unus vestrum, per vos, vel alium, sive alios eundem Raimundum vel procuratorem suum ejus nomine in corporalem possessionem officii majoris prioratus claustralis ac jurium et pertinentiarum predictorum inducatis auctoritate nostra et defendatis inductum, amoto ab eodem officio quolibet detentore, facientes eum aut dictum procuratorem pro eo ad hujusmodi officium, ut est moris, admitti sibique de ipsius officii fructibus, redditibus, proventibus, juribus et obventionibus universis integre responderi. Non obstantibus omnibus supradictis, seu si eisdem abbati et conventui, vel ...... aliquibus aliis communiter vel divisim a predicta sit Sede indultum quod interdici, suspendi, vel excommunicari non possint per litteras apostolicas non facientes plenam et expressam et de verbo ad verbum de indulto hujusmodi mentionem, contradictores per censuram ecclesiasticam, appellatione postposita, compescendo. Datum Avenion., V Kalendas Maii, pontificatus nostri anno quinto.

CLXII. — 113.

BULLE DE CLÉMENT VI (1)

datée de Villeneuve-lez-Avignon, accordant à l'abbé de Saint-Gilles le pouvoir d'absoudre les moines de sa dépendance des mêmes censures dont l'évêque peut absoudre dans son diocèse.

Original sur parchemin en bon état.

24 septembre 1343

Clemens, episcopus, servus servorum Dei, dilecto filio Bertrando, abbati monasterii Sancti Egidii, ad Romanam Ecclesiam nullo medio pertinentis, ordinis Sancti Benedicti, Nemausensis diocesis, salutem et apostolicam benedictionem. Devotionis tue sinceritas quam ad nos et Romanam Ecclesiam geris promeretur ut illa tibi concedamus que tuum et monasterii tui statum ac personarum et subditorum ipsius salutem animarum et commodum respicere dinoscantur. Volentes itaque monasterio tuo ac personis et subditis tuis in spiritualibus, ut omnis vagandi tollatur occasio, salubriter et utiliter providere, tuis supplicationibus inclinati, tibi et omnibus successoribus tuis ejusdem monasterii abbatibus, qui erunt pro tempore, ac te et iisdem successoribus absentibus, vicariis generalibus seu officialibus vestris in spiritualibus in villa Sancti Egidii monasterii vestri, seu ejus territorio ubi spiritualem et temporalem jurisdictionem vos obtinere asseritis, ut monachos et alios ipsius monasterii in spiritualibus subditos presentes et posteros, si ex delicto in loco exempto commisso, excommunicationis sententias incurrerint a quibus eos diocesani locorum subditorum absolvere possent, si hoc humiliter petierint, ab eisdem sententiis, si passis injurias satisfecerint competenter, juxta formam Ecclesie, auctoritate apostolica absolvere valeatis, injuncta eis penitentia salutari, et aliis que de jure fuerint injungenda, de speciali gratia indulgemus. Nulli ergo omnino hominum liceat hanc paginam nostre concessionis infringere, vel ei ausu temerario contraire. Si quis

---

(1) Clément VI, élu le 7 mai 1342, mourut le 6 décembre 1352, il avait régné dix ans et sept mois.

autem hoc attemptare presumpserit, indignationem omnipotentis Dei et beatorum Petri et Pauli, apostolorum ejus, se noverit incursurum. Datum apud Villamnovam (1) Avenionensis diocesis, VIII Kalendas Octobris, Pontificatus nostri anno secundo.

CLXIII. — 114.

BULLE DE CLÉMENT VI

datée de Villeneuve-lez-Avignon, permettant à l'abbé de Saint-Gilles, d'avoir un autel portatif, pour célébrer ou faire célébrer en sa présence la messe et les autres offices divins, pendant ses absences du monastère.

Original sur parchemin en fort bon état.

3 septembre 1344

Clemens, episcopus, servus servorum Dei, dilecto filio Bertrando abbati monasterii Sancti Egidii, ad Romanam Ecclesiam nullo medio pertinentis, ordinis Sancti Benedicti, Nemausensis diocesis, salutem et apostolicam benedictionem. SINCERE DEVOTIONIS affectus quem ad nos et Romanam geris Ecclesiam non indigne meretur ut tibi ac monasterio tuo libenti animo concedamus que salutem animarum conspiciunt et que tibi et monasterio tuo fore cognoscimus oportuna. Cum itaque, sicut petitio pro parte tua et dilectorum filiorum conventus monasterii tui nobis nuper exhibita continebat, abbates ipsius monasterii, qui sunt pro tempore, ex causis diversis ab eodem monasterio se habeant absentari frequenter, nec semper possent commode ad ecclesias accedere pro missa celebranda vel audienda in ipsis, sine qua eos absque causa rationabili ullum diem transire non decet, nos tuis et ipsorum conventus in hac parte devotis supplicationibus inclinati, ut liceat tibi et successoribus tuis abbatibus ipsius monasterii, qui erunt pro tempore, habere altare portatile, cum debita reverentia et honore, super quo, tu et iidem successores in locis congruentibus et honestis possitis ubicumque............ celebrare ac per proprium

---

(1) *Villeneuve-lez-Avignon*, chef-lieu de canton de l'arrondissement d'Uzès (Gard). Cette ville fut souvent un lieu de séjour pour les papes d'Avignon.

vel alium sacerdotem ydoneum facere missam et alia divina officia, sine juris alieni prejudicio, in vestra presentia celebrari tibi et eisdem successoribus auctoritate apostolica, tenore presentium indulgemus. Nulli ergo omnino hominum liceat hanc paginam nostre concessionis infringere, vel ei ausu temerario contraire. Si quis autem hoc attemptare presumpserit, indignationem omnipotentis Dei et beatorum Petri et Pauli, apostolorum ejus, se noverit incursurum. Datum apud Villamnovam Avenionensis diocesis, III idus Septembris, Pontificatus nostri anno tertio.

CLXIV. — 115.

BULLE DE CLÉMENT VI

datée de Villeneuve-lez-Avignon, unissant le prieuré de Saint-Amant de Sommières à la mense abbatiale de Saint-Gilles.

Original sur parchemin en bon état, mais piqué dans le bas en dehors du texte.

24 mars 1352

Clemens, episcopus, servus servorum Dei, ad perpetuam rei memoriam. PASTORALIS OFFICII debitum quo sumus universis orbis ecclesiis et monasteriis obligati, assidue nos compellit ut circa ipsorum statum prosperum dirigendum ac utiliter et salubriter adaugendum paternis studiis intendamus consulendo monasteriorum ipsorum necessitatibus et oportunitatibus providendo. Exhibita siquidem nobis pro parte dilecti filii Raymundi (1), abbatis monasterii Sancti Egidii, ad Romanam Ecclesiam nullo medio pertinentis, ordinis Sancti Benedicti, Nemausensis diocesis, petitio continebat quod prefatum monasterium propter inundationem fluminis Rodani est adeo in facultatibus jam collapsum quod ipse et dilecti filii conventus dicti monasterii de fructibus, redditibus et proventibus ipsius monasterii non possunt commode sustentari. Quare dictus abbas nobis humiliter supplicavit ut sibi paterno compatientes affectu prioratum Sancti Amancii (2), ordinis et dio-

---

(1) Raymond IV de Ganges fut abbé de Saint-Gilles de 1348 à 1358.

(2) Le prieuré de Saint-Amant était à Sommières, cette ville est le chef-lieu d'un canton de l'arrondissement de Nimes (Gard).

cesis predictorum, ad ipsius abbatis collationem spectantem, mense prefati abbatis annectere dignaremur perpetuo et unire. Nos igitur qui dictum monasterium paterna dilectione prosequimur, cupientes ipsius providere necessitatibus ac indigentie imposterum precavere, hujusmodi supplicationibus inclinati, prioratum predictum cum omnibus juribus et pertinentiis suis eidem monasterio ex nunc in perpetuum, auctoritate apostolica incorporamus, annectimus et unimus, eisdem abbati et successoribus suis abbatibus dicti monasterii, qui erunt pro tempore, liberam licentiam, tenore presentium, concedentes quod, cedente vel decedente priore prioratus ejusdem qui nunc est, possint per se, vel alium, vel alios dicti prioratus, ac jurium et pertinentiarum ipsius corporalem possessionem auctoritate propria et perpetuo retinere, ac fructus prioratus ipsius in utilitatem monasterii et prioratus convertere predictorum, cujuscumque licentia vel assensu minime requisitis. Non obstantibus quibuscumque reservationibus factis et faciendis de prioratu predicto ac statutis et consuetudinibus monasterii et ordinis predictorum contrariis juramento, confirmatione apostolica vel quacumque firmitate alia roboratis. Aut si aliqui super provisionibus sibi faciendis hujusmodi prioratibus, vel de beneficiis ecclesiasticis in illis partibus speciales vel generales nostras vel predecessorum nostrorum Romanorum Pontificum aut legatorum Sedis apostolice litteras impetrarunt, etiam si per eas ad inhibitionem, reservationem et decretum vel alias quomodolibet sit processum, quas litteras et processus habitos per easdem ad prioratum predictum volumus non extendi, sed nullum per hoc iis que ad assecutionem prioratuum, ecclesiarum et beneficiorum aliorum prejudicium generari, seu quibuslibet litteris et indulgentiis apostolicis generalibus vel specialibus, quorumcumque tenorum existant, per que presentibus non expressa, vel totaliter non inserta effectus presentium impediri valeat quomodolibet, vel differri et de quibus quorumque totis tenoribus de verbo ad verbum habenda sit in nostris litteris mentio specialis. Nos enim ex nunc irritum decernimus et inane si secus super hiis per quoscumque, quavis auctoritate, scienter vel ignoranter contigerit attemptari. Proviso quod prioratus predictus debitis obsequiis et solito ministrorum numero non fraudetur et quod incumbentia sibi onera debite et congrue supportentur. Nulli ergo omnino hominum liceat hanc paginam nostre incorporationis, annexionis, unionis et constitutionis infringere, vel ei ausu temerario contraire. Si quis autem hoc attemptare presumpserit, indignationem omnipotentis Dei et beatorum Petri et Pauli, apostolorum ejus, se noverit incursurum. Datum apud Villamnovam, Avinionensis diocesis, IX Kalendas Aprilis, pontificatus nostri anno decimo.

CLXV. — 116.

BULLE D'URBAIN V (1)

datée d'Avignon, portant provision en faveur de Jean de Bastide du prieuré du Caylar, diocèse de Nimes, alors encore dépendant du monastère de Saint-Gilles.

Original sur parchemin en bon état, quoique un peu rongé.

27 novembre 1362

Urbanus, episcopus, servus servorum Dei, dilecto filio Johanni de Bastida, priori prioratus Sancti Genesii (2), ordinis Sancti Benedicti, Uticensis diocesis, salutem et apostolicam benedictionem. RELIGIONIS ZELUS, vite ac morum honestas, aliaque probitatis et virtutum merita, super quibus apud nos fide dignorum commendaris testimonio, nos inducunt, ut tibi reddamur ad gratiam liberales. Cum itaque hodie dilecto filio Deodato de Viridiscico, priori prioratus conventualis Sancti Saturnini (3), Cluniacensis ordinis, Uticensis diocesis, de ipso prioratu tunc vacante duxerimus per nostras certi tenoris litteras providendum, et propterea quamprimum ipse Deodatus dicti prioratus Sancti Saturnini, vigore dictarum litterarum, possessionem pacificam fuerit assecutus, prioratus

---

(1) S. Urbain V, élu le 27 septembre 1362, mourut le 19 décembre 1370, après un règne huit ans, deux mois et vingt-trois jours.

(2) *Saint-Géniès-en-Malgoirès* est une commune du canton de Saint-Chaptes, arrondissement d'Uzès (Gard).

(3) Le *Pont-Saint-Esprit*, est le chef-lieu d'un canton de l'arrondissement d'Uzès (Gard) ; il y avait dans cette ville un prieuré considérable de l'ordre de Cluny.

de Caslario (1), ordinis Sancti Benedicti, Nemausensis diocesis, quem dictus Deodatus obtinebat, prout obtinet, vacare speretur; nos volentes tibi, premissorum meritorum tuorum intuitu, necnon consideratione dilecti filii nostri Stephani Sancte Marie in Aquiro diaconi cardinalis, pro te dilecto suo nobis super hoc humiliter supplicantis, gratiam facere specialem, dictum prioratum de Caslario a monasterio Sancti Egidii, ordinis Sancti Benedicti et Nemausensis diocesis predictorum dependentem et per monachos ipsius monasterii, cujus monachus existis, solitum gubernari, cum illum premisso vel alio quovis modo, preterquam per ipsius Deodati obitum, vacari contigerit, conferendum tibi cum omnibus juribus et pertinentiis suis donationi apostolice reservamus, districtius inhibentes dilectis filiis abbati et conventui dicti monasterii ac illi vel illis ad quem vel ad quos dicti prioratus de Caslario collatio, provisio, presentatio, seu quavis alia dispositio pertinet communiter vel divisim ne de........ ipso contra reservationem nostram hujusmodi disponere quoquo modo presumant, ac decernentes ex nunc irritum et inane, si secus super hiis a quoquam, quavis auctoritate, scienter vel ignoranter contigerit attemptari. Non obstantibus quibuscumque statutis et consuetudinibus monasterii et ordinis predictorum contrariis juramento, confirmatione apostolica, vel quacumque firmitate alia roboratis; aut si aliqui super provisionibus sibi faciendis de prioratibus, dignitatibus, personatibus, vel officiis, aut aliis beneficiis ecclesiasticis in illis partibus speciales vel generales dicte Sedis, vel legatorum ejus litteris impetrarint, etiam si per eas ad inhibitionem, reservationem et decretum, vel alias quomodolibet sit processum quibus omnibus ....to in assecutionem prioratuum, dignitatum, personatuum, vel officiorum aut beneficiorum aliorum prejudicium generari. Seu si eisdem abbati et conventui vel quibusvis aliis communiter vel divisim a dicta sit Sede indultum quod ad receptionem vel provisionem alicujus minime teneantur et ad id compelli non possint, quodque de prioratibus, dignitatibus, personatibus, vel officiis, aut aliis beneficiis ecclesiasticis ad eorum collationem, provisionem, presentationem,

---

(1) *Le Caylar* est une commune du canton de Vauvert, arrondissement de Nimes (Gard).

seu quamvis aliam dispositionem conjunctim vel separatim spectantibus nulli valeat provideri per litteras apostolicas non facientes plenam et expressam ac de verbo ad verbum de indulto hujusmodi mentionem, et qualibet alia dicte Sedis indulgentia generali vel speciali, cujuscumque tenoris existat, per quam presentibus non expressam vel totaliter non insertam effectus hujusmodi nostre gratie impediri valeat quomodolibet, vel differri, de qua cujusque toto tenore habenda sit in nostris litteris mentio specialis; seu quod prioratum Sancti Genesii, ordinis Sancti Benedicti et Uticensis diocesis predictorum, nosceris obtinere. Volumus autem quod quamprimum, vigore presentium, dictum prioratum de Caslario pacifice fueris assecutus, dictum prioratum Sancti Genesii quem, ut premittitur, obtines, quemque ex tunc vacare decernimus, omnino, prout etiam ad id te sponte obtulisti, dimittere tenearis. Nulli ergo omnino hominum liceat hanc paginam nostre reservationis, inhibitionis, constitutionis et voluntatis infringere, vel ei ausu temerario contraire. Si quis autem hoc attemptare presumpserit, indignationem omnipotentis Dei et beatorum Petri et Pauli, apostolorum ejus, se noverit incursurum. Datum Avenion., V Kalendas decembris, pontificatus nostri anno primo.

CLXVI. — 117.

BULLE D'URBAIN V

datée d'Avignon, nommant plusieurs évêques juges conservateurs des priviléges de l'abbaye de Saint-Gilles.

Original sur parchemin en mauvais état, rongé par les rats ; les lacunes ont été remplies au moyen du n° CLXVIII.—119, entièrement semblable, sauf la suscription. — Ces lacunes ont été marquées par des caractères italiques.

25 novembre 1363.

Urbanus, episcopus, servus servorum Dei, venerabilibus fratribus (1) ...... Convenarum et ...... Carpentoracensi ac ...... Bitterensi

---

(1) Les évêques nommés ici juges conservateurs sont ceux de Cominges, de Carpentras et de Béziers.

episcopis, salutem et apostolicam benedictionem. Militanti ecclesie, licet immeriti, disponente Domino, presidentes, circa curam ecclesiarum et monasteriorum omnium solertia reddimur indefessa soliciti, ut juxta debitum pastoralis officii, eorum occurramus dispendiis et profectibus, divina cooperante clementia, salubriter intendamus. Sane dilectorum filiorum abbatis et conventus monasterii Sancti Egidii, ordinis Sancti Benedicti, Nemausensis diocesis, conquestione percepimus quod nonnulli archiepiscopi, episcopi, aliique ecclesiarum prelati et clerici ac ecclesiastice persone, tam religiose quam seculares, necnon duces, marchiones, comites, barones, nobiles, milites et laici, communia civitatum, universitates opidorum, castrorum, villarum et aliorum locorum et alie singulares persone civitatum et dioceseum et aliarum partium diversarum occuparunt et occupari fecerunt castra, villas et alia loca, terras, domos, possessiones, jura et jurisdictiones, necnon fructus, census, redditus et proventus dicti monasterii et nonnulla alia bona mobilia et immobilia spiritualia et temporalia ad abbatem et conventum ac monasterium predictos spectantia, et ea detinent indebite occupata, seu ea detinentibus prestant auxilium, consilium, vel favorem, nonnulli etiam *civitatum, dioceseum* et partium p*redictarum qui* nomen Domini *in vanum suscip*ere non formidant eisdem abbati et conventui super predictis castris, villis et locis aliis, *terris*, domibus, possessionibus, juribus et jurisdictionibus, fr*uc*tibus, censibus, reddi*t*ibus, proventibus eorumdem *et qui*buscunque aliis bonis mobilibus et immobilibus, spiritualibus et temporalibus ac rebus aliis ad abbatem et conventum ac monasterium predictos spectantibus multiplices molestias et injurias inferunt ac jacturas. Quare dicti abbas et conventus nobis humiliter supplicarunt ut cum eisdem *valde* reddatur difficile pro singulis querelis ad apostolicam Sedem habere recursum, providere eis super hoc paterna diligentia curaremus. Nos igitur adversus occupatores, detentores, presumptores, mo*lestat*ores et injuriatores hujusmodi, illo volentes eisdem abbati et conventui remedio subvenire, per quod ipsorum compescatur temeritas et aliis aditus committendi similia precludatur, Fraternitati vestre per apostolica scripta mandamus quatinus vos, vel duo, aut unus vestrum, per vos, vel alium, seu alios, etiam si sint extra loca in quibus deputati estis conservatores et judices, prefatis abbati et conventui efficacis defensionis presidio assistentes, non permittatis

eosdem super hiis et quibuslibet aliis bonis et juribus ad abbatem
et conventum ac monasterium predictos spectantibus ab eisdem vel
quibusvis aliis indedite molestari, vel eis gravamina seu dampna,
vel injurias irrogari *factu*ri dictis abbati et conventui, cum ab eis
vel procuratoribus suis, vel eorum aliquo fueritis requisiti, de predictis et aliis personis quibuslibet super restitutione hujusmodi
castrorum, villarum, terrarum et *aliorum locorum*, jurisdictionum,
jurium et bonorum mobilium et immobilium, reddituum quoque,
ac proventuum et *aliorum quorumcunque* bonorum, necnon de
quibuslibet molestiis, injuriis, atque dampnis presentibus *et futuris
in illis videli*cet que judicialem requirunt indaginem summarie et
de plano, sine strepitu et figura *judicii; in aliis vero*, prout qualitas
eorum exigerit, justitie complementum occupatores, seu deten*tores*,
molestatores, presumptores et injuriatores hujusmodi, necnon
contradictores quoslibet et rebelles, cujuscunque dignitatis, status,
ordinis vel conditionis extiterit quandocunque et quotiescunque
expedierit, auctoritate *nostra*, *per* censuram ecclesiasticam, appellatione postposita, compescendo, invocato ad hoc, si opus fuerit,
auxilio brachii secularis, non obstantibus felicis recordationis Bonifacii pape VIII predecessoris nostri in qui*bus cavetur* ne aliquis
extra suam civitatem et diocesim, nisi in certis exceptis casibus
et in illis ultra unam dietam a fine sue diocesis, ad judicium evocetur, seu ne judices et conservatores a Sede deputati predicta
extra civitatem et diocesim in quibus deputati fuerint contra quoscunque procedere, sive alii *vel* aliis vices suas committere, aut
aliquos ultra unam dietam a fine diocesis eorumdem trahere presumant; dummodo ultra duas dietas aliquis, auctoritate presentium
non trahatur, seu quod de aliis *quam de* manifestis injuriis et
molestiis et aliis que judicialem indaginem exigunt penis, si secus
egerint et in id procurantes adjectis conservatores se nullatenus
intromittant, quam aliis quibuscunque constitutionibus a predecessoribus nostris Romanis Pontificibus, tam de judicibus delegatis et
conservatoribus quam personis ultra certum numerum ad judicium
non vocandis, aut aliis editis que nostre possent in hac parte juris-
dictioni aut potestati, ejusque libero exercitio quomodolibet obviare,
seu si aliquibus communiter vel divisim a predicta sit Sede indultum
quod excommunicari, suspendi, vel interdici, seu extra, vel ultra
certa loca ad judicium evocari non possint per litteras apostolicas

non *facientes* plenam *et* expressam ac de verbo ad verbum de indulto ejusmodi et eorum personis, *locis*, ordinibus et nominibus propriis mentionem et qualibet alia indulgentia dicte Sedis generali *vel* speciali, cujuscunque tenoris extat, per quam presentibus non expressam vel totaliter non *insertam* nostre jurisdictionis explicatio in hac parte valeat quomodolibet impediri et de qua cujusque toto tenore de verbo ad verbum in nostris habenda sit mentio specialis. Ceterum volu*mus, et aposto*lica auctoritate decernimus quod quilibet vestrum prosequi valeat articulum per alium inchoatum, quam*vis idem in*choans nullo fuerit impedimento canonico prepeditus, quodque a data presen*tium, sit* vobis et unicuique vestrum in premissis omnibus et eorum singulis ceptis et non ceptis presentibus *et* futuris *perpetua* potestas et jurisdictio attributa, ut eo vigore, eaque firmitate possitis in pre*missis* omnibus ceptis et non ceptis presentibus et futuris et pro predictis procedere ac si predicta *omnia et singula eorum a* vobis cepta fuissent et jurisdictio vestra et cujuslibet vestrum in predictis *omnibus* et singulis per citationem vel modum alium perpetuata legitimum extitisset. Constitutio*ne predicta super conservat*oribus et alia qualibet in contrarium edita non obstantibus. *Presentibus post triennium minim*e valituris. Datum Avenion., VII Kalendas *decembris, pontificatus* nostri anno secundo.

CLXVII. — 118.

BULLE D'URBAIN V

datée de Viterbe, unissant à l'abbaye de Saint-Gilles le prieuré de Laudun, diocèse d'Uzès, en remplacement de celui du Caylar, diocèse de Nimes.

Bel original sur parchemin en bon état.

9 septembre 1369.

Urbanus, episcopus, servus servorum Dei, ad perpetuam rei memoriam. MERITA RELIGIONIS dilectorum filiorum abbatis et conventus monasterii Sancti Egidii, ordinis Sancti Benedicti, Nemausensis diocesis, exposcunt ut ipsos et eorum monasterium paterna benevolentia prosequentes, illam eis libenter gratiam concedamus quam ipsorum commoditatibus fore conspicimus oportunam. Cum itaque prioratum de Cayllario (1), ordinis et diocesis predictorum, a prefato monasterio dependentem et per ipsius monasterii monachos solitum gubernari, monasterio Sancti Benedicti de Montepessulano, dicti ordinis, Magalonensis diocesis, per nos canonice fundato pariter et dotato, auctoritate apostolica duxerimus uniendum, nos indempnitati dicti monasterii Sancti Egidii consulere cupientes, parochialem ecclesiam, prioratum nuncupatum de Lauduno (2), Uticensis diocesis, etiamsi dispositioni apostolice generaliter vel specialiter sit reservata cum omnibus juribus et pertinentiis eisdem abbati et conventui monasterii Sancti Egidii et per eos ipsi eorum monasterio, motu proprio, non ad eorum vel alterius pro ipsis nobis super hoc oblate petitionis instantiam, sed nostra mera liberalitate, auctoritate apostolica, incorporamus, annectimus et unimus; itaque cedente vel decedente ipsius ecclesie Rectore qui nunc est, vel eam quomodolibet demittente, liceat eisdem abbati et conventui per se, vel alium, seu alios possessionem corporalem parochialis ecclesie, juriumque et pertinentiarum predictorum auctoritate propria, apprehendere et tenere, ac imperpetuum retinere, ita tamen quod ejusdem parochialis ecclesie fructus, redditus et proventus in illos usus convertantur in quibus convertebantur fructus, redditus et proventus prioratus de Cayllario supradicti, licentia diocesani et alterius cujuscunque in premissis minime requisita, reservata tamen prius et assignata per dictum diocesanum de prefatis fructibus, redditibus et proventibus dicte parochialis ecclesie pro perpetuo vicario per ipsum diocesanum in ea canonice instituendo et ibidem perpetuo Domino servituro portione congrua ex qua sustentari valeat, jura episcopalia solvere et alia incumbentia onera supportare. Non obstantibus quibuscunque constitutionibus seu ordinationibus per nos in contrarium forsan factis, seu si aliqui super provisionibus sibi faciendis de parochialibus ecclesiis aut aliis beneficiis eccle-

---

(1) *Le Caylar* venait d'être uni au monastère de Saint-Benoît de Montpellier.

(2) *Laudun* est une commune du canton de Roquemaure, arrondissement d'Uzès (Gard). Le prieuré de Laudun fut bientôt après (en 1410) enlevé à l'abbaye de Saint-Gilles, l'antipape Benoît XIII le donna aux Célestins d'Avignon qui le possédèrent jusqu'à la Révolution française.

siasticis in illis partibus speciales vel generales apostolice Sedis vel legatorum ejus litteras impetrarunt, etiamsi per eas ad inhibitionem, reservationem et decretum vel alias quomodolibet sit processum, quas litteras et processus habitos per easdem et quecunque inde secuta, ad parochialem ecclesiam de Lauduno volumus non extendi, sed nullum per hoc, eis quo ad assequtionem parochielium ecclesiarum ac beneficiorum aliorum prejudicium generari, seu quibuscunque privilegiis, indulgentiis et litteris apostolicis generalibus vel specialibus quorumcunque tenorum existant perque presentibus non expressa vel totaliter non inserta effectus earum impediri valeat quomodolibet, vel differi et de qua cujusque toto tenore de verbo ad verbum habenda sit in nostris litteris mentio specialis. Nos enim ex tunc irritum decernimus et inane, si secus super hiis a quoquam, quavis auctoritate, scienter vel ignoranter contigerit attemptari. Nulli ergo omnino hominum liceat hanc paginam nostre incorporationis, annectionis, unionis et voluntatis infringere, vel ei ausu temerario contraire. Si quis autem hoc attemptare presumpserit, indignationem omnipotentis Dei et beatorum Petri et Pauli, apostolorum ejus, se noverit incursurum. Datum Viterbii, V idus septembris, pontificatus nostri anno septimo.

CLXVIII. — 119.

BULLE D'URBAIN V

datée d'Avignon, nommant les évêques de Maguelonne et de Béziers, ainsi que l'abbé de Saint-André de-Villeneuve, juges conservateurs des priviléges du monastère de Saint-Gilles.

Original sur parchemin en bon état, un peu sali et rongé en un endroit.

29 octobre 1369

Urbanus, episcopus, servus servorum Dei, venerabilibus fratribus . . . Magalonensi et . . . Bitterensi episcopis ac dilecto filio . . . abbati monasterii Sancti Andree Avenionensis diocesis, salutem et apostolicam benedictionem. Militanti ecclesiæ licet immeriti, etc. (Comme au n° CLXVI. — 117 jusqu'à la date exclusivement). Datum Avenion., IV Kalendas Novembris, pontificatus nostri anno octavo.

120.

Le n° 120 du *Bullaire* est une bulle du pape Jean XXIII (1), datée de Bologne, le 25 mai 1410, portant provision en faveur d'un cler du premier bénéfice vacant à la nomination de l'évêque ou du Chapitre de Nimes. Cet acte ne se rapportant pas à Saint-Gilles nous ne le transcrivons pas ici ; d'ailleurs le parchemin en est rongé et présente des lacunes.

CLXIX. — 121.

BULLE DE MARTIN V (2)

datée de Constance, contre les détenteurs des dîmes, censes et autres biens de l'abbaye de Saint-Gilles.

Original sur parchemin en bon état.

11 février 1418

Martinus, episcopus, servus servorum Dei, dilecto filio (3) preposito Ecclesie Nemausensi, salutem et apostolicam benedictionem. SIGNIFICARUNT NOBIS dilecti filii abbas et conventus monasterii Sancti Egidii de Sancto Egidio, ordinis Sancti Benedicti, Nemausensis diocesis, ad Romanam Ecclesiam nullo medio pertinentis, quod nonnulli iniquitatis filii quos prorsus ignorant, decimas, census, redditus, legata, terras, domos, vineas, prata, molendina, nemora, silvas, frumenti, bladi, olei, auri et argenti quantitates, jocalia ? vestes laneas et lineas, lectos, linteamina, coperturas lectorum et alia utensilia domus, porcos, oves, boves, libros, ins-

---

(1) Jean XXIII, élu le 7 mai 1410, abdiqua au concile de Constance le 24 mai 1415, après un règne de cinq ans et quinze jours ; il mourut en 1419.

(2) Martin V, élu le 11 novembre 1417, au concile de Constance, mourut le 20 février 1431, après un règne de treize ans, trois mois et dix jours.

(3) Le prévôt de l'église de Nimes était alors Artaud Peirière qui posséda de 1412 à 1419.

trumenta publica, scripturas authenticas et nonnulla alia bona ad ipsum monasterium spectantia, temere et malitiose occultare et occulte tenere presumunt, non curantes ea prefatis abbati et conventui exhibere, in animarum suarum periculum, et ipsorum abbatis et conventus ac monasterii non modicum detrimentum; super quo iidem abbas et conventus apostolice Sedis remedium implorarunt. Quocirca discretioni tue per apostolica scripta mandamus quatinus omnes hujusmodi occultatores, detentores decimarum, reddituum, censuum et aliorum bonorum predictorum ex parte nostra publice in ecclesiis coram populo, per te vel alium moneas ut, infra competentem terminum quem eis prefixeris, predictis abbati et conventui a se debita restituant et revelent, et de ipsis plenam et debitam satisfactionem impendant, et si id non adimpleverint infra alium competentem terminum, quem eis peremptorie duxeris prefigendum, extunc in eos generalem excommunicationis sententiam proferas et eam facias ubi et quando videris expedire usque ad satisfactionem condignam solemniter.......... publicare. Datum Constantie (1), III idus Februarii, pontificatus nostri anno primo.

CLXX. — 122.

BULLE DE MARTIN V

datée de Saint-Pierre de Rome, portant provision en faveur de Jean Thalier du prieuré de Prévenchères (diocèse de Mende), dépendant de l'abbaye de Saint-Gilles.

Bel original sur parchemin en bon état, deux ou trois piqûres.

21 avril 1422

Martinus, episcopus, servus servorum Dei, dilecto filio Johanni Thalerii, priori prioratus de Provincheriis (2), ordinis Sancti

---

(1) *Constance*, ville épiscopale du grand duché de Bade, où se tint, de 1414 à 1418, un célèbre concile qui mit fin au grand schisme d'Occident, par la nomination du pape Martin V. Ce concile condamna les erreurs de Jean Huss et de Jérôme de Prague.

(2) *Prévenchères* est une commune du canton de Villefort, arrondissement de Mende (Lozère).

Benedicti, Mimatensis (1) diocesis, salutem et apostolicam benedictionem. Religionis zelus, ac morum honestas, aliaque laudabilia probitatis et virtutum merita, super quibus apud nos fide digno commendaris testimonio, nos inducunt ut tibi reddamur ad gratiam liberales. Dudum siquidem omnes prioratus, ceteraque beneficia ecclesiastica, secularia ac regularia, cum cura et sine cura, tunc apud Sedem apostolicam vacantia et in antea vacatura collationi et dispositioni nostre reservantes, decrevimus ex tunc irritum et inane si secus super hiis a quoquam, quavis auctoritate, scienter vel ignoranter contingeret attemptari. Cum itaque postmodum prioratus de Provincheriis, ordinis Sancti Benedicti, Mimatensis diocesis, per liberam resignationem venerabilis fratris nostri Johannis episcopi Ostiensis, Sancte Romane Ecclesie vicecancellarii per eum de illo quem tunc ex concessione et dispensatione Sedis predicte obtinebat in manibus nostris sponte factam et per nos admissam, apud Sedem ipsam vacaverit et vacet ad presens, nullusque preter nos hac vice de illo disponere potuerit sive possit, reservatione et decreto obsistentibus supradictis; Nos volentes tibi qui, ut asseris, de nobili genere procreatus existis, premissorum meritorum tuorum intuitu, gratiam facere specialem, prioratum predictum cui cura imminet animarum et qui conventualis, seu dignitas, vel personatus non existit, quique a monasterio Sancti Egidii, dicti ordinis, Nemausensis diocesis, dependet et per illius monachos gubernari consuevit, cujusque fructus, redditus et proventus, super quibus hodie prefato episcopo, ne propter resignationem hujusmodi nimium patiatur incommodum, pensionem annuam centum et quadraginta florenorum auri in postea civitate Avenionense pro tempore cursentium per te illi, quoad vixerit, annis singulis persolvendam assignare intendimus ducentarum librarum Turonensium parvorum secundum extimationem valorem annuum, ut asseris, non excedunt, sive ut premittitur, sive alias quovis modo, aut ex alterius cujuscunque persona, seu per constitutionem felicis recordationis Johannis pape XXII predecessoris nostri que incipit : *Execrabilis vacet*, etiam si tanto tempore

---

(1) *Mende*, chef-lieu du département de la Lozère.

vacaverit quod ejus collatio juxta Lateranensis statuta concilii ad Sedem predictam legitime devoluta, vel ipse prioratus dispositioni apostolice specialiter vel alias generaliter reservatus existat, et ad eum consueverit quis per electionem assumi, ac super eo inter aliquos lis pendeat indecisa, dummodo ejus dispositio ad nos duntaxat hac vice pertineat cum omnibus juribus et pertinentiis suis apostolica tibi auctoritate conferimus et de illo etiam providemus, decernentes te fore quam primum, vigore presentium, cum possessionem ejusdem prioratus fueris pacificam assecutus, de monasterio Sancti Theofredi, dicti ordinis, Valentinensis diocesis, cujus monachus ordinem ipsum, ut asseris, expresse professus existis, ad prefatum monasterium Sancti Egidii, auctoritate apostolica, transferendum, teque in eo recipiendum monachum et in fratrem, sinceraque in Domino caritate tractandum, necnon prout est irritum et inane si secus super hiis a quoquam, quavis auctoritate, scienter vel ignoranter attemptatum forsan est hactenus, vel imposterum contigerit attemptari; non obstantibus tam pie memorie Bonifacii pape VIII etiam predecessoris nostri quam constitutionibus apostolicis, ac statutis, et consuetudinibus monasteriorum et ordinis predictorum quibuscumque contrariis juramento, confirmatione apostolica, vel quacunque firmitate alia roboratis, aut si pro aliis in eodem monasterio Sancti Egidii scripta forsan apostolica sint directa, si aliqui super provisionibus sibi faciendis de........ Prioratibus vel aliis beneficiis ecclesiasticis in illis partibus speciales vel generales dicte Sedis vel legatorum ejus litteras impetrarint, etiamsi per eas ad inhibitionem, reservationem et decretum, vel alias quomodolibet sit processum quibus omnibus te in ejusdem prioratus assecutione volumus anteferri, sed nullum per hoc eis quoad assecutionem prioratuum aut beneficiorum aliorum prejudicium generari; seu si venerabili fratri nostro episcopo Mimatensi et dilectis filiis abbati et conventui dicti monasterii Sancti Egidii, vel quibusvis aliis communiter vel divisim ab eadem sit Sede indultum quod ad receptionem vel provisionem alicujus minime teneantur et ad id compelli non possint, quodque de hujusmodi prioratibus aut aliis beneficiis ecclesiasticis ad eorum collationem, provisionem, presentationem seu quamvis aliam dispositionem, conjunctim vel separatim spectantibus nulli valeat provi-

deri per litteras apostolicas non facientes plenam et expressam ac
de verbo ad verbum de indulto hujusmodi mentionem et qualibet
alia dicte Sedis indulgentia generali vel speciali, cujuscumque tenoris existat, per quam presentibus non expressam vel totaliter non
insertam effectus hujusmodi gratie impediri valeat quomodolibet
vel differri et de qua cujusque toto tenore habenda sit in nostris litteris mentio specialis. Aut quod, ut asseris, prioratum de Stella (1)
ordinis et Valentinensis diocesis predictorum qui ab eodem monasterio Sancti Theofredi dependet et per illius monachos gubernari
consuevit et cum animarum cura, que per vicarium perpetuum
exerceri consuevit, imminet, cujusque fructus, redditus, proventus
quadragenta florenorum auri de Camera, secundum extimationem
predictam, valorem annuum non excedunt, nosceris obtinere; Nos
enim tibi ut eumdem prioratum de Stella una cum prefato prioratu de Provincheriis in commendam, quamdiu pensionem predictam prestiteris, per te interim tenendum, regendum et etiam
gubernandum retinere valeas, auctoritate apostolica concedimus
per presentes, ita quod liceat tibi, eadem commenda durante, hujusmodi fructus, redditus et proventus ipsius prioratus de Stella
percipere et habere, ac in tuos et illius usus convertere, necnon
alias de illis disponere et ordinare libere et licite sicut prius et
prout veri priores ipsius prioratus de Stella qui fuerint pro tempore de illis disponere et ordinare potuerunt seu etiam debuerunt,
alienatione tamen quorumcunque bonorum immobilium et pretiosorum mobilium ejusdem prioratus de Stella tibi penitus interdicta, proviso etiam quod ipse prioratus de Stella debitis propterea non fraudetur obsequiis et animarum cura in eo nullatenus
negligatur. Nulli ergo omnino hominum liceat hanc paginam nostre collationis, provisionis, constitutionis, voluntatis et concessionis infringere, vel ei ausu temerario contraire. Si quis autem hoc
attemptare presumpserit, indignationem omnipotentis Dei et beatorum Petri et Pauli, apostolorum ejus, se noverit incursurum.
Datum Rome, apud Sanctum Petrum, XI Kalendas Maii, pontificatus nostri anno quinto.

---

(1) *Étoile* est une petite ville, commune du canton et de l'arrondissement de Valence (Drôme).

CLXXI. — 123.

BULLE DE PAUL II (1)

datée de Saint-Marc de Rome, donnant le prieuré d'Aujargues, diocèse de Nimes, à Guillaume Savini.

Original sur parchemin un peu rongé, sali, surtout dans le bas.

10 décembre 1465

Paulus, episcopus, servus servorum Dei, venerabili fratri archiepiscopo Arelatensi et dilectis filiis preposito Ecclesie Nemausensis ac officiali Uticensi, salutem et apostolicam benedictionem. Hodie dilecto filio Guillermo Savini rectori, priori nuncupato, ecclesie prioratus nuncupate Sancti Martini de Orjanicis (2), Nemausensis diocesis, dictam ecclesiam, per liberam resignationem dilecti filii Bernardi Codonhani, nuper ejusdem ecclesie rectoris, prioris nuncupati, de illa quam tunc obtinebat, per certum procuratorem suum ad hoc ab eo specialiter constitutum, in manibus nostris sponte factam et per nos admissam, vacantem, et ante dispositioni apostolice reservatam cum illi annexis, ac omnibus juribus et pertinentiis suis, apostolica auctoritate contulimus et de illa etiam providimus prout in nostris inde confectis litteris plenius continetur. Quocirca discretioni vestre per apostolica scripta mandamus quatinus vos vel duo, aut unus vestrum, si et postquam prefate littere vobis presentate fuerint, per vos, vel alium, seu alios dictum Guillermum vel procuratorem suum, ejus nomine, corporalem possessionem ecclesie ac annexorum, juriumque et pertinentiarum predictorum inducatis auctoritate nostra et defendatis inductum, amoto exinde quolibet detentore, facientes ipsi Guillermo de ecclesie et annexorum hujusmodi fructibus, redditibus, proventibus,

---

(1) Paul II, élu le 31 août 1464, mourut le 28 juillet 1471, il avait régné six ans, dix mois et vingt-six jours.

(2) *Aujargues* est une commune du canton de Sommières, arrondissement de Nimes (Gard).

juribus et obventionibus universis integre responderi. Non obstantibus omnibus que in prefatis litteris voluimus non obstare. Seu si venerabili fratri nostro episcopo Nemausensi, aut aliis communiter vel divisim ab apostolica sit Sede indultum quod interdici, suspendi, vel excommunicari non possint per litteras apostolicas non facientes plenam et expressam, ac de verbo ad verbum de indulto hujusmodi mentionem, contradictores, auctoritate nostra, appellatione postposita, compescendo. Datum Rome apud Sanctum Marcum, anno Incarnationis dominice millesimo quadringentesimo sexagesimo quinto, IV idus decembris, pontificatus nostri anno secundo.

CLXXII. — 124.

BULLE DE SIXTE IV (1)

datée de Saint-Pierre de Rome, portant provision de l'abbaye de Saint-Gilles pour Jean de Marueil, évêque d'Uzès (2).

Bel original sur parchemin en fort bon état.

12 octobre 1472.

Sixtus, episcopus, servus servorum Dei, dilectis filiis conventui monasterii Sancti Egidii, ordinis Sancti Benedicti, ad Romanam Ecclesiam nullo medio pertinentis, Nemausensis diocesis, salutem et apostolicam benedictionem. Hodie monasterio vestro, ex eo quod dilectus filius Johannes ipsius monasterii nuper abbas regimini et administrationi ejusdem monasterii cui tunc preerat, in manibus nostris sponte et libere cessit, vacante, nos illud sic vacans venerabili fratri nostro Johanni Episcopo Uticensi per eum, quoad vixerit, tenendum, regendum, ac etiam gubernandum, sub certis modo et forma, de fratrum nostrorum Sancte Romane Ecclesie

---

(1) Sixte IV, élu le 9 août 1471, mourut le 13 août 1484, il avait siégé treize ans et quatre jours.

(2) Jean de Marueil, évêque d'Uzès, fut le premier abbé commendataire de Saint-Gilles; sa nomination marque l'époque où l'antique abbaye commença à tomber dans la décadence.

Cardinalium consilio, apostolica auctoritate duximus commendandum, prout in nostris desuper confectis litteris plenius continetur. Quocirca discretioni vestre per apostolica scripta mandamus quatinus eumdem Johannem episcopum in hiis que ad curam, regimen et administrationem ejusdem monasterii pertinent debite prosequentes, obedientiam et reverentiam debitas ac devotas eidem Johanni episcopo exhibeatis, ejus salubria monita et mandata humiliter suscipiendo et efficaciter adimplendo. Alioquin sententiam quam idem Johannes episcopus rite tulerit in rebelles ratam habebimus et faciemus, auctore Domino, usque ad satisfactionem condignam inviolabiliter observari. Datum Rome apud Sanctum Petrum, anno Incarnationis dominice millesimo quadringentesimo septuagesimo secundo, quarto idus octobris, pontificatus nostri anno secundo.

CLXXIII. — 125.

BULLE D'INNOCENT VIII (1)

datée de Saint-Pierre de Rome, au sujet des trois premiers bénéfices ou prieurés dépendant de l'abbaye de Saint-Gilles qui vaqueraient, unissant le premier à la mense abbatiale, le deuxième à la mense conventuelle, et réservant les revenus du troisième pour les réparations du monastère.

Original sur parchemin en bon état.

10 mai 1485.

Innocentius, episcopus, servus servorum Dei, ad perpetuam rei memoriam. INJUNCTUM NOBIS desuper apostolice Sedis servitutis officium mentem nostram excitat et inducit ut ad ea per que monasteriorum et aliorum religiosorum locorum et illis presidentium, necnon in eis sub suavi religionis jugo degentium personarum commodis et utilitati consulitur operosis studiis et remediis favo-

---

(1) Innocent VIII, élu le 29 août 1484, mourut le 25 juillet 1492, après un pontificat de sept ans, dix mois et vingt-huit jours.

rabiliter intendamus. Sane exposuit nobis nuper venerabilis frater Julianus, episcopus Ostiensis (1), major Penitentiarius noster, qui monasterium Sancti Egidii, ordinis Sancti Benedicti, Nemausensis diocesis, ad Romanam Ecclesiam nullo medio pertinens ex concessione et dispensatione apostolica obtinet in commendam, quod fructus, redditus et proventus tam mense abbatialis dicti monaterii quam ipsius monasterii, causantibus diversis temporum sinistris eventibus, adeo sunt diminuti ut ad perferenda onera tam mense predicte et vestiarii religiosorum ipsius monasterii quam etiam fabrice illius ac ad faciendas expensas pro defensione jurium et libertatum dicti monasterii ac membrorum ejusdem pro tempore non sufficiant; verum si *tria* ex beneficiis ecclesiasticis cum cura vel sine cura a dicto monasterio dependentibus et illi subjectis ubilibet consistentibus, dicti ordinis regularia, unum videlicet pro fabrica et defensione jurium et libertatum, et aliud pro mensa abbatiali, ac reliquum pro officio Vestiarii hujusmodi primo vacatura, perpetuo unirentur, annecterentur et incorporarentur, ex hoc profecto tam prefatus episcopus quam abbas dicti monasterii pro tempore existens, ac dilecti filii conventus illius onera hujusmodi commodius perferre valerent. Quare idem Julianus episcopus nobis humiliter supplicavit ut tria ex beneficiis predictis primo vacatura, etiamsi prioratus aut parochiales ecclesie vel eorum perpetue vicarie, ac cujuscunque taxe seu annui valoris illorum fructus, redditus et proventus fuerint, cum omnibus juribus et pertinentiis suis, videlicet primum pro fabrica et defensione jurium et libertatum ac membrorum illius, secundum pro mensa et tertium pro vestiario hujusmodi eidem monasterio perpetuo unire, annectere et incorporare aliasque in premissis oportune providere de benignitate apostolica dignaremur. Nos igitur qui dudum inter alia voluimus quod petentes beneficia ecclesiastica aliis uniri, tenerentur exprimere verum annuum valorem, secundum communem extimationem, tam beneficii uniendi quam illius cui illud uniri peteretur, alioquin unio non valeret, et semper in unionibus commissio fieret ad partes, vocatis quorum interest, quique monasteriorum et religiosorum locorum omnium statum in melius dirigi nostris

---

(1) Julien de la Rovère, qui fut plus tard pape sous le nom de Jules II.

potissime temporibus supremis desideramus affectibus, dicti monasterii fructuum, reddituum et proventuum verum annuum valorem presentibus pro expresso habentes, hujusmodi supplicationibus inclinati, tam ex beneficiis predictis primo vacatura cum omnibus juribus et pertinentiis supradictis, videlicet primum pro fabrica et defensione jurium et libertatum monasterii et membrorum illius, secundum pro mensa, tertium vero pro vestiario hujusmodi dicto monasterio, auctoritate apostolica, tenore presentium perpetuo unimus, annectimus et incorporamus. Itaque cedentibus vel decedentibus simul, vel successive beneficia predicta obtinentibus, seu illa alias quomodolibet dimittentibus, si Julianus episcopus et conventus prefati illa per se vel procuratorem eorum ad hoc ab eis specialiter constitutum, infra unius mensis spacium postquam eis, vel eidem procuratori, vacatio illorum innotuerit, acceptanda eligendaque duxerit, liceat Juliano episcopo, ac pro tempore existenti abbati et conventui prefatis per se, vel alium, vel alios corporalem beneficiorum, juriumque et pertinentiarum predictorum possessionem propria auctoritate libere apprehendere, illorumque fructus, redditus, proventus, in suos, ac monasterii, et beneficiorum predictorum usus, utilitatemque convertere et perpetuo retinere, cujusvis licentia super hoc minime requisita. Non obstantibus voluntate nostra predicta ac aliis constitutionibus et ordinationibus apostolicis quoque et consuetudinibus monasterii eu ordinis predictorum juramento, confirmatione apostolica, vel quavis firmitate alia roboratis contrariis quibuscunque. Aut si aliqui super provisionibus sibi faciendis de hujusmodi vel aliis beneficiis ecclesiasticis in illis partibus speciales vel generales dicte Sedis vel legatorum ejus litteras impetrarint, etiamsi per eas ad inhibitionem, reservationem et decretum, vel alias quomodolibet sit processum; quas quidem litteras et processus habitos per easdem et inde secuta quecunque, ad beneficia predicta volumus non extendi, sed nullam per hoc eis quoad assecutionem beneficiorum aliorum prejudicium generari et quibuslibet aliis privilegiis, indulgentiis et litteris apostolicis generalibus vel specialibus quorumcunque tenorum existant, perque presentibus non expressa, vel totaliter non inserta effectus eorum impediri valeat quomodolibet, vel differri, et de quibus quorumcunque totis tenoribus habenda sit in nostris litteris mentio specialis. Proviso quod propter unionem, annexionem et incorporationem predictas, dicta beneficia debitis non fraudentur obsequiis et animarum cura in eis quibus illa immineat nullatenus negligatur, sed eorum congrue supportentur onera consueta; nos enim ex nunc irritum decernimus et inane si secus super hiis a quoquam, quavis auctoritate, scienter vel ignoranter, contigerit attemptari. Nulli ergo omnino hominum liceat hanc paginam nostre unionis, annexionis, incorporationis, voluntatis et constitutionis infringere, vel ei ausu temerario contraire. Si quis autem hoc attemptare presumpserit, indignationem omnipotentis Dei, ac beatorum Petri et Pauli, apostolorum ejus, se noverit incursurum. Datum Rome, apud Sanctum Petrum, anno Incarnationis Dominice millesimo quadringentesimo octogesimo quinto, VI idus Maii, pontificatus nostri anno primo.

CLXXIV. — 126.

BULLE DE JULES II (1)

datée de Saint-Pierre de Rome, accordant des indulgences à ceux qui visiteront l'église de Saint-Gilles ou contribueront aux grandes réparations à faire dans cette église qu'il dit avoir été bâtie par Charlemagne.

Original sur parchemin en bon état, longue déchirure à l'un des plis. — Biblioth. nat., *Collection de Languedoc*, XLI, f. 110, v.

20 avril 1506.

Julius, episcopus, servus servorum Dei, Universis Christi fidelibus presentes litteras inspecturis, salutem et apostolicam benedictionem. ECCLESIARUM QUARUMLIBET, presertim monasteriorum insignium fabricis et reparationibus manum porrigere adjutrices pium et meritorium apud Deum existimantes, fideles quoslibet, ad exibendum ipsis opportuna suffragia, spiritualibus muneribus, indul-

---

(1) Jules II, qui avait été abbé de Saint-Gilles, fut élu pape le 1er novembre 1503, il mourut le 21 février 1513, après un règne de neuf ans, trois mois et vingt-un jours.

gentiis videlicet et remissionibus frequenter invitamus, ut per temporalia que illis tribuerint auxilia, premia consequi mereantur felicitatis eterne. Cum itaque, sicut accepimus, licet alias ecclesia monasterii Sancti Egidii, ordinis Sancti Benedicti, Nemausensis diocesis, per clare memorie Carolum magnum Francorum regem miro et sumptuoso edificio construi et edificari cepta fuit, ita ut si juxta illius situm perfecta esset, similis structura in toto Francorum regno non inveniretur; tamen cum prefatus rex opere hujusmodi imperfecto decesserit, abbates seu administratores dicti monasterii qui fuerunt pro tempore, vel per negligentiam, seu potius propter impotentiam, ad tanti edificii perfectionem structurarum in ecclesia hujusmodi non processerunt, neque etiam qui eidem monasterio preerunt in futurum, illam perficere poterunt et expensarum usque ad summam centum millium ducatorum propterea necessariam ex fructibus dicti monasterii facere, nisi Christi fidelium suffragia non parvo sed longo tempore suffragentur. Propter quod dilecti filii monachi dicti monasterii, ecclesia ipsa imperfecta, ut perfertur, remanente, missas et alia divina officia in cryptis subterraneis ipsius ecclesie celebrant. Nos igitur cupientes ut ecclesia ipsa in hujusmodi structuris et edificiis perficiatur et perfecta construatur, ac congruis frequentetur hominibus, et Christi fideles eo libentius, devotionis causa, ad eamdem ecclesiam confluant, et pro premissis manus promptius porrigant adjutrices, quo ex hoc ibidem dono celestis gratie uberius conspexerint se refectos, de omnipotentis Dei misericordia ac beatorum Petri et Pauli, apostolorum ejus, auctoritate confisi, omnibus et singulis utriusque sexus Christi fidelibus vere penitentibus et confessis undecunque existentibus qui predictam ecclesiam in Dominica qua cantatur in Ecclesia *Judica me, Deus*, de Passione nuncupata, a primis vesperis usque ad secundas vesperas inclusive, devote visitaverint et pro illius et aliorum structurarum et edificiorum predictorum perfectione de bonis a Deo sibi collatis, juxta eorum arbitrium et personarum qualitatem manus porrexerint adjutrices, seu senes, valetudinarii, ac mulieres et alii legitimo impedimento detenti de eisdem bonis suis tantum de premissis ad dictam ecclesiam transmiserint quantum verisimiliter in eundo exponerent, plenariam omnium peccatorum suorum remissionem;

auctoritate apostolica, tenore presentium, elargimur; et ut ipsi
Christi fideles ad ecclesiam predictam pro hujusmodi indulgentia
consequenda accedentes, illam Deo propitio consequi valeant, dilecto filio abbati, seu commendatorio, aut Priori claustrali dicti
monasterii nunc et pro tempore existenti, deputandi aliquos confessores ydoneos, seculares, aut predicti vel cujusvis ordinis regulares, qui ad' eamdem ecclesiam pro hujusmodi indulgentia consequenda accedentes, in singulis casibus etiam Sedi apostolice reservatis, exceptis illis qui in bulla que *in Cena Domini* legi consuevit
continentur, et aliis eorum peccatis, excessibus et delictis, eorum
confessione diligenter audita, absolvant et pro commissis penitentiam salutarem injungant, necnon vota quecunque per eos omissa
que commode adimplere nequiverant ultra marine visitationis, liminum eorumdem apostolorum beatorum Petri et Pauli, ac sancti
Jacobi in Compostella, castitatis ac religionis votis dumtaxat exceptis, in opus dicte fabrice commutare possint eadem auctoritate
presentium tenore licentiam et facultatem concedimus, et hujusmodi indulgentiam sub revocationibus plenariarum indulgentiarum
tam per nos quam Sedem Apostolicam quomodolibet et sub quibuscunque tenoribus et clausulis etiam derogatoriarum derogatoriis
hujusmodi indulgentia durante faciendis nullatenus comprehendi
debere, sed ab illis exceptam existere dicta auctoritate decernimus,
ac statuimus et ordinamus, et si emanaverint ex nunc prout ex
tunc in pristinum statum restituimus et reponimus (1). Volumus
autem quod si alias dictam ecclesiam visitantibus et ad premissa
manus adjutrices porrigentibus, seu inibi pias eleemosynas irrogantibus, aut alias aliqua alia indulgentia in perpetuum, vel ad
certum tempus nondum elapsum duratura, per nos concessa fuerit,
presentes littere nullius sint roboris vel momenti ; presentibus post
biennium minime valituris. Datum Rome, apud Sanctum Petrum,
anno Incarnationis Dominice millesimo quingentesimo sexto, duodecimo Calendas Maii, Pontificatus nostri anno tertio.

---

(1) Les faveurs qui sont ici concédées sont de vraies faveurs jubilaires
et c'est là un des plus anciens exemples des jubilés extraordinaires concédés à certaines églises.

CLXXV. — 127.

BULLE DE JULES II

datée d'Ostie, ordonnant à l'abbé de Saint-Gilles de ne conférer les bénéfices de sa dépendance qu'à des religieux de son monastère et non à des clercs séculiers.

Original sur parchemin en bon état. — Biblioth. nat., *Collection de Languedoc,* V, 41, f. 110, v.

14 Janvier 1511

Julius, episcopus, servus servorum Dei, dilectis filiis preposito (1) Monasterii Collegii nuncupati, per prepositum soliti gubernari, Sanctorum Benedicti et Germani ville Montispessulani, Magalonensis diocesis et Archidiacono Posqueriarum (2) Vallisviridis, in Ecclesia Nemausensi, Salutem et apostolicam benedictionem. Humilibus Supplicum votis libenter annuimus, illaque favoribus prosequimur opertunis. Exhibita siquidem nobis nuper pro parte dilectorum filiorum moderni sindici et conventus monasterii Sancti Egidii, ad Romanam Ecclesiam nullo medio pertinentis, ordinis Sancti Benedicti, Nemausensis diocesis, petitio continebat quod, licet juxta privilegia apostolica monasterio et illius conventui predictis concessa, quibus non est hactenus in aliquo derogatum, ac statuta et consuetudines in ipso monasterio etiam hactenus observata, beneficia et officia regularia a dicto monasterio dependentia, seu ad collationem abbatis dicti monasterii pro tempore existentis pertinentia, nullis preterquam dicti monasterii monachis et de consensu dictorum conventus conferri debeant, nec de illis provideri possit, quia tamen dilectus filius de Cassanhas (3) perpetuus commendatarius seu administrator ejusdem monasterii contra privi-

---

(1) Le monastère de Saint-Benoît et Saint-Germain de Montpellier.

(2) L'archidiacre de Posquières ou de Vauvert.

(3) François I*er* de Cassanhas ou de Chassaignes, était chanoine-présenteur de Bordeaux, lorsqu'il succéda au pape Jules II dans la commende de Saint-Gilles ; il posséda de 1503 à 1521.

legia et per eum de illa observando jurata statuta et consuetudines hujusmodi, etiam contra juramentum per eum prestitum hujusmodi temere veniens, prioratum Sancti Johannis de Albenasio (1), dicti ordinis, Sistaricensis diocesis, ab eodem monasterio dependentem, seu ad collationem abbatis dicti monasterii pertinentem, dilecto filio Parati, clerico seculari Burdegalensis diocesis ordinaria auctoritate contulit, seu illud per dilectum filium Johannem Garini ejus, ut dicebat, vicarium in spiritualibus generalem conferri dictumque ejus vicarium virum secularem et ignarum ac minus ydoneum in correctionibus regularibus et aliis actibus capitularibus dictorum monasterii et ordinis statum concernentibus per ipsum conventum factis seu faciendis recipi et admitti, et quod deterius est, quecunque officia et beneficia regularia inantea vacatura certis clericis secularibus et monachis alterius ordinis in quoddam cartipello descriptis et non monachis dicti monasterii, prout tenebatur conferri, mandavit et tam ipse Franciscus commendatarius seu administrator, quam Johannes Garini prefatus diversas graves injurias pariter et jacturas, damna, molestationes et impedimenta eisdem conventui super hiis intulerunt, seu inferre velle de facto eis comminati fuerunt et se super hec pluries jactarunt in enormem dicti monasterii lesionem, ac privilegiorum, statutorum et consuetudinum hujusmodi enervationem, pro parte dictorum syndici et conventus sentientium ex hiis inter alia indebite se et dictum monasterium gravari quamprimum premissa ad eorum notitiam devenerunt, fuit ad Sedem apostolicam appellatum et deinde nobis humiliter supplicatum ut appellationis predicte ac post et contra illam forsan attemptatorum et innovatorum quorumcunque, nullitatisque collationis mandati jactationum, comminationum totiusque processus dictorum Francisci et Johannis Garini, omniumque et singulorum aliorum per eas et quoscunque alios judices et personas in syndici et conventus ac monasterii predictorum prejudicium circa premissa quomodolibet gestorum totiusque negotii principalis causas aliquibus probis viris in partibus illis committere dictisque Francisco et Johanni Garini, etiam sub censuris, inhiberi ac col-

---

(1) Aubenas, commune du canton de Reillane, arrondissement de Forcalquier (Basses-Alpes).

lationem de prioratu hujusmodi, ut prefertur, factam cassari et annullari, illumque alicui monacho ydoneo dicti monasterii conferri et de illo provideri, ac privilegia, statuta et consuetudines hujusmodi observari mandare aliasque eis in premissis oportune providere de benignitate apostolica dignaremur. Nos igitur sindicum et singulares personas conventus hujusmodi ab excommunicationis, suspensionis et interdicti, aliisque ecclesiasticis sentenliis, censuris et penis a jure vel ab homine, quavis occasione, vel causa latis, si quibus quomodolibet innodati existunt, ad effectum presentium dumtaxat consequendum, harum serie absolventes et absolutos fore censentes, hujusmodi supplicationibus inclinati, discretioni vestre per apostolica scripta mandamus quatinus vos, vel alter vestrum, vocatis dicto Francisco, Johanne Garini et Johanne Paroti ac aliis qui fuerint evocandi et dictis Francisco commendatario seu administratori ac Johanni Garini et quibus aliis judicibus et personis, etiam sub censuris, quotiens opus et sicut juris fuerit, inhibeatis, singulas etiam negotii principalis causas hujusmodi, auctoritate nostra audiatis easque fine debito terminetis et decidatis. Et nichilominus collationem de prioratu hujusmodi, ut prefertur, factam cassetis et annulletis, ac si cassationem et annullationem hujusmodi per nos fieri contigerit, illum sic vacantem alicui monacho ydoneo dicti monasterii dicta auctoritate nostra conferatis et sibi de illo provideatis ac statuta, consuetudines et privilegia hujusmodi observari, ac omnia et singula alia in premissis et circa ea necessaria quomodolibet oportuna faciatis et exequamini, si prout in omnibus premissis fuerit de jure faciendum. Non obstantibus felicis recordationis Bonifacii pape VIII, predecessoris nostri, qua inter alia cavetur ne quis extra suam civitatem vel diocesim, nisi in certis exceptis casibus, et in illis ultra unam dietam a fine sue diocesis, ad judicium evocetur, seu ne judices ab eadem Sede deputati extra civitatem vel diocesim, in quibus deputati fuerint, contra quoscunque procedere, aut alii vel aliis vices suas committere presumant et de duabus dictis in Concilio generali edita dummodo ultra tres dietas aliquis, auctoritate presentium non trahatur, et aliis apostolicis constitutionibus, privilegiis quoque et indultis, ac litteris apostolicis Francisco commendatario seu administratori et Johanni Garini, ac monasterio et ordini prefatis concessis, confirmatis, seu forsan innovatis quibus, etiamsi pro illorum sufficienti derogatione de illius eorumque totis tenoribus specialis, specifica, expressa et individua, non autem per clausulas generales idem importantes mentio seu quevis alia expressio habenda, aut aliqua alia exquisita forma servanda foret, eorum tenores presentibus pro sufficienter expressis habentes, illis alias in suo robore permansuris, hac vice dumtaxat specialiter et expresse derogamus contrariis quibuscunque. Aut si Francisco commendatario et Johanni Garini et Johanni Paroti necnon ordini prefatis ab eadem sit Sede indultum quod ipsi et alie dicti ordinis persone extra vel ultra certa loca ad judicium trahi, suspendi, vel excommunicari, seu ipse et dicti ordinis loca interdici non possint per litteras apostolicas non facientes plenam, et expressam, ac de verbo ad verbum de indulto hujusmodi mentionem. Datum Ostie (1), anno Incarnationis Dominice millesimo quingentesimo undecimo, XIX Kalendas Februarii, Pontificatus nostri anno nono.

CLXXVI. — 128.

BULLE DE CLÉMENT VII (2)

datée de Saint-Pierre de Rome, donnant l'abbaye de Saint-Gilles à Jean de Rozier, religieux du monastère.

Copie sur parchemin non en forme.

19 août 1529

Clemens, episcopus, servus servorum Dei, dilecto filio Johanni de Rosario (3), abbati monasterii, Sedi apostolice immediate subjecti, Sancti Egidii, ordinis Sancti Benedicti, Nemausensis dioce-

---

(1) *Ostie*, ville des anciens États pontificaux, est le titre du premier évêché suburbicaire de Rome.

(2) Clément VII (cardinal Jules de Médicis, cousin de Léon X), élu le 19 novembre 1523, mourut le 25 septembre 1534, après un règne de dix ans, dix mois et sept jours.

(3) Jean de Rozier, originaire de Vauvert et moine de Saint-Gilles avait été le protégé de Jules II et son procureur *in spiritualibus* ; il avait été successivement prieur de Moulézan et de Saint-Géniès-en-Malgoirès, vicaire-général de l'abbé François de Chassaignes ; au moment où il fut élu par les moines, il gouvernait la paroisse d'Aujargues.

sis, salutem et apostolicam benedictionem. SOLEMNITER CONSIDERATIONIS indagine, prout pastoralis officii solicitudo requirit, juxta statum ecclesiarum et monachorum quorumlibet dirigendo operose, diligentie studium libenter impendimus ut ecclesiis et monasteriis ipsis, ne longe vacationis subjaceant detrimentis, de celeris provisionis remedio salubriter consulatur. Sane cum, sicut accepimus, monasterium Sedi apostolice immediate subjectum Sancti Egidii, ordinis Sancti Benedicti, Nemausensis diocesis, cui quondam Anthonius Beaumundi ipsius monasterii abbas, dum viveret, presidebat, per obitum ejusdem Anthonii qui extra Romanam curiam diem clausit extremum, vacaverit et vacet ad presens, Nos, cupientes eidem monasterio, ne longe vacationis exponatur incomodis, de persona secundum cor nostrum utili et idonea, per quam circumspecte regi et salubriter dirigi valeat, provideri, ac sperantes quod tu quem nuper, ut asseris, etiam tunc monachum dicti monasterii et ordinem predictum expresse professum dilecti filii conventus ejusdem monasterii, quibus jus eligendi abbatem ipsius monasterii, dum pro tempore vacet, ex privilegio apostolico eis de super concesso et confirmato, cui non est hactenus derogatum, cumpetit, pro futuri inibi abbatis ellectione celebranda vocatis omnibus qui voluerunt, potuerunt et debuerunt ellectioni hujusmodi comode interesse, die ad elligendum prefixa, ut moris est, convenientes in unum seu eorum major pars in eorum et dicti monasterii, ut prefertur, vacantis elegerunt, quique electioni hujusmodi illius tibi presentato decreto consencisse ac perpetuam vicariam parrochialis ecclesie Sancti Martini de Orjanicis (1), dicte diocesis, in commendam obtinens, necnon unam vigenti super Beate Marie de Medenis (2) et aliam pensionem annuam quinque scutorum auri super Sancti Petri de Legnaco (3), predicti seu alterius ordinis Auraciensis (4) et predicti Nemausensis diocesis prioratuum fructibus, red-

---

(1) *Aujargues*, commune du canton de Sommières, arrondissement de Nîmes (Gard).

(2) *Modène*, commune du département de Vaucluse, voir ci-dessus n° LXXX. — 33, page 109.

(3) *Laugnac*, dans la commune de Lédenon (Gard). Voir *ibid*.

(4) *Orange*, chef-lieu d'arrondissement du département de Vaucluse, ancienne ville épiscopale.

ditibus et proventibus dudum tibi apostolica auctoritate reservatas, annuatim percipias ex concessione et dispensatione apostolica, cuique apud eos de religionis zelo, vite integritate, honestate morum, spiritualium providentia et temporalium circonspectione, aliisque probitatis et virtutum meritis fide digna testimonia perhibentur, eidem monasterio esse poteris plurimum utilis et etiam fructuosus, teque a quibusvis excommunicationis, suspensionis et interdicti, aliisque ecclesiasticis sententiis, censuris et penis a jure vel ab homine, quavis occasione vel causa latis, si quibus quomodolibet innodatus existis, ad effectum presentium dumtaxat consequendum, harum serie absolventes et absolutum fore censentes, necnon electionem predictam approbantes et confirmantes, omnesque et singulos juris et facti defectus, si qui forsam intervenerint, in eadem suplentes, prefato monasterio cujus fructus, redditus et proventus ad octingentos florenos auri in libris Camere apostolice taxati reperiuntur, sive alias quovis modo quem etiam si ex illo quevis generalis reservatio, etiam in corpore juris clausa resultet presentibus haberi volumus pro expresso, aut ex alterius cujuscunque persona seu per liberam cessionem dicti Anthonii, vel cujusvis alterius de illius regimine et administratione, in dicta curia, vel extra eam, etiam coram notario publico et testibus sponte factam vacet, etiamsi tanto tempore vacaverit quod ejus provisio, juxta Lateranensis statuta concilii, aut alias canonicas sanctiones ad Sedem predictam legitime devoluta existat, et illa ex quavis causa ad Sedem eamdem specialiter vel generaliter pertineat ac de illo consistorialiter disponi consueverit seu debeat, et super illius regimine et administratione prefatis inter dictum Anthonium et alium seu alios quoscunque coram quocunque seu quibuscumque judicibus ordinariis vel delegatis lis seu super illorum possessorio, seu quasi molestia cujus statim ac nomina et cognomina judicum et collitigantium presentibus haberi volumus pro expressis pendeat indecisa, dummodo tempore date presentium non sit eidem monasterio de abbate canonice provisum, de persona tua apostolica auctoritate providemus, teque illi in abbatem preficimus, curam, regimen et administrationem ipsius monasterii tibi in spiritualibus et temporalibus plenarie committendo et quatinus super regimine et administratione hujusmodi lis pendeat, ut prefertur, te omnimodo in illis intrusus non fueris, in omni jure et ad omne jus quod ibi Anthonio in monasterio ac illius regimine et administratione prefatis, seu ad illa quomodolibet competebat aut competere poterat, prefata auctoritate apostolica subrogamus, dictumque jus tibi concedimus et de illo etiam providemus, teque ad hujusmodi jus necnon ejus ac litis et cause predictarum prosecutionem et deffensionem in eo statu in quo ipse Anthonius tempore obitus sui hujusmodi erat, et si viveret posset et deberet admitti, etiam ad possessionem seu quasi ipsorum regiminis et administrationis in qua dictus Anthonius existebat eadem auctoritate admittimus et admittend... ipsum monasterium ac illius regimen et administrationem predicta si per eventum litis hujusmodi judici seu judicibus coram quibus pendet seu pendere contigerit constiterit neutri seu nulli Anthonii et aliorum collitigantium hujusmodi, seu etiam tui postquam lis ipsa, etiam quoad te, coram eis legitime introducta fuerit, in illis vel ad illa jus competere aut cuilibet vestrum competere et vos in juribus et datis ac aliis que in premissis *attendendassent* adeo equales existere ut per mutuum concursum vos impediatis, nec appareat cui magis adjudicanda sint, ac propterea vel alias locus gratifficationi existat per eosdem judices se tibi gratifficando adjudicanda fore et adjudicari debent decernimus. Quocirca venerabili fratri nostro Episcopo Feltrensi (1) et dilectis filiis archidiacono secundo nuncupato Ecclesie Avenionensis ac officiali Uticensi per apostolica scripta mandamus, quatinus ipsi, vel duo, aut unus eorum per se, vel alium, seu alios tibi in adipiscenda possessione seu quasi regiminis et administrationis predictorum ac bonorum dicti monasterii, auctoritate nostra assistentes faciant tibi a conventu prefatis obedientiam et reverentiam debitas et devotas, necnon a dilectis filiis vassalibus et subditis aliis ejusdem monasterii consueta servicia et jura ab eis debita integre exhiberi, contradictores per censuram ecclesiasticam, appellatione postposita, compescendo ; non obstantibus felicis recordationis Bonifacii episcopi VIII, predecessoris nostri, et aliis apostolicis constitutionibus, ac monasterii et ordinis predictorum juramento, confirmatione apostolica, vel quavis firmitate alia roboratis statutis et consuetudinibus contrariis quibuscunque,

---

(1) *Feltre*, ville épiscopale de la Vénétie. L'évêque de Feltre était alors légat du Saint-Siège en France ; il fut délégué avec le second archidiacre d'Avignon et l'official d'Uzès pour la mise à exécution de la présente bulle.

aut si conventui, vassalibus et subditis prefatis, vel quibusvis aliis communiter vel divisim ab eadem sit Sede indultum quod interdici, suspendi, vel excommunicari non possint per litteras apostolicas non facientes plenam, et expressam, ac de verbo ad verbum de indulto hujusmodi mentionem. Nos enim tecum ut etiam postquam in vim provisionis et prefectionis predictarum pacificam possessionem seu quasi regiminis et administrationis monasterii hujusmodi, ac illius bonorum seu majoris partis eorum assecutus fueris, vicariam predictam cujus fructus, redditus et proventus viginti quatuor ducatorum auri de Camera, secundum communem estimationem valorem annuum, ut etiam asseris, non excedunt, ut prius, quoad vixeris, etiam una cum dicto monasterio, quamdiu illi prefueris, retinere ac pensiones predictas similiter ut prius, etiam quoad vixeris, ut prefertur, percipere ac levare, necnon a quocunque malueris catholico antistite gratiam et communionem ejusdem Sedis *habente* munus benedictionis recipere libere et licite valeas; generalis concilii a quibusvis aliis constitutionibus et administrationibus apostolicis ac supradictis, necnon aliorum monasteriorum seu regularium locorum a quibus dicti prioratus forsan dependent et ordinis cujus existunt statutis et consuetudinibus, ut prefertur, roboratis, ceterisque contrariis nequaquam obstantibus, dicta auctoritate apostolica, tenore presentium, de specialis dono gratie dispensamus, tibique, ac eidem antistiti ut unus ipsam tibi impendere licite possit indulgemus, decernentes propterea commendam vicarie non cessare ac pensiones hujusmodi extinctas non esse, irritum quoque et inane si secus super hiis a quoquam, quavis auctoritate, scienter vel ignoranter contingerit attemptari. Volumus autem quod dicta vicaria debitis propter ea non fraudetur obsequiis, animarum cura in ea nullatenus negligatur, sed ejus congrue suportentur onera consueta, quodque idem antistes qui tibi prefatum munus impendet, postquam illud tibi impenderit, a te nostro et Romane Ecclesie nomine, fidelitatis debite solitum recipiat juramentum, juxta formam quam sub bulla nostra mittimus introclusam, ac formam juramenti quod te presentare contigerit nobis de verbo ad verbum per tuas patentes litteras, tuo sigillo munitas, per proprium nuncium quantocius destinare procures. Datum Rome, apud Sanctum Petrum, anno Incarnationis Dominice millesimo quingentesimo vigesimo nono, XIV Kalendas Septembris, pontificatus nostri anno sexto.

CLXXVII. — 129.

BULLE DE CLÉMENT VII

datée de Saint-Pierre de Rome, portant provision de l'abbaye de Saint-Gilles, en faveur de Théodore-Jean de Clermont.

Original sur parchemin en bon état, longue déchirure à l'un des plis.

26 octobre 1532

Clemens, episcopus, servus servorum Dei, dilecto filio Johanni Theodoro de Claromonte (1), clerico Vapincensis (2) diocesis, salutem et apostolicam benedictionem. ROMANI PONTIFICIS providentia circumspecta ecclesiis et monasteriis singulis que vacationis incommoda deplorare noscuntur, ut gubernatorum utilium fulciantur presidio, prospicit diligenter ac personis ecclesiasticis cujuslibet presertim nobilitate generis pollentibus, ut in suis opportunitatibus congruum suscipiant relevamen de subventionis auxilio, prout decens est, providet opportuno. Sane monasterio Sancti Egidii, ordinis Sancti Benedicti, Nemausensis diocesis, quod dilectus filius noster Gabriel (3), tituli Sancte Cecilie presbiter cardinalis, ex concessione apostolica in commendam nuper obtinebat, commenda hujusmodi, ex eo quod dictus Gabriel cardinalis illi hodie in manibus nostris ad effectum certi tractatus inter eum et dilectum filium nobilem virum Ludovicum, comitem de Tonnerre, nuper electum Pictavensem (4) desuper initi, et hodie seu nuper per

---

(1) Jean-Théodore de Clermont était fils du comte de Tallard, premier chambellan de François Ier et neveu du cardinal de Clermont, alors légat d'Avignon.

(2) *Gap*, chef-lieu du département des Hautes-Alpes, ville épiscopale.

(3) Gabriel d'Aigremont ou de Gramont (*de Acromonte*), cardinal-prêtre du titre de Sainte-Cécile, fut successivement évêque de Tarbes et archevêque de Toulouse et de Bordeaux ; il ne posséda l'abbaye de Saint-Gilles qu'un peu plus d'un an (1531-1532), en concurrence avec Jean de Rozier.

(4) *Poitiers*, chef-lieu du département de la Vienne, ville épiscopale.

nos, apostolica auctoritate, approbati et confirmati, ac in tui favorem et commodum et non alias aliter nec alio modo sponte et alias libere cessit nobis, cessionem ipsam duximus admittendam, cessante adhuc eo quo dum eidem Gabrieli cardinali commendatum fuit modo vacante. Nos verum et ultimum dicti monasterii vacationis modum, etiamsi ex illo quevis generalis reservatio, etiam in corpore juris clausa resultet, presentibus pro expresso habentes, ac tam eidem monasterio de gubernatore utili et ydoneo per quem circumspecte regi et salubriter dirigi valeat, quam tibi in vigesimo quarto, vel circa, tue etatis anno constituto et de nobili genere ex utroque parente procreato, quem carissimus in Christo filius noster Franciscus Francorum rex Christianissimus, pretextu concordatorum inter eum et Sedem apostolicam super nominatione personarum certis inibi expressis modis qualificatarum, ad ecclesias et monasteria Regni Francie et certorum aliorum locorum tunc expressorum eidem Regi subjectorum privilegio eligendi non *suffulta*, pro tempore vacantia, promovendorum per ipsum Regem facienda dudum initorum, ac postmodum per nos ad ecclesias et monasteria privilegium eligendi habentia extensorum, nobis ad hoc per suas litteras nominavit, ut commodius sustentari valeas de alicujus subventionis auxilio providere volentes, monasterium predictum quovis modo et ex cujuscunque persona, seu per liberam cessionem cujusvis de illius regimine et administratione in Romana Curia, vel extra, eam etiam coram notario publico et testibus sponte factam vacet, etiamsi tanto tempore vacaverit quod ejus provisio, juxta Lateranensis statuta Concilii, aut alias canonicas sanctiones ad Sedem prefatam legitime devoluta, et illa ex quavis causa ad Sedem eamdem specialiter vel generaliter pertineat, ac super eisdem regimine et administratione inter aliquos lis, seu super illorum possessione vel quasi molestia, cujus statum presentibus haberi volumus pro expresso, pendeat indecisa, tibi per te, quoad vixeris, etiam una cum prioratu Sancti Johannis in quavis dicti ordinis, Diensis (1) diocesis, qui forsan cum cura et electivus existit, ac quem ex concessione et dispensatione apostolica in commendam, ac

---

(1) *Die*, ancienne ville épiscopale, chef-lieu d'arrondissement du département de la Drôme.

omnibus et singulis aliis beneficiis ecclesiasticis cum cura et sine cura secularibus et quorumvis ordinum regularibus, que etiam ex quibusvis aliis dispensationibus et concessionibus apostolicis in titulum et commendam ac alias obtines et imposterum obtinebis, ac pensionibus annuis tibi super quibusvis fructibus, redditibus et proventibus ecclesiasticis assignatis quas percipis et percipies in futurum, tenendum, regendum et gubernandum de Fratrum nostrorum consilio, auctoritate apostolica, commendamus curam, regimen et administrationem ipsius monasterii tibi in spiritualibus et temporalibus plenarie committendo. Non obstantibus felicis recordationis Bonifacii pape VIII, predecessoris nostri, et aliis apostolicis constitutionibus ac monasterii et ordinis predictorum juramento, confirmatione apostolica, vel quavis firmitate alia roboratis, statutis et consuetudinibus, necnon concordatis predictis inter alia disponentibus quod monasteriis vere electivis, in quibus videlicet forma capituli potest servari et confirmationes electionum hujusmodi solemniter peti consueverunt in Regno et locis predictis pro tempore vacantibus, idem Rex religiosum ejusdem ordinis, intra tempus sex mensium, a die vacationis monasteriorum eorumdem, computandorum, Romano pontifici pro tempore existenti aut dicte Sedi nominare et de persona per Regem hujusmodi monasterio vacanti nominata per Romanum pontificem seu Sedem prefatos provideri debeat; et si idem Rex presbyterum secularem aut religiosum alterius ordinis, vel alias inhabilem Romano Pontifici seu Sedi prefatis nominaret, talis nominatus recusari et nullatenus sibi provideri debeat, seu Rex ipse intra trimestre a die recusationis persone nominate non qualificate sollicitatori nominationem non qualificatam prosequenti consistorialiter facte intimande computandum alium supra dicto modo qualificatum monasterio tunc vacanti nominare, et de persona ad tale monasterium nominata provideri debeat, alioquin dictis novem mensibus elapsis, nulla seu de persona minus ydonea et modo premisso non qualificata facta nominatione, per Pontificem seu Sedem, hujusmodi eisdem monasteriis provideri libere, electiones quoque et illarum confirmationes, necnon provisiones et alie dispositiones per Romanum pontificem seu Sedem hujusmodi eisdem monasteriis provideri libere, electiones quoque et illarum confirmationes, necnon provisiones et alie dispositiones per Romanum Pontificem aut Sedem prefatos contra promissa pro tempore facte, nulle, irrite et inanes existant privilegiis quorum indultis et litteris apostolicis eisdem monasterio et ordini, sub quibuscunque tenoribus et formis, etiam per modum statuti perpetui, ac cum quibusvis etiam derogatoriarum derogatoriis, aliisque efficacioribus et insolitis et clausulis irritantibusque et aliis decretis, etiam per quoscunque Romanos Pontifices predecessores nostros ac forsan per nos et Sedem predictam, etiam ad quorumcunque Regum vel aliorum principum instantiam seu eorum contemplatione, vel intuitu, etiam motu proprio et ex certa scientia, ac ex quibusvis causis, etiam iteratis vicibus in genere vel in specie concessis, approbatis et innovatis, etiamsi in illis ac statutis predictis caveretur expresse quod predictum et alia ejusdem ordinis monasteria quovis modo pro tempore vacantia nullatenus aut nonnisi ordinem ipsum expresse professis, et et juxta illius regularia instituta, ac forsan alias modo in illis expresso qualificatis personis, ac de consensu et alias de eis etiam per Sedem predictam, etiam cum statutorum ac privilegiorum et indultorum hujusmodi speciali et expressa derogatione, pro tempore facte commende nullius roboris vel momenti existant. Ac quod statutis, privilegiis et indultis nostris nullatenus aut nonnisi modis et formis in eis contentis derogari possit, et si illis aliter derogari contingat, derogationes hujusmodi nemini suffragentur, quibus omnibus necnon prefato Rege in hoc consentiente Concordatis predictis, etiam si alias de illis eorumque totis tenoribus specialis, specifica, individua et expressa mentio habenda, aut aliqua alia exquisita forma ad hoc servanda foret, tenores hujusmodi, ac si de verbo ad verbum, nichil penitus omisso, ac forma in illis tradita observata inserti forent presentibus, pro sufficienter expressis habentes, illis alias in suo robore permansuris, hac vice dumtaxat specialiter et expresse derogamus; quodque tu clericus secularis existens, juxta concordata ac statuta, necnon privilegia et indulta predicta qualificatus non existis, ceterisque contrariis quibuscunque, firma spe, fiduciaque *conceptis* quod, dirigente Domino actus tuos, prefatum monasterium, per tue diligentie laudabile studium, regetur utiliter et prospere dirigetur, ac grata in eisdem spiritualibus et temporalibus suscipiet incrementa ; volumus autem quod propter hujusmodi commendam in dicto monasterio divinus cultus ac status monachorum et ministrorum nullatenus minuatur, sed illius ac dilectorum filiorum conventus ejusdem congruè supportentur onera consueta et quod tu, oneribus hujusmodi debite supportatis, necnon quarta, si abbatialis separata et seorsum a conventuali, si vero communis inibi mensa fuerit, tertia parte omnium fructuum, reddituum et proventuum dicti monasterii in restauratione illius fabrice, seu ornamentorum emptione, vel fulcimentum aut pauperum alimoniam, prout major exigerit et suaserit necessitas, omnibus aliis deductis, omnibus annis singulis impartita de residuis fructibus, redditibus et proventibus monasterii hujusmodi disponere et ordinare libere et licite valeas, sicuti ipsius monasterii abbates, qui pro tempore fuerunt, de illis disponere et ordinare potuerunt, seu etiam debuerunt, alienatione tamen quorumcunque bonorum immobilium et preciosorum mobilium ejusdem monasterii tibi penitus interdicta; quodque antequam regimini et administrationi dicti monasterii te in aliquo immisceas, in manibus venerabilium fratrum nostrorum Vapincensis et Carpentoracensis (1) episcoporum, seu alterius eorum, fidelitatis debite solitum prestes juramentum, juxta formam quam sub bulla nostra mittimus interclusam, quibus et eorum cuilibet per alias nostras litteras mandavimus ut ipsi, vel alter eorum a te nostro, vel Romane Ecclesie nomine hujusmodi recipiant seu recipiat juramentum. Quocirca discretioni tue per apostolica scripta mandamus quatinus curam, regimen et administrationem monasterii hujusmodi sic per te, vel alium, seu alios gerere et exercere studeas sollicite, fideliter et prudenter quod monasterium ipsum gubernatori provido et fructuoso administratori gaudeat se commissum, tuque, preter eterne retributionis premium, nostram et dicte Sedis benedictionem et gratiam exinde uberius consequi merearis. Datum Rome, apud Sanctum Petrum, anno Incarnationis Dominice millesimo quingengentesimo trigesimo secundo, VII Kalendas Novembris, Pontificatus nostri anno nono.

---

(1) Les évêques de Gap et de Carpentras sont ici délégués pour recevoir, au nom du Souverain-Pontife, le serment de fidélité que les anciens abbés réguliers étaient tenus de prêter à Rome même (voir la bulle suivante).

CLXXVIII. — 129 b.

BULLE DE CLÉMENT VII

datée de Saint-Pierre de Rome, chargeant les évêques de Gap et de Carpentras de recevoir, au nom du Saint-Siége, le serment de fidélité de l'abbé Jean-Théodore de Clermont (1).

Original sur parchemin en mauvais état.

26 octobre 1532.

Clemens, episcopus, servus servorum Dei, venerabilibus fratribus Vapincensi et Carpentoratensi episcopis, salutem et apostolicam benedictionem. Cum itaque nos hodie monasterium Sancti Egidii, ordinis Sancti Benedicti, Nemausensis diocesis, tunc certo modo vacans, dilecto Johanni Theodoro de Claromonte, clerico Vapincensis diocesis, per eum quoad viveret tenendum, regendum et gubernandum, de Fratrum nostrorum consilio, apostolica auctoritate duxerimus commendandum, curam, regimen et administrationem ejusdem monasterii sibi in spiritualibus et temporalibus plenarie committendo, prout in nostris inde confectis litteris plenius continetur; Nos ipsius Johannis Theodori commendatarii in partibus illis degentis, ac propter hoc ad Sedem apostolicam accedendo personaliter laborare cogatur, volentes parcere laboribus et expensis, fraternitati vestre per apostolica scripta mandamus quatinus vos, vel alter vestrum, ab eodem Johanne Theodoro commendatario, nostro et Romane Ecclesie nomine, fidelitatis debite solitum recipiatis, seu alter vestrum recipiat juramentum, juxta formam quam sub bulla nostra mittimus introclusam; de forma juramenti predicti quod idem Johannes Theodorus commendatarius prestabit vobis de verbo ad verbum per ejus patentes litteras sub sigillo munitas per proprium nuncium quantocius destinare curetis. Datum Rome, apud Sanctum Petrum, anno Incarnationis Dominice millesimo quingentesimo trigesimo secundo, VII kalendas novembris, pontificatus nostri anno nono.

---

(1) Les anciens abbés réguliers étaient tenus de se rendre à Rome, aussitôt après leur élection, et les papes ne leur donnaient la bénédiction abbatiale qu'après avoir reçu leur serment de fidélité.

CLXXIX. — 130.

BULLE DE PAUL III (1)

datée de Saint-Pierre de Rome, contre ceux qui retenaient les dépouilles des moines décédés, les dîmes, censes et autres biens de l'abbé ou du monastère de Saint-Gilles.

Original sur parchemin en assez bon état, quoique piqué ; quelques mots peu lisibles.

1er avril 1534

Paulus, episcopus, servus servorum Dei, dilecto filio officiali Nemausensi, salutem et apostolicam benedictionem. SIGNIFICAVIT NOBIS dilectus filius Theodorus Johannes de Claromonte, perpetuus commendatarius monasterii Sancti Egidii de Sancto Egidio, ordinis Sancti Benedicti, Nemausensis diocesis, quod nonnulli iniquitatis filii quos prorsus ignorat, spolia monachorum et personarum dicti monasterii qui pro tempore decesserunt...... illorum obitu dimissa, ac decimas, primicias, census, fructus, redditus, proventus, terras, domos, possessiones, vineas, ortos, campos, prata, pascua, nemora, silvas, arbores, arborum fructus, aquas, aquarum decursus, vini, bladi, frumenti, ordei, lini, lane, cere, olei, auri, argenti monetati et non monetati, ac aliarum rerum quantitates, vasa aurea, argentea, enea, staminea, pannos lineos, sericeos, vestes, anulos, lapides et alia jocalia, lectos, lintheamina, mappas, manutergia et alia domorum utensilia, equos, jumenta, oves, boves, vaccas et alia animalia, litteras, libros, scripturas, testamenta, codicillos et alia documenta, debita, credita, legata, mutua, deposita, jura, jurisdictiones, pecuniarum summas, et nonnulla alia mobilia et immobilia bona ad dictum monasterium, tam ratione sui et persone quondam Gilberti Malliani dum viveret dicti monasterii monachi, ac perpetui commendatarii ecclesie beate Marie de Lozare, loci de Frayssineto (2), dicti ordinis, Mimatensis diocesis,

---

(1) Paul III, élu le 13 octobre 1534, mourut le 10 novembre 1549, après avoir régné quinze ans et vingt-huit jours.

(2) *Fraissinet-de-Lozère* (voir ci-dessus, p. 106, note 8), appartenait et appartient encore au diocèse de Mende.

aliorumque monachorum et personarum dicti monasterii, quam alias legitime spectantia, temere et malitiose occultare et occulte detinere presumunt, non curantes ea prefata significanti exhibere in animarum suarum periculum et ipsius significantis non modicum detrimentum; super quo dictus significans apostolice Sedis remedium imploravit. Quocirca discretioni tue per apostolica scripta mandamus quatenus omnes hujusmodi decimarum, primiciarum, censuum, fructuum et aliorum bonorum predictorum detentores occultos ex parte nostra publice in ecclesiis coram populo, per te vel alium seu alios moneas, ut infra competentem terminum quem eis prefixeris, ea prefato significanti a se debita restituant et revelent, ac de ipsis plenam et debitam satisfactionem impendant. Et si id non adimpleverint infra alium competentem terminum, quem eis ad hoc peremptorie duxeris prefigendum, ex tunc in eos generalem excommunicationis sententiam proferas, ac eam facias ubi et quando expedire videris, usque ad satisfactionem condignam solemniter publicari. Datum Rome, apud Sanctum Petrum, anno Incarnationis Dominice millesimo quingentesimo trigesimo quarto, Kalendis Aprilis, pontificatus nostri anno primo.

CLXXX. — 131.

BULLE DE PAUL III

datée de Tivoli, portant sécularisation (1) de l'abbaye de Saint-Gilles.

Copie en forme sur papier, prise, le 13 septembre 1666, sur l'original alors conservé dans les archives de la Sénéchaussée de Beaucaire. — *Gall. Christ*, t. VI.

17 août 1538.

Paulus, episcopus, servus servorum Dei, ad perpetuam rei memoriam. CLEMENTIA EJUS qui immobilis permanens suo mirabili ordine dat cuncta moveri, in apostolice dignitatis speculo meritis licet

---

(1) La *sécularisation* est un acte pontifical par lequel les personnes ou les bénéfices réguliers changent d'état et deviennent séculiers ; les personnes sont déliées de leurs vœux de religion et les bénéfices ne sont plus réservés à des moines. Par la bulle de Paul III, l'abbaye de Saint-Gilles fut changée en simple collégiale.

imparibus constituti, et ex commissi nobis eadem clementia desuper pastoralis officii debito, ad singulas ecclesias et monasteria, quorum omnium principatum a Domino obtinemus, dirigentes circumspecte considerationis intuitum, ac eorum dispendiis occurrere, honorique et profectui, quantum cum Deo possumus, consulere satagentes, illorum ac personarum in eis Altissimo famulantium statum interdum in melius commutamus et alteramus, ac desuper disponimus et ordinamus, prout salus animarum exigit, et rationabiles cause suadent, ac pia catholicorum regum vota exposcunt ; necnon temporum, locorum et personarum qualitatibus et conditionibus diligenter consideratis, ad divini cultus augmentum, et bonorum illorum conservationem, necnon ecclesiarum et personarum earumdem decorem et venustatem conspicimus in Domino salubriter expedire, ad illos quoque dexteram nostre liberalitatis extendimus, quos ad id propria virtutum merita multipliciter recommendant ;

Sane, charissimus in Christo filius noster Franciscus, Francorum rex Christianissimus, (1) tam suo, quam dilectorum filiorum Theodori Johannis de Claromonte, clerici Vapincensis diocesis, qui monasterium Sancti Egidii oppidi de Sancto Egidio, ordinis Sancti Benedicti, Nemausensis diocesis, ad Romanam Ecclesiam nullo medio pertinentis, ex concessione apostolica in commendam obtinet, ac conventus dicti monasterii, seu majoris partis ejusdem conventus nominibus, nobis nuper exponi fecit :

Quod a tempore cujus initii memoria hominum non existit, in dicto oppido monasterium predictum pro uno abbate et aliquibus monachis dicti ordinis fundatum, ac sumptuosis edificiis constructum, non tamen in hujusmodi edificiis totaliter perfectum, ac privilegiis tam apostolicis, potissime per felicis recordationis Clementem papam IV predecessorem nostrum qui a dicto oppido originem traxit, quam regiis decoratum extitit ;

Et abbas ipsius monasterii pro tempore existens in monasterio et oppido predictis, ac ipsius oppidi districtu in clerum et populum

---

(1) D'après le Concordat passé entre le pape et le roi François Ier, les sécularisations ne pouvaient être faites en France que du consentement du roi.

oppidi et territorii ac districtus hujusmodi jurisdictionem spiritualem et temporalem, *merumque et mixtum imperium* (1) habere consuevit ;

Ac in ipso monasterio mensa conventualis prorsus distincta et separata a mensa abbatiali, necnon unus prioratus major nuncupatus, (2) unus decanatus, unus prioratus claustralis pro uno priore claustrali ad nutum prefati abbatis amovibili, una cameraria, una eleemosynaria, una infirmaria, una operaria, una hostelaria, uno precemptoria, una corresaria, unus archidiaconatus, una celleraria, una succentoria, una prima altaris Sancti Egidii, una secunda ejusdem altaris et una alia Sancti Petri de Via Sacra nuncupate sacristie, officia claustralia ;

Que, necnon prioratus non conventualis beate Marie Magdalene prope et extra muros dicti oppidi, eorumdum ordinis et diocesis, cui forsan cura imminet animarum, et qui in eodem monasterio etiam officium claustrale reputatur, per monachos ejusdem monasterii, ordinem ipsum expresse professos ; etiam una cum ipsius monasterii monachalibus portionibus absque dispensatione apostolica obtineri consueverunt, necnon plura loca et monachales portiones et quamplures monachi et ex illis unus decanus, unus prior major, unus prior claustralis, unus camerarius, unus eleemosynarius, unus infirmarius, unus operarius, unus hostellarius, unus precemptor, unus corresarius, unus archidiaconus, unus celerarius, unus succentor, unus primus altaris Sancti Egidii et alius secundus ejusdem altaris et alius Sancti Petri de Via Sacra nuncupati sacriste, (3) necnon unus prior dicti prioratus beate Marie Magdalene, decanatum et alia officia, ac prioratum beate Marie Magdalene predicta respective obtinentes et alii claustrales conventum ejusdem monasterii constituentes fore noscuntur ;

---

(1) Cette expression d'*Empire pur et mixte*, signifiait : la seigneurie haute, moyenne et basse.

(2) A cette époque, l'abbaye comptait encore une soixantaine de moines, parmi lesquels dix-sept dignités ou offices claustraux énumérés dans cet alinéa et le suivant.

(3) Le *Gallia Christiana* et certaines copies porte à tort *nuncupatæ sacristiæ*.

Ac abbatiali mense Sancti Felicis Despeyrano (1) sine cura; et quibus cura per vicarios perpetuos exerceri solita imminet animarum, Sancti Johannis de Gardonencha (2) et Sancti Andree de Bernicio (3); necnon conventuali mense Sancte Cecilie de Stagello (4) etiam sine cura, et cum cura per vicarium perpetuum exerceri solita imminet animarum Sancti Amantii (5), prope et extra muros oppidi Simmodrii (6), dicte Nemausensis diocesis; ac decanatui, Sanctorum Baudilii et Pontii (7) ejusdem oppidi Simmodrii et Sancte Crucis Ville-Veteris (8); ac camerarie Sancti Saturnini de Siora (9); ac infirmarie Sancti Andree de Campomarignano (10) et Sancte Columbe (11), territorii dicti oppidi Sancti Egidii; necnon operarie Sancti Stephani de Valle (12); ac hostel-

---

(1) *Espeiran*, ferme du territoire de Saint-Gilles, arrondissement de Nimes (Gard), résidence d'été des abbés de Saint-Gilles. Voir ci-dessus n°ˢ III, LXXIII, LXXX, etc.

(2) *Saint-Jean-du-Gard*, chef-lieu de canton de l'arrondissement d'Alais (Gard). Voir ci-dessus n°ˢ LXXX, CXXXVIII, etc.

(3) *Bernis*, commune du canton de Vauvert, arrondissement de Nimes (Gard). Voir ci-dessus n° LXXX, etc.

(4) *Estagel*, autrefois village, aujourd'hui simple ferme du territoire de Saint-Gilles (Gard). Voir ci-dessus n°ˢ III, LXXIII, LXXX, etc.

(5) *Saint-Amant* était l'église paroissiale du faubourg d'au-delà du pont à Sommières. Voir ci-dessus n°ˢ LXXIII, LXXX, etc.

(6) *Sommières*, chef-lieu de canton de l'arrondissement de Nimes (Gard).

(7) *Saint-Pons* est encore le patron de la paroisse de Sommières. Voir ci-dessus n° LXXX, etc.

(8) *Villevieille*, commune du canton de Sommières, son prieuré était annexé au précédent.

(9) *Sieure*, ferme du territoire de Saint-Gilles. Voir ci-dessus n°ˢ III, LXXIII, LXXX, etc.

(10) *Camarignan*, aujourd'hui simple ferme du territoire de Saint-Gilles. Voir ci-dessus n°ˢ III, LXXX, etc.

(11) *Sainte-Colombe*, ferme du territoire de Saint-Gilles. Voir ci-dessus n° LXXX. Ce prieuré était annexé au précédent.

(12) *Saint-Etienne-de-Laval* était un ermitage situé dans le territoire de Collias, commune du canton de Remoulins, arrondissement d'Uzès (Gard). Ce bénéfice n'a pas été mentionné précédemment.

larie Sancti Petri de Trincatalla (1) ; ac precemptorie Sanctorum Pastoris et Victoris (2) territorii de Vistrenca (3) ; necnon archidiaconatui Sancti Egidii territorii de Paternis (4), Nemausensis diocesis predicte, et Arelatensis, ac Uticensis et Carpentoratensis (5) diocesis : Ecclesie seu prioratus dicti ordinis non conventuales, necnon sacristie Sancti Petri de Via Sacra, una Beate Marie deaurate in ecclesia superiori dicti monasterii et hostellarie prefatis : alia Sancti Privati (6) infra muros veteres dicti oppidi Sancti Egidii sita : altaria perpetua sine cura, capellanie unite existunt, et ab eodem monasterio Sancti Stephani de Corcona (7), Sanctorum Johannis de Meiaco (8) et Sebastiani de Montepesato (9), Sancti Petri de Lenihaco (10), Beate Marie de Bethleem, Sancti Salvatoris de Queissargues (11), Sancti Lupi (12), Sancte

---

(1) *Trinquetaille*, portion de la ville d'Arles, située entre les deux Rhônes (Bouches-du-Rhône). Voir ci-dessus n° LXXX.

(2) *Saint-Victor* et *Saint-Pastour* étaient deux bénéfices unis, le premier dans le territoire de Vauvert et le second dans celui de Vergèze, canton de Vauvert, arrondissement de Nimes (Gard). Ils n'ont pas été mentionnés jusqu'ici.

(3) *La Vistrenque*, est la plaine arrosée par le Vistre, rivière qui arrose la partie basse du département du Gard.

(4) *Pernes*, chef-lieu de canton de l'arrondissement de Carpentras (Vaucluse). Voir ci-dessus n° LXXX.

(5) Les diocèses ici nommés sont ceux de Nimes, d'Arles, d'Uzès et de Carpentras.

(6) L'église de *Saint-Privat*, aujourd'hui disparue, était sous les murs de la ville de Saint-Gilles.

(7) *Corconne*, commune du canton de Quissac, arrondissement du Vigan (Gard). Voir ci-dessus n° LXXX.

(8) Le prieuré de *Saint-Jean-de-Méjac* (alias *Méjan*), en Provence. Voir ci-dessus n° LXXX.

(9) *Montpezat*, commune du canton de Saint-Mamert, arrondissement de Nimes (Gard). Voir ci-dessus n° LXXX.

(10) *Laugnac*, ancien prieuré entre Lédenon et Bezouce (Gard). Voir ci-dessus n° LXXX.

(11) Notre-Dame-de-Bethléem et Saint-Sauveur de *Caissargues*, près de Nimes. Voir ci-dessus n°˚ III, LXXIII, LXXX, etc.

(12) *Saint-Loup*, à Villefort (Lozère), Voir ci-dessus n° LXXX.

Crucis de Molezano (1), Sancti Martini de Serviers (2), Sancti Andeoli de Rubiaco (3), Sancti Petri de Vannis (4), Sancti Genesii de Mediogoto (5), Sancte Marie de Saturanicis (6), ejusdem Sancte Marie de Montealto (7), Sancti Hippolyti de Meizerio (8), ejusdem beate Marie de Frayssineto in Lozera (9), Sancti Petri de Previncheriis (10), cum illius annexa ecclesia Sancti Victorini Villefortis (11), Sancti Egidii de Creyssaco (12), ejusdem Sancti Egidii de Divo-Castro (13), ipsius Santi Egidii de Supervia (14), Sancti Andree de Lucapello (15), Sancti Servii (16),

---

(1) *Moulézan*, commune du canton de Saint-Mamert, arrondissement de Nimes (Gard). Voir ci-dessus n° LXXX.

(2) *Serviers*, section de commune du canton et de l'arrondissement d'Uzès (Gard). Voir ci-dessus n° LXXX.

(3) *Robiac*, commune du canton de Bességes, arrondissement d'Alais (Gard). Voir ci-dessus n° LXXX.

(4) *Les Vans* (Ardèche). Voir ci-dessus n° LXXX.

(5) *Saint-Géniès-en-Malgoirès*, voir ci-dessus n°* LXXIII et LXXX.

(6) *Saturargues* (Hérault). Voir ci-dessus n° LXXX.

(7) *Montalet* (Hérault). Voir ci-dessus n° LXXX.

(8) *Malzieu*, chef-lieu de canton, arrondissement de Marvéjols (Lozère). Voir ci-dessus n° LXXX.

(9) *Fraissinet-de-Lozère*, commune du canton de Pont-de-Montvert, arrondissement de Florac (Lozère). Voir ci-dessus n°* LXXX et CXXXVIII.

(10) *Prévenchères*, commune du canton de Villefort (Lozère). Voir ci-dessus n° LXXX.

(11) *Villefort*, chef-lieu de canton, arrondissement de Mende (Lozère). Voir ci-dessus n° LXXX.

(12) *Reissac* (Aveyron). Voir ci-dessus n° LXXX.

(13) *Dun*, voir ci-dessus n°* XXXVII, LXXX et CXXXVIII.

(14) *Saint-Gilles-sur-Vie*, dans le département de la Vendée. Voir ci-dessus n°* XXXVII, LXXX et CXXXVIII.

(15) *Lucapel*, aujourd'hui Montgaillard, canton et arrondissement de Saint-Sever (Landes). Voir ci-dessus n° LXXX.

(16) *Saint-Servius*, ibid.

Sanctorum Petri et Michaelis de Rossilhono (1), Sancti Privati (2), Sancti Christophori de Vacheriis (3), Sancti Johannis de Albenassio (4), ejusdem Beate Marie do Rodesco de Rocha (5) Ville Nove, ejusdem Sancti Stephani de Menerbia (6), Sancti Maximini de Medenis (7), Nemaus. Arelat. et Uticensis predictorum, necnon Montispessulanens. Mimatens. Vabrens. Virdunens. Leconiens. Adurens. Aptens. Sistaricens. Cavalicens. et Auraycensis (8) diocesis, ejusdem ordinis prioratus, quibus cura per eosdem prioratus obtinentes, seu vicarios perpetuos exerceri solita, forsan imminet animarum, per eosdem monachos obtineri soliti et nunc pro majori parte commendati, dependent, et quorum collatio, provisio et omnimoda alia dispositio ad abbatem prefati monasterii, pro tempore existentem spectant et pertinent;

Ac electio abbatis dicti monasterii, dum pro tempore vacat, ad illius conventum hujusmodi, qui in pacifica possessione seu quasi eligendi eorum prelatum ante concessionem privilegii prefato Francisco regi ad ejus vitam concessi, seu extensionem concordatorum dudum inter eum et Sedem apostolicam initorum, sub certis modo et forma, apostolica auctoritate, ad ejus vitam extensorum existebant speciali privilegio apostolico eis desuper concesso;

Necnon collatio, provisio et omnimoda dispositio officiorum et prioratus Beate Marie Magdalene predictorum, similiter inter alia ad abbatem ejusdem monasterii pro tempore existentem, ac nemus

---

(1) *Roussillon*, dans le canton de Gordes (Vaucluse). Voir ci-dessus n° LXXX,

(2) *Saint-Privat*, hameau de la commune de Sarrians (Vaucluse). Ibid.

(3) *Vachères*, canton de Reillanne (Basses-Alpes). Ibid.

(4) *Aubenas*, même canton. Ibid.

(5) *La Roque*, dans l'ancien diocèse de Sisteron. Ibid.

(6) *Ménerbes*, canton de Bonnieux (Vaucluse). Ibid.

(7) *Modène*, canton de Mormoiron (Vaucluse). Ibid.

(8) Les diocèses ici nommés et dans lesquels se trouvaient les possessions du monastère, sont ceux de Nimes, d'Arles, d'Uzès, de Montpellier, de Mende, de Vabres, de Verdun, de Luçon, d'Aire, d'Apt, de Sisteron, de Cavaillon et d'Orange.

Desperano nuncupatum, in territorio dicti oppidi de Sancto Egidio consistens, ad mensam abbatialem predictam spectant et pertinent.

Et dictus abbas, pro tempore existens, conventui et monachis ipsius monasterii de pane et vino, pro victu et mensa ipsorum monachorum et familiarium in dicto mouasterio deservientium et illorum barbitonsore, ac certis diebus predicatoribus seu concionatoribus in dicto monasterio, in quo capitulum generale monachorum singulis annis celebratur, ac consanguineorum affinibus et amicis ipsorum monachorum ad dictum monasterium venientibus, de victu ac etiam de pane et vino pro victu medicorum et chirurgorum famulantium, necnon de feno et avena pro equitaturis certorum officiariorum et aliorum monachorum ejusdem monasterii, ac consanguineorum, affinium et amicorum, necnon medicorum, chirurgorum et illorum famulorum predictorum; Et similiter de pane et vino pro missis in ecclesia ipsius monasterii celebrandis, ac libris et indumentis necnon luminariis, et pro campanis divino cultui inibi necessariis, providere; necnon certas eleemosynas in ipso monasterio facere, ac annis singulis in die Purificationis beate Marie Virginis, monachis et officiariis ipsius monasterii spiritualibus et temporalibus cereos dare, et in festo ejusdem Sancti Benedicti pitantiam ipsorum monachorum augere;

Et camerarius, infirmarius, hostellarius prefati, ratione eorum camerarie, infirmarie et hostellarie officiorum ac prioratuum et capellaniarum eisdem officiis respective annexarum, certa onera pro victu et vestitu, ac certis aliis rebus pro monachis monasterii hujusmodi, juxta illius statuta et consuetudines, subire, illique et alii officiari predicti certas pensiones *gonelas* nuncupatas et alia jura prefato conventui persolvere, ac etiam alia onera subire te nentur et consueverunt.

Verum cum monasterium ipsum, in quo corpus prefati Sancti Egidii, quod a diversis fidelibus devote et venerabiliter visitatur, requiescit, inter mare, flumen Rhodani, ac in loco calido et paludibus circumdato, in quo tempore estivo aer intemperatus multum existit, constitutum sit, et illi monachi qui, juxta dicti ordinis regularia instituta, in eorum claustris habitare deberent, cameras seu cellulas in numero sufficienti pro eorum habitatione in dicto monasterio non habeant, ac camere seu cellule in illo subsistentes subterranee et pro majori parte ita humide seu aquatice sint, ut vix habitari possint, et ipsi monachi ex frequent cum illis in eodem monasterio secularium personarum conversatione, vitam ab eisdem institutis regularibus quodammodo alienam ducere incitantur, quo fit ut circa divinum cultum insistere, ac vota sua Altissimo plenarie reddere nequeuntes, animarum suarum saluti et bonorum, ac fructuum, redituum et proventuum ipsius mense conventualis instaurationi, reparationi et conservationi minus consulant, ac causantibus bellorum turbinibus qui, retroactis temporibus, in illis partibus viguerunt, fructus, reditus et proventus dicte mense conventualis non parum diminuti existant, et tam propter premissa, quam causantibus commendis de prioratibus a dicto monasterio dependentibus, predictis clericis secularibus dicta auctoritate factis, pauci reperiantur viri docti et nobiles, qui ordinem predictum in ipso monasterio profiteri, et ad illius observantiam obligari velint; ac propterea cultus divinus in eodem monasterio, ac illius bona et jura diminuantur; et nisi desuper congrue provideatur, futurum fore formidatur, ne numerus ministrorum eidem monasterio in divinis deservientium et cultus hujusmodi in illo peramplius minuatur, bonaque et jura predicta in deteriorem statum delabantur, si in dicto monasterio ad prefatam Romanam Ecclesiam nullo medio, ut prefertur, pertinente, nomen et titulus monasterii ac dignitatis abbatialis et conventualis, necnon in illo ac beate Marie Magdalene, necnon omnibus et singulis ab eodem monasterio dependentibus prioratibus predictis, dictus ordo Sancti Benedicti, ac omnis status et omnis dependentia regularis, necnon major et claustralis prioratus ac decanatus, cameraria, eleemosynaria, infirmaria, operaria, hostellaria, precemptoria, corresaria, archidiaconatus, celeraria, succentoria, necnon prima et secunda ac Sancti Petri de Via Sacra sacristie, ac ratione dicti prioratus beate Marie Magdalene, reputata officia claustralia, necnon omnia et singula loca et monachales portiones, penitus et omnino supprimerentur et extinguerentur, ac ecclesia monasterii hujusmodi in secularem et collegiatam ecclesiam, ad instar aliarum secularium et collegiatarum ecclesiarum partium illarum ;

Necnon in ea una abbatia secularis que principalis pro uno abbate seculari, et unus decanatus pro uno decano, ac unus major pro uno majore, et unus minor pro uno minore nuncupandi archidiaconatus principales dignitates, pro uno majore et uno minore nuncupandis archidiaconis ; necnon una sacristia pro uno sacrista, et una precemptoria pro uno precemptore, ac una thesauraria personatus inibi pro uno thesaurario, necnon decem et octo majores pro totidem majoribus et alii tredecim minores nuncupandi canonicatus et prebende pro totidem minoribus nuncupandis canonicis erigerentur et instituerenter ; ac decime bladorum et quorumcunque aliorum granorum, necnon vini, feni, olivarum et olerum in oppido Sancti Egidii, ac illius territorio et districtu hujusmodi pro tempore excrescentium, ac magnum *penu* (1) et medietas horrei et fenerie in eodem oppido Sancti Egidii et infra limites ipsius monasterii, necnon vinea abbatialis nuncupata de Pecheyrol, ac una de Rossignolo, et alia d'Espilas nuncupate terre in Degresio, nuncupatis clausis, ac supradictis districtu et territorio Sancti Egidii, necnon platea infra muros ejusdem oppidi de Sancto Egidio, et prope dictum monasterium, ac illius domum abbatialem consistentia, et ad dictam mensam abbatialem spectantia, ac illa pars oblationum, ex devotione Christi fidelium in futurum elargiendarum, in dicta erigenda ecclesia, quam abbas dicti monasterii, pro tempore existens, percipere consueverat, ab eadem abbatiali mensa perpetuo dismembrarentur et separarentur, ac illa sic dismembrata et separata, necnon alia et singula decimarie, fructus, jura, actiones et bona ad majorem et claustralem prioratus et alia officia supprimenda spectantia et pertinentia, necnon tam singuli eisdem decanatui, camerarie, infirmarie, operarie, hostellarie, precemptorie et archidiaconatui officiis respective, ut prefertur, uniti, quam omnes alii a dicto monasterio dependentes prioratus, ac capellanie predicte dicte mense capitulari perpetuo applicarentur et appropriarentur, ac unirentur, annecterentur, et incorporarentur, profecto felici statui monasterii et illius ecclesie hujusmodi consuleretur, et illa venustior redderetur, ac in ea cultus divinus et ministrorum numerus, cum incolarum et habitatorum ejusdem oppidi de Sancto Egidio spirituali consolatione et animarum salute, per amplius vigeret et augeretur, faciliusque reperirentur persone qualificate que in ea abbatialem et alias dignitates et personatus, necnon canonicatus et prebendas hujusmodi obtinere et debitum Al-

---

(1) Cellier.

tissimo famulatum exhibere vellent et possent, ac quorum fervore
ipsius erigende ecclesie decens honor et utilitas incrementum susciperet.

Quare prefatus Franciscus Rex, in cujus temporali dominio monasterium et oppidum de Sancto Egidio consistunt, tam suo, quam
Theodori Johannis commendatarii, ac conventus predictorum, seu
ipsorum conventus majoris partis, nominibus predictis, nobis humiliter supplicari fecit, ut in ipso monasterio nomen et titulum
monasterii, ac regularem dignitatem abbatialem et conventualitatem, necnon in illo ac singulis officiis predictis unitis, necnon beate
Marie Magdalene ac omnibus et singulis aliis supradictis, ceterisque
ab ea dependentibus prioratibus et ecclesiis regularibus ordinem
predictum, ac omnem statum omnemque dependentiam regulares,
necnon majorem et claustralem prioratus, ac decanatum, ac alia
officia, necnon omnia et singula loca et monachales portiones predicta penitus et omnino perpetuo supprimere et extinguere, ac in
ecclesia hujusmodi monasterii statum regularem in statum abbatis,
canonicorum, presbyterorum et clericorum secularium immutare
et ad statum secularem reducere, ipsamque ecclesiam in secularem
et collegiatam, sub invocatione ejusdem Sancti Egidii, erigere et
instituere, ac alias in premissis opportune providere de benignitate apostolica dignaremur.

Nos igitur, qui dudum inter alia volumus quod petentes beneficia ecclesiastica aliis uniri, tenerentur exprimere verum annuum
valorem, secundum communem existimationem, tam beneficii uniendi, quam alius cui aliud uniri peteretur, alioquin unio non valeret,
et semper in unionibus commissio fieret ad partes, vocatis quorum
interest, quique ecclesiarum et monasteriorum quorumlibet ac personarum, eorumdem decorem et venustatem, ac in melius directionem, necnon in illis divini cultus conservationem et augmentum
ac animarum salutem, nostris potissime temporibus, sinceris desideramus affectibus; Theodorum Johannem commendatarium ac
conventum prefatos et eorum necnon infrascriptorum singulos, a
quibusvis excommunicationis, suspensionis et interdicti, aliisque
ecclesiasticis sententiis, censuris et penis, a jure vel ab homine,
quavis occasione vel causa latis, si quibus quomodolibet innodati
existunt, ad effectum presentium dumtaxat consequendum, harum
serie absolventes et absolutos fore censentes, necnon abbatialis et

conventualis mensarum, ac omnium et singulorum illis respective unitorum et non expressorum aliorum dependentium prioratuum et ecclesiarum regularium, ac singulorum officiorum, necnon locorum et monachalium portionum supprimendorum, predictorum fructuum, reddituum et proventuum veros annuos valores presentibus pro expressis habentes, hujusmodi supplicationibus inclinati, cum ad ipsorum Theodori Johannis commendatarii et conventus, seu majoris partis eorum per dilectum filium Manualem de Petris, clericum Avenionensem, procuratorem eorum, ad hoc ab eis specialiter constitutum, expressus accedat assensus,

Ad omnipotentis Dei laudem et gloriam et militantis Ecclesie exaltationem, necnon monasterii et illius personarum hujusmodi feliciorem successum, in prefato monasterio nomen et titulum monasterii ac regularem dignitatem abbatialem et conventualitatem, necnon in illo et singulis decanatui, camerarie, infirmarie, operarie, hostellarie, preceptorie et archidiaconatui, officiis predictis unitis, necnon beate Marie Magdalene ac omnibus et singulis supradictis, ceterisque ab eo dependentibus prioratibus et ecclesiis regularibus, ita ut de cetero prioratus ipsi prioratus seculares, seu ecclesie aut beneficia secularia existant, ordinem predictum ac omnem statum, omnemque dependentiam regularem, necnon majorem et claustralem prioratus, ac decanatum, camerariam, infirmariam, eleemosynariam, operariam, hostellariam, preceptoriam, corresariam, archidiaconatum, celerariam, et succentoriam, de Sancti Petri de Via Sacra, necnon primam et secundam sacristias, ac ratione dicti prioratus beate Marie Magdalene reputata officia, necnon omnia et singula loca et monachales portiones predicta, illorumque omnium qualitates et denominationes, ita quod de cetero officia claustralia, ac loca et monachales portiones denominari, seu censeri et reputari non possint, auctoritate apostolica prefata, tenore presentium, penitus et omnino perpetuo supprimimus et extinguimus, ac in ecclesia monasterii hujusmodi statum regularem in statum abbatis, canonicorum, presbyterorum et clericorum secularium immutamus, et ad statum secularem reducimus, ipsamque ecclesiam in secularem et collegiatam ecclesiam sub dicta invocatione ejusdem Sancti Egidii, necnon in ea capitulum seculare.

Cum abbatiali cui Sancti Felicis Despeyrano ac Sancti Johannis de Gardonenchia ac Sancti Andree de Bernicio prioratus predicti ceteraque beneficia ecclesiastica cum cura et sine cura que monasterio et mense abbatiali predictis unita erant, perpetuo, absque alia unione, unita sint et esse conseantur et ad quam, exceptis decimis bladorum, granorum, vini, feni, olivarum et olerum in oppido, territorio et districtu Sancti Egidii predictis, pro tempore excrescentium, et vinea abbatiali et duobus terris supradictis, quecunque alie decime, fructus, reditus, proventus, jura, obventiones, predia et bona que ad mensam abbatialem monasterii hujusmodi spectabant et pertinebant, perpetuo spectent et pertineant; ac prefatus Theodorus Johannes commendatarius futurus et pro tempore existens abbas secularis ipsius erigende ecclesie, de illis ac eorum emolumentis quibuscunque, prout antea abbas regularis monasterii hujusmodi disponebat et disponere poterat, disponere possit.

Necnon ab eadem abbatiali, prout hactenus fuit penitus distincta et separata capitulari mense, cui similiter Sancte Cecilie de Stagello, ac Sancti Amantii prope et extra villam Sumidrii prioratus predicti ac omnia et singula alia beneficia ecclesiastica cum cura et sine cura, quecumque et qualiacunque sint, que eidem mense conventuali unita erant, absque alia unione, etiam perpetuo unita, annexa et incorporata sint et esse censeantur, et ad quam omnia et singula alia, decime, fructus, reditus, proventus, jura, obventiones, predia et bona ad dictam mensam conventualem spectantia et pertinentia perpetuo spectent et pertineant, et capitulum erigende ecclesie hujusmodi de illis ac eorum emolumentis quibuscunque in eorum usus et utilitatem, prout antea conventus prefati monasterii disponebat seu disponere poterat, perpetuo disponere possit; necnon cum sigillo et capsa communibus, aliisque collegialibus insigniis, ad instar aliarum secularium et collegiatarum ecclesiarum illarum partium, ac cum omnibus et singulis insigniis, libertatibus, exemptionibus, privilegiis et indultis apostolicis et regiis ac aliis dicto monasterio concessis.

Necnon unam abbatiam secularem que principalis, prout suppressa regularis abbatialis dignitas in dicto monasterio erat, perpetuis futuris temporibus existat, pro eodem Theodoro Johanne, qui abbatiam ipsam secularem, prout dictum monasterium in commendam obtinebat, quoad vixerit, absque alia provisione sibi desuper facienda, obtinere possit, aut pro uno alio clerico seculari, qui quidem Theodorus Johannes et pro tempore existens erigende ecclesie hujusmodi abbas, caput et prelatus, ac superior aliorum existat, necnon omnibus et singulis dignitatibus, privilegiis, libertatibus, preeminentiis, exemptionibus et indultis apostolicis et regiis abbati dicti monasterii pro tempore existenti, etiam favore religionis concessis, necnon insigniis et aliis juribus quibuscunque, quibus abbas dicti monasterii pro tempore existens utebatur, potiebatur et gaudebat, ac uti, potiri et gaudere poterat; necnon jurisdictionem spiritualem seu ecclesiasticam et temporalem quam idem abbas pro tempore existens exercebat et exercere poterat, cum mero et mixto imperio, per se vel per alium seu alios in ipsa erigenda ecclesia ac predictis necnon aliis a dicto monasterio dependentibus prioratibus et ecclesiis, ac in oppido de Sancto Egidio, districtu et territorio supradictis, necnon in canonicos et ministros ejusdem erigende ecclesie et in quasvis alias personas ecclesiasticas et laicas, seu seculares ejusdem erigende ecclesie, necnon oppidi, districtus et territorii de Sancto Egidio predictorum et infra illa existentes, exercere libere et licite valeat, prout antea abbas monasterii predicti utebatur, potiebatur et exercebat, seu uti, potiri et exercere poterat, et ad quem collatio, provisio, presentatio, institutio et destitutio quorumcunque monasteriorum et beneficiorum ecclesiasticorum cum cura et sine cura qualitercunque qualificatorum, que abbatiali et capitulari mensis erigende ecclesie hujusmodi unita non sunt et supra non supprimuntur, aut infra non uniuntur, de cetero perpetuis futuris temporibus in omnibus et per omnia, perinde ac si ordo et observantia regulares predicti in eodem monasterio extincti et illius monachi ad secularitatem reducti non essent, spectent et pertineant.

Necnon unum decanatum pro uno decano qui immediate post dictum abbatem secularem, sicque secundum locum ; et unum majorem pro uno majore qui tertium locum ; ac unum minorem nuncupandos archidiaconatus qui principales dignitates, pro uno minore, nuncupandis archidiaconis, qui quartum locum ; ac unam sacristiam pro uno sacrista qui quintum locum ; et unam precemptoriam pro uno precemptore qui sextum locum ; et unam thesaurariam, quæ personatus inibi existunt pro uno thesaurario qui septimum locum tam in choro, quam in capitulo dicte erigende Ecclesie semper obtineant ; ac decem et octo canonicatus et totidem prebendas majores pro decem et octo majoribus canonicis, computatis decano, ac majore et minore archidiaconis, necnon sacrista, precemptore et thesaurario prefatis, quorum singuli habeant et obtineant unum et unam ex majoribus canonicatibus et prebendis hujusmodi, ex quibus unus et una singulis ex eisdem decanatui, majori et minori archidiaconatibus, necnon sacristie, precemptorie et thesaurarie prefatis perpetuo uniti, annexi, et incorporati sint et esse censeantur; sic quod quicunque decanatum, ac majorem et minorem archidiaconatus, sacristiam, precemptoriam vel thesaurariam erigende ecclesie hujusmodi assequetur, illius canonicus major actu prebendatus eo ipso sit et esse censeatur; ac dum provisio de decanatu, ac majore et minore archidiaconatibus, necnon sacristia, precemptoria et thesauraria prefatis jam canonico majori fiet, canonicatus et prebenda majores per eum obtenti, per assecutionem hujusmodi vacare censeantur eo ipso; et cui de decanatu, ac majore et minore archidiaconatibus, necnon sacristia, precemptoria et thesauraria hujusmodi provisum fuerit, etiam unum et unam ex majoribus canonicatibus et prebendis absque aliqua sibi desuper facienda provisione obtinere censeatur; ac alios tredecim canonicatus et prebendas minores nuncupandos pro aliis tredecim canonicis minoribus nuncupandis, dicta auctoritate, earumdem tenore presentium, perpetuo erigimus et instituimus.

Necnon decimas bladorum, granorum, feni, olivarum et olerum in oppido, districtu et territorio de Sancto Egidio supradictis excrescentium, ac magnum penu, necnon medietatem horrei et fenerie, ac vineam abbatialem, terras et plateam, necnon partem oblationum ex devotione Christi fidelium in ecclesia erecta elargiendarum hujusmodi, quam abbas dicti monasterii pro tempore existens percipere consueverat, ab eadem abbatiali mensa perpetuo dismembramus et separamus, ac illa omnia sic dismembrata et separata existant nunc, sic quod de cetero, perpetuis futuris temporibus, ipsius monasterii furnus et farineria, illorumque fructus seu ususfructus ad abbatem et capitulum predictos communiter spectent et pertineant, ac per eas communiter obtineantur et possideantur.

Ac etiam ex nunc omnia et singula, decimarias, fructus, reditus et proventus, actiones, jura et bona ad majorem et claustralem prioratus, necnon decanatum, omniaque et singula officia, necnon loca et monachales portiones suppressa predicta, quorum de cetero nullus titutus competat, sed totus illorum titulus in ipsam mensam capitularem translatus sit et esse censeatur, spectantia et pertinentia ; sic tamen quod majorem et claustralem prioratus ac decanatum et alia officia predicta nunc obtinentes, fructus, reditus, proventus, jura et emolumenta quecumque illorum bonorum, necnon prioratuum et capellaniarum eisdem officiis prius respective, ut prefertur, unitorum predictorum, ac etiam quasvis pensiones ad dicta eorum officia antea spectantes, ac illis unitas seu applicatas et ad illa pertinentes seu eis debitas prout antea percipiebant, quoad vixerint, percipiant;

Necnon capellanias sanctorum Baudilii et Pontii et Sancte Crucis Villeveteris, ac Sancti Saturnini de Sioura, ac Sancti Andree de Campo Marignano, et Sancte Columbe, ac Sancti Stephani de Valle et Sancti Petri de Trincatalla, ac Sanctorum Pastoris et Victoris, necnon ejusdem Sancti Egidii de Paternis, prioratibus, illorum unionibus per suppressionem et extinctionem officiorum predictorum, quibus, ut prefertur, uniti erant, dissolutis, per dissolutionem hujusmodi apud Sedem predictam vacantes.

Et similiter ex nunc Sancte Marie Magdalene (1), Sancti Stephani de Corcona, Sanctorum Johannis de Meiaco et Sebastiani de Montepezato, Sancti Petri de Lenihaco, beate Marie de Bethleem

---

(1) En comparant cette liste des bénéfices qui dépendaient alors de l'abbaye et du monastère de Saint-Gilles, avec les listes que nous avons déjà rencontrées dans les bulles de Calixte II, ci-dessus n° XXXVII ; d'Innocent II, ci-dessus n° LIII ; de Célestin III, n° LXXIII ; d'Innocent III, n° LXXX et de Clément IV, n° CXXXVIII, on trouve un certain nombre de différences ; plusieurs bénéfices ne font plus partie des dépendances de l'abbaye et quelques autres lui ont été annexés depuis le XIIIme siècle.

Les bénéfices mentionnés ici et qu'on ne trouve pas dans les listes précédentes, sont ceux : 1. de Sainte-Marie-Madeleine, à Saint-Gilles ; 2. de Saint-Etienne-de-Laval, près de Collias et 3. de Saint-Victor et Saint-Pastour dans la Vistrenque.

Ceux qui ont cessé de dépendre du monastère de Saint-Gilles sont plus nombreux, les voici : 1. Saint-Gilles-de-Limans ; 2. Reonis en Gascogne ; 3. Aujargues ; 4. Cinsens ; 5. le Caylar et son annexe Saint-Gilles-le-Vieux ; 6. Saint-André (de Crugières ?) ; 7. Sainte-Colombe-d'Orpierre ; 8. Saint-Pierre-d'Entremont ; 9. Saint-Eugène (de Courbessac ?) ; 10. Les Assions ; 11. Malbosc ; 12. Chambonas ; 13. Lardier ; 14. Montfort et autres nommés dans la bulle de Clément IV et dont nous n'avons pu trouver les noms actuels.

seu Sancti Salvatoris de Cayssanicis, Sancti Lupi, Sancte Crucis de Molesano, Sancti Martini de Serviers, S. Andeoli de Robiaco, ejusdem Sancti Petri de Vannis, Sancti Genesii de Mediogoto, Sancte Marie de Saturanicis, ejusdem Sancte Marie de Montealto, Sancti Hipolyti de Melzerio, ejusdem Sancte Marie de Frayssineto in Lozera, Sancti Petri de Provincheriis cum illi annexa ecclesia Sancti Victorini Ville fortis, Sancti Egidii de Creyssaco, ejusdem Sancti Egidii de Divo Castro (1), ipsius Sancti Egidii de Supernis (2), Sancti Andree de Lucapello (3), Sancti Servi, Sanctorum Petri et Michaelis de Rossilhono, Sancti Privati, Sancti Christophori de Vacheriis, Sancti Johannis de Albenassio, ejusdem beate Marie de Rodesco de Rocha-Ville Nove, Sancti Stephani de Menerbia, Sancti Maximini de Medenis prioratus predictos, qui conventuales non sunt, etiamsi ad illos consueverint qui per electionem assumi ; Ita quod cedentibus etiam ex causa permutationis, vel decedentibus, eosdem Sancte Marie Magdalene, necnon Sancti Stephani de Corcona, Sanctorum Johannis de Meiaco et Sebastiani de Montepesato, Sancti Petri de Lenihaco, beate Marie de Bethleem seu Sancti Salvatoris de Cayssanicis, Sancti Lupi, Sancte Crucis de Molesano, Sancti Martini de Serviers, Sancti Andeoli de Robiaco, ejusdem Sancti Petri de Vannis, Sancti Genesii de Mediogoto, Sancte Marie de Saturanicis, ejusdem Sancte Marie de Montealto, Sancti Hipolyti de Melzerio, ejusdem beate Marie de Frayssineto in Lozera, Sancti Petri de Provincheriis cum illi aunexa ecclesia Sancti Victorini Ville fortis, Sancti Egidii de Creyssaco, ejusdem Sancti Egidii de Divo Castro, ipsius Sancti Egidii de Supernis, Sancti Andree de Lucapello, Sancti Servi, Sanctorum Petri et Michaelis de Rossilhono, Sancti Privati, Sancti Christophori de Vacheriis, Sancti Johannis de Albenassio, ejusdem beate Marie de Rodesco de Rocha Ville Nove, Sancti Stephani de Menerbia et Sancti Maximini de Medenis dependentes prioratus in titulum vel commendam vel alias

---

(1) Plusieurs exemplaires imprimés ou manuscrits ont mieux lu *de Duno Castro*, *Dun* en Lorraine (voir les listes précédentes).

(2) Mauvaise lecture, il faut *de Supervia*, comme dans les bulles précédentes.

(3) *Alias* de Montegaillardi.

quomodolibet obtinentibus seu etiam illos quomodolibet dimittentibus vel amittentibus, etiam apud Sedem prefatam, aut in mensibus graduatorum vel simplicium nominatorum, illi per cessum vel decessum aut quamvis aliam dimissionem vel omissionem hujusmodi minime vacare, sed dicte mense capitulari ex tunc vere et non ficte perpetuo uniti sunt et esse, ac capitulum prefati solam illorum fructuum, redituum et proventuum perceptionem expectare censeantur.

Nec etiamsi sub aliquibus mandatis apostolicis vel aliis gratiis, etiam in vim concordatorum predictorum, comprehensi, vel eis affecti fuerint, apostolica prefata vel ordinaria auctoritate conferri, neque alicui in ipsorum cedentium vel decedentium, aut alias dimittentium vel amittentium locum assumi possint, et si tunc aliquibus dicta apostolica vel ordinaria auctoritate, etiam cum speciali ac de verbo ad verbum presentium expressa mentione ac illorum derogatione et suspensione conferantur, collationes hujusmodi nulle et inanes ex nunc prout ex tunc et e contra existant;

Liceatque capitulo prefato ex tunc magni penus, medietatis horrei et fenerie, ac vinee, et terrarum, necnon platee ac decimarum, ac jurium, ac bonorum majoris et claustralis prioratuum, decanatus et singulorum aliorum officiorum, necnon locorum et monachalium portionum suppressorum, ac capellaniarum et singulorum per dissolutionem hujusmodi vacantium, necnon etiam ex nunc absque prejudicio illos obtinentium, singulorum dependentium uniendorum prioratuum, juriumque et pertinentiarum eorumdem corporalem possessionem per se, vel alium, seu alios propria auctoritate libere apprehendere et perpetuo retinere, ac vinee, et terrarum, necnon quorumcunque suppressorum officiorum ac locorum et monachalium portionum, bonorum ac capellaniarum et singulorum vacantium, necnon cedentibus vel decedentibus, illos, ut prefertur, obtinentibus, seu alias quomodolibet dimittentibus vel amittentibus, singulorum prioratuum dependentium hujusmodi fructus, reditus et proventus ac partem oblationum hujusmodi percipere, exigere et levare, ac in suos et mense capitularis, ac uniendorum prioratum et capellaniarum hujusmodi usus et utilitatem convertere; necnon ecclesiis uniendorum prioratum et capellaniarum per prebyteros idoneos, ad eorum nutum ponendos, et amovendos, in divinis deserviri et animarum curam illis forsan imminentem exercere, facere, diocesani locorum et quorumvis aliorum licentia super hoc minime requisita, auctoritate apostolica et tenore predictis applicamus perpetuo ac appropriamus, ac unimus, annectimus et incorporamus ;

Necnon omnes et singulos ipsius monasterii monachos et personas, etiam illius prioratum majorem et decanatum et alia officia claustralia ac loca et monachales portiones in eodem monasterio et ab eo dependentes prioratus hujusmodi quomodolibet obtinentes, ordinem ipsum in dicto monasterio vel alibi tacite vel expresse professos, ab observatione constitutionum, ordinationum, definitionum, statutorum, consuetudinum, institutorum regularium monasterii et ordinis predictorum, necnon quorumcunque per eos in eorum professione emissorum votorum, castitatis et obedientie, quoad illos qui nunc illa emiserunt, votis dumtaxat exceptis, et a regula ejusdem Sancti Benedicti, ac secundum illam divini officii recitationem, ita ut ipsi monachi nunc regulares de cetero canonici seculares dicte erecte ecclesie existant et pro talibus habeantur et reputentur, ac de cetero habitum regularem dicti ordinis gestare et ejusdem ordinis regularia instituta, ordinationes, definitiones, ritus et mores, etiam quoad divinorum in eadem erecta ecclesia celebrationem, jejunia, victum et ciborum ac vestimentorum usum et alia quecunque, que ratione ordinis et professionnis hujusmodi observare tenebantur, de cetero observare minime teneantur ; sed in habitu, ordine, ritu, incessu, ceremoniis et vita, quoad omnia, secularibus canonicis aliarum collegiatarum ecclesiarum secularium circumvicinarum se omnino et ubique, absque alicujus apostasie, irregularitatis, inhabilitatis vel infamie nota, aut censure ecclesiastice incursu conformare, ac in dicta erecta ecclesia horas canonicas, diurnas pariter et nocturnas, ac alia divina officia secundum usum, ritum et morem ejusdem Romane ecclesie dicere et recitare possint et debeant ; sic tamen quod monachi predicti qui statum suum regularem, seu habitum et regulam Sancti Benedicti hujusmodi dimittere noluerint, in illis quandiu voluerint remanere possint, et nihilominus in divinis in dicta ecclesia erecta deserviendo et interessendo tantum quantum unus alius canonicus percipere valeant, et secundum ordinem per ipsos capitulum constituendum sedere et incedere habeant, dummodo in divinis et ecclesiasticis officiis in eorum superiori habitu aliis canonicis secularibus se conforment ;

Et tam Theodorus Johannes, ac pro tempore existens ipsius erecte ecclesie abbas, quam qui nunc sunt et pro tempore erunt erecte ecclesie hujusmodi canonici et ecclesiastice persone in eadem erecta ecclesia residendo vel non residendo, de eorum bonis quibuscunque, etiam intuitu ecclesiarum seu ecclesiasticorum beneficiorum per eos et eorum singulos pro tempore obtentorum, aut alias undecunque acquisitis et acquirendis, testari tam in vita quam in morte disponere libere et licite possint, ac si regulares nunquam fuissent et clerici seculares facultatem testandi habentes essent;

Ac spolia monachorum pro tempore decedentium que ratione status regularis abbati, conventui aut quibusvis aliis personis suppressi monasterii hujusmodi debebantur, de cetero per abbatem et capitulum ac personas erecte ecclesie hujusmodi exigi non possint, et si ab intestato decesserint, eorum hereditas et bona ad proximiores consanguineos, juxta juris dispositionem, sicuti de secularibus personis in illis partibus consuetum existit, deveniant, penitus et omnino absolvimus et totaliter liberamus, ac eis desuper facultatem concedimus.

Et insuper quod canonici majores predicti capitulum ipsius erecte ecclesie constituant et faciant et qui de numero eorumdem canonicorum majorum existunt, decanus, major et minor archidiaconi, sacrista, preceptor et thesaurarius, ac alii majores canonici prefati actualiter in eadem erecta ecclesia prebendati et recepti, dummodo in sacris ordinibus constituti fuerint, dumtaxat in capitulo hujusmodi admittantur, exclusis dictis canonicis minoribus et beneficiatis, ac quibusvis aliis persouis et ministris ipsius erecte ecclesie, ac quod ipsum capitulum ministros conducticios et temporales, tam pro cultu divino quam regimine bonorum mense capitularis hujusmodi, deputari possint.

Quodque prefatus Theodorus Johannes, ac pro tempore existens dicte erecte ecclesie abbas, tanquam illius dignitates et personatus obtinentium, necnon canonicorum majorum et minorum ac aliarum personarum ejusdem erecte ecclesie caput et prelatus ac superior, Sedem abbatialem in choro a parte illius dextere habeat, prout abbas monasterii hujusmodi habere consuevit, ac in processionibus, tam infra quam extra eamdem erectam ecclesiam, solus incedat; et decanus a parte sinistra, et archidiaconus major ab eadem parte dextra post prefatum abbatem, et archidiaconus minor a dicta parte sinistra post prefatum decanum, sacrista vero in fine chori juxta majus altare ipsius erecte ecclesie ab eadem parte dextra, et preceptor in medio dicti chori, ac thesaurarius in fine dicti chori juxta prefatum majus altare a predicta parte sinistra sedes suas habeant, et successive post illos canonici majores in altis et canonici minores in inferioribus sedibus ejusdem chori, eodem ordine quo infra descripti sunt, sedeant; et canonici majores ipsius erecte ecclesie quibus de majoribus canonicatibus et prebendis hujusmodi in futurum post primam illorum vacationem, ab eorum primeva erectione hujusmodi vacantibus, provisum fuerit, juxta eorum receptionem stallum et locum habeant. Ita tamen quod canonicus subdiaconos acolythum, diaconus subdiaconum, et presbyter diaconum, infra et extra eamdem erectam ecclesiam publice et privatim velut dignior precedat, nullo habito respectu ad nobilitatem seu gradum; sic tamen quod canonicus primo loco receptus qui postmodum ad superiores ordines se promoveri fecerit, processum amissum recuperet; et idem in aliis ejusdem erecte ecclesie ministris observetur; et hi quibus de canonicatibus et prebendis minoribus erecte ecclesie hujusmodi similiter in futurum, alias quam hac prima vice, ab eorum primeva erectione hujusmodi vacantibus, qui tunc non amplius canonicatus et prebende, sed simplicia beneficia beneficiature nuncupanda remaneant et sint, providebitur, non amplius canonici minores, sed beneficiati dicte erecte ecclesie sint et nuncupentur, et in inferioribus sedibus ipsius erecte ecclesie prout dicti minores canonici sedeant;

Quodque numerus majorum canonicatuum et prebendarum predictarum ad numerum quindecim reducatur, in his comprehensis canonicatibus et prebendis majoribus decanatui, ac majori et minori archidiaconatui, ac sacristie, preceptorie, et thesaurarie predictis respective annexis, sic quod decedentibus illis, quibus de dictis canonicatibus et prebendis majoribus ab eorum primeva erectione hujusmodi vacantibus provisum fuerit, aut eosdem canonicatus et prebendas majores quomodolibet dimittentibus vel amittentibus et aliis quibusvis modis, preterquam per simplicem vel ex causa permutationis de illis faciendam resignationem, etiam apud eamdem Sedem vacantibus, etiamsi supradictis mandatis apostolicis ac nominationibus comprehensis et graduatis nominatis vel simplicibus predictis affecti fuerint, ac in eorum turno (1) vacaverint, nullus ad hujusmodi canonicatus et prebendas majores assumatur, donec ad predictum numerum quindecim reducti ;

Et postquam ad reductionem numeri quindenarii hujusmodi deventum fuerit, in ipsa erecta ecclesia duo alia perpetua beneficia ecclesiastica, etiam beneficiature nuncupanda pro duobus aliis perpetuis beneficiatis, similia et equalia in omnibus et per omnia aliis beneficiis beneficiaturis nuncupandis ejusdem erecte ecclesie, prefatos capitulum erigi et institui, ac per eos etiam ab eorum primeva erectione hujusmodi personis idoneis conferri possint et debeant ;

Ac quod decanatus, major ac minor archidiaconatus, sacristia, preceptoria, ac illis respective annexi canonicatus et prebende majores predicti, illorum vacatione non solum per cessum, sed etiam per decessum illos obtinentium, sive alio quovis modo occurente, etiam ante reductionem predictam libere possint impetrari, ac de illis licite valeat provideri, et occurente de cetero vacatione ipsorum canonicatuum et prebendarum majorum, si alias quam per resignationem predictam simpliciter vel ex causa permutationis faciendam vacaverint, nullus ad eosdem canonicatus et et prebendas majores, etiam in vim cujuscunque dispensationis apostolice, assumi possit, nisi illi quibus nunc de dictis canonicatibus et prebendis minoribus, ut prefertur, provisum fuerit, et eodem ordine quo inferius descripti sunt : quodque per assecutionem dictorum canonicatuum et prebendarum majorum, canonicatus et prebenda minores obtenti eo ipso vacare censeantur.

Ac quod abbas in Nativitatis et Resurrectionis Domini Nostri Jesu-Christi, necnon Pentecostes, Assumptionis beate Marie Virginis et Sancti Egidii festivitatibus, et decanus, ac major et minor archidiaconi, sacrista, preceptor, thesaurarius et alii canonici majores predicti missas capitulares majores diebus dominicis, et solemnitatibus majoribus ; beneficiati vero, ac quibus de dictis canonicatibus et prebendis minoribus providebitur, singulis aliis diebus feriatis missas capitulares, ac etiam obituum, seu novena-

---

(1) Les mois de faveur étaient ceux d'octobre et d'avril ; les bénéfices qui vaquaient en ces mois étaient réservés aux gradués.

rum et anniversariorum defunctorum, necnon officia diaconi et subdiaconi in dicta erecta ecclesia singulis diebus, dum majores misse capitulares, ac etiam ubi obituum, novenarum et anniversariorum hujusmodi officia in eadem erecta ecclesia celebrabuntur, ordine successivo, juxta providam ordinationem ipsorum capituli desuper faciendam, celebrari facere teneantur;

Et illi quibus de dictis beneficiis beneficiaturis nuncupandis in futurum providebitur, postquam hujusmodi beneficia per annum pacifice possederint et legitime etatis et per dictos capitulum moniti fuerint, infra annum a die monitionis hujusmodi computandum, ad omnes etiam sacros et presbyteratus ordines se promoveri facere teneantur, alioquin beneficiis hujusmodi eo ipso privati sint et esse censeantur, ac capitulum prefati illa libere conferre possint.

Quodque abbas pro tempore existens, decanus, major et minor archidiaconi, sacrista, precemptor, thesaurarius, necnon singuli majores canonici omni tempore in dicta erecta ecclesia tempore divinorum officiorum et extra eam in processionibus superpellicia munda et longa usque ad medias tibias ac almutias de griseis pellibus foederatas; singuli autem canonici minores ac etiam beneficiati prefati almutias de variis foederatis desquirolis pellibus deferant et deferre teneantur, alioquin decanus, major et minor archidiaconi, sacrista, precemptor, thesaurarius, necnon omnes et singuli majores et minores canonici et beneficiati predicti nihil in eadem erecta ecclesia percipiant;

Quodque is cui de abbatia seculari ducentum, et quilibet cui de decanatu, ac majore et minore archidiaconatibus, sacristia, precemptoria et thesauraria prefatis providebitur centum, singuli autem canonici majores octuaginta, et singuli beneficiati in futurum instituendi viginti quinque libras Turonenses monete in regno Francie cursum habentis, capitulo prefatis pro ornamentis ecclesie erecte hujusmodi persolvere teneantur, et donec illas persolverint, distributiones et emolumenta dignitatum, personatuum, canonicatuum et prebendarum ac beneficiorum hujusmodi amittant, et illa dicte mense capitulari applicentur. Sed prefatus Theodorus Johannes abbas et alii quibus de dignitatibus, personatibus, canonicatibus et prebendis majoribus et minoribus ab hujusmodi eorum primeva erectione vacantibus providebitur, ad solutiones hujusmodi non teneantur.

Quodque de cetero dictum nemus Desperano ad dictam mensam abbatialem seu abbatiam secularem in solidum perpetuo spectet et pertineat, prout antea ad mensam abbatialem monasterii hujusmodi spectabat et pertinebat; ita quod predictus abbas et pro tempore existens nemus ipsum ad culturam reducere, seu illud aut illius ligna dare aut vendere, vel alias quoquo modo alienare nequeat, sed solum nemore et lignis hujusmodi tanquam bonus pater familias uti et frui possit; sic tamen quod ipsi capitulum pro se et canonicis et aliis ministris ipsius erecte ecclesie, etiam prout bonus pater familias, nemore et illius lignis predictis, etiam perpetuis futuris temporibus, uti et frui possint; et abbas unum virum et capitulum prefati etiam alium virum pro custodia dicti nemoris, eorum sumptibus respective, ponere et perpetuo tenere debeant.

Et quod alia onera que dictus abbas ob nemus et ligna ex eo provenentia hujusmodi erga conventum et monachos predictos tenebatur, ab illis perpetuo remaneat et sit immunis et exemptus; ipseque Theodorus Johannes et pro tempore existens ejusdem erecte ecclesie abbas ad onera panis et vini pro victu et mensa monachorum in dicto monasterio deservientium, ac barbitonsoribus illorum, necnon certis diebus pro victu predicatorum seu concionatorum ac consanguineorum, affinium et amicorum monachorum, necnon panis et vini pro victu medicorum, chirurgorum et eorum famulorum predictorum, tam in die celebrationis dicti capituli generalis, quam alio quocunque tempore, ac feni et avene pro equitaturis ceterorum officiariorum et aliorum monachorum ejusdem monasterii, ac consanguineorum, affinium et amicorum, necnon medicorum, chirurgorum et illorum famulorum predictorum, ac etiam panis et vini pro missis celebrandis, ac librorum, indumentorum et luminariorum, necnon campanarum et aliorum divino cultui necessariorum, ac elargitionis eleemosynarum in ipso monasterio per illius abbatem fieri, necnon cereorum singulis annis in die festo Purificationis monachis et officiariis prefatis et augmenti pitantie in quolibet festo Sancti Benedicti dari solitorum, prout erga conventum et monachos monasterii hujusmodi tenebatur, de cetero minime teneatur, sed ab illis perpetuo immunis sit; sic tamen quod capitulum prefati de cetero perpetuis futuris temporibus omnia et singula onera hujusmodi et alia que dictus abbas erga conventum et alios profatos subire tenebatur, perferre teneatur;

Quodque camerarius, infirmarius et hostellarius predicti quamdiu fructus, redditus et proventus ac emolumenta camerarie, infirmarie et hostellarie suppressorum, ac prioratuum et capellaniarum illis respective annexorum predictorum percipiant, et donec dicta mensa capitularis fructibus, redditibus, proventibus et emolumentis prioratus majoris, decanatus ac camerarie, infirmarie et hostellarie et aliorum officiorum suppressorum ac capellaniarum et prioratuum eidem mense capitulari unitorum predictorum, plene gaudeat et potiatur, seu ipsi capitulum illa percipiant, loco dictorum onerum ad que ipsi camerarius, infirmarius et hostellarius ratione eorum camerarie, infirmarie, hostellarie officiorum, ac illis unitorum prioratuum et capellaniarum predictorum pro victu et vestitu, ac rebus aliis dicti monasterii et erga illius conventum et monachos predictos, respective, ut prefertur, tenebantur, eidem capitulo in dicto oppido de Sancto Egidio, camerarius videlicet, nonaginta quatuor libras et decem solidos turonenses, infirmarius alias quinquaginta, ac hostellarius prefatus similiter quinquaginta quator libras et decem solidos turonenses, monete in dicto regno Francie cursum habentis, annis singulis in festo Sancti Michaelis mensis septembris integre persolvere, tradere et expedire teneantur; et decanus et alii officiarii similiter predicti, quamdiu fructus, redditus, proventus ac emolumenta suorum officiorum suppressorum percipient, dictas pensiones, gonelas nuncupatas, ceteraque jura integre, ac quecunque alia onera solita, que antea solvere et perferre tenebantur, ut prius, persolvere et perferre; necnon et singuli prioratus et ecclesie ac alia beneficia a dicto monasterio mediate vel immediate dependentia que, ut prefertur, non uniuntur in titulum, vel commendam, aut alias, nunc et pro tempore obtinentes perpetuis futuris temporibus; illi vero quorum prioratus ac beneficia predicta, ut prefertur, uniuntur, quamdiu fructus, redditus, proventus prioratuum unitorum hujusmodi in toto vel in parte percipient, in capitulo generali in ipsa erecta ecclesia celebrando personaliter aut per procuratorem comparere, ac pensiones gonelas nuncupatas, aliaque jura consueta integre persolvere, ac quecunque alia onera solita supportare teneantur, prout prius tenebantur.

Ac quod prefatus Theodorus Johannes, ac pro tempore existens dicte erecte ecclesie abbas ex mensa capitulari nihil percipiat aut percipere possit, sed fructibus, redditibus, proventibus et emolumentis dicte mense abbatialis contentus sit et remaneat;

Quodque tam decanus, ac major ac minor archidiaconi, sacrista, preceptor et thesaurarius, quam etiam alii canonici majores et minores dicte erecte ecclesie nihil percipiant aut percipere possint ex distributionibus quotidianis, nisi in dicta erecta ecclesia divinis interessendo et juxta providam ordinationem per eosdem capitulum desuper faciendam; ac quod capitulum prefati certos grossos fructus singulis ex canonicis majoribus predictis, de quorum numero decanus, major et minor archidiaconi, sacrista, preceptor et thesaurarius prefati, ut prefertur, existant, statuere et ordinare, seu constituere et deputare, eosdemque fructus augere et diminuere possit toties quoties eidem capitulo videbitur;

Et decanus, major et minor archidiaconi, sacrista, preceptor et thesaurarius prefati, ratione canonicatuum et prebendarum majorum, eorum dignitatibus et personatibus respective annexarum, ac canonici majores sint equales in distributionibus, seu aliis emolumentis que intra et extra eamdem erectam ecclesiam elargientur; sic tamen quod quilibet ex decano, majore et minore archidiaconis, sacrista, preceptore ac thesaurario prefatis, ultra illam portionem quam, ratione eorum canonicatuum et prebendarum majorum, ut prefertur, dignitatibus et personatibus hujusmodi annexorum, percipient, aliam quartam partem distributionem seu emolumentorum hujusmodi portionis canonicatus majoris, ratione eorum dignitatum et personatuum, percipiant et percipere possint, ita tamen quod quamdiu supradicti decanus, major et minor archidiaconi, sacrista, preceptor et thesaurarius fructus, redditus, proventus et alia emolumenta officiorum suppressorum et prioratuum et capellaniarum eis unitorum predictorum respective, in toto vel in parte percipient, quartam partem hujusmodi percipere non possint, sed interim distributionibus et emolumentis unius ex majoribus canonicis predictis contenti sint;

Quodque canonici minores prefati, quibus de minoribus canonicatibus et prebend,s ejusdem erecte ecclesie nunc ab eorum primeva erectione hujusmodi vacantibus providebitur, sint equales in distributionibus et emolumentis prefatis canonicis majoribus; singuli autem minores canonici beneficiati nuncupandi, quibus post hujusmodi vacationem de canonicatibus et prebendis minoribus beneficiaturis nuncupandis provisum fuerit, non sint equales in distributionibus et emolumentis prefatis majoribus canonicis, sed solum residendo in dicta erecta ecclesia et divinis interessendo percipiant eam partem et portionem distributionum quam capitulum prefati eis assignabit, seu ordinabit ;

Quodque collatio, provisio et omnimoda alia dispositio decanatus, archidiaconatus minoris et precemptorie, ac canonicatuum et prebendarum majorum illis respective annexorum ad abbatem pro tempore existentem, seu ejus in spiritualibus vicarium generalem; archidiaconatus vero majoris, sacristie, thesaurarie et canonicatuum et prebendarum majorum similiter illis perpetuo annexorum respective, necnon qui postmodum beneficiature nuncupabuntur, canonicatuum et prebendarum minorum erecte ecclesie hujusmodi, dum et quotiens illorum vacatio in quibusvis mensibus occurrerit, ad capitulum prefatos, hac primeva vacatione ab eorum primeva erectione hujusmodi excepta, spectent et pertineant ;

Necnon collatio, provisio et omnimoda alia dispositio aliorum canonicatuum et prebendarum majorum dicte erecte ecclesie, prefatis dignitatibus et personatibus non annexorum, dum et quoties illorum vacatio in Januarii, Februarii, Maii, Junii, Septembris et Octobris ad abbatem seu ejus in spiritualibus vicarium generalem hujusmodi ; in Martii autem, Apriliis, Julii, Augusti, Novembris et Decembris mensibus etiam per cessum, etiam ex causa permutationis, vel decessum, aut alio quovis modo occurerit, hac primeva vacatione ab eorum primeva erectione excepta, ad eosdem capitulum ;

Qui archidiaconatus majoris, sacristie et thesaurarie etiam in mensibus ad eosdem capitulum, ut prefertur, spectantibus, illorum vero majorum canonicatuum et prebendarum ac etiam in quibuscunque mensibus vacantium beneficiorum et beneficiaturarum nuncupandorum resignationes, cessiones libere et licite recipere et admittere possint, spectent et pertineant, et ille quem plures numero in eodem capitulo ad archidiaconatum majorem, sacristiam et thesaurariam, ac illis respective annexos canonicatus et prebendas majores ac beneficia predicta, necnon ad illos canonicatus et prebendas majores in dictis mensibus ipsis capitulo, ut prefertur, reservalis, vacantes nominaverint, provisiones archidiaconatus majoris, sacristie, thesaurarie ac canonicatuum et prebendarum majorum et beneficiorum hujusmodi obtinuisse censeantur ; ac primus in sede et voce eorum in dicto capitulo existens qui eum nominaverit ab eodem nominato juramentum prestari solitum recipiat, et eum in corporalem possessionem archidiaconatus majoris, sacristie et thesaurarie, necnon canonicatuum et prebendarum ac beneficiorum hujusmodi sic nominatum inducat, ac stallum sibi in choro ac pro hujusmodi archidiaconatu majore, sacristia, thesauraria, ac canonicatu et prebenda majoribus locum in capitulo ipsius erecte ecclesie assignet ;

Ipseque abbas pro tempore existens tam pro exercenda jurisdictione spirituali in erecta ecclesia quam in oppido de Sancto Egidio, illiusque territorio et districtu predictis, ac alias ubilibet in ecclesiis et proprietatibus ab eadem erecta ecclesia dependentibus, ac personas ecclesiasticas et alias sibi subditas, quam etiam circa collationem, provisionem, presentationem, institutionem et destitutionem decanatus, archidiaconatus minoris, preceptorie, ac in mensibus eidem abbati assignatis, vacantium canonicatuum et prebendarum majorum, quam etiam quorumcunque aliorum beneficiorum cum cura et sine cura qualitercumque qualificatorum, que presentibus non exprimuntur, nec per illas uniuntur et que ad eumdem abbatem quomodolibet spectant, nullatenus deputare possit vicarium et officialem alium quam unum ex obtinentibus dignitates seu personatus, aut unum ex majoribus canonicis actu prebendatis ejusdem erecte ecclesie ;

Quodque premissa omnia et singula vim contractus, transactionis et concordie inter ipsos Theodorum Johannem abbatem secularem et capitulum invicem et prefatum Franciscum, et pro tempore existentem Francorum regem, necnon Sedem predictam, favore et contemplatione hujusmodi nove erectionis et ad secularitatem reductionis obtineant ; ita ut inter cetera regni Francie privilegia adscribi et computari debeant.

Ac quod dissensus seu contrarietas minoris partis conventus monasterii hujusmodi forsan factus, seu faciendus eisque premissis, aut aliquibus illorum in aliquibus obesse, seu impedire, seu differre non possit ; sed dissensu et contrarietate ac defectu consensus minoris partis conventus hujusmodi ac ejusdem minoris partis et cujusvis alterius contradictione non obstante, premissa omnia et singula plenissimum suum sortiantur effectum et inviolabiliter observentur, ac quecunque littere, privilegia et indulta in contrarium obtinenda nullius sint roboris, vel momenti ;

Quodque prefatus Theodorus Johannes et qui pro tempore erit abbas, capitulum, canonici et persone erecte ecclesie hujusmodi in quibuscunque impetrationibus, dispensationibus, gratiis, facultatibus, indultis, concessionibus et litteris apostolicis gratiam vel justitiam concernentibus, per eos seu eorum nomine a Sede predicta vel ejus legatis impetrandis, seu eis etiam motu proprio concedendis, nullam de eorum regularitate hujusmodi suppressione et reductione, aliisque omnibus in preseniibus contentis mentionem facere teneantur ; nec propterea impetrationes, dispensationes, gratie, facultates, indulta, concessiones ac littere hujusmodi subreptionis vel obreptionis seu nullitatis vitio, aut intentionis defectu notari seu impugnari possint, prefata auctoritate apostolica, earumdem tenore presentium, perpetuo statuimus et ordinamus.

Et nihilominus abbati seculari et capitulo prefatis quecunque statuta et ordinationes rationabiles et honesta, ac sacris canonibus non contraria, tam circa divinorum celebrationem ac modum et quantitatem distributionum et emolumentorum in ipsa erecta ecclesia elargiendorum, quam temporalia negotia ipsius capituli, ac quecunque alia necessaria condere et condita quoties oportunum fuerit, immutare, limitare, corrigere et interpretari, secundum rerum et temporum qualitates ac loca illorum, aliud, vel alia statuta et ordinationes quoties eis placuerit et visum fuerit eis expedire, de novo facere et edere libere et licite possit, ad quorum observationem singuli de gremio erecte ecclesie hujusmodi existentes astricti sint, et ad id cum penarum et censurarum adjectione compelli possint ; et que postquam condita, immutata, limitata, correcta et interpretata, ac de novo edicta fuerint, ex ipso dicta auctoritate apostolica confirmata sint et esse censeantur , plenam et liberam auctoritatem et facultatem concedimus.

Necnon omnes et singulos suppressi monasterii hujusmodi monachos qui propter transgressionem institutorum regularium predictorum aliquam apostasie notam sive irregularitatem, inhabilitatem contraxerint seu incurrerint, ab hujusmodi excessibus, necnon ab apostasia et quibusvis excommunicationibus ac aliis sententiis, censuris et penis ecclesiasticis quas, premissarum occasione, quomodolibet forsan incurrerint, auctoritate apostolica et tenore supradictis absolvimus, ac cum eis super dicta irregularitate atque censura, si quam seu hujusmodi ligati missas et alia divina officia celebrando, aut illis se immiscendo contraxerint ;

Quodque etiam quecunque, quotcunque et qualiacunque cum cura et sine cura alias se invicem competentia beneficia ecclesiastica, etiamsi canonicatus et prebende, aut dignitates, personatus, administrationes vel officia in cathedralibus, etiam metropolitanis vel collegiatis, et dignitates ipse in cathedralibus post pontificales majores, seu collegiatis ecclesiis hujusmodi principales fuerint, si eis alias canonice conferantur aut eligantur, presententur vel alias assumantur ad illa et instituantur in eis post suppressionem et reductionem hujusmodi, ac si regulares nunquam fuissent, absque alia dispensatione recipere et illa necnon quecunque, quotcunque et qualiacunque alia cum cura et sine cura secularia ac predicta et quorumvis aliorum ordinum regularia beneficia ecclesiastica, etiam si secularia, parochiales ecclesie, vel eorum perpetue vicarie, aut alias, ut prefertur, qualificata regularia, vel beneficia hujusmodi, prioratus, prepositure, prepositatus, dignitates etiam conventuales, personatus, administrationes, vel officia etiam claustralia existant, et ad prioratus, preposituras, prepositatus, dignitates, personatus, administrationes, vel officia tam secularia quam regularia hujusmodi consueverint, qui per electionem assumi, eisque cura immineat animarum, que singuli eorum etiam ex quibusvis dispensationibus et concessionibus apostolicis, etiam natalium et etatis, ac aliis quibuscunque defectibus non obstantibus, in titulum vel commendam ac alias obtineant et spectent.

Necnon in quibus et ad quos jus quomodolibet competit, absque nova provisione seu commenda eis et possessionis adeptione per eos desuper faciendis, ut prius, quoad vixerint, retinere illaque omnia et singula simul vel successive, simpliciter vel ex causa permutationis, quoties eis placuerit, dimittere, et commendis hujusmodi cedere, ac loco dimissi vel dimissorum aliud vel alia, simile vel dissimile, aut similia vel dissimilia beneficium vel beneficia ecclesiasticum vel ecclesiastica quecunque, quotcumque et qualiacunque cum cura et sine cura se invicem competentia similiter recipere, et, ut prefertur, retinere ; necnon quoscunque fructus, redditus et proventus ecclesiasticos eis in toto vel in parte et loco pensionum annuarum, ac quascunque pensiones annuas super similibus fructibus, redditibus et proventibus eis forsam reservatos et assignatos, etiam, ut prius, quoad vixerint, percipere, exigere et levare; necnon ad quoscunque gradus, dignitates, honores et officia ecclesiastica, ac viris ecclesiasticis convenientia secularia quecunque promoveri, illaque gerere, exercere; necnon dignitatibus, honoribus et ordinibus quibuscunque ad quos hactenus, etiam in statu regulari degentes, promoti fuerint, a quibuscunque dispensationibus, etiam super pluribus beneficiis insimul obtinendis et retinendis, necnon super etatis et natalium, ceterisque defectibus predicti, ac gratiis ad obtinenda beneficia ecclesiastica quecunque, quotcunque et qualiacunque sint, et indultis eis et eorum cuilibet prefata apostolica vel alia auctoritate hactenus quomodolibet concessis, eisdem erecte ecclesie, necnon illius abbati et capitulo ceterisque dignitates et personatus, ac canonicatus et prebendas, necnon beneficia ejusdem erecte ecclesie pro tempore obtinentibus, ac ministris et aliis personis erecte ecclesie hujusmodi pro tempore existentibus, ut omnibus et singulis dignitatibus, prerogativis, privilegiis, immunitatibus, favoribus, gratiis, concessionibus et indultis, quibus alie collegiate ecclesie seculares illarum partium, ac dignitates et personatus, necnon canonicatus et prebendas, ac alia beneficia in eis obtinentes, illorumque capitulo canonici, ministri et persone de jure vel consuetudine utuntur, potiuntur et gaudent, ac uti, potiri et gaudere poterunt quomodolibet in futurum.

Ipsique erecte ecclesie ac illius abbati, necnon etiam in eligendo abbatem prefato capitulo et singulis canonicis, tam majoribus quam minoribus ac beneficiatis, et aliis ministris ac personis, et etiam omnibus universis et singulis privilegiis, et indultis apostolicis et regiis, et aliis, illis et eorum antecessoribus, etiam favore et contemplatione religionis concessis, etiamsi illa eis quamdiu in ordine et religione seu regulari statu hujusmodi perseveraverint, concessa et indulta fuerint; necnon libertatibus, immunitatibus, exemptionibus ab omni prorsus jurisdictione, correctione et superioritate quorumcunque archiepiscoporum, episcoporum et aliorum ordinariorum quorumcunque, etiam ratione delicti vel contractus, seu rei de qua agetur, ubicunque committatur delictum, initur contractus, aut res ipsa consistat, quibus ipsi abbas regularis, conventus et singuli monachi suppressi monasterii hujusmodi, antea uti, frui, gaudere consueverunt, ac nunc utuntur, potiuntur et gaudent; ita quod abbas Sedi predicte, capitulum vero, necnon omnis et singuli tam majores quam minores canonici et beneficiati ac ministri ac quevis alie persone erecte ecclesie hujusmodi et oppidi de Sancto Egidio, ac illius districtus et territorii predictorum, et in eis pro tempore existentes et commorantes eidem abbati seculari immediate subjiciantur, et appellationes que ab eodem abbate seu ejus vicario aut officiali ab interlocutoria seu diffinitiva sententia pro tempore interponentur, ad Sedem eamdem immediate devolvantur, prout ante hujusmodi reductionem fieri consueverat, uti, potiri et gaudere; necnon beneficia sub eisdem dispensationibus comprehensa recipere et juxta illarum tenorem, retinere libere et licite valeant; eisdem auctoritate apostolica, ac presentium tenore, de speciali dono gratie dispensamus; sibique pariter indulgemus, omnemque ab eis inhabilitatis et infamie maculam, sive notam per eos premissorum occasione forsan contractam penitus abolemus.

Necnon beneficia obtenta, etiam propter reductionem hujusmodi non vacare, et commendas non cessare, ac pensiones extinctas non esse, necnon dispensationes, gratias et indulta, ac reservationes fructuum, reddituum et proventuum hujusmodi non expirare, sed plenam roboris firmitatem obtinere, ac compermutandi, necnon aliis clausulis et derogationibus in eis contentis, eisdem abbati, capitulo et canonicis, etiam post reductionem hujusmodi suffragari in omnibus et per omnia perinde ac si reductio predicta minime facta, seu illi ecclesie, abbati, conventui et monachis prefatis uti ecclesie, et personis secularibus a principio concessa fuissent;

Necnon suppressiones, extinctiones, applicationes, appropriationes, uniones, annexiones et incorporationes predictas sub quibusvis revocationibus, suspensionibus et derogationibus, etiam per nos et Sedem predictam quomodolibet, ac sub quibuscunque tenoribus et formis pro tempore factis et faciendis, nullatenus comprehensas, sed semper ab illis exceptas esse et censeri, ac etiam ad hoc, ut sub illis non comprehendantur, ex nunc vere et non ficte effectum sortitas ac de vacantibus et non vacantibus officiis, ac locis et monachalibus portionibus ac prioratibus predictis factas et per illas ex nunc capitulo prefatis jus in re omnino acquisitum esse et censeri;

Necnon easdem presentes et in eis contenta quecunque, quovis pretextu, seu quavis occasione, vel causa, etiam necessario exprimenda, de nullitatis seu obreptionis, vel subreptionis vitio, seu intentionis defectu per quoscunque, cujuscunque dignitatis, status, gradus, ordinis, vel conditionis fuerint, impugnari, aut illorum effectum quoquomodo impediri non posse, sed suum plenarium effectum libere sortiri, ac pro illorum validitate, efficacia et observatione per quoscunque judices, quavis auctoritate fungentes, in Romana Curia, et extra eam, sublata eis et eorum cuilibet quavis aliter judicandi et interpretandi facultate et auctoritate, judicari et definiri debere; necnon transumptis presentium manu notarii publici suscriptis, et sigillo alicujus prelati vel curie ecclesiastice, aut persone in dignitate ecclesiastica constitute munitis, eamdem prorsus fidem in judicio et extra, que ipsis originalibus litteris adhiberetur, si forent exhibite, vel ostense, adhibendum fore decernimus.

Postremo singulis infra scriptis, ob religionis zelum, vite ac morum honestatem, aliaque laudabilia probitatis et virtutum merita, super quibus ipsorum singuli apud nos fide digno commendantur testimonio, specialem gratiam facere volentes; necnon omnia et singula beneficia ecclesiastica cum cura et sine cura, et cujusvis dispensationibus et concessionibus apostolicis in titulum et commendam ac alias obtinent et expectant, ac in quibus et ad que jus eis quomodolibet competit, quecunque, quotcunque et qualiacunque sint, eorum fructuum, reddituum et proventuum veros annuos valores ac hujusmodi dispensationum et concessionum tenore, necnon quarumcunque pensionum annuarum eis super quibusvis fructibus, redditibus et proventibus ecclesiasticis assignatarum quantitates, presentibus pro expressis habentes, decanatum Jacobo Berengarii, et majorem Leonardo de Cruce, ac minorem archidiaconatus dignitates Amblardo Despinassia, necnon sacristiam Antonio Reboli, ac precemptoriam Petro Valentini, nuper monachis dicti olim monasterii, ac thesaurariam personatus hujusmodi cum singulis illis annexis majoribus canonicatibus et prebendis predictis Johanni Belloni, clerico seculari dicte Vapincensis diocesis; necnon singulos alios majores canonicatus et prebendas singulis ex Petro Buade, Johanne Portalis, Petro Sauneri, Philippo Arbosset, Bernardo Bartholomei, Johanne de Mandegoto, Johanne Spinasse, Guiraudo de Verneto, Nicolao Philiponi etiam nuper monachis dicti olim monasterii, necnon Dominico Petri, alias de Petris, canonico Avenionensi, Guillelmo etiam Belloni, Millano Javaldani, clericis secularibus Vapincensis et Magalonensis seu Montispessulanensis diocesis, cum plenitudine juris canonici ;

Singulos vero canonicatus minores et prebendas sic erectos ab eorum primeva erectione hujusmodi apud Sedem predictam vacantes et de quibus ac prioratibus ac capellaniis predictis per dissolutionem unionum illorum, ut premittitur, vacantibus, nullus preter nos, pro eo quod nos dudum omnes canonicatus et prebendas ac dignitates et personatus, necnon prioratus, ceteraque beneficia ecclesiastica cum cura et sine cura, secularia et cujusvis ordinis regularia, apud Sedem eamdem vacantia et in antea vacatura, collationi et dispensationi nostre reservavimus, decernentes ex tunc irritum et inane si secus super his a quoquam, quavis auctoritate, scienter vel ignoranter contigerit attemptari, hac vice disponere potest, sive possit, reservatione et decreto obsistentibus supradictis, ac quorum omnium et singulorum, videlicet decanatus erecti, et archidiaconatuum, necnon sacristie et precemptorie, thesaurarie ac majorum canonicatuum et prebendarum hujusmodi, necnon capellaniarum ac omnium per presentes unitorum prioratuum predictorum, insimul fructus, redditus et proventus viginti quatuor ducatorum auri de camera, secundum communem existimationem, valorem annuum, ut asseritur, non excedant, singulis ex Johanne Arcoussi, Johanne de Georgiis, Nicolao Calviere, Johanne Martini, Guilhermo de Posilhaco, Johanne de Tullia, Laurentio Morinelli, Johanne Lansardi, Johanne Morenti, Carolo Rozelli, Francisco Guilhoti, Antonio Giri, nuper monachis prefati monasterii ac Petro Biratti Dautum nuncupato, clerico seculari Gratianopolitanensis diocesis, dilectis filiis, cum omnibus juribus et pertinentiis suis, prefata auctoritate apostolica conferimus et de illis etiam providemus.

Quocirca discretis filiis abbati monasterii Francarum Vallium (1) et decano ecclesie Sanctorum Johannis Baptiste et Evangeliste Ru-

---

(1) *Franquevaux* était une abbaye bernardine dans le territoire de Beauvoisin, arrondissement de Nimes (Gard).

pismore, (1) Nemausensis predicte et Avenionensis diocesis, et officiali Montispessulanensi per apostolica scripta mandamus, quatenus ipsi, vel duo, aut unus eorum, per se, vel alium, seu alios easdem presentes litteras et in eis contenta quecunque, ubi et quando opus fuerit, ac quoties pro parte Theodori Johannis, et pro tempore existentis abbatis et capituli predictorum seu alicujus ipsorum desuper fuerint requisiti, solemniter publicantes, eisque in premissis efficaciter defensionis presidio assistentes, faciant auctoritate nostra suppressionem, extinctionem, immutationem, reductionem, erectionem, institutionem, dismombrationem, separationem, applicationem, appropriationem, unionem, annexionem, incorporationem, concessionem, statutum, ordinationem et alia premissa firmiter observare, ipsosque abbatem et capitulum illis, necnon absolutione, dispensatione, indulto, abolitione et decreto predictis pacifice gaudere; non permittentes eis desuper per quoscunque, quavis auctoritate fungentes, contra earumdem presentium tenorem quomodolibet molestari ; necnon Jacobum Berengarii in decanatum erectum, ac Bernardum de Cruce ad majorem, et Amblardum Despinassia ad minorem archidiaconatum, ac Antonium Reboli ad sacristiam, et Petrum Valentini ad precemptoriam, et Johannem Belloni ad thesaurariam, ac illos necnon reliquos omnes et singulos supradictos, quibus majores et minores prebendas hujusmodi contulimus, in majorum et minorum canonicatuum et prebendarum eis respective collatorum, illorumque omnium jurium et pertinentiarum predictorum corporalem possessionem inducant auctoritate nostra, et defendant inductos, amotis quibuslibet detentoribus ab eisdem, facientes illos ad majores cum dicta juris plenitudine et minores prebendas eis respective collatas hujusmodi in dicta erecta ecclesia in canonicos recipi, et in fratris stallo eis et eorum cuilibet in choro et in loco in capitulo ipsius erecte ecclesie assignatis ; necnon, Jacobum Berengarii in decanatum erectum, et Bernardum de

---

(1) *Roquemaure*, chef-lieu de canton de l'arrondissement d'Uzès (Gard). Cette petite ville avait une collégiale dont le doyen fut chargé, conjointement avec l'abbé de Franquevaux et l'official de Montpellier, de promulguer la présente bulle de sécularisation et de mettre en possession les nouveaux titulaires.

Cruce ad majorem, ac Amblardum ad minorem archidiaconatus, ac Antonium Reholi ad sacristiam, Petrum Valentini ad precemptoriam, ac Johannem Belloni prefati ad thesaurariam predictos, ut est moris, admitti; eisdemque Berengario decanatus, et Bernardo de Cruce de majoris, ac Amblardo de minoris archidiaconatuum, ac Antonio Reboli de sacristie et Petro Valentini de precemptorie, ac Johanne Belloni de thesaurarie predictorum, aliisque, necnon aliis quibus majores et minores canonicatus et prebendas hujusmodi, ut prefertur, contulimus, de illorum fructibus, reddibus, proventibus, juribus, obventionibus universis integre responderi, contradictoresque et rebelles per censuras et penas ecclesiasticas ac etiam pecuniarias eorum arbitrio moderandas, appellatione postposita, compescendo, invocato etiam ad hoc, si opus fuerit, auxilio brachii secularis, non obstantibus premissis, et priore voluntate nostra predicta, necnon Constantiensis ac Lateranensis uniones perpetuas, nisi in casibus a jure permissis, fieri prohibentes novissime celebrati Lateranensis concilii, ac pie memorie Bonifacii pape VIII, etiam predecessoris nostri, qua cavetur ne quis extra suam civitatem vel diocesim, nisi in certis exceptis casibus, et in illis ultra unam dietam a fine sue diocesis ad judicium evocetur, seu ne judices a Sede predicta deputati extra civitatem vel diocesim in quibus deputati fuerint, contra quoscunque procedere, aut alii vel aliis vices suas committere presumant, et de duabus dietis in concilio generali edicta, dummodo ultra tres dietas aliquis auctoritate presentium non trahatur, et quibusvis aliis apostolicis, necnon in provincialibus, et synodalibus conciliis edictis generalibus vel specialibus constitutionibus et ordinationibus, ac fundatione dicti monasterii et illius ac ipsius ordinis juramento, confirmatione apostolica, vel quavis firmitate alia roboratis statutis et consuetudinibus, ac quibusvis privilegiis et indultis apostolicis eidem monasterio et ordini ac quibusvis universitatibus studiorum generalium, illorumque personis etiam super nominationibus faciendis, et alias sub quibuscunque tenoribus et formis, ac cum quibusvis etiam derogatoriorum derogatoriis, aliisque efficiacioribus et insolutis clausulis, necnon irritantibus et aliis decretis, etiam motu proprio, et quavis etiam regia consideratione, et ex quibusvis causis in genere et in specie, etiam iteratis vicibus, concessis, approbatis et innovatis, quibus omnibus, etiam si de illis eorumque totis tenoribus specialis, specifica, individua et expressa, non autem per clausulas generales idem importantes, mentio seu quevis alia expressio habenda, aut alia aliqua exquisita forma ad hoc servanda foret, tenores hujusmodi, ac si de verbo ad verbum nihil penitus omisso et forma in illis tradita observata, inserti forent presentibus pro sufficienter expressis habentes, illis alias in suo robore permansuris, hac vice dumtaxat specialiter et expresse derogamus; necnon quacunque contradictione seu dissensu aut consensus defectu alicujus, seu minoris partis conventus monasterii hujusmodi, aut cujusvis alterius facta seu facienda, contrariis quibuscunque; aut si aliqui super provisionibus sibi faciendis de locis et monachalibus portionibus et officiis, necnon prioratibus hujusmodi speciales, vel aliis beneficiis ecclesiasticis in illis partibus generales dicte Sedis vel legatorum ejus litteras impetraverint, etiamsi per eas ad inhibitionem, reservationem et decretum, vel alias quomodolibet sit processum, quas quidem litteras et processus habitos per easdem ac inde secuta quecunque, ad loca et monachales portiones, necnon officia suppressa, et capellanias ac prioratus unitos hujusmodi, volumus non extendi, sed nullum per hoc eis quoad assecutionem locorum et monachalium portionum, ac officiorum et prioratuum, vel beneficiorum aliorum prejudicium generari, seu si venerabilibus fratribus nostris archiepiscopo Arelatensi et Montispessulanensi, Vabrensi, Mimatensi, Lexoviensi, Virdunensi, Uticensi, Sistaricensi, Adurensi, Cavalicensi, Auraicensi et Nemausensi episcopis, vel quibusvis aliis communiter vel divisim ab eadem sit Sede indultum, quoad receptionem vel provisionem alicujus minime teneantur, et ad id compelli, aut quod interdum suspendi, vel excommunicari non possint per litteras apostolicas non facientes plenam et expressam, ac de verbo ad verbum, de indulto hujusmodi mentionem, et quibuslibet aliis privilegiis, indulgentiis, et litteris apostolicis quorumcunque tenorum existant, per que presentibus non expressa, vel totaliter non inserta, effectus earum impediri valeat quomodolibet, vel differri et de quibus quorumcunque totis tenoribus habenda sit in eis litteris mentio specialis.

Volumus autem quod prioratus uniti predicti debitis propterea non fraudentur obsequiis et animarum cura in eis quibus illa imminet, nullatenus negligatur, sed de eorum congrue supportentur onera consueta, ac quod monachi prefati aliqua irregularitatis et inhabilitatis nota seu macula forsan innodati, penitentiam per confessores idoneos quos singuli eorum duxerint eligendos eis pro premissis injungendam adimplere omnino teneantur, alioquin presentes locum, quoad hujusmodi absolutionem, eis nullatenus suffragentur ; quodque juxta tenorem concordatorum predictorum ad dictam abbatiam pro tempore presentatus, seu nominatus, ac in ea institutus, infra sex menses a die presentationis, seu nominationis et institutionis computandos, novam provisionem desuper a Sede predicta impetrare, et jus camere apostolico, juxta taxam in libris ipsius camere annotatam, prout abbas regularis ante hujusmodi reductionem tenebatur, ac si regularis abbas existeret, persolvere omnino teneatur ; alioquin lapsis dictis sex mensibus abbatia ipsa vacare censeatur eo ipso.

Et insuper quoad unionem, annexionem et incorporationem prioratuum et capellaniarum per dissolutionem unionum illorum vacantium hujusmodi, ac collationes et provisiones predictas prout est si attentatum forsan, hactenus, et quoad illas ac alia premissa ex nunc irritum decernimus et inane, si secus super his a quoquam, quavis auctoritate, scienter vel ignoranter contigerit attemptari.

Nulli ergo omnino hominum liceat hanc paginam nostram suppressionis, extinctionis, immutationis, reductionis, erectionis, institutionis, dismembrationis, separationis, applicationis, approbationis, unionis, annexionis, incorporationis, absolutionis, liberationis, concessionis, statuti, ordinationis, dispensationis, indulti, abolitionis, decreti, collationis, provisionis, mandati, derogationis et voluntatis infringere, vel ei ausu temerario contraire ; si quis autem hoc attemptare presumpserit, indignationem omnipotentis Dei ac beatorum Petri et Pauli, apostolorum ejus, se noverit incursurum. Datum Tusculi, anno Incarnationis Dominice MDXXXVIII. XVI Cal. sept., pontificatus nostri anno quarto. (1)

---

(1) La bulle de sécularisation fut fulminée par l'abbé   nquevaux qui, en sa qualité de commissaire du Saint-Siége, mit ..ulaires en possession des nouveaux canonicats séculiers érigés dans l'église de Saint-Gilles. Cette installation se fit le 11 mai 1539.

CLXXXI. — 133 [1].

BULLE DE PAUL III

datée de Saint-Marc de Rome, portant provision d'un canonicat mineur dans la collégiale de Saint-Gilles en faveur de Vital d'Albenas.

Original sur parchemin en bon état ; déchirure à l'un des plis.

19 août 1541.

Paulus, episcopus, servus servorum Dei, ad perpetuam rei memoriam. INTER CURAS multiplices que nobis ex apostolatus officio incumbunt, illam libenter amplectimur per quam, nostre provisionis ope, canonicatus et prebende ceteraque beneficia ecclesiastica cum divini cultus augmento ad laudem et gloriam divini Nominis valeat ubilibet propagari et ad illos ex quorum laudabilibus puerilis etatis judiciis verisimiliter concipitur quod, succedentibus annis, in viros evadere debeant virtuosos, dexteram nostre liberalitatis extendimus, prout, personarum et locorum qualitate pensata, id in Domino conspicimus salubriter expedire. Sane pro parte dilecti filii Vitalis Albenacii, clerici Nemausensis, nobis nuper exhibita petitio continebat quod licet alias in ecclesia, olim monasterii ordinis Sancti Benedicti, nunc vero ordine predicto, omnique statu et dependentia regularibus in eodem monasterio penitus et omnino suppressis et extinctis, seculari et collegiata Sancti Egidii de eodem Sancto Egidio, Nemausensis diocesis, ultra illius abbatiam, dignitatem inibi principalem, certi canonicatus et prebende, quorum nonnulli majores et alii minores nuncupantur, ad certum tunc expressum numerum apostolica auctoritate erecti et instituti fuerint, nichilominus si ultra numerum dictorum canonicatuum et prebendaruum alius canonicatus et alia prebenda minores nuncupandi in dicta ecclesia, pro uno ipsius Ecclesie canonico minori nuncupando, erigerentur et instituerentur, ex hoc profecto decori et venustati ipsius ecclesie per amplius consuleretur et divinus

---

(1) Le n° 132 n'est pas une bulle, mais une enquête pour l'enregistrement au parlement de Toulouse de la bulle de sécularisation, 20 juin 1539.

cultus inibi incrementum susciperet. Quare pro parte dicti Vitalis asserentis se in nono, vel circa, sue etatis anno constitutum existere, nobis fuit humiliter supplicatum ut in eadem ecclesia unum canonicatum et unam prebendam minores nuncupandos, pro uno canonico minori nuncupando, erigere et instituere ac alias in premissis oportune providere de benignitate apostolica dignaremur. Nos igitur, qui divini cultus et ministrorum ecclesiasticorum augmentum paternis exoptamus affectibus, dicto Vitali apud nos de laudabilibus sue puerilis etatis judiciis ex quibus, prout fide dignorum testimoniis accepimus, verisimiliter concipitur quod, succedentibus sibi annis, se in virum producere debeat virtuosum, multipliciter commendato, horum intuitu specialem gratiam facere volentes, ipsumque Vitalem a quibusvis excommunicationis, suspensionis et interdicti aliisque ecclesiasticis sententiis, censuris et penis a jure vel ab homine, quavis causa vel occasione latis, si quibus quomodolibet innodatus existit, ad effectum presentium dumtaxat consequendum, harum serie absolventes et absolutum fore censentes, hujusmodi supplicationibus inclinati, sine alicujus prejudicio, in dicta ecclesia unum canonicatum et unam prebendam minores nuncupandos, pro uno canonico minori nuncupando, ipsius ecclesie ita quod illos pro tempore obtinens omnibus et singulis privilegiis, libertatibus, facultatibus, concessionibus, indultis, gratiis et aliis juribus, cujuscunque nominis existant, quibus dictos canonicatus et prebendas minores nuncupatos, ut prefertur, erectos pro tempore obtinentes quacunque ratione vel titulo gaudent et gaudere poterunt in futurum gaudere ac distributiones quotidianas necnon grossos nuncupatos et alia fructus, redditus, proventus et emolumenta eque prorsus et absque ulla differentia, sicut alii ejusdem ecclesie canonici minores nuncupati percipiunt et percipere poterunt in futurum, percipere ac eosdem exigendos canonicatum et prebendam simpliciter vel ex causa permutationis resignare, necnon ad alios majores nuncupatos canonicatus et prebendas hu·jusmodi, juxta ipsius ecclesie statuta, sicut ceteri minores nuncupati ecclesie hujusmodi canonici resignare et ad majores nuncupatos canonicatus et prebendas hujusmodi ascendere et assumi possint, ascendere et assumi libere et licite valeant, ipseque canonicus minor non autem beneficiatus nuncupetur, sitque et esse censeatur in omnibus et singulis privilegiis, emolumentis et commoditatibus premissis ac aliis que exinde exoriri possent in omnibus et per omnia, perinde ac si ante suppressionem et extinctionem hujusmodi ejusdem monasterii monachus et in litteris desuper confectis comprehensus fuisset, ita tamen quod dicti erigendi canonicatus et prebenda, si illos alias quam per simplicem vel ex causa permutationis resignationem, tam pro majoribus quam postmodum beneficiatis nuncupandis minoribus canonicatibus et prebendis vacare contigerit, extinguantur et extincti sint, ut ad numerum in eisdem litteris expressum deveniri possit, dilectorum filiorum Theodori Johannis de Claromonte moderni abbatis ac Capituli ipsius ecclesie ad hoc per dilectum filium Raphaelem gratia Dei de Hiscia, clericum nullius diocesis, procuratorem eorum ad hoc ab eis respective specialiter constitutum expresso accedente consensu, eadem apostolica auctoritate, tenore presentium erigimus et instituimus, ac canonicatum et prebendam per presentes erectos predictos, quorum fructus, redditus et proventus viginti quatuor ducatorum auri de camera secundum communem extimationem valorem annuum, ut dictus Vitalis etiam asserit, non excedunt, ab eorum primeva erectione hujusmodi apud Sedem apostolicam vacantes et de quibus, pro eo quod nos dudum omnes canonicatus et prebendas, ceteraque beneficia ecclesiastica apud Sedem predictam nunc vacantia et in antea vacatura collationi et dispositioni nostre reservavimus, decernentes ex tunc irritum et inane si secus super hiis a quoquam, quavis auctoritate, scienter vel ignoranter contingeret attemptari, nullus preter nos hac vice disponere potuit sive potest, reservatione et decreto obsistentibus supradictis, cum plenitudine juris canonici ac omnibus juribus ac pertinentiis suis eidem Vitali, dicta auctoritate apostolica conferimus et de illis etiam providemus, decernentes quoad collationem et provisionem hujusmodi, prout est, irritum et inane si secus super hiis a quoquam, quavis auctoritate, scienter vel ignoranter attemptatum forsan est hactenus vel imposterum contigerit attemptari. Non obstantibus de dicto canonicorum numero et aliis dicte ecclesie juramento, confirmatione apostolica vel quavis firmitate alia roboratis statutis et consuetudinibus contrariis quibuscunque. Aut si aliqui apostolica prefata vel alia quavis auctoritate in canonicos in dicta ecclesia sint recepti vel ut recipiantur insistant, seu si venerabili fratri nostro Episcopo Nemausensi et eisdem capitulo vel quibusvis aliis, communiter vel divisim, ab eadem sit Sede indultum quod ad receptionem vel provisionem alicujus minime teneantur et ad id compelli non possint, quodque de canonicatibus et prebendis ejusdem ecclesie vel aliis beneficiis ecclesiasticis ad eorum collationem, provisionem, presentationem, seu quamvis aliam dispositionem, conjunctim vel separatim spectantibus, nulli valeat provideri per litteras apostolicas non facientes plenam et expressam ac de verbo ad verbum de indulto hujusmodi mentionem et qualibet alia dicte Sedis indulgentia generali vel speciali, cujuscunque tenoris existat, per quam presentibus non expressam vel totaliter non insertam effectus hujusmodi gratie impedire valeat, quomodolibet vel differri et de qua cujusque toto tenore habenda sit in nostris litteris mentio specialis, aut si dictus Vitalis presens non fuerit ad prestandum de observandis statutis et consuetudinibus dicte ecclesie solitum juramentum, dummodo in absentia sua per procuratorem idoneum et cum ad ecclesiam ipsam accesserit corporaliter illud prestet. Nulli ergo omnino hominum liceat hanc paginam nostre absolutionis, erectionis, institutionis, collationis, provisionis et decreti infringere, vel ei ausu temerario contraire. Si quis autem hoc attemptare presumpserit, indignationem omnipotentis Dei ac beatorum Petri et Pauli, apostolorum ejus, se noverit incursurum. Datum Rome, apud Sanctum Marcum, anno Incarnationis dominice millesimo quingentesimo quadragesimo primo, XIV Kalendas septembris, pontificatus nostri anno septimo.

CLXXXII. — 134.

BULLE DE PAUL III

datée de Saint-Marc de Rome, dans laquelle est insérée la précédente, enjoignant aux officiaux de Nimes, d'Uzès et de Montpellier de la publier et de mettre Vital en possession du canonicat.

Original sur parchemin en bon état.

19 août 1541.

Paulus, episcopus, servus servorum Dei, dilectis filii Nemausensi et Uticensi et Montipessulano officialibus, salutem et apostolicam benedictionem. Hodie a nobis emanarunt littere tenoris subsequentis : Paulus, episcopus, servus.........................

Toute la bulle précédente est ici transcrite mot à mot ; inutile d'en répeter la teneur. A la suite de cette reproduction intégrale, la présente bulle continue en ces termes :

Quocirca discretioni vestre per apostolica scripta mandamus quatenus vos, vel duo, vel unus vestrum per vos, vel alium, seu alios litteras predictas et in eis contenta quecunque, ubi et quando opus fuerit, ac quotiens pro parte dicti Vitalis ac pro tempore obtinentis canonicatum et prebendam per nos erectos hujusmodi desuper fueritis requisiti, solemniter publicantes, eisque in premissis efficacis defensionis presidio assistentes faciatis auctoritate nostra litteras et in eis contenta hujusmodi firmiter observari, ac singulos quos ipse littere concernunt illis pacifice gaudere, non permittentes eos desuper per quoscunque quomodolibet indebite molestari, necnon prefatum Vitalem vel procuratorem suum ejus nomine in corporalem possessionem canonicatus et prebende per nos erectorum, juriumque et pertinentiarum predictorum inducatis dicta auctoritate nostra, et defendatis inductum, amoto exinde quolibet detentore, et facientes Vitalem vel pro eo procuratorem prefatum ad prebendam per nos erectam hujusmodi in dicta Ecclesia in canonicum recipi et in fratrem stallo sibi in choro et loco in capitulo, cum dicti juris plenitudine assignatis, sibi quod de ipsorum per nos erectorum canonicatus et prebende fructibus, redditibus, proventibus, juribus et obventionibus universis integre responderi, contradictores auctoritate nostra, appellatione postposita, compescendo. Non obstantibus omnibus supradictis, seu si episcopo et capitulo prefatis vel quibusvis aliis communiter vel divisim ab eadem sit Sede indultum quod interdici, suspendi, vel excommunicari non possint per litteras apostolicas non facientes plenam et expressam, ac de verbo ad verbum de indulto hujusmodi mentionem. Datum Rome, apud Sanctum Marcum, anno Incarnationis Dominice millesimo quadragesimo primo, XIV Kalendas septembris, pontificatus nostri anno septimo.

CLXXXIII. — 135.

BULLE DE PAUL V (1)

datée de Saint-Pierre de Rome, portant concession de diverses indulgences.
Original sur parchemin un peu rongé, plusieurs mots effacés.

7 mars 1614.

Paulus, episcopus, servus servorum Dei, universis Christi fidelibus presentes litteras inspecturis, salutem et apostolicam benedictionem. PASTORIS ETERNI qui pro humano redimendo genere in ara crucis immolari non abnuit, vices, licet immeriti, gerentes in terris, ad id nostri vota cordis desideranter exponimus, ut quos ipse pretiosissimi sanguinis aspersione reconciliare Deo curavit, quorumque regimen et gubernationem nobis commisit ad pietatis, charitatis, misericordie continuo exercenda aliaque salubria et meritoria opera quibus de terrenis *innaccessibiles* thesauros recondere, necnon patrie celestis possessores effici possint, frequenter excitemus. Cum itaque, sicut accepimus, in seculari et collegiata ecclesia Sancti Egidii, Nemausensis diocesis, una pia et devota utriusque sexus Christi fidelium confraternitas, sub invocatione seu in honorem Sanctissimi Corporis Christi, ad Dei omnipotentis laudem et animarum salutem, proximique subventionem, non tamen pro *hominibus unius specialis artis* canonice instituta existit et dilecti filii dicte confraternitatis confratres quamplurima charitatis, pietatis et misericordie opera exercere consueverunt, Nos cupientes ut predicti ac pro tempore existentes ejusdem confraternitatis confratres in hujusmodi piorum operum exercitio confoveantur ac magis ad ea exercenda, necnon alii Christi fideles ad dictam confraternitatem ingrediendam per amplius invitentur, dictaque ecclesia seu in ea situm altare ipsius confraternitatis in debita veneratione habeatur, et ab ipsis Christi fidelibus congruis frequentetur honoribus, illique eo libentius ad ecclesiam seu alta-

---

(1) Paul V, élu le 16 mai 1605, mourut le 28 janvier 1621, il avait gouverné l'Eglise quinze ans, huit mois et treize jours.

re hujusmodi devotionis causa confluant quo ex hoc dono celestis gratie uberius conspexerint se esse refectos, de omnipotentis Dei misericordia ac beatorum Petri et Pauli, apostolorum ejus, auctoritate confisi, omnibus et singulis utriusque sexus Christi fidelibus vere penitentibus et confessis qui dictam confraternitatem de cetero ingredientur, die primi illorum ingressus, si sanctissimum Eucharistie sacramentum sumpserint, necnon tam ipsis quam ad tempus et pro tempore existentibus dicte confraternitatis confratribus et vere penitentibus et, si fieri poterit, confessis ac sacra communione refectis, alias saltem contritis, in eorum mortis articulo, nomen Jesu corde, si ore nequiverint, invocantibus, indulgentiam plenariam; necnon eisdem confratribus similiter vere penitentibus et confessis, sacraque communione refectis qui ecclesiam dictam, in festo ejusdem Sanctissimi Corporis Christi, a primis vesperis usque ad occasum solis diei hujusmodi, singulis annis, devote visitaverint et inibi pro hereseum extirpatione ac hereticorum conversione, Sancteque Matris Ecclesie exaltatione et inter principes christianos servanda pace, concordia et unione, ac salute Romani Pontificis, pias ad Deum preces effuderint, quo die prefato id fecerint, et plenariam indulgentiam et omnium peccatorum suorum remissionem apostolica auctoritate, tenore presentium, misericorditer in Domino concedimus et elargimur. Preterea eisdem confratribus qui pariter penitentes et confessi, ac sumpto eodem Eucharistie sacramento ecclesiam predictam, in Sancti Egidii, et Pentecostes, ac Annuntiationis Virginis Marie, et Omnium Sanctorum festivitatibus, et a primis vesperis usque ad occasum solis singularium festivitatum hujusmodi visitaverint et, ut prefertur, oraverint septem annos et totidem quadragenas; quoties divinis officiis in eadem ecclesia celebrandis, aut congregationibus publicis vel secretis pro quocunque pio opere exercendo, aut processionibus ordinariis et extraordinariis tam predicte confraternitatis quam aliis quibuscunque de licentia ordinarii celebrandis, aut sepeliendis mortuis officiose interfuerint, vel dictum Sanctissimum Eucharistie sacramentum, dum ad aliquem infirmum defertur, associaverint, aut qui hoc facere impediti, campane ad id signo dato genibus flexis, semel orationem dominicam et salutationem angelicam pro dicto infirmo recitaverint, seu devium aliquem ad viam salutis reduxerint et ignorantes Dei precepta et alia que ad salutem sunt docuerint et ex hujusmodi piis operibus aliquod egerint, toties sexaginta dies de injunctis eis aut alias quibuslibet debitis penitentiis, auctoritate et tenore presentibus, misericorditer in Domino relaxamus. PRESENTIBUS PERPETUIS FUTURIS TEMPORIBUS DURATURIS. Volumus autem quod si dicta confraternitas alicui archiconfraternitati aggregata sit, vel in futurum aggregetur, seu quavis ratione pro illius indulgentiis consequendis, aut de illis participandis uniatur, vel alias quomodolibet instituatur priores seu quevis alie littere preter presentes nullatenus ei suffragentur, sed ex tunc prorsus nulle sint eo ipso; quodque si supradicte ecclesie aliqua alia indulgentia perpetuo vel ad tempus nondum elapsum duratura per nos concessa fuerit, eedem presentes nullius sint roboris vel momenti. Datum Rome, apud Sanctum Petrum, anno Incarnationis dominice millesimo sexcentesimo quarto decimo, nonis Martii, Pontificatus nostri anno decimo.

CLXXXIV. — 135 bis.

BULLE DE PAUL V

datée de Rome, conférant l'abbaye de Saint-Gilles à Jean Picard de Chaumont, fils de Bertichères (1).

Extrait en forme sur papier, très-fautif.

27 janvier 1618.

Paulus, episcopus, servus servorum Dei, dilecto filio Johanni Picart, (2) abbati secularis et collegiate Ecclesie Sancti Egidii,

---

(1) Abdias de Chaumont, seigneur de Bertichères, était l'un des capitaines calvinistes de la contrée ; il s'était établi dans l'église abbatiale dont il avait fait une véritable citadelle et pendant près de trente ans il fut le maître absolu de la ville et des revenus de l'abbaye sous une série d'abbés, plus ou moins ses créatures, à qui il ne laissait qu'une faible pension, tandis que les revenus du bénéfice étaient employés comme moyen de tyrannie et de débauche.

(2) Jean Picard de Chaumont était un fils naturel de Bertichères, qui devint entre les mains de son père un instrument de gouvernement. Un arrêt du grand Conseil en délivra l'abbaye, le 4 septembre 1622.

Nemausensis diocesis, salutem et apostolicam benedictionem. Vite ac morum honestas aliaque laudabilia probitatis et virtutum merita, super quibus apud nos fide digno commendaris testimonio, nos inducunt ut tibi reddamur ad gratiam liberales. Cum itaque abbatia olim monasterii ordinis Sancti Benedicti, nunc vero, ordine ipso, ac nomine et titulo monasterii, necnon regulari dignitate abbatiali et conventualitate, omnique statu regulari apostolica auctoritate penitus suppressis, ac illius ecclesia hajusmodi ad statum secularem reducta ac in secularem et collegiatam ecclesiam, necnon in eo et ab eo forsan prorsus separata capitulari mensa, ac loco suppressionis regularis dignitatis, una abbatia seculari dignitate inibi principali pro uno abbate seculari, ita ut rex Francie pro tempore existens, prout aute reductionem hujusmodi, juxta tenorem concordatorem dudum inter Sedem apostolicam et clare memorie Franciscum primum Francorum regem super nominatione personarum certis inibi expressis modis qualificatorum ad monasteria Regni Francie privilegio eligendi non suffulta pro tempore vacantia promovendarum per Regem Francie pro tempore existentem faciendi initorum, ad predictum monasterium nominabat, ad eamdem abbatiam dum pro tempore vacaret nominare valeret inter alia dicta auctoritate secularis et collegiatie ecclesia Sancti Egidii, Nemausensis, per liberam resignationem dilecti filii Bartholomei de Chaumond, (1) nuper ipsius ecclesie abbatis de illa quam tunc obtinebat in manibus nostris sponte factam et per nos admissam vacaverit et vacet ad presens, nos tibi qui alias defectu natalium quem, ut asseris, ex conjugato nobili et soluta pateris non obstante, clericali caractere rite insignitus fuisti, postea ut, defectu hujusmodi etiam non obstante, ad omnes et sacros presbyteratus ordines promoveri, necnon quecunque et qualiacunque cum cura et sine cura beneficia ecclesiastica, tunc expressis modo et forma qualificata recipere et retinere valeres apostolica auctoritate predicta dispensatum extitit, ac ex diocesi Nemausensi oriundus et in

---

(1) Barthélemy de Chaumont, autre fils naturel de Bertichères, avait été pourvu de l'abbaye le 8 décembre 1607 ; mais comme il avait voulu défendre les droits de son bénéfice, son père craignant d'en perdre l'administration l'avait fait jeter en prison et ne le rendit à la liberté qu'après l'avoir obligé à résigner en faveur de Picard.

decimo octavo vel decimo nono tue etatis anno constitutus existis, quemque charissimus in Christo filius noster Ludovicus Francorum rex christianissimus, vigore seu pretextu concordatorum predictorum, nobis ad hoc per suas litteras nominavit, predictus vero Bartholomeus aliunde commode vivere valet, premissorum meritorum tuorum intuitu, specialem gratiam facere volentes, teque a quibusvis excommunicationis, suspensionis et interdicti, aliisque ecclesiasticis sententiis, censuris et penis a jure vel ab homine, quavis ratione vel causa latis, si quibus quomodolibet innodatus existis, ad effectum presentium dumtaxat consequendum, harum serie absolventes et absolutum fore consentes, abbatiam predictam que inibi dignitas principalis, ut prefertur, existit et cui cura parochianarum non imminet animarum, ac cujus fructus, redditus et proventus ad octingentos florenos auri in libris Camere apostolice taxati reperiuntur, sive premisso, sive alio quovis modo quem etiam si ex illo quevis generalis reservatio, etiam in corpore juris clausa resultet presentibus haberi volumus pro expresso, aut ex alterius cujuscunque persona, seu per similem resignationem dicti Bartholomei vel cujusvis alterius de illa in Romana Curia, vel extra eam, etiam coram Notario publico et testibus sponte factam, aut assecutionem alterius beneficii ecclesiastici quavis auctoritate collati vacet, etiamsi tanto tempore vacaverit quod ejus collatio, juxta Lateranensis statuta Concilii ad Sedem predictam legitime devoluta, ipsaque abbatia dispositioni apostolice specialiter vel generaliter reservata existat et ad illam consueverit quis per electtonem assumi, eique cura jurisdictionalis dumtaxat immineat, super ea quoque inter aliquos lis, cujus statum etiam presentibus haberi volumus pro expresso, pendeat indecisa, dummodo tempore date presentium non sit in ea alicui specialiter jus quesitum, cum illi forsan annexis, ac omnibus juribus et pertinentiis suis dicta auctoritate apostolica tibi conferimus, et de illa etiam providemus. Quocirca dilectis filiis Uticensi ot Montispessulanensi ac Nemausensi officialibus per apostolica scripta mandamus quatinus ipsi, vel duo, aut unus eorum, per se, vel alium, seu alios te, recepto prius a te nostro et Romane Ecclesie nomine fidelitatis debita solito juramento, juxta formam quam sub bulla nostra mittimus introclusam, vel procuratorem tuum nomine tuo in corporalem possessionem abbatie ac annexorum, juriumque et pertinentiarum predictorum inducant, auctoritate nostra et defendant inductum, amoto exinde quolibet illicito detentore, facientes te, vel pro te procuratorem predictum ad abbatiam hujusmodi, ut est moris, admitti tibique de illius ac annexorum eorumden fructibus, redditibus, proventibus, juribus et obventionibus universis integre responderi, contradictores auctoritate nostra predicta, appellatione postposita, compescendo, non obstantibus felicis recordationis Bonifacii pape VIII, predecessoris nostri et aliis constitutionibus ac dicte ecclesie juramento, confirmatione apostolica, vel quavis alia firmitate roboratis statutis et consuetudinibus contrariis quibuscunque, aut si aliqui super provisionibus sibi faciendis de dignitatibus dicte ecclesie specialis, vel aliis beneficiis ecclesiasticis in illis partibus generales dicte Sedis aut legatorum ejus litteras impetrarint, etiamsi per eos ad inhibitionem, reservationem et decretum vel alias quomodolibet sit processum, quibus omnibus te in assecutione dicte abbatie volumus anteferri, sed nullum per hoc quoad assecutionem dignitatum vel beneficiorum aliorum prejudicium generari, seu si venerabili fratri nostro episcopo Nemausensi et dilectis filiis capitulo dicte Ecclesie, vel quibusvis aliis communiter aut divisim ab eadem sit Sede indultum quod ad receptionem vel provisionem alicujus minime teneantur et ad id compelli, aut quod interdici, suspendi, vel excommunicari non possint; quodque de dignitatibus dicte Ecclesie vel aliis beneficiis ecclesiasticis ad eorum collationem, provisionem, presentationem, electionem seu quamvis aliam dispositionem, conjunctim vel separatim spectantibus nulli valeat provideri per litteras apostolicas non facientes plenam et expressam ac de verbo ad verbum de indulto hujusmodi mentionem, et qualibet alia dicte Sedis indulgentia generali vel speciali, cujuscunque tenoris existat, per quam presentibus non exprossam, vel totaliter non insertam, effectus hujusmodi gratie impediri valeat quomodolibet vel differri et de qua cujusque toto tenore habenda sit in nostris litteris mentio specialis. Nos enim tecum ut ex nunc abbatiam predictam, si illam assequeris, recipere et quoad vixeris retinere licite et valide valeas, defectibus etatis et natalium hujusmodi ac Pictaviensis Concilii aliisque constitutionibus et ordinationibus apostolicis, necnon, ut prefertur, roboratis statutis et consuetudinibus supradictis, ceterisque contrariis nequaquam obstantibus, eadem auctoritate apostolica, tenore presentium, de specialis dono gratie dispensamus, proviso quod propterea dicta abbatia debitis non fraudetur obsequiis, sed ejus congrue supportentur onera consueta. Volumus autem quatenus tu, donec ad etatem legitimam perveneris, stallum in choro ac locum et vocem in Capitulo dicte Ecclesie non habeas, sed interim in aliqua approbata Universitate studii generalis theologie seu decretis, actu operam dare debeas, alioquin fructus tuos non facias et ad illorum restitutionem obligatus existas, et insuper ex nunc irritum decernimus et inane si secus super his a quoquam, quavis auctoritate, scienter vel ignoranter contigerit attentari. Nulli ergo omnino liceat hanc paginam nostre absolutionis, collationis, provisionis, dispensationis, voluntatis et decreti infringere, vel ei ausu temerario contraire. Si quis autem hoc attentare presumpserit, indignationem omnipotentis Dei ac *beatorum* (1) Petri et Paulo, apostolorum ejus, se noverit incursurum. Datum Rome, apud Sanctam Mariam Majorem, anno Incarnationis Dominice millesimo sexcentesimo decimo octavo, sexto Kalendas Februarii, Pontificatus nostri anno quarto decimo.

CLXXXV. — 135 a.

BULLE DE GRÉGOIRE XV (2)

datée de Saint-Pierre de Rome, conférant l'abbaye de Saint-Gilles à Guillaume de Nozet, archevêque de Seleucie et vice-légat d'Avignon.

Original sur parchemin en bon état, mais plusieurs mots effacés.

10 novembre 1622.

Gregorius, episcopus, servus servorum Dei, venerabili fratri Guillelmo, archiepiscopo Seleuciensi, salutem et apostolicam benedictionem. PERSONAM TUAM nobis et apostolice Sedi devotam, tuis exigentibus meritis, paterna benevolentia prosequentes, ista

---

(1) Notre copie porte : *piscatorum*.

(2) Grégoire XV, élu le 9 février 1621, mourut le 8 juillet 1623, après un règne de deux ans et demi.

tibi favorabiliter concedimus que tuis commoditatibus fore conspicimus oportuna. Cum itaque, sicut accepimus, abbatia ecclesie olim regularis, ordinis Sancti Benedicti, nunc vero ordine ipso ac nomine et titulo monasterii ac regulari dignitate abbatiali et conventualitate, omnique statu regulari, apostolica auctoritate suppressis, ac illius ecclesia hujusmodi ad statum secularem reducta, ac in secularem et collegiatam, ac loco dignitatis abbatialis una abbatia seculari dignitate in dicta ecclesia presenti pro uno abbate et ad quam ejus vacatione pro tempore existente, Rex Francie pro tempore existens personam idoneam Romano Pontifici pro pro tempore existenti seu Sedi predicte eo modo quo ad dictum monasterium ante reductionem juxta tenorem concordatorum dudum inter Sedem eamdem et clare memorie Franciscum I Francorum, regem tunc in humanis agentem, super nominatione personarum certis inibi expressis modis qualificatarum, ad monasteria Regni Francie privilegio eligendi non suffulta pro tempore vacantia promovendarum, per dictum Regem facienda initorum poterat modo nominare valeret, inter alia dicta auctoritate erecte secularis et collegiate Sancti Egidii, Nemausensis diocesis, quam quidem cognominatus Bertichere (2), ipsius ecclesie abbas dum viveret obtinebat, per obitum ejusdem Bertichere qui extra Romanam Curiam in rebellione contra charissimum in Christo filium nostrum Ludovicum eorumdem Francorum regem christianissimum diem clausit extremum, vacaverit et vacet ad presens, licet dilectus filius Joannes Picard pro clerico seu presbytero se gerens nullo titulo suffultus, illius penitus incapax, eamdem abbatiam assequi pretendat, ac jam forsan retinet indebite per certum tempus, etiam forsan ultra triennium occupa*verit*, nos tibi qui et capellanus noster et causarum Palatii apostolici auditor existis, et quem predictus Ludovicus Rex, juxta tenorem litterarum reductionis et erectionis hujusmodi, nobis ad hoc per suas litteras nominavit, ut statum tuum juxta pontificalis dignitatis existentiam decentius tenere

---

(1) Bertichères, le père, quoique protestant, était en effet parvenu, par l'influence de quelques amis, à obtenir un brevet du roi qui le nommait abbé de Saint-Gilles ; nous avons vu précédemment qu'il avait abandonné le titre, mais non les revenus de l'abbaye.

valeas, de alicujus subventionis auxilio providere ac, premissorum meritorum tuorum intuitu, specialem gratiam facere volentes, teque a quibusvis excommunicationis, suspensionis et interdicti, aliisque ecclesiasticis sententiis, censuris et penis a jure vel ab homine, quavis occasione vel causa latis, si quibus quomodolibet innodatus existis, ad effectum presentium dumtaxat consequendum, harum serie absolventes et absolutum fore censentes, ac gradum et nobilitatem dicti Johannis si qui sint, ac tempus per quod ipse abbatiam hujusmodi detinuit, ac causam quare jus sibi in illa non competit, ac omnia et singula beneficia ecclesiastica secularia et quorumvis ordinum regularia que ex quibusvis concessionibus et dispensationibus apostolicis obtines et expectas, ac in quibus et ad que jus tibi quomodolibet competit, quecunque, quotcunque et qualiacunque sint, eorumque fructuum, reddituum et proventuum veros annuos valores, ac concessionum et dispensationum hujusmodi tenores, necnon quarumcunque pensionum annuarum super quibusvis fructibus, redditibus et proventibus ecclesiasticis tibi reservatarum et assignatarum quantitates, presentibus pro expressis habentes, abbatiam predictam que in dicta ecclesia dignitas principalis existit, cuique cura parochianorum non imminet, ac cujusvis fructus, redditus et proventus ad octingentos florenos auri in libris Camere apostolice taxati reperiuntur, ut asseris, sive ut premittitur, sive alias quovis modo, aut ex alterius cujuscunque persona, seu per liberam resignationem dicti cognominati Bertichere, vel cujusvis alterius de illa in dicta Curia, vel extra eam et coram notario publico et testibus sponte factam aut assecutionem alterius beneficii ecclesiastici quavis auctoritate collati vacet, et si tanto tempore vacaverit quod ejus collatio, juxta Lateranensis statuta Concilii, ad Sedem predictam legitime devoluta, ipsaque abbatia dispositioni apostolice specialiter vel generaliter reservata existat, et super ea inter aliquos lis, cujus statum presentibus haberi volumus pro expresso, pendeat indecisa, dummodo tempore date presentium non sit in ea alicui specialiter jus quesitum, cum annexis hujusmodi ac omnibus juribus et pertinentiis suis tibi, per te quoad vixeris et una cum ecclesia Seleuciensi cui preesse dignosceris, ac omnibus et singulis monasteriis et consistorialibus prioratibus, preposituris, personatibus, preceptoriis, dignitatibus et majoribus post pontificalem potestatem et conventualibus personatibus, administrationibus et officiis, ceterisque beneficiis ecclesiasticis que, ut prefertur, in titulum, commendam, administrationem ac alias quomodolibet obtines et imposterum obtinebis, necnon quibusvis fructibus, redditibus et proventibus loco pensionum annuarum, ac pensionibus annuis super similibus fructibus, redditibus et proventibus tibi reservatis et reservandis, quos et quas ex similibus concessionibus et dispensationibus percipis et percipies in futurum tenendum, regendum et gubernandum, ita quod liceat tibi debitis et consuetis ipsius abbatie supportatis oneribus de residuis illius fructibus, redditibus et proventibus disponere et ordinare sicuti abbatiam hujusmodi in titulum pro tempore quomodolibet obtinentes de illis disponere et ordinare potuerunt seu et debuerunt, alienatione tamen quorumcunque bonorum immobilium et preciosorum mobilium dicte abbatie tibi penitus interdicta, apostolica auctoritate predicta commendamus. Quocirca dilectis filiis Avinionensi, Nemausensi ac Montispessulano officialibus per apostolica scripta mandamus quatinus ipsi, vel duo, aut unus eorum, vocatis dicto Johanne et aliis qui fuerint evocandi, per se, vel alium, seu alios te, recepto prius a te, nostro et Romane Ecclesie nomine, fidelitatis debite juramento, juxta formam quam sub bulla nostra mittimus introclusam, vel procuratorem tuum nomine tuo in corporalem possessionem abbatie, ac annexorum, juriumque et pertinentiarum predictorum inducant auctoritate nostra et defendant inductum, amoto exinde dicto Johanne et quolibet alio injusto detentore; facientes te, vel pro te procuratorem predictum ad abbatiam hujusmodi ut est moris admitti, tibique de illius ac annexorum eorumdem fructibus, redditibus, proventibus, juribus et obventionibus universis integre responderi, contradictores auctoritate nostra predicta, appellatione postposita, compescendo. Non obstantibus nostra de annali possessore non molestando quoad primam ejus partem, ac felicis recordationis Bonifacii pape VIII predecessoris nostri et aliis apostolicis constitutionibus, ac primo dicte ecclesie juramento confirmatione apostolica vel quavis firmitate alia roboratis statutis et consuetudinibus contrariis quibuscunque, aut si aliqui super provisionibus seu commendis sibi faciendis de dignitatibus primodicte ecclesie speciales vel aliis beneficiis ecclesiasticis in illis partibus generales dicte Sedis aut Legatorum ejus litteras impetraverint, etsi per eas ad inhibitionem, reservationem et decretum vel alias quomodolibet sit processum. Quibus omnibus te in assecutione dicte abbatie volumus anteferri. Sed nullum per hoc eis quoad assecutionem dignitatum vel beneficiorum aliorum prejudicium generari, seu si venerabili fratri nostro Episcopo Nemausensi et dilectis filiis capitulo primodicte ecclesie, vel quibusvis aliis communiter aut divisim ab eadem sit Sede indultum quod ad receptionem vel provisionem alicujus minime teneantur et ad id compelli, aut quod interdici, suspendi vel excommunicari non possint, quodque de dignitatibus primodicte ecclesie vel aliis beneficiis ecclesiasticis ad eorum collationem, promotionem, presentationem, seu quamvis aliam dispositionem conjunctim vel separatim spectantibus nulli valeat provideri, seu commenda fieri per litteras apostolicas non facientes plenam et expressam, ac de verbo ad verbum, de indulto hujusmodi mentionem et qualibet alia dicte Sedis indulgentia generali vel speciali, cujuscunque tenoris existat, per quam presentibus non expressam vel totaliter non insertam effectus hujusmodi gratie impediri valeat quomodolibet, vel differri et de qua cujusque toto tenore habenda sit in nostris litteris mentio specialis. Volumus autem quod propter commendam nostram hujusmodi abbatia prefata debitis non fraudetur obsequiis, sed ejus supportentur onera consueta et insuper ex nunc irritum decernimus et inane si secus super hiis a quoque, quavis auctoritate, scienter vel ignoranter contigerit attemptari. Nulli ergo omnino hominum liceat hanc paginam nostre absolutionis, commende, mandati, voluntatum et decreti infringere vel ei ausu temerario contraire. Si quis autem hoc attemptare presumpserit, indignationem omnipotentis Dei ac beatorum Petri et Pauli, apostolorum ejus, se noverit incursurum. Datum Rome, apud Sanctum Petrum, anno Incarnationis dominice millesimo sexcentesimo vigesimo secundo, IV idus novembris, Pontificatus nostri anno secundo.

FORMA JURAMENTI

Ego, Guillelmus, archiepiscopus Seleuciensis, perpetuus commendatarius abbatie secularis et collegiate ecclesie Sancti Egidii, Nemausensis diocesis, ab hac hora in posterum fidelis et obediens ero beato Petro sancteque apostolice Romane Ecclesie et domino nostro domino Gregorio pape XV° et ejus successoribus canonice intrantibus. Non ero in consilio, consensu, tractatu, vel facto ut vitam, vel membrum perdant, seu quod contra alicujus eorum personam, vel in ipsorum, aut ecclesie ejusdem, sive Sedis apostolice auctoritatis, honoris, privilegiorum, jurium vel apostolicorum statutorum, ordinationum, reformationum, dispositionum sive mandatorum derogationem vel prejudicium, machinationes aut conspirationes fiant. Et si, ac quoties aliquid tractari scivero, id pro posse ne fiat impediam, et quantocitius commode potero eidem domino nostro, vel alteri per quem ad ipsius notitiam pervenire possit, significabo; concilium vero quod inibi per se, aut nuncios, seu litteras credituri sunt, ad eorum damnum, me sciente nemini pandam. Ad retinendum et defendendum Papatum Romanum et Regalia Sancti Petri contra omnem hominem adjutor eis ero. Auctoritatem, honorem, privilegia et jura quantum in me fuerit potius adaugere et promovere, statuta, ordinationes, reservationes, dispositiones et mandata hujusmodi observare ac eis intendere curabo. Legatos Sedis ejusdem honorifice tractabo et in suis necessitatibus adjuvabo. Hereticos, schismaticos et qui alicui ex domino nostro successoribusque predictis rebelles fuerint pro viribus persequar. Possessiones vero ad abbatiam meam pertinentes non vendam, neque donabo, neque impignorabo, neque de novo infeudabo, vel aliquo modo alienabo, etiam cum consensu capituli dicte ecclesie, inconsulto Romano Pontifice ; sic me Deus adjuvet et hec sancta Dei Evangelia (1).

---

(1) Guillaume de Nozet prêta ce serment à Avignon, où il remplissait les fonctions de vice-légat, le 27 mars 1623, comme le prouve le procès-verbal qui est joint à la bulle originale et à la formule de serment qui l'accompagne. Quoique le concordat de François Ier eût donné aux rois de France, un droit de présentation sur l'abbaye, les papes s'en étaient néanmoins réservé la suzeraineté.

CLXXXVI. — 136.

BULLE D'ALEXANDRE VII (1)

datée de Sainte-Marie-Majeure de Rome, ordonnant à l'archevêque d'Arles, aux évêques d'Uzès et de Nîmes et à leurs officiaux, d'excommunier, après les admonitions ordinaires, tous ceux qui retiennent les biens, livres, papiers et autres effets du Chapitre de Saint-Gilles (2).

Original sur parchemin en bon état, un peu piqué.

13 juin 1663.

Alexander, episcopus, servus servorum Dei, venerabilibus fratribus archiepisco Arelatensi, ac Uticensi et Nemausensi episcopis, sive dilectis filiis eorum officialibus, salutem et apostolicam benedictionem. SIGNIFICAVERUNT NOBIS filii Capitulum et Canonici secularis et Collegiate ecclesie Sancti Egidii oppidi ejusdem Sancti Egidii, Nemausensis diocesis, quod nonnulli iniquitatis filii quos prorsus ignorant, census, terras, domos, possessiones, bona mobilia et immobilia, scripturas publicas et privatas, fidem tamen facientes, libros concernentes presertim instrumenta et documenta dicti Capituli, libros rationum et computorum, ac jura, necnon pecuniarum summam, auri, argenti, ferri, lignorum, eris, stamni, eraminis, lini, conapis, vini, olei, ordei, frumenti et aliarum quantitatem, decimas, primitias, cruces, calices, patenas, candelabra aurea et argentea, ornamenta et paramenta ecclesiastica, pannos lineos, sericeos, domusque supellectilia magni momenti ad mensam capitularem dicte ecclesie legitime spectantia subtraxerunt et te-

---

(1) Alexandro VII, élu le 7 avril 1655, mourut le 22 mai 1667, après un règne de douze ans, un mois et seize jours.

(2) Cette bulle fut lancée à l'occasion du vol fait dans les archives du Chapitre de Saint-Gilles, la nuit du 11 mai 1663, veille de la Pentecôte. La fenêtre de la salle des archives avait été brisée, les fers descellés et la grille enlevée. La publication du monitoire prescrit par la bulle fut commencée le 19 août et la malédiction fut jettée le 14 octobre suivant. Dans l'intervalle et après trois dimanches consécutifs, une sentence d'excommunication avait été prononcée le 9 septembre, aggravée le 16 et réaggravée le 23.

mere occuparunt, animaliaque dicte mense abegerunt, eaque malitiose occultare ac occulte et indebite detinere presumpserunt et presumunt, ex quo predicte mense gravia damna, valorem quinquaginta ducatorem excedentia, nequiter intulerunt, in animarum suarum periculum, dicteque mense non modicum detrimentum, super quo ipsi significantes apostolice Sedis remedium imploraverunt. Quocirca fraternitati vestre, Fratres archiepiscope et episcopi, sive discretioni vestre filii officiales, per apostolica scripta mandamus quatenus vos aut quilibet vestrum in vestris civitatibus et diocesibus si, causa diligenter et magna maturitate per vos examinata, pro rei, loci, temporis et personarum qualitatibus vobis pro vestra conscientia videbitur expedire, omnes hujusmodi bonorum detentores et illorum celatores aut alias scientiam habentes ac damnorum illatores occultos ex parte vestra publice in ecclesia, coram populo per vos, vel alium, seu alios moneatis et infra competentem terminum quem eis prefixeritis, ea predicte mense a se debita detentores quidem et occupatores restituant, celatores vero ac illa scientes revelent, et si id non adimpleverint in alium competentem terminum quem eis ad hoc duxeritis peremptorie prefigendum, ex tunc in eos excommunicationis sententiam proferatis, eamque faciatis ubi, quando et quoties videritis expedire usque ad satisfactionem condignam et revelationem debitam solemniter publicari. Volumus autem quod ex revelatione hujusmodi, si eam fieri contingat, non possit nisi pro civili interesse et civiliter tantum agi, alias revelatio ipsa neque in judicio, neque extra illud fidem faciat. Datum Rome, apud Sanctam Mariam Majorem, anno millesimo sexcentesimo sexagesimo tertio, idibus junii, pontificatus nostri anno nono.

137.

Sous le n° 137, le *Bullaire* porte une copie non en forme de plusieurs bulles du pape Innocent XI (1), au sujet du droit de régale. Elles ne concernent pas spécialement l'abbaye de Saint-Gilles ; il est donc inutile de les transcrire ici.

---

(1) Innocent XI, élu le 21 septembre 1676, mourut le 12 août 1689, après un règne de douze ans, dix mois et vingt-trois jours.

CLXXXVII.

BULLE DE PIE VI (1)

datée de Saint-Pierre de Rome, portant suppression de l'abbaye de Saint-Gilles, principale dignité de l'église collégiale de ce nom, au diocèse de Nîmes, et union perpétuelle de la mense abbatiale à la mense archiépiscopale d'Aix, en Provence, à charge, pour l'archevêque d'Aix, de payer pendant neuf ans, à partir du 1er janvier 1775, une pension de 5,000 livres tournois pour la construction ou la réédification d'une église paroissiale à Nîmes (2). Le roi de France aura désormais le droit de nomination pour tous les canonicats et bénéfices dépendant de l'abbaye, en compensation du droit qu'il avait de nommer à l'abbaye. L'official de l'évêque de Nîmes ou son délégué prononcera définitivement sur les oppositions à l'exécution de cette bulle.

Papiers de feu M. L. de Bérard.

12 avril 1777.

Pius, episcopus, servus servorum Dei, dilecto filio Officiali venerabilis fratris nostri episcopi Nemausensis, salutem et apostolicam benedictionem. ROMANI PONTIFICIS, quem bonorum Ecclesie dispensatorem constituit Dominus super familiam suam, sollicitudo requirit ut Presules Ecclesiarum qui jugum ejusdem Domini portantes, pro animabus cure sue commissis vires jugiter impendunt, in eorum necessitatibus opportune consulendo, de speciali prosequatur auxilio ; ideoque cum redditus mensarum presertim archiepiscopalium ad onera sustinenda impares esse prenoscit, etiam per beneficiorum ecclesiasticorum seu dignitatum uniones, adauctis commodis et utilitatibus, pastoralis officii sui partes favorabiliter interponit, prout personarum et temporum qualitatibus debita consideratione pensatis conspicit in Domino salubriter expedire.

Exhibita siquidem nobis nuper pro parte venerabilis fratris nos-

---

(1) Pie VI, élu le 15 février 1775, mourut en exil, à Valence, le 29 août 1799, régna vingt-quatre ans, six mois et quatorze jours.

(2) Cette église est celle de la paroisse Saint-Charles.

tri Joannis de Deo Raymundi de Boisgelin, moderni Archiepiscopi Aquensis, in provincia Provincie, ac ex concessione et dispensatione apostolicis perpetui Commendatarii infra scripte abbatie, petitio continebat quod cum redditus mense archiepiscopalis Aquensis in Provincia prefata, ratione illius modice dotationis ad archipresulis dignitatem debito decentique splendore sustinendam, magisque ad onera que dignitas ipsa pre se fert, ac per ipsum Johannem de Deo Raymundum, ut prefertur, modernum et pro tempore existentem Archiepiscopum Aquensem in Provincia hujusmodi de cetero jugiter subeunda minime sufficientes existant, charissimus in Christo filius noster Ludovicus, Francorum et Navarre rex christianissimus, cui hec modicitas dotationis innotuit, provide perpendens congruum esse et expediens, ut mensa Archiepiscopalis hujusmodi majoribus augeatur proventibus, hinc infra scriptis abbatie prefate suppressioni et extinctioni, sub onere tamen infra scripto consentire non dubitavit.

Si itaque, sicut eadem petitio subjungebat, abbatia Sancti Egidii nuncupata, olim regularis ordinis Sancti Benedicti, Nemausensis diocesis, nunc vero attento quod illa alias previsis in ea status et essentie regularium suppressione et extinctione, ad secularem statum apostolica auctoritate redacta fuit, illiusque ecclesia in secularem et collegiatam ecclesiam ejusdem Sancti Egidii prefati, Nemausensis diocesis, apostolica auctoritate prefata erecta extitit secularis, que in dicta, sicut prefertur, erecta collegiata ecclesia dignitas principalis extitit et ad quam, dum illa pro tempore vacat, nominatio persone idonee nobis et Romano pontifici pro tempore existenti facienda ad dictum Ludovicum regem, vigore indulti eidem Ludovico Regi in actu suppressionis et secularisationis ac erectionis prefatarum dicta apostolica auctoritate perpetuo concessi, spectat et pertinet, quamque idem Johannes de Deo Raymundus Archiepiscopus in commendam ad sui vitam ex similibus concessione et dispensatione apostolicis, ut asseritur, ad presens obtinet perpetuo, ut infra supprimeretur et extingueretur, dicteque abbatie, illiusque mense abbatialis infrascripte fructus, redditus, proventus, ac bona et jura quecunque supradicte mense archiepiscopali, in infra scriptum tamen eventum similiter, ut infra, perpetuo unirentur, aliaque infrascripta per nos et Sedem apostolicam ordinarentur et concederentur; ex hoc profecto subventionis auxilio necessitatibus ejusdem mense archiepiscopalis, ac commodo decentique statui prefati Johannis de Deo Raymundi, ut prefertur, moderni et pro tempore existentis archiepiscopi Aquensis, in Provincia, hujusmodi satis consultum foret.

Quare pro parte dicti Johannis de Deo Raymundi, archiepiscopi, nobis fuit humiliter supplicatum, quatinus exigue dotationi prefate mense archiepiscopalis in premissis opportune providere de benignitate apostolica dignaremur.

Nos igitur qui presulum ecclesiarum hujusmodi cum de illorum statu agitur consulendo, votis et petitionibus sollicite ac libenter annuimus; quique dudum inter alia voluimus quod petentes beneficia ecclesiastica aliis uniri, tenerentur exprimere verum annuum valorem, secundum communem estimationem, tam beneficii uniendi, quam illius cui uniri petitur, alioquin unio non valeret, et in unionibus semper commissio fieret ad partes, vocatis quorum interest, idemque servaretur in quibusvis suppressionibus, perpetuis dismembrationibus, concessionibus et applicationibus, etiam de quibuscunque fructibus ecclesiasticis, eumdem Johannen de Deo Raymundum archiepiscopum, specialibus favoribus et gratiis prosequentes, ipsumque a quibusvis suspensionis et interdicti, aliisque ecclesiasticis sententiis, censuris et penis, a jure vel ab homine, quavis occasione vel causa latis, si quibus quomodolibet innodatus existit, ad effectum presentium tantum consequendum, harum serie absolventes et absolutum fore consentes, necnon aliarum unionum eidem mense archiepiscopali hactenus forsan factarum, si que sint, tenores ac datas presentibus pro expressis habentes, hujusmodi supplicationibus inclinati, discretioni tue per apostolica scripta mandamus, quatenus, vocatis qui fuerint ad id evocandi, abbatiam prefatam que, ut asseritur, mensam habet separatam et distinctam a mensa capitulari dicte Collegiate Ecclesie, ac cujus fructus, redditus et proventus ad octingentes florenos auri in libris Camere apostolice taxati reperiuntur (super quibus pensio annua antiqua mille librarum turonensium dilecto filio Johanni Baptiste Antonio Bremont, presbytero Eduensis diocesis, illam annuatim percipienti, apostolica auctoritate reservata reperitur, ut pariter asseritur,) dicteque abbatie mensam abbatialem hujusmodi, necnon titulum collativum, nomen, denominationem, naturam et essentiam, ita quod illa ex nunc deinceps perpetuis futuris temporibus collativa esse desinat et de cetero uti talis in titulum collativum seu commendam, quavis auctoritate conferri aut commendari, seu de illa quovismodo disponi amplius nequeat ; etsi illam deinceps ullo unquam tempore conferri, seu impetrari, aut commendari, vel alias de illa disponi contigerit, collationes, impetrationes, commenda, alieque dispositiones de illa pro tempore quomodolibet faciende, nulle et invalide, nulliusque roboris vel momenti existant, neminique suffragentur, nec cuiquam coloratum titulum possidendi tribuant, attentis ejusdem Ludovici regis consensu prefato et precibus, auctoritate nostra perpetuo supprimas et extinguas.

Illisque sic suppressis et extinctis omnia et singula prefata abbatia, illiusque mensa abbatialis per se, ut prefertur, supprimendarum hujusmodi fructus, redditus, proventus, bona, jura, res, proprietates, obventiones et emolumenta quecunque, ex nunc prout ex tunc, et e contra, postquam tamen Metropolitanam Ecclesiam Aquensem in Provincia prefata, per ipsius Johannis de Deo Raymundi archiepiscopi cessum vel decessum pastoris solatio destitui contigerit, eidem mense archiepiscopali, ita quod liceat pro tempore existenti archiepiscopo Aquensi in Provincia prefata, statim ac dictam metropolitanam ecclesiam Aquensem in eadem Provincia, ex ipsius Johannis de Deo Raymundi archiepiscopi persona, ut prefertur, vacare contigerit, per se, vel alium, seu alios ejus ac dicte mense archiepiscopalis nomine, ejusdem abbatia, illiusque mense abbatialis per se, ut prefertur, supprimendarum et extinguendarum hujusmodi fructuum, rerum, bonorum, jurium et pertinentiarum quorumcunque veram, realem, corporalem et actualem possessionem predicta auctoritate libere apprehendere et apprehensam hujusmodi perpetuo retinere, dictaque bona, jura, res et proprietates locare, dislocare, arrendare, fructus quoque, redditus, proventus, obventiones et emolumenta prefata percipere, exigere, levare, ac supportatis tamen prius per dictum Johannem de Deo Raymundum, ut prefertur, modernum et pro tempore existentem archiepiscopum Aquensem in dicta Provincia, tam supra dicto quam infra scripto et omnibus aliis ejusdem abbatie per te, ut prefertur, supprimende et extinguende, si que sint, respective oneribus, in suos ac dicte mense archiepiscopalis respective usus et utilitatem convertere, de simili ejusdem Ludovici Regis consensu et precibus prefatis, auctoritate nostra prefata, sine alicujus prejudicio similiter perpetuo unias, annectas et incorpores ; in modum tamen, ut idem Johannes de Deo Raymundus archiepiscopus donec prefate metropolitane Ecclesie prefuerit in plena et omnimoda fruitione reddituum et bonorum quorumcunque ad abbatiam prefatam per te, ut prefertur, supprimendam et extinguendam, ac etiam, ut prefertur, uniendam quomodolibet spectantium, necnon in jure nominandi ad quecunque beneficia ecclesiastica etiam curata ab ipsa abbatia per te, ut prefertur, supprimenda et unienda dependentia, ut prius remanere debeat, perinde ac si unio per te, ut prefertur, facienda prefata minime facta fuisset, cum hoc tamen quod idem Johannes de Deo Raymundus, ut prefertur, modernus et pro tempore existens archiepiscopus Aquensis in Provincia hujusmodi, ex ejusdem abbatie per te, ut prefertur, supprimende et extinguende, ac prefate mense archiepiscopali, per te etiam ut infra uniende, annectende et incorporande fructibus, reditibus et proventibus prefatis summam annuam quinque millium librarum similium pro constructione seu reedificatione parochialis ecclesie civitatis Nemausensis, ejusdem parochialis ecclesie Rectori seu Economo pro tempore existenti, aut alteri persona ad prefatam summam exigendam legitime deputate, per novem annorum spatium tantum, a die prima mensis Januarii anni Domini millesimi septingentesimi septuagesimi quinti currere incipientium et respective inceptorum solvere et ministrare teneatur, et obligatus existat.

Necnon etiam ex nunc, prout ex tunc, et e contra, postquam tamen eamdem Metropolitanam ecclesiam Aquensem in Provincia hujusmodi, ex ipsius Johannis de Deo Raymundi archiepiscopi persona, ut prefertur, vacare contigerit, eidem Ludovico regi ejusque successoribus Francie regibus, pro indemnitate abdicati juris, ut prefertur, nominandi ad dictam abbatiam, per te, etiam ut prefertur, supprimendam et extinguendam, jus nominandi nobis et Romano Pontifici, pro tempore existenti prefato, personas idoneas ad ceteras dignitates, ac canonicatus et prebendas dicte Collegiate ecclesie, necnon ad omnia et singula perpetua simplicia, etiam personalem residentiam requirentia beneficia ecclesiastica in dicta Collegiata, vel aliis respective ecclesiis sita et a prefata abbatia per te, ut prefertur, supprimenda et extinguenda, respective dependentes et dependentia a quarum et quorum antehac dum ille et illi, necnon illa pro tempore respective vacabant, collatio, provisio et quevis alia dispositio, seu ad quas, quos et que etiam dum ille et illi, necnon illa pro tempore vacabant, nominatio, seu presentatio personarum idonearum in eis, ad nominationem seu presentationem hujusmodi per respective locorum ordinarios, aut alias respective instituendarum ad pro tempore obtinentem dictam abbatiam per te, ut prefertur, supprimendam et extinguendam, cessantibus tamen reservationibus et affectationibus apostolicis, spectabat et pertinebat quandocunque et quomodocunque illas et illos necnon illa ex personis eas et eos, necnon ea pro tempore respective obtinentium extra Romanam Curiam tantum vacare contigerit, quarum tamen et quorum respective provisionum expeditio per Datariam apostolicam, solita servata forma a pro tempore ad illas et illos ac illa respective nominatis, sub pena nullitatis respective possessionis et fructuum etiam respective perceptorum restitutionis fieri debeat, (exceptis tamen beneficiis ecclesiasticis curam animarum annexam habentibus et a prefata abbatia, per te, ut prefertur, supprimenda et extinguenda pariter dependentibus, de quibus respectivi archiepiscopi vel episcopi, in quorum respective diocesibus beneficia curam animarum hujusmodi annexam habentia prefata reperiuntur, disponere debebunt), simili auctoritate nostra itidem perpetuo reserves, concedas et assignes.

Nos enim, si suppressionem, extinctionem, unionem, annectionem, incorporationem, reservationem, concessionem et assignationem hujusmodi aliaque premissa per te earumdem presentium vigore fieri contigerit, ut prefertur, easdem presentes nullo unquam tempore, ex quocunque capite vel quacunque causa, quamtumvis juridica et legitima, pia, privilegiata ac de necessitate exprimenda de subreptionis vel obreptionis seu nullitatis vitio, vel intentionis nostre, seu quopiam alio defectu notari, impugnari, invalidari, vel alias quomodolibet infringi, retardari, annullari, seu per nos et successores nostros Romanos Pontifices pro tempore existentes prefatos ad dictam Sedem apostolicam, seu sancte Romane Ecclesie cardinales, etiam de latere legatos, vice-legatos, dicteque Sedis nuncios vel quosvis alios ; quavis auctoritate fungentes, seu quavis dignitate fulgentes revocari, suspendi, restringi, limitari ad viam et terminos juris reduci, seu adversus illas restitutionis in integrum, aut aliud quodcunque juris vel facti, justitie vel gratie, remedium impetrari, aut etiam motu proprio et ex certa scientia, deque apostolice potestatis plenitudine concedi, seu illis in aliquo derogari, aut quidquam aliud in contrarium disponi, nullatenus unquam posse, nec illas sub quibusvis similium vel dissimilium gratiarum revocationibus, suspensionibus, limitationibus, derogationibus, aut aliis contrariis dispositionibus, etiam ut prefertur, vel aliis quomodolibet etiam per Cancellarie apostolice regulas, aut constitutiones apostolicas pro tempore factis et faciendis comprehendi, sed semper ab illis excipi et quoties illa emanabunt, toties in pristinum et validissimum, ac eum in quo antea quomodolibet erant statum restitutas, repositas et plenarie reintegratas ac de novo etiam sub quacunque posteriori data per eumdem Johannem de Deo Raymundum, ut prefertur, modernum et pro tempore existentem archiepiscopum Aquensem in Provincia prefata quandocunque eligenda concessas esse et fore, suosque plenarios et integros effectus sortiri et obtinere ac ab omnibus ad quos nunc spectat, et pro tempore quomodolibet spectabit, in futurum firmiter et inviolabiliter observari; sicque et non alias per quoscunque judices ordinarios vel delegatos quavis auctoritate fungentes, etiam causarum Palatii apostolici auditores, ac ejusdem Sancte Romane Ecclesie cardinales, etiam de latere legatos, vice-legatos, dicteque Sedis nuncios prefatos judicari et definiri debere, et si secus super his a quoquam, quavis auctoritate, scienter vel ignoranter contigerit attentari, irritum et inane decernimus.

Ac preterea, tibi, cui earumdem presentium executionem, ut supra commisimus facultatem, ut tu pro executione prefata quamcunque personam in dignitate ecclesiastica constitutam subdelegare libere et licite possis.

Ac tam tibi quam dilectis etiam filiis modernis ipsius Officialitatis vicesgerenti et promotori Curie episcopalis Nemausensis etiam facultatem ut tu et ipsi ac tui et eorum cuilibet super quacunque oppositione que adversus unionem supradictam, in illius et aliorum premissorum executionis actu quomodolibet oriri poterit, servatis tamen hiis que fuerint de jure servanda, etiam definitive pronunciare etiam libere et licite possis et possint et respective possit, apostolica auctoritate prefata, ipsorum tenore presentium, respective concedimus et impertimur.

Non obstantibus priori voluntate nostra prefata, necnon Lateranensis concilii novissime celebrati unioues perpetuas, nisi in casibus a jure permissis fieri, ac beneficia ecclesiastica unius diocesis beneficiis alterius diocesis uniri prohibentis, aliisque etiam in synodalibus, provincialibus, generalibus, universalibusque conciliis editis vel edendis, specialibus vel generalibus constitutionibus et ordinationibus apostolicis, dicteque Collegiate ecclesie etiam juramento, confirmatione apostolica, vel quavis firmitate alia roboratis statutis et consuetudinibus, privilegiis quoque et indultis et litteris apostolicis, capitulo et canonicis ipsius Collegiate ecclesie in prefate illius erectionis actu, ac alias quibusvis superioribus et personis in genere vel in specie in contrarium premissorum quomodolibet forsan concessis, approbatis, confirmatis et innovatis, quibus omnibus et singulis, etiam si pro illorum sufficienti derogatione, alias de illis eorumque totis tenoribus specialis, specifica, expressa et individua ac de verbo ad verbum, non autem per clausulas generales idem importantes, mentio seu quevis alia expressio habenda, aut aliqua etiam exquisita forma ad hoc servanda foret, tenores hujusmodi ac si de verbo ad verbum, nihil penitus omisso, ac forma in illis tradita observata inserti forent, eisdem presentibus pro plene ac sufficienter expressis et insertis habentes, illis alias in suo robore permansuris, latissime et plenissime ad premissorum validissimum effectum hac vice dumtaxat specialiter et expresse, necnon opportune et valide, harum quoque serie derogamus, ceterisque contrariis quibuscunque.

Volumus autem quod taxa dicte Metropolitane Ecclesie, ratione unionis, annexionis et incorporationis prefatarum eidem mense archiepiscopali per te, ut prefertur, faciendarum ad illos octingentos florenos similes ad quos prefati fructus, redditus et proventus ejusdem abbatie per te, ut prefertur, supprimende et extinguende, in dictis libris Camere apostolice prefate taxati reperiuntur, ut prefertur, augeatur.

Per presentes autem non intendimus beneficia ecclesiastica, a prefata abbatia dependentia, eidem mense archiepiscopali in aliquo unire.

Datum Rome, apud Sanctum Petrum, anno Incarnationis Dominice millesimo septingentesimo septuagesimo septimo, pridie idus Aprilis, Pontificatus nostri anno tertio.

TABLE ANALYTIQUE DES BULLES [1]

S. Benoît II. — Une bulle.

I, p. 3. — 26 avril 685. Ce pontife prend sous la protection du Saint-Siége le monastère récemment offert par saint Gilles à l'Église Romaine. L'abbé sera élu par les moines et béni par le pape. Défense à qui que ce soit d'excommunier les moines ou d'en exiger aucun service.

Jean VIII. — Deux bulles.

II, n° *III du Bullaire*, p. 5. — 21 juillet 878. Le pape rappelle la fondation du monastère par saint Gilles et le roi Flavius, les tentatives de l'évêque de Nimes pour le soumettre à son autorité, les refus du pape saint Nicolas Ier et la décision du concile d'Arles qui a remis les choses en leur ancien état.

III, n° *IV du Bullaire*, p. 11. — 18 août 878. Au concile tenu à Troyes, Jean VIII rappelle et confirme la sentence rendue à Arles touchant l'autorité immédiate du Saint-Siége sur le monastère de Saint-Gilles et il frappe les opposants d'anathème et d'excommunication.

Marin Ier. — Une bulle.

IV, n° *V du Bullaire*, p. 17. — Ordre est donné aux moines de Saint-Gilles d'obéir à Amélius, auquel le Saint-Siége a confié l'administration de leur monastère et de l'honorer religieusement comme leur supérieur légitime.

Adrien III. — Une bulle.

V, n° *II du Bullaire*, p. 4. — 884-885. Ordre à Sigebode, archevêque de Narbonne, de défendre à Girbert, évêque de Nimes, de vexer le monastère de Saint-Gilles qui est de la dépendance directe du Saint-Siége, sous l'autorité d'Amélius.

---

(1) Nous avons dû réformer, pendant l'impression du *Bullaire*, l'ordre que nous avions d'abord donné ; le n° II que nous avons attribué à Adrien II, avec les nouveaux historiens de Languedoc, t. V, c. 1705, nous paraît devoir être restitué à Adrien III selon Ménard, Ph. Jaffé et D. Bouquet.

Étienne VI. — Deux bulles.

VI, p. 18. — 885-891. Le pape annonce à Amélius, devenu évêque d'Uzès, que Girbert, évêque de Nimes, sera excommunié, s'il ne répare les torts qu'il a faits au monastère de Saint-Gilles, et le prie d'envoyer le cens annuel dû au Saint-Siége par le monastère.

VII, p. 19. — 885-891. Ordre est donné à Girbert, évêque de Nimes, de cesser ses vexations sur le monastère de Saint-Gilles, avec menace d'excommunication, s'il persiste dans ses entreprises.

Sergius III. — Une bulle.

VIII, p. 20. — 904-911. Le pape s'étonne qu'Amélius, évêque d'Uzès, donne à l'*antipape* Formose le titre de prêtre et lui enjoint d'être plus exact à envoyer le cens annuel que doit au Saint-Siége le monastère de Saint-Gilles.

Benoît IX. — Une bulle.

IX.-138, p. 21. — 1033-1044. Fulmination de la malédiction contre ceux qui usurperaient les droits et les biens de l'église de Saint-Gilles.

Alexandre II. — Une bulle.

X, p. 24. — 1062-1066. Reproche à Frotaire, évêque de Nimes, d'avoir excommunié les moines et l'abbé de Saint-Gilles, nonobstant les ordres du Saint-Siége, avec ordre de comparaître devant la Cour apostolique, avec l'abbé Beraldus, pour terminer cette affaire. (*Inédite, n. 1.* — Biblioth. nat., lat. 11018, f. 17, b.)

S. Grégoire VII. — Deux bulles.

XI, p. 25. — 22 mars 1074. Prière et ordre à Frotaire, évêque de Nimes, de ne plus inquiéter le monastère de Saint-Gilles qui, de temps immémorial, est sous la protection du Saint-Siége.

XII, p. 26. — Vers 1077. Le Pape rassure les moines de Saint-Gilles sur leur droit d'élire l'abbé de leur monastère et leur annonce que l'abbé de Cluny n'a pour mission que de rétablir la régularité et d'élire un abbé pour le présent ; les moines trouveront toujours dans le Saint-Siége un protecteur bien disposé. (*Inédite, n. 2.* — Biblioth. nat., lat. 11018, f. 18, b.)

Urbain II. — Sept bulles.

XIII, p. 27. — 17 novembre 1091. Confirmation à l'abbé Odilon des possessions de l'abbaye et déclaration que le monastère est placé sous la protection spéciale du Saint-Siége. Les moines demanderont à l'évêque de

Nimes ce qui dépend du pouvoir épiscopal, si cet évêque est en communion avec Rome ; sinon, ils pourront s'adresser à tout autre évêque. (*Inédite*, *n. 3.* — Biblioth. nat., lat. 11018, f. 24, a.)

XIV, p. 29. — 1091. Permission est donnée aux moines de Saint-Gilles de demander l'ordination de leurs prêtres à l'évêque qu'il leur plairait, pourvu qu'il soit catholique et de bonne vie, avec recommandation de réclamer ce service de l'évêque de Nimes, le plus souvent possible. (*Inédite*, *n. 4.* — Ibid., f. 25, b.)

XV.-1, p. 30. — 18 février 1095. Le Pape annonce à tous les fidèles de Gothie, qu'au concile de Toulouse, le comte Raymond a abandonné tous ses droits sur les offrandes des autels de Saint-Gilles et a confirmé cet abandon à Saint-Gilles même, avec la confirmation des Pères du concile de Plaisance.

XVI.-3, p. 33. — 12 septembre 1095. Confirmation des priviléges de l'abbaye ; l'abbé et les moines ne pourront être excommuniés ni interdits par aucun prélat, parce qu'ils dépendent immédiatement du Saint-Siége.

XVII, p. 35. — 22 juillet 1096. Le Pape déclare que, à l'occasion de l'abandon fait par le comte Raymond de Saint-Gilles et de la consécration qu'il a faite lui-même d'un autel dans l'église du monastère, cette église ne pourra jamais être interdite par sentence d'évêque ou d'archevêque.

XVIII, p. 36. — Vers 1098. Le Pape annonce aux moines de Saint-Gilles que l'archevêque de Lyon est chargé de ménager un accord entre eux et le monastère de Cluny et leur confirme la jouissance de tous leurs priviléges. (*Inédite*, *n. 5.* — Biblioth. nat., lat. 11018, f. 30, a.)

XIX, p. 37. — 4 avril 1099. Reproche est fait à l'évêque de Nimes d'avoir lancé l'interdit contre le monastère de Saint-Gilles, avec ordre de se présenter à Rome pour satisfaire et obtenir son pardon. (*Inédite*, *n. 6.* — Ibid., f. 26, b.)

Pascal II. — Seize bulles.

XX, p. 38. — 15 avril 1105. Menace d'excommunication contre le comte Bertrand et ses chevaliers qui, malgré les promesses faites, tentent de s'emparer des offrandes des autels de l'abbaye.

XXI, p. 39. — 31 octobre 1105. Pascal II engage les moines et les fidèles de Saint-Gilles à vivre en paix avec leur abbé et leur défend de rien distraire, malgré l'abbé, des oblations de l'autel du monastère.

XXII, p. 40. — 14 novembre 1105. Bertrand, comte de Toulouse, oublieux de l'abandon consenti par son père et de l'excommunication portée par le concile de Nimes, a envahi le bourg de Saint-Gilles, fortifié l'église et mis aux enchères les offrandes de l'autel. Le Pape avertit le comte de renoncer à ses entreprises criminelles, sinon le voyage en Terre-Sainte ne le préservera pas des effets de l'excommunication.

XXIII.-4, p. 41. — 2 novembre 1106. L'abbaye de Semichen, de Hongrie, fondée par le roi Ladislas, est soumise à celle de Saint-Gilles.

XXIV, p. 42. — 4 février 1107. Reproche à Guillem et Émenon de Sabran et autres de s'être associés aux entreprises criminelles du comte Bertrand, avec menace d'excommunication, s'ils ne cessent pas.

XXV, p. 44. — 4 février 1107. Pascal II rappelle aux évêques de Narbonne, d'Uzès et de Nimes les nouvelles tentatives du comte Bertrand sur l'abbaye de Saint-Gilles, l'expulsion des moines, la construction de nouvelles fortifications; il leur ordonne de déclarer excommuniés lui et ses complices, si, avant le Carême, ils n'ont pas donné au monastère toutes les satisfactions désirables.

XXVI, p. 45. — 6 et 8 février 1107. Deux bulles semblables aux précédentes, l'une adressée aux archevêques d'Arles et d'Avignon et à leurs comprovinciaux, l'autre à divers seigneurs des environs, les priant de forcer Bertrand à satisfaire à l'abbaye.

XXVII, p. 46. — 14 mars 1107. Défense aux moines et aux bourgeois de Saint-Gilles d'avoir aucun rapport avec le comte Bertrand qui a été excommunié pour s'être emparé des offrandes de l'autel du monastère.

XXVIII, p. 46. — 25 juillet 1107. Le pape annonce aux moines de Saint-Gilles qu'après être longtemps resté sous l'excommunication pour ses entreprises contre leur monastère, le comte Bertrand est venu à résipiscence et a promis de respecter les clauses de la charte de son père, le comte Raymond de Saint-Gilles.

XXIX, p. 47. — 15 décembre vers 1107. L'abbé et les religieux de Saint-Gilles s'étant plaints des entreprises des évêques des deux rives du Rhône, le pape écrit à ces prélats que, le monastère étant de sa dépendance directe, c'est au Saint-Siége à décider de la justice de leurs prétentions. (*Inédite*, n. 7. — Biblioth. nat., lat. 11018, f. 40, b.)

XXX, p. 48. — 14 mai 1108. Prière aux évêques de Valence et de Viviers d'aider le Saint-Siége à réduire le comte Bertrand qui, après avoir été relevé de l'excommunication, est revenu à ses errements.

XXXI, p. 49. — 14 mai 1108. Reproche est fait aux évêques de Fréjus et d'Apt de s'être associés au comte Bertrand pour assiéger le monastère de Saint-Gilles, les menaçant de les déposer s'ils n'abandonnent cette entreprise si contraire à leur caractère sacré.

XXXII, p. 50. — 14 mai 1108. Pascal II annonce aux moines et aux bourgeois de Saint-Gilles qu'il a appris tous les maux que leur fait subir le comte Bertrand et les assure de sa sympathie et de son désir de leur ménager un peu de tranquillité. *(Inédite, n. 8.* — Biblioth. nat., lat. 11018, f. 39, b.)

XXXIII, p. 51. — 14 mai 1108. Prière aux évêques de Valence, de Nimes et d'Uzès de faire cesser, par la menace de l'excommunication, les nouvelles usurpations du comte Bertrand. *(Inédite, n. 9.* —Ibid., f. 40, a.)

XXXIV, p. 51. — Vers 1117. Prière à l'archevêque de Narbonne et à ses suffragants de signifier une sentence d'interdit, à Bertrand, vicomte de Béziers, qui avait élevé un château contre le monastère de Saint-Gilles, en avait expulsé l'abbé et ne s'était pas soumis après une triple monition. *(Inédite, n. 10.* — Ibid.; f. 41, a.)

Gélase II. — Une bulle.

XXXV, p. 52. — 21 décembre 1118. Confirmation de l'établissement fait par Urbain II, autour de la ville de Saint-Gilles, de limites déclarées inviolables et dans l'étendue desquelles nul ne peut commettre de violences, sous peine d'excommunication. *(Inédite, n. 11.* — Biblioth. nat., lat. 11018, f. 42, a.)

Calixte II. — Quatorze bulles.

XXXVI.-5, p. 53. — 28 juin 1119. Défense d'aliéner ou d'engager le trésor et les biens de l'abbaye, autrement que pour la rédemption des captifs, ou en temps de famine, ou pour racheter les autres biens aliénés de l'abbaye, et même, dans ces cas, on ne doit le faire que du consentement de tout le chapitre du monastère.

XXXVII.-5 a, p. 55. — 28 juin 1119. Confirmation des priviléges précédemment accordés, avec énumération des possessions de l'abbaye; le pape rappelle l'abandon du comte Raymond de tous ses droits sur Saint-Gilles.

XXXVIII, p. 58. — 28 juin 1119. Recommandation à divers prélats de veiller à ce que l'on respecte les limites inviolables autour de la ville de Saint-Gilles, fixées et confirmées par les papes Urbain et Gélase.

XXXIX, p. 58. — 3 février 1120. Calixte invite l'archevêque d'Arles d'avertir plusieurs seigneurs du pays qui ont violé les limites établies par le Saint-Siége autour de Saint-Gilles, qu'ils seront excommuniés, s'ils ne donnent satisfaction avant la mi-carême.

XL, p. 59. — 21 juillet 1121. Ordre à divers prélats d'amener, par la menace d'excommunication, les envahisseurs du territoire de Saint-Gilles, à se repentir de leur criminelle entreprise.

XLI, p. 60. — 22 juin 1121. Ordre à Alphonse, comte de Toulouse, sous peine d'excommunication, de cesser l'usurpation du bourg et de l'église de Saint-Gilles, de réparer les violences qu'il y a commises et de détruire le château qu'il y a construit.

XLII, p. 61. — 22 juin 1121. Menace d'excommunication à divers seigneurs, fauteurs des attaques du comte Alphonse, si, dans les quarante jours, ils n'ont amené le comte à résipiscence.

XLIII.-6, p. 62. — 22 juin 1119-1124. Les bourgeois de Saint-Gilles sont déliés du serment de fidélité que leur a extorqué le comte Alphonse, avec ordre d'observer celui qu'ils ont autrefois prêté à l'abbaye.

XLIV, p. 63. — 22 juin 1121. Ordre aux évêques d'Uzès, de Toulouse et de Nimes de déclarer excommunié le comte Alphonse, si, dans les quarante jours, il n'a pas cessé ses violences contre l'abbaye de Saint-Gilles.

XLV, p. 64. — 4 octobre 1121. Ordre à divers prélats d'avertir le comte Alphonse d'avoir, sous peine d'excommunication et d'interdit, à délier Hugues, abbé de Saint-Gilles, du serment qu'il avait exigé de lui de ne plus rentrer dans son monastère.

XLVI, p. 65. — 22 avril 1122. Ordre à l'évêque de Maguelone et à divers seigneurs de soutenir l'abbé et les moines de Saint-Gilles contre le comte de Toulouse et ses fauteurs qui ont été excommuniés.

XLVII, p. 66. — 22 avril 1122. Le pape annonce à divers prélats qu'il a excommunié le comte Alphonse et ses complices et les invite, à raison de leur intimité avec le comte, d'exhorter ce prince à réparer ses torts envers le monastère de Saint-Gilles.

XLVIII, p. 67. — 22 avril 1122. L'abbé et les moines de Saint-Gilles sont avertis que le Souverain-Pontife vient d'excommunier le comte Alphonse pour les maux que ce prince leur a fait souffrir, avec promesse de toute la protection du pape qui les engage à espérer et à reprendre courage.

XLIX, p. 68. — 22 avril 1122. L'archevêque d'Arles, le comte de Barcelonne et Gauffred Porcellet sont informés de la sentence d'excommunication lancée contre le comte de Toulouse, à la suite de ses violences contre le monastère de Saint-Gilles, avec prière de secourir l'abbé et les moines.

Honorius II. — Deux bulles.

L, p. 69. — 2 avril 1125. Le pape annonce aux moines de Cluny qu'il a restitué à leur abbé Pierre, pour les réformer, les abbayes de Saint-Gilles, de Saint-Cortin et de Saint-Benoît sur le Pô.

LI, p. 70. — Vers 1125. Ordre à Pierre, abbé de Saint-Gilles, d'être plus exact à observer la fidélité qu'il doit à l'abbé de Cluny.

Innocent II. — Deux bulles.

LII.-7, p. 71. — 11 novembre 1132. Règlement des droits de l'abbé de Cluny sur l'abbaye de Saint-Gilles. Les moines peuvent choisir l'un d'eux pour abbé ; mais s'ils choisissent en dehors du monastère, ils ne peuvent élire qu'un moine de Cluny.

LIII.-7 a, p. 73. — 14 mars 1133. Renouvellement de tous les priviléges de l'abbaye, avec énumération de ses dépendances. *(Inédite, n. 12).*

Célestin II. — Une bulle.

LIV, p. 75. — 10 décembre 1143. Ordre à Pierre, abbé de Saint-Gilles, de poser au nom du pape, la première pierre de la chapelle que Guillaume, seigneur de Montpellier, fait construire dans son nouveau château de cette ville.

Adrien IV. — Trois bulles.

LV.-8, p. 76. — 26 mai 1155-1159. L'évêque de Nimes et l'abbé de Saint-Gilles sont délégués pour régler le différend qui existait entre Cluny et l'archevêque d'Arles au sujet de l'abbaye de Saint-Gervais-de-Fos. *(Inédite, n. 13).*

LVI.-9, p. 77. — 13 décembre 1154-1159. Déclaration que le monastère de Saint-Gilles est exempt de la juridiction des légats du Saint-Siége, à moins qu'ils ne soient *a latere* ; usage de la mitre concédé à l'abbé (*Inédite, n. 14*).

LVII.-10, p. 78. — 12 décembre 1154-1159. Quarante jours d'indulgences sont accordés aux fidèles qui visitent l'église de Saint-Gilles (*Inédite, n. 15*).

Alexandre III. — Quatorze bulles.

LVIII.-11, p. 79. — 10 mars 1169 ? Confirmation de tous les priviléges de l'abbaye de Saint-Gilles et déclaration que personne n'aura juridiction sur le monastère, excepté les légats ou ceux qui en auraient reçu un ordre exprès du pape, avec permission de célébrer l'office divin dans toutes les églises de la ville, si les États du comte de Toulouse venaient à tomber sous l'interdit. (*Inédite, n. 16*).

LIX.-12, p. 81. — 11 avril 1170. Défense aux moines de Saint-Gilles de desservir des églises autres que celles de la dépendance du monastère, dont l'abbé leur aurait commis le soin. (*Inédite, n. 17*).

LX.-13, p. 82. — 6 août 1170. L'abbé Raymond est dispensé de faire tous les ans le voyage de Rome comme il l'avait promis lors de sa consécration. (*Inédite, n. 18*).

LXI.-14, p. 82. — 25 janvier 1170-1181. Défense d'aliéner aucune possession du monastère de Saint-Gilles en faveur d'autres monastères et annulation de toutes les unions ou aliénations déjà faites. (*Inédite, n. 19*).

LXII.-15, p. 83. — 13 mai 1161-1175. L'abbaye de la Trinité-du-Tor, nouvellement établie en Camargue est soumise à l'abbaye de Saint-Gilles. (*Inédite, n. 20*).

LXIII.-16, p. 85. — 13 mai 1175. L'abbé et les moines de Saint-Gilles sont chargés de réformer et de gouverner l'abbaye de Saint-Gervais-de-Fos, au diocèse d'Arles. (*Inédite, n. 21*).

LXIV.-17, p. 86. — 16 juin 1160-1181. Aux archevêques de Narbonne d'Arles et d'Embrun et à leurs suffragants, contre le comte de Toulouse qui voulait, au préjudice de l'abbé, connaître de toutes les affaires qu survenaient dans Saint-Gilles. (*Inédite, n. 22*).

LXV.-18, p. 87. — 21 juin 1176. A l'abbé et aux moines de Saint-Gilles, pour établir un abbé de leur congrégation dans le monastère de la Trinité-du-Tor, en Camargue. (*Inédite, n. 23*).

LXVI.-19, p. 88. — 20 décembre 1159-1181. Ordre aux moines de Saint-Gervais-de-Fos d'envoyer celui qu'ils auront élu pour abbé se soumettre à l'obéissance de l'abbé de Saint-Gilles, comme à son chef. (*Inédite, n 24*).

LXVII.-20, p. 89. — 4 janvier 1160-1181. Privilége de porter la mitre accordé à l'abbé de Saint-Gilles. (*Inédite, n. 25*).

LXVIII.-23, p. 90. — 9 juin 1179. Cassation de toutes les aliénations faites par l'abbé Raimond. (*Inédite, n. 26*).

LXIX.-22, p. 91. — 12 juin 1179. Confirmation de l'élection qu'ont faite les religieux de Saint-Gervais du doyen de Saint-Gilles pour leur abbé, avec ordre de le présenter à l'archevêque d'Arles pour le faire bénir, sans préjudice pour l'avenir. (*Inédite, n. 27*).

LXX.-24, p. 92. — 16 juin 1179. Cassation de plusieurs donations faites par l'abbé Raimond en faveur d'un bourgeois, au préjudice du monastère. (*Inédite, n. 28*).

LXXI.-25, p. 93. — 4 juillet 1179. Confirmation des priviléges et acquisitions de l'abbaye, avec exemption de toute autorité épiscopale et juridiction sur les églises de la ville et sur tous les clercs et laïques. (*Inédite, n. 29*).

Luce III. — Une bulle.

LXXII.-26, p. 95. — 4 février 1183. Défense aux moines de Saint-Gilles d'appeler de leur abbé au pape, quand il s'agira de la discipline régulière. (*Inédite, n. 30*).

Célestin III. — Une bulle.

LXXIII.-27, p. 96. — 1er mars 1196. Ordre au comte de Toulouse de démolir le château qu'il a fait construire à Saint-Gilles et de réparer les torts qu'il a causés à l'abbaye.

Innocent III. — Dix bulles.

LXXIV.-28, p. 99. — 22 avril 1198. Permission au légat d'absoudre le comte de Toulouse, s'il veut satisfaire pour tous ses excès contre l'Église. (*Inédite, n. 31*).

LXXV.-29, p. 100. — 13 juillet 1199. — Ordre à l'archevêque d'Arles et au légat de lancer une nouvelle excommunication contre le comte de Toulouse, s'il n'obéit à l'ordre de Célestin III de démolir le fort de *Mirapetra*. L'archevêque devra tenir la main à ce que cette démolition ait réellement lieu. (*Inédite, n. 32*).

LXXVI, p. 101. — 25 septembre 1206. Ordre aux légats de faire une enquête à l'occasion d'une accusation lancée contre l'abbé de Saint-Gilles par les moines de l'abbaye et de les punir s'ils ont calomnié leur supérieur. *(Inédite, n. 33. —* Biblioth. nat., *Coll. de Lang.,* V, 41, f. 103, b.)

LXXVII.-30, p. 102. — 31 octobre 1208. Au sujet du territoire *de Beriaco. (Inédite, n. 34.)*

LXXVIII.-31, p. 103. — 31 octobre 1208. Défense de bâtir aucun oratoire dans l'enceinte des paroisses qui dépendent du monastère de Saint-Gilles, sans le consentement de l'abbé et des moines. *(Inédite, n. 35).*

LXXIX.-32, p. 103. — 1er novembre 1208. Usage de la mitre accordé perpétuité aux abbés de Saint-Gilles. *(Inédite, n. 36).*

LXXX.-33, p. 104. — 12 novembre 1208. Confirmation à l'abbé de Saint-Gilles de tous les droits, priviléges et possessions du monastère, avec énumération de toutes les églises qui en dépendent.

LXXXI.-34, p. 112. — 18 avril 1212. Contre les chevaliers de Saint-Jean-de-Jérusalem qui refusaient de payer, au monastère de Saint-Gilles, la portion canonique des legs qu'on leur faisait et qui donnaient la sépulture aux paroissiens de l'abbaye. *(Inédite, n. 37).*

LXXXII.-35, p. 113. — 20 avril 1212. Contre le comte de Toulouse coupable d'avoir fait démolir des bâtiments appartenant au monastère de Saint-Gilles. *(Inédite, n. 38).*

LXXXIII.-36, p. 114. — 14 mai 1216. Approbation d'une sentence d'excommunication portée contre le feu comte Raymond qui s'était emparé de la ville de Saint-Gilles appartenant au monastère.

Honoré III. — Trois bulles.

LXXXIV.-37, p. 115. — 21 décembre 1216. Approbation de la sentence approuvée par Innocent III. *(Inédite, n. 39).*

LXXXV.-38, p. 115. — 11 juin 1218. Défense à l'abbé de Saint-Gilles de rien entreprendre contre les prieurs ou moines de son monastère qui puisse empêcher ou retarder l'enquête ordonnée contre lui. *(Inédite, n. 40).*

LXXXVI.-39, p. 116. — 31 mars 1223. Confirmation de l'union faite par le légat du Saint-Siége de l'église de Saint-Félix-d'Espeiran à la mense abbatiale de Saint-Gilles. *(Inédite, n. 41).*

Grégoire IX. — Quatre bulles.

LXXXVII.-40, p. 117. — 16 mai 1233. Défense de bâtir oratoire ou cimetière dans l'enceinte des paroisses dépendantes de l'abbé ou du monastère de Saint-Gilles, sans leur permission. *(Inédite, n. 42).*

LXXXVIII.-41, p. 118. — 17 mai 1233. — Confirmation de l'ancien privilége des abbés de Saint-Gilles de porter l'anneau pastoral avec la mitre. *(Inédite, n. 43).*

LXXXIX.-42, p. 119. — 15 octobre 1233. Le Pape confie à l'archevêque d'Avignon l'examen du procès entre l'archevêque d'Arles et l'abbé de Saint-Gilles, au sujet de l'abbaye de Fos. *(Inédite, n. 44).*

XC.-43, p. 120. — 9 décembre 1240. Le maître et les frères de la léproserie de Saint-Gilles sont mis sous la protection du Saint-Siége et déclarés exempts de la dîme. *(Inédite, n. 45).*

Innocent IV. — Dix bulles.

XCI.-44, p. 121. — 27 avril 1245. Confirmation de tous les biens du monastère de Saint-Gilles qui sont mis sous la protection du Saint-Siége. *(Inédite, n. 46).*

XCII.-45, p. 122. — 20 juin 1245. Indulgence de quarante jours aux pieux visiteurs de l'église de Saint-Gilles, le jour de la fête du Saint. *(Inédite, n. 47).*

XCIII.-46, p. 123. — 29 mars 1246. Permission à l'abbé de Saint-Gilles de réconcilier l'église du monastère quand elle sera violée ou profanée, pourvu que cette cérémonie soit faite avec de l'eau bénite par un évêque. *(Inédite, n. 48).*

XCIV.-46 b, p. 124. — 19 octobre 1246. Concession à l'abbé de Saint-Gilles des ornements pontificaux, hors de la présence des évêques ou des légats du Saint-Siége. *(Inédite, n. 49).*

XCV.-47, p. 125. — 2 août 1250. Vicairie perpétuelle de Saint-Gilles-le-Vieux confirmée au diacre Pons Robert. *(Inédite, n. 50).*

XCVI.-48, p. 126. — 20 novembre 1251. L'abbé et les moines de Saint-Gilles ne pourront être contraints d'admettre qui que ce soit à aucune pension ou à aucun bénéfice ecclésiastique, en vertu de lettres impétrées du Saint-Siége, à moins qu'il n'y soit fait dérogation expresse au présent privilége. *(Inédite, n. 51).*

XCVII.-49, p. 127. — 13 juin 1253. L'abbé de Saint-Gilles pourra dispenser ses religieux de plusieurs statuts, pourvu que cette dispense n'aille pas directement contre la règle. Même permission est accordée au prieur du monastère, en faveur de l'abbé, si cela est nécessaire. (*Inédite, n. 52.*)

XCVIII.-50, p. 129. — 22 juin 1253. Défense à l'évêque de Nimes d'introduire les statuts de réformation générale de Grégoire IX dans les monastères de Saint-Gilles, de Psalmodi et de Cendras.

XCIX.-51, p. 130. — 20 août 1253. L'abbé et les religieux de Saint-Gilles ne seront forcés d'admettre à un bénéfice ou à une pension, en vertu de lettres impétrées du Saint-Siège, que ceux dont les lettres feront mention expresse du présent privilége. (*Inédite, n. 53.*)

C.-52, p. 131. — 20 août 1253. L'abbé d'Aniane est chargé de faire respecter le privilége accordé à l'abbé de Saint-Gilles par la bulle précédente. (*Inédite, n. 54.*)

Alexandre IV. — Deux bulles.

CI.-53, p. 132. — 20 octobre 1257. Ordre à l'archidiacre de Posquières d'excommunier de nouveau, nonobstant l'absolution déjà reçue, ceux qui, pendant la nuit, sont entrés dans l'église du monastère de Saint-Gilles, après en avoir enfoncé les portes (*Inédite, n. 55.*)

CII.-54, p. 134. — 20 octobre 1257. Ordre au même d'empêcher qu'un chanoine d'Aix qui avait obtenu des lettres du Saint-Siége pour connaître de la susdite affaire, ne passe outre dans sa commission. (*Inédite, n. 56.*)

Clément IV. — Quarante-huit bulles.

CIII.-55, p. 135. — 21 novembre 1265. Indulgence de cent jours accordés aux fidèles qui feront une offrande pour la construction et l'achèvement de l'église de Saint-Gilles. (*Inédite, n. 57.*)

CIV.-56, p. 136. — 30 novembre 1265. Indulgences accordées aux fidèles qui visitent l'église de Saint-Gilles, à certains jours désignés dans l'acte de concession. (*Inédite, n. 58.*)

CV.-57, p. 137. — 19 décembre 1265. L'évêque de Maguelone est chargé de conférer l'abbaye de Saint-Gilles à Bérenger Barnier de Sauve. (*Inédite, n. 59.*)

CVI.-58, p. 140. — 19 décembre 1265. Les moines de Saint-Gilles sont avertis de la nomination de Bérenger Barnier de Sauve. (*Inédite n. 60.*)

CVII.-59, p. 141 — 5 janvier 1266. Permission à l'abbé de réconcilier toutes les églises du territoire de Saint-Gilles qui auront été profanées, pourvu qu'elles n'aient pas été consacrées et qu'on se serve, pour la cérémonie, d'une eau bénite par un évêque.

CVIII.-60, p. 142. — 18 janvier 1266. Permission à l'abbé et aux religieux de Saint-Gilles de réunir à leur monastère les églises qui en dépendent et qui sont possédées par des clercs séculiers, pourvu qu'elles n'aient pas eu deux possesseurs séculiers consécutifs. (*Inédite, n. 61.*)

CIX.-61, p. 144. — 18 janvier 1266. L'abbé de Saint-Gilles pourra construire une chapelle dans les maisons qu'il a au terroir de Bions et y faire célébrer l'office divin, sauf le droit du curé du lieu pour les oblations. (*Inédite, n. 62.*)

CX.-62, p. 145 — 4 février 1266. Envoi d'un sceau d'argent pour l'usage du monastère.

CXI.-63, p. 147 — 5 février 1266. L'abbé de Saint-Gilles reçoit le pouvoir d'absoudre de l'excommunication les clercs et les laïques de sa juridiction.

CXII, p. 148. — 1266. Ordre à l'abbé de Saint-Gilles de s'occuper de la réforme de son monastère.

CXIII.-64, p. 150. — 22 juin 1266. Confirmation de l'union faite par un légat du Saint-Siége de l'église de Saint-Félix-d'Espeiran, à la messe de l'abbé. (*Inédite, n. 63.*)

CXIV.-65, p. 151. — 27 juin 1266. Les biens et les personnes de l'abbaye de Saint-Gilles sont mis sous la protection du Saint-Siége. (*Inédite, n. 64.*)

CXV.-66, p. 152. — 28 juin 1266. Confirmation de tous les priviléges du monastère de Saint-Gilles. (*Inédite, n. 65.*)

CXVI.-67, p. 153. — 28 juin 1266. Permission à l'abbé de Saint-Gilles de punir les religieux de son monastère, nonobstant appel. (*Inédite, n. 66.*)

CXVII.-68, p. 154. — 29 juin 1266. Confirmation du privilége de l'anneau pour l'abbé de Saint-Gilles. (*Inédite, n. 67.*)

CXVIII.-69, p. 155. — 29 juin 1266. Confirmation à l'abbé et au monastère de Saint-Gilles de la faculté de percevoir la dîme du territoire des Iscles acheté par les Hospitaliers de Saint-Jean-de-Jérusalem. (*Inédite, n. 68*).

CXIX.-70, p. 156. — 30 juin 1266. Défense à l'abbé et aux moines de Saint-Gilles de rien aliéner sans l'approbation du Chapitre. Nullité de toutes les aliénations faites contre les priviléges du monastère. (*Inédite, n. 69.*)

CXX.71, p. 157. — 30 juin 1266. Confirmation d'une sentence des légats du Saint-Siége au sujet de la possession de la ville de Saint-Gilles qui appartient à l'abbé et au monastère. (*Inédite, n. 70*)

CXXI.-73, p. 158. — 3 juillet 1266. Le prieur de Lunel-Viel est chargé de mettre l'abbé et le monastère de Saint-Gilles en possession de l'abbaye de Saint-Gervais-de-Fos. (*Inédite, n. 71.*)

CXXII.-74, p. 159. — 5 juillet 1266. Renouvellement des priviléges accordés à l'abbaye par Urbain II et Calixte II. (*Inédite, n. 72.*)

CXXIII.-75, p. 160. — *Vidimus* de la bulle précédente. (*Inédite, n. 73.*)

CXXIV.-76, p. 162. — 11 juillet 1266. Ceux qui seront nommés aux bénéfices de la dépendance de l'abbaye de Saint-Gilles seront dispensés de se présenter aux évêques diocésains pour faire insinuer leurs provisions. (*Inédite, n. 74.*)

CXXV.-77, p. 163. — 13 juillet 1266. Confirmation de la juridiction que l'abbé de Saint-Gilles a toujours eue sur les clercs de la ville, avec extension sur les clercs du faubourg et du territoire. (*Inédite, n. 75.*)

CXXVI.-78, p. 164. — 14 juillet 1266. L'abbé de Saint-Gilles est autorisé à donner la bénédiction au peuple, à la manière des évêques, dans la ville, les faubourgs et le territoire de Saint-Gilles, pourvu qu'il n'y ait aucun légat du Saint-Siége, ni évêque présent.

CXXVII.-79, p. 165. — 14 juillet 1266. En temps d'interdit, l'abbé, les prieurs et les moines de Saint-Gilles ou de la dépendance du monastère pourront célébrer l'office divin, à condition de fermer les portes de l'église et de ne pas sonner les cloches. (*Inédite, n 76.*)

CXXVIII.-80, p. 166. — 14 juillet 1266. Chaque fois qu'il prêchera, l'abbé de Saint-Gilles pourra accorder au peuple quarante jours d'indulgence.

CXXIX.-81, p. 166. — 14 juillet 1266. L'abbé et le monastère de Saint-

Gilles sont exempts de toute juridiction épiscopale ; aucun évêque ne peut excommunier ni l'abbé, ni le monastère, ni la ville. (*Inédite, n. 77.*)

CXXX.-82, p. 167 — 14 juillet 1266. L'abbé de Saint-Gilles pourra conférer, dans son église, les quatre ordres mineurs aux moines de sa dépendance.

CXXXI.-83, p. 168. — 15 juillet 1266. Le pape exhorte tous ceux qui jouissent des dépendances du monastère de Saint-Gilles à contribuer aux dépenses que l'abbé est obligé de faire pour recouvrer l'abbaye de Saint-Gervais-de-Fos, ainsi que la ville et le château de Villefort. (*Inédite, n. 78.*)

CXXXII.-84, p. 169. — 15 juillet 1266. L'abbé de Saint-Gilles pourra absoudre de l'excommunication les moines qui auront battu des clercs séculiers, s'ils offrent une satisfaction convenable.

CXXXIII.-85, p. 170. — 15 juillet 1266. Même pouvoir en faveur des clercs qui auraient battu d'autres clercs ou des religieux. (*Inédite, n. 79*).

CXXXIV.-86, p. 171. — 18 juillet 1266. Prière au roi saint Louis de confirmer les priviléges et les franchises accordées à l'abbaye par les rois de France.

CXXXV.-87, p. 172. — 19 juillet 1266. Ordre à l'évêque de Poitiers de faire une enquête sur la conduite du prieur de Saint-Gilles *super viam*, de l'expulser si les faits sont prouvés et de provoquer la nomination d'un autre titulaire. (*Inédite, n. 80.*)

CXXXVI.-89, p. 174. — 22 juillet 1266. Défense de construire ni oratoire ni cimetière dans l'enceinte des paroisses dépendant du monastère de Saint-Gilles, sans la permission de l'abbé ou des moines du lieu. (*Inédite, n. 81.*)

CXXXVII.-90, p. 175. — 23 juillet 1266. Confirmation de tous les priviléges accordés au monastère de Saint-Gilles par les papes, les princes et les autres fidèles ; le monastère est exempt de toute juridiction épiscopale ; l'abbé a juridiction sur toutes les églises de la ville et sur tous les clercs et laïques dudit lieu. (*Inédite, n. 82.*)

CXXXVIII.-90 a, p. 178. — 23 juillet 1266. Confirmation de tous les priviléges du monastère de Saint-Gilles ; exemption de toute juridiction épiscopale ; énumération et confirmation des possessions. (*Inédite, n. 83.*)

CXXXIX.-91, p. 180. — 25 juillet 1266. Permission à l'abbé de Saint-Gilles d'inféoder les terres du monastère, malgré la défense faite du temps des comtes de Toulouse. (*Inédite, n. 84.*)

CXL.-92, p. 181. — 26 juillet 1266. Permission à l'abbé de Saint-Gilles d'assister en personne ou par procureur aux conciles provinciaux et aux synodes diocésains.

CXLI, p. 182. — 28 juillet 1266. Approbation d'une décision dans une affaire contentieuse rendue par Guillaume du Port en faveur de l'abbaye.

CXLII.-93, p. 182. — 10 juin 1267. Défense à l'abbé et aux moines de Saint-Gilles, sous peine d'excommunication réservée au Saint-Siège, d'aliéner les ornements et les vases sacrés dont le pape a fait présent au monastère.

CXLIII.-94, p. 183. — 21 septembre 1267. L'abbé de Saint-Gilles aura toute juridiction sur les prêtres séculiers et juridiction pour les matières civiles qui ne regardent point la discipline régulière sur les réguliers dudit lieu.

CXLIV.-95 a, p. 185 — 7 novembre 1267. Le pape annonce l'envoi du bras de saint Georges et de deux flambeaux ; il est défendu de les aliéner, sous peine d'anathème.

CXLV.-95 b, p. 186. — 22 janvier 1268. Le pape envoie soixante-dix livres tournois à employer pour le monastère ; il demande des nouvelles des reliques envoyées à Saint-Gilles par l'intermédiaire du seigneur d'Uzès.

CXLVI, p. 187. — 30 janvier 1268. — Prière à l'abbé de Saint-Gilles de fournir aux frais d'études du fils de Guillaume de Montpézat.

CXLVII, p. 187. — 5 octobre 1268. Le pape remercie le roi de France de ce qu'il a fait en faveur du monastère de Saint-Gilles.

Innocent V. — Une bulle.

CXLVIII.-96, p. 188. — 28 mars 1276. Ordre à l'archidiacre d'Uzès d'avertir ceux qui détiennent la dîme, les censes, les biens et autres droits du monastère de Saint-Gilles, de les restituer sous peine d'excommunication.

Martin IV. — Une bulle.

CXLIX.-97, p. 189. — 12 janvier 1282. Contre des particuliers qui avaient emprisonné un moine de Saint-Gilles et contre les habitants de Bellegarde qui détenaient les biens du monastère. *(Inédite, n. 85.)*

Honorius IV. — Une bulle.

CL.-98, p. 191. — 23 octobre 1286. Confirmation des privilèges accordés à l'abbaye de Saint-Gilles par les papes, les rois, les princes et les autres fidèles.

Nicolas IV. — Deux bulles.

CLI.-100 et 101, p. 192. — 15 mai 1291. Deux bulles presque identiques par lesquelles le Pape suspend une autre bulle qu'il avait donnée auparavant en faveur des Templiers et des Chevaliers de Saint-Jean-de-Jérusalem, pour révoquer les priviléges accordés par Clément IV à l'abbé de Saint-Gilles, au sujet de la juridiction sur les religieux. *(Inédites, n. 86.)*

Boniface VIII. — Quatre bulles.

CLII.-102, p. 197. — 18 mars 1298. Confirmation à l'abbé et au monastère de Saint-Gilles des franchises et priviléges accordés par les papes, les rois, les princes et les autres fidèles. *(Inédite, n. 87.)*

CLIII.-103, p. 198. — 5 novembre 1298. Contre l'évêque de Nîmes qui, malgré les priviléges accordés au monastère, voulait interdire à l'abbé l'usage des ornements pontificaux.

CLIV.-105, p. 200. — 15 novembre 1301. Provision de l'abbaye de Saint-Gilles en faveur de Hugues de Folhaquier. *(Inédite, n. 88.)*

CLV.-106, p. 203. — 15 novembre 1301. Le pape annonce aux moines la nomination précédente. *(Inédite, n. 89.)*

Clément V. — Une bulle.

CLVI.-107, p. 204. — 19 janvier 1310. Contre l'évêque d'Apt qui troublait l'abbé de Saint-Eusèbe dans l'administration de son monastère. *(Inédite, n. 90.)*

Jean XXII. — Quatre bulles.

CLVII.-109, p. 205. — 20 juin 1326. Contre deux laïques qui portaient préjudice au temporel du monastère de Saint-Gilles. *(Inédite, n. 91.)*

CLVIII.-110, p. 206. — 24 avril 1329. Provision de l'abbaye de Saint-Eusèbe, sauf le droit du monastère de Saint-Gilles. *(Inédite, n. 92.)*

CLIX.-111, p. 208. — 29 mai 1332. Provision de l'abbaye de Saint-Gilles en faveur de Girbert. *(Inédite, n. 93.)*

CLX.-112 a, p. 210. — 15 décembre 1333. Contre ceux qui détenaient les censes, les dîmes et les autres droits du monastère de Saint-Gilles. (*Inédite, n. 94.*)

Benoît XII. — Une bulle.

CLXI.-112 b, p. 211. — 27 avril 1339. Provision du prieuré claustral de Saint-Gilles. (*Inédite, n. 95.*)

Clément VI. — Trois bulles.

CLXII.-113, p. 214. — 24 septembre 1343. L'abbé de Saint-Gilles aura le pouvoir d'absoudre les moines de sa dépendance des mêmes censures dont l'évêque peut absoudre dans son diocèse. (*Inédite, n. 96.*)

CLXIII.-114, p. 215. — 3 septembre 1344. Permission à l'abbé de Saint-Gilles d'avoir un autel portatif, pour célébrer ou faire célébrer en sa présence la messe et les autres offices divins, pendant ses absences du monastère. (*Inédite, n. 97.*)

CLXIV.-115, p. 216. — 24 mars 1352. Union du prieuré de Saint-Amant de Sommières à la mense abbatiale de Saint-Gilles. (*Inédite, n. 98.*)

S. Urbain V. — Quatre bulles.

CLXV.-116, p. 218. — 27 novembre 1362. Provision du prieuré du Caylar, en faveur de Jean de Bastide. (*Inédite, n. 99.*)

CLXVI.-117, p. 220. — 25 novembre 1363. Nomination de plusieurs évêques en qualité de juges conservateurs des priviléges de l'abbaye de Saint-Gilles. (*Inédite, n. 100.*)

CLXVII.-118, p. 223. — 9 septembre 1369. Union à l'abbaye de Saint-Gilles du prieuré de Laudun, en remplacement de celui du Caylar annexé au monastère de Saint-Benoît de Montpellier. (*Inédite, n. 101.*)

CLXVIII.-119, p. 225. — 20 octobre 1369. Nomination des évêques de Maguelone et de Béziers et de l'abbé de Saint-André-de-Villeneuve, en qualité de juges conservateurs des priviléges du monastère de Saint-Gilles. (*Inédite, n. 102.*)

Martin V. — Deux bulles.

CLXIX.-121, p. 226. — 11 février 1418. Contre les détenteurs des dîmes, censes et autres biens de l'abbaye de Saint-Gilles. (*Inédite, n. 103.*)

CLXX.-122, p. 227. — 21 avril 1422. Provision du prieuré de Prévenchères. (*Inédite, n. 104.*)

Paul II. — Une bulle.

CLXXI.-123, p. 231. — 10 décembre 1465. Provision du prieuré d'Aujargues. (*Inédite, n. 105.*)

Sixte IV. — Une bulle.

CLXXII. - 124, -p. 232. — 12 octobre 1472. Provision de l'abbaye de Saint-Gilles pour Jean de Mareuil, évêque d'Uzès. (*Inédite, n. 106.*)

Innocent VIII. — Une bulle.

CLXXIII.-125, p. 233. — 10 mai 1485. Les trois premiers bénéfices de la dépendance de l'abbaye qui vaqueront, seront unis, le premier à la mense abbatiale, le deuxième à la mense conventuelle et les revenus du troisième seront réservés pour les réparations du monastère et la défense de ses droits. (*Inédite, n. 107.*)

Jules II. — Deux bulles.

CLXXIV.-126; p. 236. — 20 avril 1506. Indulgences pour les fidèles qui visiteront l'église de Saint-Gilles ou contribueront aux réparations de cette église. (*Inédite, n. 108.*)

CLXXV.-127, p. 239. — 14 janvier 1511. Ordre à l'abbé de Saint-Gilles de ne conférer les bénéfices de sa dépendance qu'à des religieux de son monastère et non à des clercs séculiers. (*Inédite, n. 109.*)

Clément VII. — Trois bulles

CLXXVI.-128, p. 242. — 19 août 1529. Collation de l'abbaye à Jean de Rozier, religieux du monastère. (*Inédite, n. 110.*)

CLXXVII.-129, p. 247. — 25 octobre 1532. Provision de l'abbaye de Saint-Gilles en faveur de Jean-Théodore de Clermont. (*Inédite, n. 111.*)

CLXXVIII.-129 b, p. 252. — 25 octobre 1532. Les évêques de Gap et de Carpentras sont chargés de recevoir, au nom du Saint-Siège, le serment de fidélité de l'abbé Jean-Théodore de Clermont. (*Inédite, n. 112*).

Paul III. — Quatre bulles.

CLXXIX.-130, p. 253. — 1er avril 1534. Contre ceux qui détenaient les dépouilles des moines décédés et les biens de l'abbé ou du monastère de Saint-Gilles. (*Inédite, n. 113.*)

CLXXX.-131, p. 254. — 17 août 1538. Sécularisation de l'abbaye de Saint-Gilles.

CLXXXI.-133, p. 292. — 19 août 1541. Provision d'un canonicat mineur dans la collégiale de Saint-Gilles. (*Inédite, n. 114.*)

CLXXXII.-134, p. 295. —. 19 août 1541. Les officiaux de Nimes, d'Uzès et de Montpellier sont chargés de l'exécution de la précédente bulle. (*Inédite, n. 115.*)

Paul V. — Deux bulles.

CLXXXIII.-135, p. 297. — 7 mars 1614. Concession d'indulgences. (*Inédite, n. 116.*)

CLXXXIV.-135 bis, p. 299. — 27 janvier 1618. Collation de l'abbaye de Saint-Gilles à Jean Picard de Chaumont. (*Inédite, n. 117*).

Grégoire XV. — Une bulle.

CLXXXV.-135.a, p. 303. — 10 novembre 1622. Collation de l'abbaye de Saint-Gilles à Guillaume de Nozet, archevêque de Seleucie et vice-légat d'Avignon. (*Inédite, n. 118*).

Alexandre VII. — Une bulle.

CLXXXVI.-136, p. 309. — 13 juin 1663. Ordre à l'archevêque d'Arles et aux évêques d'Uzès et de Nimes d'excommunier ceux qui retiennent les biens, livres, papiers, etc, du Chapitre de Saint-Gilles. (*Inédite, n. 119*).

Pie VI. — Une bulle.

CLXXXVII, p. 311. — 12 avril 1777. Suppression de l'abbaye de Saint-Gilles et union de la mense abbatiale à la mense de l'archevêché d'Aix. Droit accordé au roi de France de nommer à tous les canonicats et aux bénéfices qui dépendaient auparavant de l'abbaye. (*Inédite, n. 120*).

TABLE DES NOMS DE PERSONNE

A

Abdias de Chaumont de Bertichères, p. 304, 305.
Abo, Magalonensis episcopus, p. 12, 16.
Abo, Nivernensis episcopus, p. 12, 16.
Acromonte (Gabriel de), Ægidiensis abbas, p. 247, 248.
Adalaldus, Turonensis archiepiscopus, p. 12, 15.
Adalbertus, Terravenensis episcopus, p. 12.
Adalgarius, Austudunensis episcopus, p. 12, 16.
Adbertus, p. 7, 13.
Adelaïs, comitissa, p. 21.
Ademarus, Claromontis episcopus, p. 12, 16.
Ademarus, Ungariæ abbas, p. 28.
Adrianus, papa III, p. 4, 20, 111.
Adrianus, papa IV, p. 76, 77, 78, 105, 178.
S. Ægidius, abbas, passim frequentissime.
Aiginalfus et Ainulfus, Gavaldanensis episcopus, p. 12, 16.
Aigrofredus, Pictavensis episcopus, p. 12, 16.
Aimericus, cardinalis cancellarius, p. 73, 75.
Aimericus, p. 16.
Alaricus, Biterrensis episcopus, p. 12, 16.
Albericus, vicecomes, p. 18.
Albenacii Vitalis, p. 292 à 296.
Albertus, cardinalis, p. 52.
Albertus, cardinalis cancellarius, p. 95.
Aldebertus, Biturricensis archiepiscopus, p. 32.
Aldebertus de Poscheriis, Nemausensis episcopus, p. 77.
Aldebertus et Adebertus, Silvanectis episcopus, p. 12. 16.
Alderadus, p. 7, 13.
Alexander, papa II, p. 24, 25.
Alexander, papa III, p. 79, 81 à 83, 85 à 93, 95, 104, 152, 156, 175.
Alexander, papa IV, p. 132, 134.
Alexander, papa VII, p. 309.
Amatus, Burdegalensis archiepiscopus, p. 32.
Ambaldus, cardinalis, p. 177.
Amblardus Despinassia, p. 286, 288, 289.
Amelius, Tolosanus episcopus, p. 63.
Amelius, presbyter, archidiaconus, postea episcopus Uceticensis, p. 5, 7, 9, 14, 17, 18, 19, 20.
Ancher, cardinalis, p. 177.
Andesindus, Elenensis episcopus, p. 12.
Andusia (Bernardus de), p. 45, 65.
Ansigisus, Senonensis archiepiscopus, p. 11, 15.
Anthonius Beaumundi, Ægidiensis abbas, p. 243, 244, 245.
Antonius Bremont (Johannes Baptista), p. 313.
Antonius Giri, p. 287.
Antonius Reboli, p. 286, 288, 289.
Arbertus, Averionensis episcopus, p. 45.
Arbertus de Montcclaro, p. 42, 45.

Arbosset Philippus, p. 286.
Arcoussi Johannes, p. 287.
Ardus, p. 7, 13.
Aribertus, Ebredunensis archiepiscopus, p. 7, 13.
Arnaldus, Nemausensis episcopus, p. 113.
Arnulfus, Taurinensis episcopus, p. 12, 16.
Artaldus Peirière, p. 226.
Asperis (Bernardus de), p. 190.
Astorgius, Ægidiensis abbas, p. 190.
Atto, Arelatensis archiepiscopus, p. 58, 59, 61, 68.
Aurelianus, Lugdunensis archiepiscopus, p. 11, 15.
Auterannus, Viennensis archiepiscopus, p. 12, 15.
Ayraudi (Egidius), p. 190.

B

B. Arelatensis archiepiscopus, p. 119
Barberius, Pisanus archiepiscopus, p. 32.
Barnarius, Gratianobilis episcopus, p. 12, 16.
Bartholomeus de Chaumont, Ægidiensis abbas, p. 300, 301.
P. Bartholomeus, Ægidiensis, p. 92.
Bartholomei Bernardus, p. 286.
Beaumundi Anthonius, Ægidiensis abbas, p. 243, 244, 245.
Belloni Guillelmus, p. 287.
Belloni Johannes, p. 286, 288, 289.
S. Benedictus, papa II, p. 3.
Benedictus, papa IX, p. 21.
Benedictus, papa XII, p. 211.
Beraldus, Ægidiensis abbas, p. 25.
Berardus, cardinalis, p. 47.
Berengarius, Narbonensis archiepiscopus, p. 59, 61, 64, 66.

Berengarius, Bitterensis episcopus, p. 47.
Berengarius, Forojuliensis episcopus, p. 32, 49.
Berengarius Barnerius de Salve, Ægidiensis abbas, p. 139 à 142, 147, 153, 166, 167, 180.
Berengarius Jacobus, p. 286, 288, 289.
Berengarius, vicecomes, p. 16.
Bermundus Peletus, p. 47.
Bernardus, Toletanus archiepiscopus, p. 31.
Bernardus, Biterrensis vicecomes, p. 52, 65.
Bernardus Bartholomei, p. 286.
Bernardus de Andusia, p. 45. 65.
Bernardus de Asperis, p. 190.
Bernardus de Cazalits, p. 205.
Bernardus Codonhani, p. 231.
Bernardus de Portali, p. 145.
Bernardus de Cruce, p. 286, 288, 289.
Bernardus de Solanesio, p. 190.
Berno, Catalaunensis episcopus, p. 12, 15.
Bertichères (Abdias de Chaumont de) p. 304, 305.
Bertrandus II de Languissel, Nemausensis episcopus, p. 198.
Bertrandus I, Ægidiensis abbas, p. 76, 77, 79.
Bertrandus II (de Turre), Ægidiensis abbas, p. 200, 201, 202. 212, 214, 215.
P. Bertrandus, Ægidiensis burgensis, p. 92.
Bertrandus de Solerio, p. 161.
Bertrannus, Tolosanus comes, p. 31, 39, 40. 43 à 46, 48 à 51.
Bertrannus, miles de Poscheriis, p. 47.

Boisgelin (Joannes de Deo Raimundus de), Aquensis archiepiscopus, p. 312, 313, 314, 315, 317.
Bonifacius, papa VIII, p. 197 à 200, 203, 241, 245, 249, 289, 302, 306.
Biratti Dautun Petrus, p. 287.
Bonus Senior, cardinalis, p. 32.
Bruguerii (Guillelmus), p. 190.
Bremont (Joannes Baptista Antonius de), p. 313,
Bruno, S. episc., p. 42.
Buade Petrus, p. 286.

C

C. Portensis episcopus, p. 116.
Calixtus, papa II, p. 53 à 55, 57 à 68, 71, 100, 159.
Calvière Nicholaus, p. 287.
Carolus magnus Francorum rex, p. 237.
Carolus Rozelli, p. 287.
Cassanhas (Franciscus I de) Ægid. abbas, p. 239 à 242.
Causitus, burgensis, p. 47.
Cazalits (Bernardus de) p. 205.
Celestinus, papa II, p. 75.
Celestinus, papa III, p. 96.
Chaumont de Bertichères (Abdias de), p. 304, 305.
Chaumont (Johannes Picard de), Ægid. abbas, p. 299, 304, 305, 306.
Chaumont (Bartholomeus de), Ægid. abbas, p. 300, 301.
Chausardus, prior, p. 146.
Claromonte (Joannes Theodorus de) Ægid. abbas, p. 247, 252, 253, 255, 264 à 266, 272, 273, 276, 277, 279, 281, 282, 294.
Clemens, papa IV, p. 135 à 137, 140 à 142, 144, 145, 147, 148, 150 à 172, 174, 175, 177, 178, 180 à 183, 185 à 187, 192, 194, 195, 255.
Clemens, papa V, p. 204.
Clemens, papa VI, p. 214, 216.
Clemens, papa VII, p. 242, 247, 252.
Codonhani (Bernardus), p. 231.
Concairat (Willelmus de), p. 134.
Cruce (Leonardus de), p. 286, 288. 289.

D

Dalmatius de Roccamaura, p. 42, 45.
Dautum (Petrus Biratti), p. 287.
Decanus II, dominus Ucetiæ, p. 186.
Deodatus de Viridisicco, p. 218, 219.
Despinassia Amblardus, p. 286, 288.
Deusde, dux Ravennates, p. 6, 7, 12.
Dodo, Bigorritanus episcopus, p. 32.
Durandus Barchimbaudi, p. 160, 161.
Durantus Arieu, p. 180.

E

Egidius Ayraudi, p. 190.
Eldebardus et Eldebodus, Suasionis episc. p. 12, 16.
Elosiarius de Castrias, p. 59, 61, 66, 67.
Emeno de Sabrano, p. 42, 45.
Emenus, vicecomes, p. 16.
Ermengaudus II et Ermengarius, Ægid. abbas, p. 90, 93, 95.
Eugenius, papa III, p. 104, 178.
Eustachius, Valentinus episc. p. 47, 48.

F

Falco de Spileto, can. Aniciencis, p. 189.

Flavius Wamba, rex, p. 6.
Formosus, papa, p. 20.
Franciscus I de Cassanhas, Ægid. abbas, p. 239 à 242.
Franciscus I, Francorum rex, p. 248 à 250, 255, 260, 264, 281, 300, 301.
Franciscus Guilhoti, p. 287.
Frodoinus, Barcinonensis episc., p. 12, 16.
Frotardus, abbas S. Pontii, p. 33.
Frotarius, Biturensis archiepis., p. 12, 15.
Froterius II, Nemausensis episc., p. 24, 25.
Fulco, Aquensis archiepisc., p. 59.
Fulco, Belvacensis episc., p. 32.

G

Gabriel de Acromonte, Ægidiensis abbas, p. 247, 248.
Galafredus ou Walafredus, Uticensis episcopus, p. 12, 16.
Galtarius ou Walterius. Aurelianensis episcopus, p. 12, 16.
Galterius, Magalonensis episcopus, p. 51, 59, 61, 64, 65.
Gandalmarus, Tholonensis episcopus, p. 12.
Garbaldus, Cavalonensis episcopus, p. 12, 16.
Garini Johannes, p. 240, 241, 242.
Gaucelmus, p. 16.
Gauffredus Porcelletus, p. 68.
Gelasius, papa II, p. 52, 58.
Georgiis (Johannes de), p. 287.
S. Georgius, p. 185.
Georgius, scrinarius, p. 6, 10, 16.
Geraldus, Ambianencis episcopus, p. 12.

Gibelinus, Arelatensis archiepiscopus, p. 45.
Gilbertus Malliani, monachos, p. 253
Gilelmus, Aurasicensis episcopus, p. 32.
Girbertus, Nemausensis episcopus, p. 5 à 7, 12, 13, 16, 18, 19.
Girbertus de Cantabro, Ægidiensis abbas, p. 208.
Giri Antonius, p. 287.
Gisalfredus, p. 7, 13.
Gislabertus, Caratenis episcopus, p. 12, 16.
Godulfus, p. 7, 13.
Gottofridus, cardinalis, p. 177.
Gottofridus, Magalonensis episcopus, p. 32.
S. Gregorius, papa VII, p. 25, 26.
Gregorius, papa IX, p. 117 à 120, 128, 129.
Gregorius, papa XV, p. 303, 308.
Gregorius, cardinalis, p. 32.
Gregorius, cardinalis, p. 75.
Grisogonus, cardinalis bibliothecarius, p. 54, 57.
Guilelmus, comes, p. 21.
Guilelmus Hugonis de Montilio, p. 47.
Guilhermus de Pozilhaco, p. 287.
Guilhoti Franciscus, p. 287.
Guilelmus ou Wilelmus, Limovicensis episcopus, p. 12, 16.
Guillelmus de Nozet, Seleuciensis archiepiscopus et Ægidiensis abbas, p. 303, 307.
Guillelmus, Sabinensis episcopus, p. 207.
Guillelmus, cardinalis, p. 177.
Guillelmus I de Sieura, Ægidiensis abbas, p. 127, 137, 138.
Guillelmus de la Garde, S. Eusebii abbas, p. 207.

Guillelmus de Montepessulano, p. 45, 76.
Guillelmus Belloni, p. 287.
Guillelmus Bruguerii, p. 190.
Guillelmus, comes, p. 161.
Guillelmus Petri, p. 190.
Guillelmus de Ponte, p. 190.
Guillelmus de Portu, p. 182.
Guillelmus Porcellet, p. 59.
Guillelmus Rainoardi de Medenas, p. 59. 61, 66, 67.
Guillelmus dominus Bispius, p. 132.
P. Guillelmus de Montepezato, p. 137.
Guillermus Savini, p. 231.
Guiraudus de Verneto, p. 287.

H

Henricus, Ostiensis et Velletriensis episc., p. 177.
Herimannus, cardinalis, p. 32.
Hervira, uxor Raymundi IV, p. 31.
Hictarius et Ictarius, Vivariensis episc., p. 7, 12, 13, 16.
Hincmarus, Remensis archiepisc., p. 11, 15.
Hiscia (Raphaël de), p. 294.
Honorius, papa I, p. 69, 70.
Honorius, papa III, p. 115. 116, 157.
Honorius, papa IV, p. 191.
S. Hugo, Cluniacensis abbas, p. 26.
Hugo, cardinalis, p. 32.
Hugo, Regiensis episc., p. 114.
Hugo I, Ægid. abbas, p. 41, 46, 53, 55, 60, 64, 66, 67, 71.
Hugo II de Folhaquier, Ægid. abbas, p. 160, 192, 200, 202.
Hugo III de Melet, Ægid. abbas, p. 209.
Hugo Costa, p. 161.
Hugonis de Montilio (Guilelmus), p. 47.

I

Ictarius et Hictarius, Vivariensis episc., p. 7, 12, 13, 16.
Ildephonsus, comes Tolosanus, p. 59 à 61, 63, 64, 66 à 68, 100.
Ingilvinus, Parisiensis episc., p. 12, 16.
Ingomarus, Laudunensis episc., p. 12, 16.
Innocentius, papa II, p. 71, 73, 75, 104, 178.
Innocentius, papa III, p. 99 à 104, 112 à 114.
Iunocentius, papa IV, p. 121 à 127, 129 à 131, 184, 194.
Innocentius, papa V, p. 188.
Innocentius, papa VIII, p. 233.
Innocentius, papa XI, p. 310.
Isaac, Limononsis archiep., p. 12, 16.

J

J. Cardinalis, p. 193, 195.
Jacobus, Cardinalis, p. 177.
Jacobus Berengarius, p. 286, 288.
Javaldani Millanus, p. 287.
Johannes, papa VIII, p. 5, 10, 11, 15.
Johannes, papa XXII, p. 205, 206, 208, 210, 228.
Johannes, papa XXIII, p. 226.
Johannes III de Mareuil, Uceticensis episc. et Ægid. abbas, p. 232.
Johannes, Rodamacensis archiepisc., p. 12, 16.
Johannes I Portuensis episc., p. 32.
Johannes II Portuensis episc., p. 177.
Johannes, Camaracensis episc., p. 12, 16.
Johannes, Nemausensis episc., p. 63, 64, 110.

Johannes, Ostiensis episc., p. 228.

Johannes, cardinalis et S. R. E. scribarius, p. 24, 29, 31, 34, 36, 38, 42, 47.

Johannes, cardinalis, cancellarius, p. 112.

Johannes II Préverend, Ægid. abbas, p. 232.

Johannes IV de Rosario, Ægid. abbas, p. 242.

Johannes Theodorus de Claromonte, Ægid. abbas, p. 247, 252, 253, 255, 264 à 266, 272, 273, 276, 277, 279, 281, 282, 294.

Johannes Picart de Chaumont, Ægid. abbas, p. 299, 304, 305, 306.

Johannes, Magalonensis archidiaconus, p. 198.

Johannes, dux Ravennæ, p. 7, 13.

Johannes Arcoussi, p. 287.

Johannes de Mastida, p. 218.

Johannes Belloni, p. 286, 288, 289.

Johannes Falco, p. 190.

Johannes de Folhaquier, p. 192.

Johannes Garini, p. 240 à 242.

Johannes de Georgiis, p. 287.

Johannes Lansardi, p. 287.

Johannes de Mandegoto, p. 286.

Johannes Martini, p. 287.

Johannes Michaelis, p. 190.

Johannes Morenti, p. 287.

Johannes Morinelli, p. 287.

Johannes Paroti, p. 240, 241.

Johannes Portalis, p. 286.

Johannes Baymundi, p. 190.

Johannes Rocelli, p. 161.

Johannes de Santo Quintino, p. 173.

Johannes Spinasse, p. 286.

Johannes Thalorii, p. 227.

Johannes de Tullia, p. 287.

Johannes Vigani, p. 190.

Johannes Baptista Antonius Bromont, p. 313.

Johannes de Deo Raymundus de Boisgelin, Aquensis archiep., p. 312, 313, 314, 315, 317.

Jordanus, cardinalis, p. 170.

Julius, papa II, antea Julianus de la Rovère, Ægid., abbas et Ostiensis episc., p. 234 à 236, 239.

L

Lambertus, Madasconensis episc., p. 12, 16.

Landulfus, cardinalis, p. 42, 47.

Lansardi Joannes, p. 287.

Latisclavus, Ungarorum rex, p. 28, 41, 42.

Leo, Reddensis episc., p. 12.

Leo, Ægid. abbas, p. 5, 7.

Leodegarius, Vivariensis episc., p. 47, 48, 66.

Leodegarius, Attensis episc., p. 49.

Leonardus de Cruce, p. 286.

Leotgarius, Carcasensis episc., p. 12.

Linus, archidiaconus Romanus, p. 4.

Litidumus, Massiliensis episc., p. 7, 13.

Lucas, cardinalis, p. 75.

Lucius, papa III, p. 95.

S. Ludovicus, Francorum rex, p. 171, 187.

Ludovicus XIII, Francorum rex, p. 301, 304.

Ludovicus XVI, Francorum rex, p. 312, 314, 315.

Ludovicus de Tonnerre, Pictavensis episc. p. 247.

Lunellus, archidiac. Magalonens, p. 112.

M

Macharius, Lutovensis episc., p. 12, 16.
Malliani Gilbertus, monachus, p. 253.
Mandegoto (Johannes de), p. 286.
Manualis de Petris, p. 265.
Marinus, papa I, p. 17, 20.
Martini Johannes, p. 287.
Martinus, papa IV, p. 189.
Martinus, papa V, p. 226, 227.
Matheus de Bausanitis, p. 205.
Michael, S. R. E. Vicecancellarius, p. 178.
Millanus Javaldani, p. 287.
Monteclaro (Arbertus de), p. 42, 45.
Montilio (Guilelmus Hugonis de), p. 47.
Morenti Johannes, p. 287.
Morinelli Johannes, p. 287.

N

Nicholaus, papa I, p. 6, 7, 13.
Nicolaus, papa IV, p. 192.
Nicolaus Calvière, p. 287.
Nicolaus Philiponi, p. 287.

O

Octavianus, cardinalis, p. 177.
Oddo, Belvacensis episc., p. 12, 16.
Oddo, vicecomes, p. 16.
Odilo Ægid. abbas, p. 27, 33, 35, 36, 41, 47. 57, 94, 111, 176.
Odo, Tusculi episc., p. 177.
Odo, Fontisfrigidi abbas, p. 129.
Olombellus, p. 16.
Otto, cardinalis, p. 75.
Otto, Imolensis episc., p. 32.
Otto, Olorensis episc., p. 32.
Otulfus, Trecassine episc., p. 12, 16.

P

Paganus, burgensis, p. 47.
Paroti Johannes, p. 240.
Paschalis, papa II, p. 38 à 42, 44 à 51.
Paschalis, Amerinus episc., p. 7, 13.
Paulus, papa II, p. 234.
Paulus, papa III, p. 253, 254, 292, 295, 296.
Paulus, papa V, p. 297, 299.
Peirière Artaldus, p. 226.
Peletus Bermundus, p. 47.
Petri ou de Petris Dominicus, p. 287.
B. Petrus de Castro-Novo, p. 101.
Petrus, Venetiæ patriarcha, p. 32.
Petrus, Aquensis archiepiscop., p. 32.
Petrus, Mediolanensis archiepisc., p. 32.
Petrus, Cluniacensis abbas, p. 70 à 73.
Petrus de Situlvero, Ægid. abbas, p. 70 à 75.
Petrus de Lunello, Ægid. abbas, p. 188.
Petrus, Magalonens. archidiac., p. 112.
Petrus Biratti Dautum, p. 287.
Petrus Bunde, p. 286.
Petrus Helyo, p. 190.
Petrus Johannis, p. 190.
Petrus Reybaldi, p. 182.

Petrus Sauneri, p. 286.
Petrus Scuyrier, p. 190.
Petrus Valentini, p. 286, 288, 289.
Petrus de Vidilhano, p. 205.
Philiponi Nicolaus, p. 287.
Philippus, Lunensis episc., p. 32.
Philippus III, Francorum rex, p. 160.
Philippus IV, Francorum rex, p. 197.
Philippus Arbosset, p. 286.
Picard de Chaumont (Johannes) Ægid. abbas, p. 299, 304, 305, 306.
Pius, papa VI, p. 311.
Pontius, Casæ-Dei abbas, p. 33.
Pontius, Cluniacensis abbas, p. 70.
Pontius I, Ægid. abbas, p. 104, 115, 119.
Pontius II, Ægid. abbas, p. 121.
Pontius Roberti, perpetuus vicarius S. Ægidii veteris, p. 125.
Pontius Durandi, cellerarius, p. 134.
Pontius de Escura, notarius, p. 160, 161.
Pontius de Medenas, p. 47.
Pontius de Soiolis, monachus, p. 160, 161.
Pontius Spadassii, p. 161.
Pontius de Villa, p. 190.
Porcelletus Gaufredus, p. 68.
Portali (Bernardus de), p. 145.
Portalis Johannes, p. 286.
Posilhaco (Guilhermus de), p. 287.

R

R. cardinalis, p. 81.
R. de Berjaco, p. 110.
R. Arelatensis archiepisc., p. 76.
R. de Capl...io, p. 155.
Radbertus et Rotbertus, Valentinensis episcop., p. 12, 13, 16.
Radbertus, Vallensis episc., p. 12.
Radulfus, Fontisfrigidi monachus et R. S. legatus, p. 101.
Raimundus I, Uticensis episcop., p. 44, 51, 63.
Raimundus III, Uticensis episc., p. 110, 113.
Raimundus I, Nemausensis episc., p. 37, 44, 51.
Raimundus II, Nemausensis episc., p. 129.
Raimundus de Boisgelin (Johannes Baptista) Aquensis archiepisc., p. 312 à 315, 317.
Raimundus I, Ægid. abbas, p. 81 à 83, 90, 92.
Raimundus II Regis, Ægid. abbas, p. 191, 200.
Raimundus III de Sérignac, Ægid. abbas, p. 205.
Raimundus IV de Gangea, Ægid. abbas, p. 216.
Raimundus, comes., p. 16.
Raimundus IV, comes Tolosanus, p. 30, 43, 44, 47, 56, 94, 111, 176.
Raimundus VI, comes Tolosanus, p. 96, 99, 100, 113, 114.
Raimundus de Arenis, p. 212, 213.
Raimundus Arieu, p. 190.
Raimundus de Balcio, p. 59, 61, 66, 67.
Raimundus Decan de Poscheriis, p. 45, 65.
Raimundus, comes Barchinonensis, p. 60.
Raimundus de Cornaco, p. 210.
Raimundus Petrus de Gorra, p. 43.
Raimundus Donadei, p. 160, 161.
Raimundus de Dion, p. 145.
Raimundus Ferrandi, p. 134, 135.
Raimundus Radulfus de Medenis, p. 134, 135.

Rainaldus, Romensis, archiepisc. p. 28.
Rainardus de Medenas, p. 42, 45, 59.
Rainelmus, Namnensis episc., p. 12.
Rainelmus, Meldensis epis., p. 12, 16.
Rainerius, R. S. legatus, p. 99, 100.
Raino de Castlar, p. 61, 66, 67.
Raphael de Iliscia, p. 294.
Ratbertus, Valentiæ episcopus, p. 7.
Reboli Antonius. p. 286, 288.
Ricardus, cardinalis, Massiliensis abbas, postea Narbonensis archiepisc., p. 32, 43, 44, 51.
Ricardus, cardinalis, p. 177.
Ricardus, comes, p. 18.
Ricardus de Clareto, p. 42, 45.
Rodulfus, Turonensis archiepisc.. p. 32.
Rodulfus, Reginensis archiepisc., p. 32.
Rogerius, S. R. E. diaconus, p. 32.
Romanus, cardinalis, p. 75.
Rosario (Johannes de) Ægid. abbas, p. 242.
Rostagnus, Arelatensis archiepisc., p. 6, 12, 13, 15.
Rostagnus de Portu, p. 47.
Rostagnus de Salvo, p. 201, 204, 206.
Rostagnus de Stovis, p. 134.
Rotfredus, Avinionensis episc., p. 12, 16.
Rozelli Carolus, p. 287.
Rudus Salvatoris, p. 161.

S

Salvatoris Rudus, p. 161.
Sancius, Lascurrensis episc., p. 32.

Sauneri Petrus, p. 286.
Sergius, papa III, p. 20.
Sigibodus, Narbonensis episc., p. 4, 7, 12, 13, 15.
Simachus, papa, p. 14.
S. Simplicius, papa, p. 14.
Sixtus, papa IV, p. 232.
Solanesio (Bernardus de), p. 190.
Solerio (Bertrandus de), p. 161.
Spinasse Johannes, p. 286.
Stephanus, papa VI, p. 18, 19, 20.
Stephanus, Prenestinus episcopus, p. 177.
Stephanus, Ægidiensis abbas, p. 38.
Stephanus, cardinalis, p. 219.

T

Teciro, cardinalis, p. 32.
Tedisius, canonicus Januensis, postea Agathensis episc., p. 114.
Tetbaldus, Dercellensis episc., p. 32.
Teudardus, Narbonensis archiepis., p. 18.
Teudericus, Besancionensis archiep., p. 12, 15.
Teutarius, Gerundensis episc., p. 12, 16.
Toutrannus, p. 16.
Theodorus Johannes de Claromonte, Ægidiensis abbas, p. 247, 252, 253, 255, 264, 265, 266, 273, 276, 277, 279, 281, 282, 294.
Tonnerre (Ludovicus de), Pictavensis episcopus, p. 247.
Tullia (Johannes de), p. 287.

U

Ugo, comes, p. 16.
Ugo, abbas, vide Hugo.

Ubertus, cardinalis, p. 178.
B. Urbanus papa II, p. 27, 29, 30, 32, 33, 34, 35. 36, 37, 40, 43, 44, 47, 52, 57, 58, 111, 159, 176.
B. Urbanus, pupa V, p. 218, 220, 223, 225.

V

Valentini Petrus, p. 286, 288, 289.
Verneto (Guiraudus de), p. 287.
Vitalis Albenacii, p. 292 à 296.

W

Walafredus et Galafredus, Uticensis episcopus, p. 12, 16.

Walbertus, Portuensis episcopus, p. 7, 10, 13.
Waldebertus, Rcomensis episcopus, p. 12.
Walderícus, Urgelensis episcopus, p. 12.
Walterius et Galtarius, Aurelianensis episcopus, p. 12, 16.
Wilelmus et Guillelmus, Limovicensis episcopus, p. 12, 16.
Willelmus, Ausciensis episcopus, p. 32.
Willelmus, Consoranus episcopus, p. 32.
Willelmus et Guillelmus de Sabrano, p. 42, 45, 47, 61, 67.
Willelmus de Concairat, p. 134.

TABLE DES NOMS DE LIEU

A

L'Agarnelle, Agarnella, p. 7.
Agde, Agathensis diocesis, p. 114.
Agnani, Anagnia, p. 86, 88, 89, 120.
Aiguevive, Aquaviva, p. 9.
Aire, Adurensis diocesis, p. 260, 239.
Aix, Aquensis diocesis, p. 12 et alibi passim.
Alatri, Alatrum, p. 29.
S. Amant de Sommières, S. Amantius; p. 97, 106, 113, 216, 257, 266.
Amelia, Amerinus, p. 7, 13.
Amiens, Ambianensis diocesis, p. 12.
S. André de Cruguières? S. Andreas, p. 108.

Anduze, Andusia, p. 45, 65.
Aniane, Anianensis abbatia, p. 130.
Apt, Aptensis et Attensis diocesis, passim et inter alia, p. 204, 206. 260.
Arles, Arelates, Arelatensis diocesis, p. 6, 12, 13, 15, 45, 260 et passim.
Aspères, Asperæ, p. 190.
Assas? Accium, p. 56, 74, 105, 179.
Les Assions, ecclesia de Acione, p. 109.
Assise, Asisium, p. 128, 130, 131.
Aubenas, S. Johannes de Albenatio, de Albenacio, p. 108, 240, 270.
Aubord, Alburnum, p. 9.
Aujargues, S. Martinus de Orjangues, Orjanicæ, p. 107, 231, 243.

Auch, Ausciensis et Oxensis diocesis, p. 32, 209.

Autun, Austudunensis diocesis, p. 12, 16.

Avignon, Avinionensis et Avenionensis diocesis, Avennio, p. 12, 16, 34, 36, 45, 204 à 206, 208, 210, 211, 213, 220, 223, 225, 226, 245, 265, 287, 288, 306.

B

Barcelonne, Barcinonensis et Barchinonensis diocesis, p. 12, 16.

Barjac, Beriacum, p. 102.

S. Baudile d'Espagne, S. Baudilius de Yspania, de Hispania, p. 56, 105.

Les Baux, Balcium, Baucium, p. 59, 61, 66, 67.

Beaucaire, Belcayra, p. 64.

Beaujeu, Beljocum, p. 72.

Beauvais, Belvacensis diocesis, p. 12, 16, 32.

Beauvoisin, Tovana, p. 8.

Bellegarde, castrum de Bellagarda, p. 190.

Bénévent, Beneventum, p. 80.

S. Benoit, S. Benedicti super Padum abbatia, p. 68.

Bernis, S. Andreas de Bernice, de Bernicio, p. 34, 107, 257, 265.

S. Bertin, S. Bertini abbatia, p. 68.

Besançon, Besancionensis diocesis, p. 12, 15.

Béziers, Bitterensis diocesis, p. 12, 16, 45 et *passim*.

Bions, Bionum, p. 8, 107, 144.

Boccona, p. 106.

Bologne, Bononia, p. 226.

Bordeaux, Burdegalensis diocesis, p. 32, 240.

Bourges, Biturensis diocesis, p. 12, 15, 32.

Brasca, p. 8.

Broussan, Brucianum, p. 8.

C

Le Caylar, S. Stephanus, Castlar, Caslarium, Cayllarium, p. 7, 61, 66, 67, 107, 219, 220, 224.

Caissargues, B. M. de Bethléem, Queissargues, de Cayssanicis, Cassanicæ, Caissanigæ, p. 109, 146, 258, 269, 270.

Camargue, Camarca, p. 84.

Camarignan, S. Andreas, de Campomarignano, p. 7, 107, 257, 269.

Cambrai, Camaracensis diocesis, p. 12, 16.

Carcassonne, Carcasensis ou Carcassonensis diocesis, p. 12, 211.

Carpentras, Carpentoracensis diocesis, *passim*.

Castries, Castrias, p. 59, 61, 66, 67.

Cavaillon, Cavalonensis et Cavalicensis diocesis, p. 12, 16, 260, 290.

Cendras, Cendracensis abbatia, p. 129.

Châlons, Catalaunensis diocesis, p. 12, 16.

Chambonas, ecclesia de Camponaz, p. 109.

Chartres? Caratenis, p. 12, 16.

Cinsens, S. Martinus de Cinciano, p. 107.

Civitta-Vecchia, apud Urbemveterem, p. 190, 192, 196.

Claret, Claretum, p. 42, 45.

Clermont, Claromontis diocesis, p. 12, 16, 210.

Cluny, Cluniacum, Cluniacensis abbatia, p. 26, 37, 64, 69 à 73, 76.

Cocon, Coco, p. 9.

Sᵉ *Colombe*, ecclesia Sanctæ Columbæ, p. 107, 257, 269.
Sᵉ *Colombe*, Sᵃ Columba de Capingo, p. 103.
Cominges, Convenæ, p. 220.
Conqueirac, Concairat, p. 134.
Conserans, Consoranum, p. 32.
Constance, Constantia, p. 227, 289.
Corconne, S. Stephanus de Corcona, p. 106, 270.
Costelalen, Costaballenæ, p. 8.
Crémone, Cremona, p. 31.

D

Die, Diensis diocesis, p. 248.
Dions, Dion, p. 147.
Dun, S. Ægidius de Duno et de Divo-Castro, p. 56, 74, 105, 179, 259, 270.

E

Elne, Elenensis diocesis, p. 12.
Embrun, Ebredunensis diocesis, p. 7, 13, 204 et *passim*.
Espagne, Hispania et Yspania, p. 56, 105.
Espeiran, Aspiranum, Aspeiranum, Asperianum, Hesperanum, Heisperanum, Despoyranum, Desperano, p. 3, 107, 113, 116, 150, 257, 265, 277.
Estagel, Sᵗ Cecilia, Stacio ? Stagellum, p. 7, 9, 97, 107, 257, 266.
S. Etienne de Laval, S. Stephanus de Valle, p. 257, 269.
Etoile, Stella; p. 230.
Sᵗ Eulalia de Barbasca, p. 56, 105.
Sᵗ Eusebii de Savione abbatia, p. 34, 56, 74, 105, 179, 204, 206, 207.
S. Eusebius de Longobardio, p. 56, 74.

F

Feltre, Feltrensis diocesis, p. 245.
Ferentino, Ferentinum, p. 35, 102 à 104.
France, Francia, p. 276, 278, 281, 300, 304, 315.
Franquevaux, Francorum Vallium abbatia, p. 120, 287.
Fuscati, Tusculum, p. 83, 177, 291.
Frayssinet-de-Lozère, ecclesia Sanctæ Mariæ de Fraixinetto, de Frayssineto, de Lozare, p. 106, 233, 259, 270.
Fréjus, Forojuliensis diocesis, p. 32.

G

Gap. Vapincensis diocesis, p. 127, 251, 252, 255, 286, 287.
Générac, Generacum, p. 8.
Gênes, Januensis diocesis, p. 114.
S. Géniès-en-Malgoirès, S. Genesius, S. Genesius de Mediogozos, de Mediogoto, p. 97, 109, 218, 220, 259, 270.
Sᵗ Gervasii de Fos abbatia, p. 76, 85, 88, 91, 119, 158, 168.
S. Gilles, S. Ægidius, *passim sepissime*.
S. Gilles de Lombardie, ecclesia Sᵗ Egidii de Longobardia, p. 56, 105.
S. Gilles-le-Vieux, S. Ægidius de Missiniaco, p. 107, 125.
S. Gilles-sur-Vie, S. Ægidius de Supervia, de Supernis, p. 56, 74, 105, 173, 174, 179, 259, 270.
Girone, Gerundensis diocesis, p. 12, 16.
Gorre, Gorra, p. 43.
Gothia, p. 6, 20.

Gothica, ripa, p. 8.
Gotica, p. 30, 55.
Le Gourgonnier ? in Gurgis, p. 8.
Grenoble, Gracianobilis et Gratiano-politanensis diocesis, p. 12, 16, 287.
S. *Guilhen-du-désert*, p. 205.

H

Hongrie, Ungaria, p. 56, 74, 105, 179.

I

Immola, Imolensis diocesis, p. 32.
Les Iscles, Isclo, p. 155.

J

S. Jacobus, p. 7.
S. *Jean d'Angély*, p. 209.
S. *Jean de Penne*, S. Johannes de Pinna, p. 209.
S. *Jean-du-Gard*, S. Johannes de Gardonenca, de Gardonencha, p. 106, 137, 139, 179, 257, 265.

L

Laon, Laudunensis diocesis, p. 12, 16.
Lardier, ecclesia de Lardario, p. 109.
Laudun, Laudunum, p. 224.
Laugnac, S. Petrus de Launiaco, de Legnaco, de Lenihaco, p. 109, 243, 258, 269, 270.
Lescar, Lascurrensis diocesis, p. 32.
Limans, de Lignacio, de Lennatio, p. 56, 72, 73, 110.
Limoges, Limovicensis diocesis, p. 12, 16.

Limonensis urles, p. 12, 16.
Lodève, Lutovensis diocesis, p. 12, 16.
Lombardie, Longobardia, p. 56, 105.
Loube, Luva, p. 8.
Lucapel, voir *Montgaillard*.
Luçon, Leconiensis et Lexoviensis diocesis, p. 260, 290.
Lunelviel, Lunellum Vetus, p. 158.
Luni-Sarzano en Ligurie, Lunensis diocesis, p. 32.
Lyon, Lugdunum, Lugdunensis diocesis, p. 12, 15, 37, 122 à 126.

M

Macon, Madasconensis diocesis, p. 12, 16.
Maguelonne, Magalona, p. 12, 16, 32, 54, 57, 58, 287 et alibi passim.
S. *Maixent-sur-Vie*, S. Malsentius, p. 179.
Malbosc, ecclesia de Malbosc, p. 109.
Malzieu, S. Hippolitus de Melseo, & de Melzerio, p. 106, 259, 270.
S. *Marcel*, S. Marcellus, p. 47.
Marseille, Massiliensis diocesis, p. 7, 13, 32.
Meaux, Meldensis diocesis, p. 12, 16.
Méjane en Provence, S. Johannes de Mejano, de Meiaco, p. 109, 258, 269, 270.
Melfi, Melfia, p. 65.
Mende, Gavaldanensis et Mimatensis diocesis, p. 12, 16, 260, 290.
Ménerbes, S. Stephanus de Minerba, p. 108, 260, 270.
Meynes, Medenas, p. 42, 45, 47, 59, 66, 67, 134.
Mézoargues, Mezoaga, p. 66, 67.
Milan, Mediolanensis diocesis, p. 32.

Modène, S. Maximus de Medonis, p. 109, 243, 260, 270.

Montalet, S˚ Maria de Monte-Alto, p. 108, 259, 270.

Montclar, de Monteclaro, p. 42, 45.

Monteils, Montilium, p. 47.

Montfort, Castrum de Montfort, p. 110.

Montgaillard, S. Andreas de Lucapello, p. 106, 259, 270.

Montpellier, Mons Pessulanus, p. 45, 76, 186, 198, 224, 239, 260, 287, 288, 295, 306.

Montpézat, S. Sebastianus de Montepesato, p. 109, 187, 258, 269, 270.

Moulézan, S. Crux de Molesano, de Molezano, p. 106, 201, 259, 270.

N

Nantes ? Namnensis diocesis, p. 12, 16.

Narbonne, Narbonensis diocesis, p. 4, 7, 12, 13, 15, 43, 44, 45.

Nevers, Nivernensis diocesis, p. 12, 16.

Nice, Nicia, p. 207.

Nimes, pagus Nemausensis, p. 6. — Comitatus Nemausensis, p. 12. — Nemausensis urbs et diocesis, *possim frequenter*. — Nemausense concilium, p. 35, 40, 47, 57, 94, 111, 176.

O

Oloron, Olorensis diocesis, p. 32.

Orange, Aurasicensis et Auraycensis diocesis, p. 32, 243, 260, 290.

Orléans, Aurelianensis diocesis, p. 12, 16.

Ostie, Ostia, p. 177, 228, 242.

P

Paris, Parisi, p. 12, 16, 192.

Parme, Parma, p. 42.

SS. *Pastour et Victor*. p. 258, 269.

S. *Paul-Trois-Châteaux*, S. Paulus. p. 53.

Pernes, S. Ægidius de Padernis, de Paternis, p. 106, 258, 269.

Pérouse, Perusium, p. 127, 136, 137, 140, 141, 142, 144, 147.

S. *Pierre d'Entremont*, S. Petrus de Inter-Montes, p. 109.

Pise, Pisa, p. 32.

Plaisance, Placentia, p. 32, 33.

Poitiers, Pictavensis diocesis, p. 12, 16, 172.

Le *Pont-Saint-Esprit*, prioratus S^{ti} Saturnini, p. 218.

Porto, Portuensis diocesis, p. 7, 10, 13, 32, 177.

Posquières, Poscheriæ, p. 45, 47, 65, 133, 134, 239.

Préneste, Prenestum, p. 177.

Prevenchères, Prevencheriæ, Provincheriæ, p. 107, 227, 258, 259, 270.

S. *Privat*, S. Privatus, p. 108, 258, 270.

Provence, Provincia, p. 35, 56, 74, 78, 105, 179, 312 à 315, 317.

Psalmodi, Psalmodiensis abbatia, p. 119, 129, 158.

Le *Puy*, Anicium. p. 189.

R

Ravenne, Ravennates, Ravenna, p. 6, 7, 13.

Rayssac, S. Ægidius de Creissaco, de Creyssaco, p. 106, 259, 270.

Redosc, p. 108 et alibi.

Reggio en Calabre, Reginensis diocesis, p. 32.
Reims, Remensis diocesis, p. 11, 15.
Rennes, Reddensis diocesis, p. 12.
Réonis en Gascogne, de Rovinis, p. 105.
Rhône, Rodanus, Rhodanus, p. 47, 84, 108, 182, 216, 261.
Rieti, Reata, p. 199.
Riez, Regensis diocesis, p. 114.
Robiac, S. Andeol de Robiaco, de Rubiaco, p. 108, 259, 270.
Rodez, Ruthenæ, p. 211.
Rome, Roma, *passim* frequentissime.
La Roque, ecclesia de Rocca, p. 109, 260, 270.
Roquemaure, Roccamaura, Rupismora, p. 42, 45, 267.
Rouen, Rodamacensis diocesis, p. 12, 16.
Rouergue, Ruthenenses, p. 35.
Roussillon, ecclesia S[ti] Petri et S[ti] Michaelis juxta castrum Rossiliani, de Rossilhano, p. 108, 260, 270.

S

Sabine, Sabina, p. 207.
Sabran, Sabranum, p. 42, 45, 47, 64, 66, 67,
Saintes, Xantoniensis diocesis, p. 209.
Saturargues, Saturanicæ, p. 107, 259, 270.
Sauve, Salve, p. 139, 202, 204.
Seleucie, Seleuciensis ecclesia, p. 305.
Senlis, Silvanectis diocesis, p. 12, 16.
Sens, Senonensis diocesis, p. 11; 15.
Septimanie, Septimania, p. 12.
Serviers, S. Martinus de Cerbario, Serviers, p. 106, 259, 270.

S. Servius ultra Rhodanum, p. 108. 259, 270.
Sienne, Senensis diocesis, p. 16.
Sieure, S. Saturninus, Seura, Sieura, Siora, p. 7, 8, 97, 107, 257, 269.
Sirmich en Hongrie, Semichensis abbatia, S. Ægidius de Hungaria, p. 41, 42, 56, 74, 105, 179.
Sisteron, Sistarensis diocesis, p. 240, 280, 290.
Soissons? Suasionis, p. 12, 16.
Sommières, S. Baudilius de Somerio, Simmodrium. Sumidrium. p. 108, 257, 266.
Sutri, Sutria. p, 49, 50.

T

Tarbes? Bigorritana diocesis, p. 32.
Terravenensis diocesis, p. 12.
S. Theofredi monasterium, Valentinensis diocesis, p, 229, 230.
Tivoli, Tibur, p. 60 à 64.
Todi, Tudertum, p. 114.
Tolède, Toletana diocesis. p. 31.
Tolmone, p. 106.
Toulon, Tholonensis diocesis, p. 12.
Toulouse, Tolosana synodus, Tholosani, p. 30, 35.
Tours, Turonensis diocesis, p. 12, 15, 32.
S[e] *Trinité du Tor*, S[e] Trinitas de Altorio, p. 84, 87.
Trinquetaille, Trencatalha, Trincatalla, p. 109, 258, 269.
Troyes, Trecassina diocesis, p. 11, 12, 16.
Turin, Taurinensis diocesis, p. 12, 16.

U

Urgel, Urgelensis diocesis, p. 12.
Uzès, Ucetia, Uceticensis diocesis, p. 12, 16, 19, 44, 186, 201 et sæpe passim.

V

Vabres, Vabrensis diocesis, p. 260, 290.
Vachères, S. Christoforus de Vacheriis, p. 108, 260, 270.
Valence, Valentia, Valentinensis diocesis, p. 7, 12, 13, 16, 73, 75.
Vallée Flavienne, Vallis Flaviana, p. 6, 12, 17, 27, 35, 41, 47, 56, 94, 111, 176.
Vallo en Sicile ? Vallensis diocesis, p. 12.
Les Vans, S. Petrus de Vannis, p. 108, 259, 270.

Vauvert, Vallis viridis, p. 239.
Velletri, Velletrum, p. 96, 177.
Venise, Venetia, p. 32.
Verdun, Virdunensis diocesis, p. 260, 290.
Veroli, Verulæ, p. 81, 82.
SS. Victor et Pastour, p. 258, 269.
Vienne, Vienna, p. 59.
Vallefort. S. Lupus, p. 106, 258, 270.—S. Victorinus, p. 108, 259, 270.—Castrum Villefortis, p. 168.
Villeneuve, S. Andreas apud Avennionem, Villanova Avenionis, p. 36, 215, 216, 218, 225.
Villevieille, Villa vetus, p. 257, 269.
Vissec, de Viridisicco, p. 218.
Vistrenque, Vistrenca, p. 258.
Viterbe, Viterbium, p. 133, 135, 150, 151, 153 à 157, 159, 163 à 172, 174, 175, 178, 180 à 183, 185 à 188, 225.
Viviers, Vivariensis diocesis, p. 7, 12, 13, 16, etc.

CORRIGENDA ET ADDENDA

Page 4, ligne 14, au lieu de *Bulle d'Adrien II*, lisez *Bulle d'Adrien III*.

— 4, — 19, — 867-872, lisez 885-886.

— 32, — 29, — *Bazas*, lisez *Tarbes*.

— 41, — 29, — *decernibus*, lisez *decernimus*,

— 73, — 25, — 1132, lisez 1133.

— 94, — 22, — *auctoritate*, lisez *auctoritatem*.

Page 179, *in-fine*. De nouveaux renseignements qui ne nous sont parvenus qu'après le tirage du *Bullaire*, nous permettent d'attribuer plusieurs dénominations de la bulle de Clément IV ; nous devons ces renseignements à M. Husson, curé-doyen de Dun :

De Marval. — MURVAUX, commune du canton de Dun, arrondissement de Montmédy (Meuse).

De Lunis, peut-être *de Lucis*, un des noms anciens de LYON, commune du même canton de Dun, située au milieu des deux cornes de la côte de Saint-Germain, qui ressemblent au croissant de la lune, ce qui expliquerait l'appellation *de Lunis*.

Sancti-Germani de monasterio de Lunis. Le château d'Adrien, construit au sommet de la côte de Saint-Germain, a été remplacé par un monastère de Saint-Germain, patron de plusieurs localités voisines.

Sancti-Egidii de Salvani. Serait-ce le monastère de Salpy ou Sard-le-Puids qui se trouvait au milieu des bois sur les hauteurs entre Brandeville Breheville et Haraumont ? mais il était sous le vocable de Saint-Goëric.

Ecclesia de Sancta-Barula. Cette église était-elle auprès de *Danrule* ? C'est le nom d'un ruisseau qui coule entre Sassey et Saulmory, deux communes du canton de Dun.

Page 299, ligne 24, ajoutez à la fin (1619).

— 301, — 11, au lieu de *consentes*, lisez *censentes*. — Même page, ligne 32, au lieu de *ot*, lisez *et*.

Page 330, ligne 23, au lieu de *huit*, lisez *cinq*.

— 350, c. 2, ligne 16, au lieu de 427, lisez 127.

www.ingramcontent.com/pod-product-compliance
Lightning Source LLC
Chambersburg PA
CBHW050746170426
43202CB00013B/2319